史点描

づの時代〟をたどる

道友社編

天理教道友社

はじめに

平成元年から翌二年まで『みちのとも』に連載された「ひながた紀行」は、平成五年に同名タイトルで単行本化されました。以来、教祖伝を学ぶ手がかりとして、多くの教友にご活用いただいています。その「ひながた紀行」の〝続編〟として、平成四年五月号から六年四月号まで『みちのとも』に連載されたのが「教史点描」です。これは、教祖《おやさま》が現身《うつしみ》をかくされた明治二十年から、本席・飯降伊蔵《いぶりいぞう》様が出直される明治四十年までの二十一年間にわたるお道の歴史、いわば〝おさしづの時代〟について、天理大学の石崎正雄《いしざきまさお》、伊橋房和《いはしふさと》、中島秀夫《なかじまひでお》、早坂正章《はやさかまさあき》の四氏に討議していただき、二十一回にわたって連載したものです。このたび、その内容を精査し加筆したうえで、一冊にまとめて刊行いたしました。

本書は「点描」と題してはいますが、主要なおさしづを網羅し、教内外のさまざまな資料を駆使しながら、教団としての礎《いしずえ》が築かれていく歴史的経緯を詳細に解説しています。そのために、参考資料としての周辺情報も数多く紹介しています。

教史を学ぶことは、先人の足跡を知ることのみならず、教えに基づくものの見方や考え方、神意の悟り方、そして、信仰者としての心の治め方を学ぶことにもつながるでしょう。『ひながた紀行』と同様に、お道を通るうえでの手がかりとして、お役立ていただければ幸いです。

立教百七十五年七月

編者

目　次

教史点描

第一章　綾錦の仕事場に仕立てる――本席定め

明治二十年陰暦正月二十六日、教祖《おやさま》は現身《うつしみ》をかくされた。思いもかけぬ事態に、居合わせた人々は愕然《がくぜん》とし、心中は大きく揺れ動く。その時――

「子供可愛《かわ》い故、をやの命を二十五年先の命を縮めて、今からたすけするのやで。しっかり見て居よ」

飯降伊蔵《いぶりいぞう》によって伝えられたこの力強い教祖のお言葉に、人々は一条の光を見いだし、前途に確かな希望をつないだ。以降、飯降伊蔵を通して告げられる「おさしづ」を、教祖存命の証《あかし》として、人々は新たなる歩みを開始する。

　まずは、教祖が現身をかくされるという局面の状況を振り返りながら、やがて、飯降伊蔵が「仕事場」から「本席」へと定まる軌跡をたどってみたい。

●「なぜ、何故……」

「なぜ……」――。教祖が現身をかくされた直後、人々の胸中には、悲しさに耐えるなかにも、こうした疑問や戸惑いが幾重にも交錯し渦巻いていたことは想像に難

（1）直後に居合わせた人々の状況は二代真柱（中山正善《なかやましょうぜん》）の『ひとことはなし　その二』に詳しく、平野楢蔵《ひらのならぞう》が「教祖様《おやさま》は

くない。(1)

一カ月半に及ぶ、いわゆる神人問答の末、おつとめをすれば教祖はよくなってくださると信じ、「命捨てても」という思いで、人々はおつとめを勤めた。心配していた官憲の妨害(2)もなく、無事勤め終えた直後の出来事だっただけに、この安堵《あんど》から悲嘆への落差は大きかったといえよう。

かねてより人間の定命《じょうみょう》を百十五歳と定めつけたいと教えられていた(3)から、人々は固くそれを信じ、何よりも教祖がその真実をお示しくださるものと考えていた。おそらく差し迫ったその時においても、この思いが明滅していたにちがいない。けれども、それを打ち砕くように、数え九十歳の御身《おんみ》で教祖はお姿をかくされてしまう。

明治20年当時のおやしき

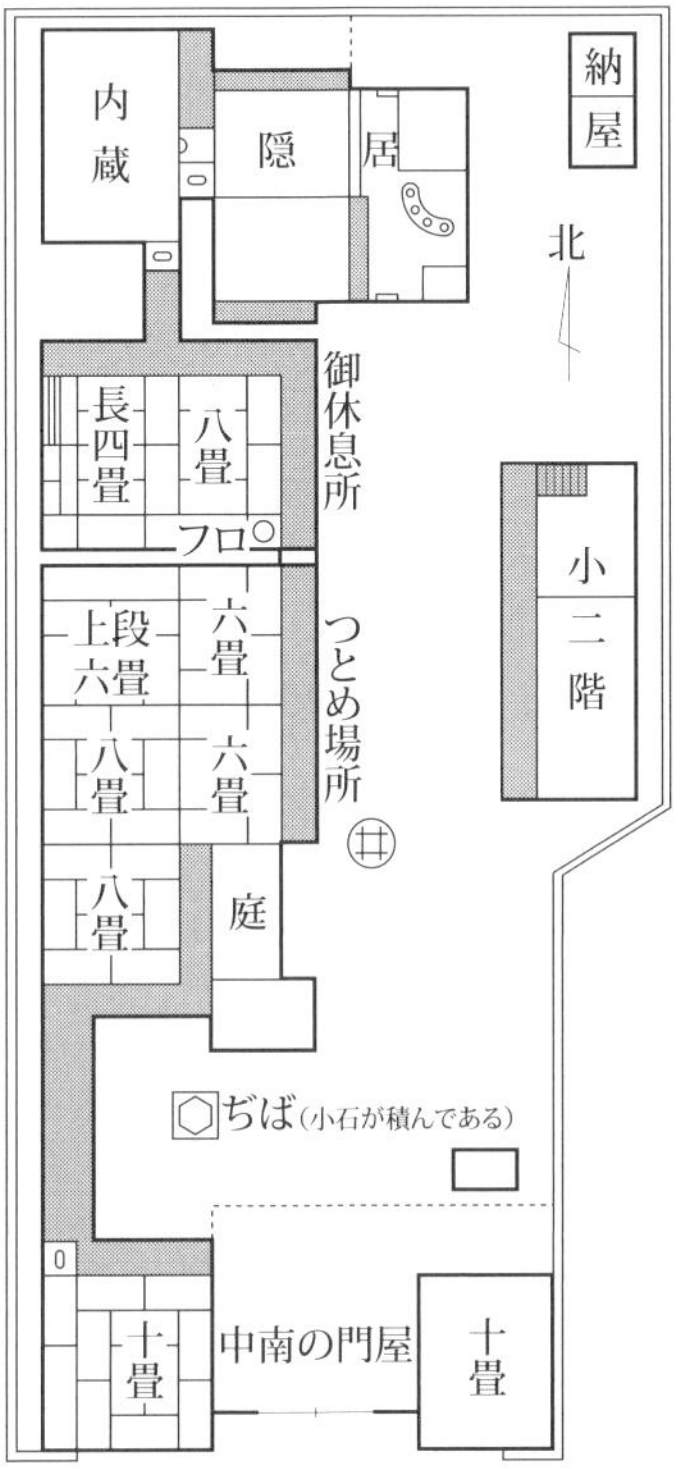

●内蔵……明治13年ごろ、おやしきの北西（乾《いぬい》）の隅に建てられた。同15年、おやしきに住み込むようになった飯降伊蔵一家が、当初ここに住んでいた時期があった（明治16年に教祖が御休息所に移られてからは中南《なかみなみ》の門屋へ）。

●御休息所……明治16年の竣工で、長４畳と８畳からなる。教祖は奥の一段高い長４畳のお居間におやすみになっていた。

百十五歳が定命やと仰有《おつしや》つた。……キットよくなつて下さると信じてゐたし又《また》人々にも話してきたんや。若《も》し違《ち》ごたら俺《おれ》の首やろとまで云《い》つてきたんや」と嘆いていた様子（高井猶吉《たかいなおきち》談）などが収録されている。

(2) 当時、おつとめに対する官憲の取り締まりは厳しく、ちょうど1年前の明治19年2月18日にも、心勇講（敷島大教会の前身）の人々が、おやしき近くの村田長平《むらたちょうべい》宅（豆腐屋旅館）の2階で、てをどりをしたことがもとで、教祖は奈良警察櫟本《いちのもと》分署に連行され、12日間の拘留に処せられている。そんななかでも、教祖は「心勇講は一の筆や」とお喜びになったという（道友社編『ひながた紀行』第19・20章参照）。

(3) おふでさきにも「このたすけ百十五才ぢよみよと　さだめつけたい神の一ぢよ」（三100）とある。

それまで神と仰ぎ、親と慕ってきた教祖のお姿を、お声を、じかに拝することができなくなった事態に、人々の心は大きく揺れ動いた。

居合わせた人のすべてが悲しみに暮れ、気持ちの乱れを整えきれない状況のもと、内蔵《うちぐら》（前ページの図参照）の二階で神意を伺う。眞之亮《しんのすけ》（初代真柱＝当時数え22歳）はじめ一同(4)を前に、飯降伊蔵の口を通して、お言葉があった。

さあ〳〵ろっくの地《ぢ》にする(5)。皆々揃《みな〳〵そろ》うたか〳〵。よう聞《き》き分《わ》け。これまでに言《い》うた事《こと》、実《じつ》の箱《はこ》へ入《い》れて置《お》いたが、神《かみ》が扉開《とびらひら》いて出《で》たから、子供可愛《こどもかわ》い故《ゆえ》、をやの命《いのち》を二十五年先《ねんさき》の命《いのち》を縮《ちぢ》めて、今《いま》からたすけするのやで。しっかり見《み》て居《い》よ。今《いま》までとこれから先《さき》としっかり見《み》て居《い》よ。扉開《とびらひら》いてろっくの地《ぢ》にしようか、扉閉《とびらし》めてろっくの地《ぢ》に。扉開《とびらひら》いて、ろっくの地《ぢ》にしてくれ、と、言《い》うたやないか。思《おも》うようにしてやった。さあ、これまで子供《こども》にやりたいものもあった。なれども、ようやらなんだ。又々《また〳〵》これから先《さき》だん〳〵に理《り》が渡《わた》そう。よう聞《き》いて置《お》け。

人々は、「今からたすけする」との仰せと、現身をかくされたことが、どう結びつくのか、理解に苦しんだことであろう。が、「子供可愛い故、をやの命を二十五年先の命を縮めて、今からたすけするのやで。しっかり見て居よ」との威厳に満ちたお言葉に、それまで胸中に渦巻いていた疑問や困惑が、いくらか払拭《ふっしょく》されたのは確かであろう。

（4）当時のおやしきには、初代真柱はじめ、たまへ、新建《しんだち》のおばやん（教祖の長女まさ）、梶《かじ》本《もと》（のち山澤《やまざわ》）ひさに、飯降伊蔵一家（さと、よしゑ、まさゑ、政甚《まさじん》）などが住んでいたようだが、それと「陰暦正月二十六日」のおつとめの役割（『稿本天理教教祖伝』329ページ）から見て、次の人々も居合わせていたと思われる。

泉田藤吉《いずみたとうきち》、平野楢蔵、前川菊《まえがわきく》太郎《たろう》、山本利三郎《やまもとりさぶろう》、高井猶吉、桝井伊三郎《ますいいさぶろう》、辻忠作《つじちゅうさく》、鴻田忠三《こうだちゅうざぶ》郎《ろう》、上田《うえだ》いそ、宮森與三郎《みやもりよさぶろう》、清《し》水與之助《みずよのすけ》、橋本清《はしもときよし》、梅谷四郎兵《うめたにしろべ》衞《え》、増野正兵衞《ますのしょうべえ》、梶本松治郎《まつじろう》。

（5）「ろっく」とは、大和《やまと》地方の言葉で、平ら、平坦という意味。「ろっくの地」のことを「ろくぢ」ともいう。

しかし、「これから先だん〳〵に理が渡そう」とのお言葉については、その意味を人々がどれだけ理解し得たであろうか。

たとえ深い思召《おぼしめし》は分からなくとも、すがる思いで傾聴した人々は、それぞれの心のなかで何度も何度もこのお言葉を反芻《はんすう》し、神意を悟ろうと努めたにちがいない。

それにしても、このような重大な場面で、このお言葉を取り次ぐ役が、なぜ飯降伊蔵であったのであろうか。まずは、このあたりのところから、たどっていかねばなるまい。

飯降伊蔵　天保4年（1833年）現・奈良県宇陀《うだ》市室生向渕《むろうむこうじ》に生まれる。元治元年（1864年）妻さとの産後の患いから入信し、つとめ場所の普請に尽くす。明治15年（1882年）からおやしきに移り住む。

●「陰暦正月二十六日」前後のこと

現身おかくしの四十八日前、つまり明治二十年（一八八七年）一月一日（陰暦十九年十二月八日）、教祖は、風呂場からお出ましの際にふとよろめかれ、「世界の動くしるしや」と仰せになった。

ほどなく持ち直されるが、三日後の一月四日、教祖の身上が切迫する。このときも居合わせた人々は、飯降伊蔵を通して神意を伺っている。場所は、御休息所の、教祖のお居間の次の間であった。(6)

さあ〳〵もう十分詰《つ》み切《き》った。これまで何《なに》よの事《こと》も聞《き》かせ置《お》いたが、すっきり分《わ》からん。何程言《なにほどい》うても分《わ》かる者《もの》は無《な》い。これが残念《ざんねん》。疑《うたご》うて暮《く》らし居《い》るがよく思案《しあん》せよ。さあ神《かみ》が言《い》う事嘘《ことうそ》なら、四十九年前《ねんぜん》より今《いま》までこの道続《みちつづ》きはせま

（6）御休息所は長4畳と8畳からなるが、「次の間」とは8畳の間のこと（7ページの図参照）。

い。今《いま》までに言《い》うた事見《ことみ》えてある。これで思《し》やんせよ。さあ、もうこのまゝ退《ひ》いて了《しま》うか、納《おさ》まって了《しま》うか。

ところで、飯降伊蔵は元治元年（一八六四年）の入信間もなく、扇と御幣《ごへい》のさづけを頂いていた。(7) 明治八年ごろには、言上《ごんじょう》の伺いが許されていたという伝承もある。「若き神」と称され、常に教祖のもとで御用を務めていたこかんが出直したのも同じ年のことであるから、そうした御用のつなぎがなされているようにも考えられるが、どうであろうか。

また、慶応三年（一八六七年）につくられた「みかぐらうた」に、

いちにだいくのうかゞひに
なにかのこともまかせおく　（十二下り目　1）

とあり、飯降伊蔵の立場を示されていることになろうか。

そして、明治十三年ごろからは、人間思案からなる身上・事情の解決を求める人があると、教祖は、

「ほこりのことは仕事場へまわれ」(8)

と仰せになり、「仕事場」つまり、飯降伊蔵のもとへ伺いに行くように指示されていたようである。

宮森與三郎《みやもりよさぶろう》の手記にも、明治十五年に飯降伊蔵がおやしきに住み込むようになる以前、「御教祖に申上《もうしあ》げると、伊蔵さんにきいてこいと仰せられるので、私も再々櫟《いちの》本《もと》へ行つて、本席に伺ひを立てたこともある」と記されている。(9)

(7)『稿本天理教教祖伝』53ページ参照。

(8)「ほこりのこと」とは「人や物に関する様な事」（飯降尹之《まさの》助《すけ》「永尾芳枝祖母口述記」＝『復元』第3号所載）。また、「伺ひ棟梁の方へ廻《ま》われ」と仰せになっていたとも伝えられる（増野石次郎「本席伝(三)」＝『みちのとも』大正11年6月20日号所載）。

(9) 宮森與三郎「地場ふせ込み当時の本席」（『みちのとも』大正15年5月5日号所載）参照。当時、飯降伊蔵はおやしきの北西約3キロ、櫟本の高品《たかしな》という所に住んでいた。

また、明治十七年ごろから、教祖のお言葉を山田伊八郎《やまだいはちろう》が筆録した文書「教祖様御言葉」にも、飯降伊蔵を通してのものが多数収録されている(10)。

無論、当時はまだ「本席」という立場ではなく、「仕事場」であった。いわば〝教祖の代理〟として、おたすけの仕事の一部を務めていたが、これも教祖の思召によるものとして、周囲の人々も了解していた。

そして教祖も、かねてから、

「伊蔵さんに扇を持ってもらってくれ」

と仰せになっていたようである(11)。

したがって、明治二十年の一月四日、教祖の身上が切迫した際においても、居合わせた人々が、なんら抵抗なく、飯降伊蔵を通してのお言葉に耳を傾けたのも、しごく当然といえる。

現在公刊されている「おさしづ」本は、この一月四日のお言葉から始まっているが、以降、陰暦正月二十六日の事態を迎えるまでに、教祖直接のお言葉と、飯降伊蔵を通してのものとが記されている。その表現内容は一致しており、違和感がない。そこには、教祖の一貫した思召が拝せられる(12)。

こうした神人問答が、真柱を芯《しん》とする人々との間に、約一カ月半にわたって繰り返されたわけで、教祖が現身おかくし直後、その神意を求める道を飯降伊蔵によったのも、ごく自然の成り行きであったといえよう。

そして、「これから先だん〳〵に理が渡そう」との仰せ通り、教祖存命の証として、

(10)『山田伊八郎文書』(敷島大教会史料集成部)所載の「教祖様御言葉」の冒頭「明治十七年二月十四日(旧1・18)」に「御神様ヨリ扇子もたし罷仰《おおせられる》にハ、飯降伊蔵様江《へ》神様御下《さが》り罷下《くださる》」とあり、「明治十八年五月十八日(旧4・4)」の項には「神様の罷仰ルにハ、こふおふぜ《大勢》身にさわり付《つい》ていると、伊造《蔵》さんにたのめ。それより伊造様に願ひ、伊造にて神様が御さがり罷下」と記されてある(写真版による)など、飯降伊蔵を通してのものも収録されている。

(11) 奥谷文智『本席飯降伊蔵』(昭和24年、道友社刊)など参照。

(12) 本席定めの前々日3月23日(陰暦2月29日)午前7時の「おさしづ」割書《わりがき》(14ページの注16参照)には、「教祖の御言葉にて御聞かせ」ともある。

「おさづけの理」が渡されるようになるのであるが、そのためには次なる局面を迎えねばならなかった。

●「仕事場」から「本席」へ

教祖が現身をおかくしになった明治二十年陰暦正月二十六日、つまり陽暦二月十八日から、二十一日後の三月十一日（陰暦二月十七日）、飯降伊蔵はにわかに悪寒をおぼえ床に臥《ふ》せってしまう。(13) 高熱が出て、息も絶え絶えという容体の急変に、伊蔵も教祖の後を追っていってしまうのではないかと案じる人もあったようである。(14)

これより先、その前ぶれともいえる刻限話が、明治二十年三月四日に出ている。

さあ〳〵身《み》の内《うち》にどんな障《さわ》りが付《つ》いても、これはという事《こと》がありても、案《あん》じるではない。神《かみ》が入《い》り込《こ》み、皆為《みなな》す事《こと》や。

このお言葉と伊蔵の身上の急変とを、当時の人々はすぐそのまま結びつけて理解し得なかったのではないか。

三月十四日午後八時の「飯降伊蔵の身の内の事御諭」では、「**何《なん》にも案《あん》じる事《こと》は要《い》らん**」「**長々《なが〳〵》の道筋《みちすじ》苦労《くろう》を掛《か》けたる事《こと》、皆受《みなう》け取《と》りてある**」との仰せ。このお言葉は、教祖が飯降伊蔵をねぎらわれている内容のようにも悟れるが、どうであろうか。

ともあれ、伊蔵の容体は尋常ではなかった。長女よしゑの口述記には、「其《そ》の間の父様の苦しみはとても〳〵烈《はげ》しいもので、殊《こと》に熱が高《たこ》うて玉の様な汗が拭《ふ》く暇もな

(13) 前出、増野石次郎「本席伝(四)」(『みちのとも』大正11年9月20日号)によると、梶本松治郎（真柱の実兄）妻うのの実弟菊地《きくち》安太郎《やすたろう》が前年に妻（ふさゑ）を迎えており、その日、仲人役の飯降伊蔵は入嫁の荷について櫟本へ行きご馳走《ちそう》を頂いていたところ、にわかに寒けが襲い、それ以来おやしきで寝込むようになったようである。

(14) 「本席伝(四)」に「特に辻忠作先生の驚き様は一《ひ》と通りではなかつた。『伊蔵はんが神さんの後を追ふて死ぬ』と申されて此《こ》の上もなく狼狽《ろうばい》された」とあり、幼い政甚（数え14歳）や、まさゑ（同16歳）を気遣う様子が記されている。

い程流れ出る。その汗を拭いて絞ると、飴《あめ》の様なものが流れて糸の様に引張《ひっぱ》るので、人々は此《こ》んな不思議な病気は見た事がないと言ふてゐた位やつた。……父様のお障りは熱ばつかりではなかつた。それは如何《いか》にも奇妙な病気で、父様は此の時の事を『あばらの骨が一本づつ、ぶち〳〵と折れて、その折れる間に骨と骨との間に煮え湯が沸いて、しばらくぢつくりすると、また次の骨が折れてゆく。こうして右がみな折れると、こんどは左もみな折れてしまふた。それからこち〳〵と音がして元の通りにはまつていつたが、何ともかとも言はれんほど痛かつた』と後になつて言はゝつたのやが、ほんまに側《そば》に居た私らにもその音が聞《きこ》えたのやつた」とある。(15)

こうした身上切迫の状況に対して、人々はなすすべを失ったが、「神が入り込み、皆為す事」との仰せを繰り返し噛《か》みしめながら、すがるように、その伊蔵を通して、神意を求めることになる。

それに呼応するかのように、翌十五日の午後九時、次いで十六日には午後二時、三時、八時、十一時と、堰《せき》を切ったようにお言葉があった（18ページの表参照）。そして、十七日の午後三時、四時とお言葉が続き、午後七時の刻限話で、いよいよ問題の核心にふれられる。

さあ〳〵今《いま》までというは、仕事場《しごとば》は、ほこりだらけでどうもこうもならん。難《むつか》しい難《むつか》しい。何《なに》も分《わ》からん。何《なに》も分《わ》からんではない、分《わ》かってはある。なれどもほこりだらけや。さあ〳〵これからは綾錦《あやにしき》の仕事場《しごとば》。錦《にしき》を仕立《した》てるで。こゝ暫《しばら》くの間《あいだ》は、今日《きょう》は食事《しょくじ》が味《あじ》が無《な》いという日《ひ》もある、又進《またすす》む日《ひ》もある。あちら

(15) 前出「永尾芳枝祖母口述記」参照。

もこちらもほこりあっては、錦《にしき》の仕事場《しごとば》にならん。さあ、すっきりとしたる仕《し》事場《ごとば》にするのやで。綾錦《あやにしき》の仕事場《しごとば》にはならん。さあ、すっきりとした仕事場《しごとば》にするのやで。綾錦《あやにしき》の仕事場《しごとば》に仕立《した》てる。

翌十八日に二回、十九日には三回のお言葉があり、二十日（陰暦二月二十六日）の午前四時に「眞之亮代理伺」がなされる。

伊蔵が身上に臥せって以来、十日目のこの日になって初めて、おさしづ割書《わりがき》(16)に真柱の名が出てくるが、ここでいう「代理伺」とはどういう意味であろうか。(17)

ところで、この三月二十日は陰暦二月の二十六日。毎月のおつとめが終わったころであろうか、午後一時半に出ている刻限話に強くひかれるところがある。

一寸正月《ちよつとしようがつ》二十六日《にち》、これまで話《はなし》てある。さあ〳〵事《こと》を始《はじ》め。二月《がつ》二十六日《にち》というは、今初《いまはじ》めやで。多《おお》く始《はじ》まり、追々《おい〳〵》。さあ〳〵今《いま》一時《じ》世界《せかい》も分《わ》からず、世界《せかい》も不思議《ふしぎ》や。それ〳〵の道一寸《みちちよつと》付《つ》け掛《か》けた。

教祖が現身をおかくしになってから、ちょうど一カ月後の陰暦二月二十六日を契機として、(18)「さあ〳〵事を始め」と、次の局面の展開を示唆し、予言されているようにも理解できる。

また、「それ〳〵の道一寸付け掛けた」とあるのは、教祖現身おかくし後の「をびや許し」についての「おさしづ」(19)を指しているのであろう。

さらに引き続いて、午後四時、七時、夜の九時、十時と、計六回のお言葉があったのも、この陰暦の二十六日であった。

(16) 割書とは、伺いの状況や内容など、「おさしづ」本の日付とお言葉との間に付記されているもの。

(17) 元治元年のつとめ場所普請の以前にも毎月26日に人々がおやしきに寄り集っており（『稿本天理教教祖伝』49ページ）、明治7年にかぐら面が調達されてからは月の（陰暦）26日に、お面をつけてかぐら、次にてをどりと、本づとめが勤められていたようである（同113ページ）。

(18) 明治40年4月8日（陰暦2月26日）の「おさしづ」にも、「日の立て合いは正月二十六日、二月二十六日、これ日の立て合いや」とある。

(19) 教祖が現身をかくされて1週間後の2月25日午後7時に、

翌々日の二十二日には三回、二十三日には二回のお言葉があり、二十四日午後十時には、「飯降伊蔵御障りの次第を先生方相談の上願」がなされる。
夜半、飯降伊蔵の身上が迫るので、辻忠作《つじちゅうさく》、桝井伊三郎《ますいいさぶろう》が真柱を呼びに行くと、[20]刻限話があった。日付は変わり、三月二十五日（陰暦三月一日）早朝――。

さあ〳〵あちらこちら、摘《つ》まんだような事《こと》を聞《き》いて居《い》た分《ぶん》には分《わ》からんで。これしっかり聞《き》き分《わ》けねば分《わ》からん。神《かみ》というものは、難儀《なんぎ》さそう、困《こま》らそうという神《かみ》は出《で》て居《い》んで。今《いま》に始《はじ》まった事《こと》でない。こゝまでほんに成程《なるほど》と思《おも》うた日《ひ》もあろうがな。それ国々《くにぐに》から先々《さきざき》まで、受《う》け取《と》りたる処《ところ》もある。それ故渡《ゆえわた》すものが渡《わた》されなんだが、残念情無《ざんねんなさけな》さ、残念《ざんねん》の中《なか》の残念《ざんねん》という。今《いま》に神《かみ》が今《いま》に降《さ》がる、出《で》ると言《い》うた処《ところ》が、承知出《しょうちで》けまい。紋形《もんかた》の分《わ》からん処《ところ》から、神《かみ》がこのやしきに伏《ふ》せ込《こ》んだ。さあこの元《もと》を分《わ》かれば、さあ知《し》らそう。承知《しょうち》が出《で》けば知《し》らそう。承知《しょうち》が出《で》けねばそのまゝや。さあ返答《へんとう》はどうじゃ。無理《むり》にどうせと言《い》わん。

この時、「内の者」が「いかにも承知致しました」と答えている。「内の者」とは誰《だれ》のことなのか判然としないが、[21]その返答を受けて、お言葉は続く。

さあ〳〵しっかりと聞《き》き分《わ》け。今《いま》までは大工《だいく》と言《い》うて、仕事場《しごとば》をあちらへ持《も》って行《い》き、こちらへ持《も》って行《い》た。それではどうも仕事場《しごとば》だけより出《で》けぬ。そこで十年《ねん》二十年《ねん》の間《あいだ》に心《こころ》を受《う》け取《と》りた。その中《なか》に長《なが》い者《もの》もあり、短《みじか》い者《もの》もある。心《こころ》の働《はたら》きを見《み》て、心《こころ》の尽《つく》したるを受《う》け取《と》りてあるから、やりたいものが沢山《たくさん》にありながら、今《いま》までの仕事場《しごとば》では、渡《わた》した処《ところ》が、今《いま》までの昵懇《じっこん》の中《なか》である故《ゆえ》に、

「第一をびやたすけ、さあ三日目三粒《みつぼ》を三つ、三三九《ここの》つを百層《そ》倍。これをかんろうだいへ供え、本づとめをして、元のぢばなる事を伝え、をびや許しを出す」とのお言葉があった。

(20) 前出「永尾芳枝祖母口述記」に、「神様が父様にお入り込みになつて『早《は》よう真柱を呼べ』と仰言《おっしゃ》るが、如何《どう》してもお越しにならへん。とう〳〵辻忠作さんと桝井伊三郎さんの二人が、如何してもお呼びして来ると言ふて……」とある。

(21) 辻忠作、桝井伊三郎以外に、おやしきの人々も何人か居合わせたのではなかろうか（8ページの注4参照）。ちなみに、辻忠作、桝井伊三郎は、それぞれ豊田《とよだ》村（現天理市）、伊豆七条《いずしちじょう》村（現大和郡山市）から、おやしきに詰めていたのであろう。

飯降伊蔵の妻子

飯降伊蔵には妻さとをはじめ、よしゑ、まさゑ、政甚《まさじん》の子があった（系図参照）。

父・伊蔵の容体、もしもの場合の身の振り方を案じていたようで、飯降尹之助《まさのすけ》「永尾芳枝《ながおよしえ》祖母口述記」（『復元』第3号所載）にも、「（陰暦2月）二十三日（陽暦3月17日）の夜は、とても〳〵心配でたまらず、母様と私は石西さんの風呂へ入れて貰《もろ》ふてくると言ふて、そつと家を出て石西さんの風呂場の隅で泣き乍《なが》ら相談し合《お》ふて決心したのやつた。父様があの通り身上が迫つては、とても三日の日も持つまい。……今の状態では案じられる。今更《いまさら》櫟本へ帰る事なんぞは出来ず、いつそのこと親子四人河内《かわち》の国の方へでも行つて……」とある。

伊蔵（55）
さと（54）
　よしゑ（22）
　政治郎（夭折）
　まさゑ（16）
　政甚（14）

（ ）内は明治20年現在の数え年

心安《こころやす》い間柄《あいだがら》で渡《わた》したように思《おも》うであろう。この渡《わた》しものというは、天《てん》のあたゑで、それに区別《くべつ》がある。この通《とお》りに、受《う》け取《と》りてあるものがある。それを渡《わた》すには、どうも今《いま》の処《ところ》の仕事場《しごとば》と言《い》うた事《こと》を消《け》して、本席《ほんせき》と定《さだ》めて渡《わた》そうと思《おも》えども、このまゝでは残念《ざんねん》々々。さあ〳〵本席《ほんせき》と承知《しょうち》が出《で》けたか〳〵。さあ、一体承知《たいしょうち》か。

それに対して、真柱は「飯降伊蔵の身上差上《さしあ》げ、妻子（右コラム参照）は私引受《ひきう》け、

(22) 2日後の3月27日午後9時半「本席身上御障りに付御願」がなされているが、「今日の日から話《はなし》掛けたら、だん〳〵諭《さとし》せにゃならん」とお言葉がある。

(23) この日、明治20年3月25日の天気（大阪）は快晴、平均気温は7・4度（大阪管区気象台調べ）。

本席と承知」の旨を即答している。この時初めて「本席」という言葉が発せられているが、その意味については、当然了解のうえでのことであろう。この返答に引き続いて、

一寸頼《ちよつとたの》み置《お》くと言《い》うは、席《せき》と定《さだ》めたるといえども、今《いま》一時《じ》にどうせいと言《い》うでない。三人《にん》五人《にん》十人《にん》同《おな》じ同席《どうせき》という。その内《うち》に、綾錦《あやにしき》のその上《うえ》へ絹《きぬ》を着《き》せたようなものである。それから伝《つた》える話《はなし》もある。

この問答のあと、ほどなく、伊蔵の逼迫《ひっぱく》していた身上は快方に向かう。(22)

振り返れば、三月十一日以来の不思議な身上の障りは、伊蔵を「本席」と定めるための親神の思召によるものであったと見ることができる。

割書に「午前五時三十分」とある。春分の日に近い時候だから、間もなく、おやしきの東に連なる青垣山《あおがきやま》の稜線《りょうせん》が白み、大和国中《くんなか》に立ち込めていた霧が静かに流れはじめたころではなかったろうか。(23)

この一連の出来事を「本席定め」と称しているわけだが、あくまでも道の芯となる真柱・眞之亮が承知のうえでのことというところに注目したい。

しかし、その過程で、真柱の動きが表に現れていない部分もある。教祖現身おかくし後の諸事(24)も重なり、同じ時期、櫟本の実父・梶本惣治郎《かじもとそうじろう》も病に臥せっていたの(25)で、まだ数え二十二歳の真柱にとっては、飯降伊蔵の身上と併せて、心労甚だしいものがあったことであろう。それにもまして、真柱としての自覚と責任のうえから、容易に決しかねる出来事であったと察せられる。

(24) 葬儀は2月23日（陰暦2月1日）。神道の慣例にのっとり、その後、十日祭、五十日祭などもあったようである。

(25) 「本席定め」の約6時間後の午前12時に「梶本松治郎父上障りに付願」があるなど、3月中に梶本松治郎父上、つまり眞之亮の実父・惣治郎（教祖三女はるの夫、左系図参照）の身上願いが計4回なされているから、かなり容体は悪かったのであろう。なお、惣治郎は約2カ月後の5月19日に出直している。

惣治郎（61）
はる（明治5年出直し）
亀　蔵（夭折）
松治郎（31）
た　け（28）
ひ　さ（25）
眞之亮（22）
留治郎（夭折）
楢治郎（16）

（　）内は明治20年現在の数え年

「本席定め」の経緯――（「おさしづ」割書から）

明治20年

3月4日（陰暦2月10日）「刻限御話」

11日（同17日）〈この日、飯降伊蔵、にわかに悪寒をおぼえ床に臥せる〉

午後7時「刻限御話」

午後12時「刻限御話」

13日（同19日）午後7時「御諭」

14日（同20日）午後8時「飯降伊蔵の身の内の事御諭」

15日（同21日）午後9時「刻限御話」

16日（同22日）午後2時「刻限御話」

午後3時「御諭」

午後8時「刻限御話」

午後11時「刻限御話」

17日（同23日）午後3時「刻限御話」

午後4時「刻限御話」

午後7時「刻限御話」

18日（同24日）午前に一座のお願いづとめを勤めた後「御話」

夜「刻限御話」

19日（同25日）午前1時20分「刻限御話」

午前5時「刻限御話」

飯降伊蔵のにわかな身上障りを台として示されたものは、広く大きな世界たすけの神意であった。不思議な病であったが、そのこと自体については、まず、何も心配する必要はないと諭されている。そこで人々は、それを越えたところにある重要な問題の存在を予想するが、さらに緊迫する事態のなかで、日を追って刻限話は続く。そこでは、存命の教祖の働きを示唆され、教祖の道具衆として働くべき多くの「よふぼく」が必要であることを教えるとともに、遠くあちこちから帰ってくる者に、早く「おさづけの理」を渡したいとの思召が明かされる。そして、「刻限も十分経《た》ち切り、早く〳〵何事も諭さにゃならん」という三月二十四日夜のお言葉に続いて、二十五日の早朝、いわゆる本席定めの刻限話が下がることになる。

立教の時、それに、教祖が現身をかくされた時の模様が重なってくるような緊迫した事態であった。

20日（同26日）午後12時「刻限御話」
午前4時「眞之亮代理伺」
午後1時30分「刻限御話」
午後4時「刻限御話」
午後7時「刻限御話」
夜9時「刻限御話」
夜10時「刻限御話」
22日（同28日）2時「刻限御話」
夜3時「刻限御話」
夜4時頃「刻限御話」
23日（同29日）午前7時「御諭」
午後3時「御諭」
24日（同30日）午後10時「今日までの御話の中に、確かなる事もあり、又案じる事もある故に、飯降伊蔵御障りの次第を先生方相談の上願」
25日（陰暦3月1日）「刻限御話」
午前5時30分「刻限御話」
内の者「いかにも承知致しました」と申し上げると、
「本席と承知が出けたか〳〵。さあ、一体承知か」
眞之亮より、飯降伊蔵の身上差し上げ、妻子は私引き受け、本席と承知の旨申し上げる。
〈飯降伊蔵、本席に定まる。以降、身上快方に向かう〉

明治16年から22年まで飯降一家が住んでいた中南の門屋の内部

この「本席定め」には、天保九年（一八三八年）十月二十六日の旬刻限の到来のとき、善兵衛《ぜんべえ》が神人問答の苦悩の末、最後には親神の仰せに従ったあの場面(26)が、再び思い起こされる。

以降、教祖現身おかくし直後の「これから先だん〳〵に理が渡そう」とのお言葉通りに、世界一れつをたすけるため、教祖は存命でおはたらきくだされていることの証として、「本席」の理を通して「おさづけの理」を渡されるようになるのである。「本席定め」のあったその日の夜、さっそく、西浦彌平《にしうらやへい》(27)に「おさづけの理」を渡されたと伝えられる。さらに、「おさしづ」本によると、約一カ月半後の五月六日に喜多治郎吉《きたじろきち》の名が記されているのをはじめ、以降、多くの人々に「おさづけの理」をだんだんに渡されていく（左コラム参照）。

「仕事場」から「本席」へ――。世界たすけの新たな局面がいよいよここから始まる。

(26)『稿本天理教教祖伝』第一章「月日のやしろ」参照。

(27) 西浦彌平は、おやしき南東の園原村《そのはら》（現天理市）に住み、上田《うえだ》ナライトを導いた人でもある。

「おさしづ」(第１巻および第７巻補遺）によると、明治20年に「おさづけの理」を渡された人々は次の通り。（＊は補遺）

５月６日	喜多治郎吉
14日	増野正兵衛
16日	梅谷四郎兵衛
６月13日	井筒梅治郎
７月14日	諸井國三郎
８月12日＊	柳田由松
９月５日	山田伊八郎
９月９日＊	深谷源次郎
10日＊	山瀬文次郎
10月11日＊	林九右衛門
11月13日	増井りん
21日＊	増田甚七
22日＊	宇野善助
12月５日	小松駒吉
７日＊	鍵田忠次
８日	村田幸助
12日＊	西村喜右衛門
21日	植田平一郎
30日＊	村田忠三郎
明治20年	山本藤四郎

第二章　どんな道も連れて通ろう――教会設置（上）

天保九年の立教後、二十数年経《た》った文久・元治のころから、教祖にたすけを求める人々が増えてくると、周囲の反対や妨害、官憲の取り締まりなどが表面に出てきた。そうした状況のなかで、人々の間には、教祖に御苦労をおかけしては申し訳ない、公然と参拝できるようにしたいという思いが募っていく。事実、そのためにさまざまな手段が講じられていった。

慶応三年の吉田神祇管領《よしだじんぎかんりょう》の公許、明治新政府への出願の動き、明治九年の風呂屋と宿屋の鑑札、十三年の転輪王《てんりんおう》講社の結成などの便法、さらには十七、八年ごろからの教会設置運動がそれである。

明治二十年、教祖が現身《うつしみ》をおかくしになる前後、これらの動きは教祖の思召《おぼしめし》との間に、いっそう緊張の度を加えたが、翌二十一年の教祖一年祭の「ふし」を機に、公認運動の機運が高まってきた……。

明治二十年（一八八七年）陰暦正月二十六日（陽暦二月十八日）、教祖は現身をかくされた。口にこそ出さないが、誰《だれ》の心にも「これで、この道も終わりか……」という思いがあったであろう。(1)あの思いもかけぬ事態以降、人々は、本席・飯降伊

（1）教祖が現身をおかくし直後の人々の様子は、二代真柱『ひとことはなし　その二』に詳しく、「唯《ただ》わアと一言云《い》つた

蔵を通して告げられる「おさしづ」を、教祖存命の証《あかし》として、新たな歩みを始めることになったが、その後の道の様相は、どのように展開していったのであろうか。『稿本中山眞之亮伝』には、「教祖が御身をおかくしになって後の本教は、国々所々では、講元、周旋が先頭に立ち、全よふぼく一手一つとなって、やしろの扉を開き、世界をろくぢに踏み均《な》らし給《たま》う教祖のお働きを背に負《お》うて、力一杯働く時こそ今ぞと、命がけでおたすけに廻《まわ》った。その甲斐《かい》あって、不思議なたすけは続々と現われ、道は一段と広く津々浦々に伸び弘《ひろ》まって行った」（57ページ）と記されている。

また、当時の模様を記した「天理教来歴記事」(2)には、「教祖已《すで》ニ御帰幽遊バサレ、葬祭(3)モ滞リナク終リテ已来《いらい》、取次員ハ或《あるい》ハ布教ニ或ハ信徒取締方ニ注意シ、猶《なお》警察署ノ着眼モ甚ダシケレバ、万事穏当ノ取扱ヲナシ、日々参拝スル信徒ニモ充分注意シテ」とある。

人々の当初の不安をよそに、教祖現身おかくし後も、道は途絶えることなく、むしろ明治二十年を契機として、加速的に伸びひろがっていくが、依然、官憲の監視は続けられていたということになる。

こうした緊張のなか、時はめぐって、明治二十一年陰暦正月二十六日（陽暦三月八日）、教祖の一年祭を迎える。

ばかりや、あとは何とも言葉を出す者がなかつた」（高井猶吉談）とか、「渡津《としん》ニ舟ヲ失ヒ暗夜ニ燈《ともしび》ノ消ヘタル如《ごと》キ有様ナリシガ」（橋本清「天理教来歴記事」＝注2参照）などとある。

(2) 橋本清筆で、「教祖御帰幽葬祭ノ景況」「教祖一年祭景況」「本部ヲ東京ニ設置スルノ始末」「東京ニ於テ教会設置ノ為御上京後ノ景況」「教会開筵式始末」「教祖五年祭ノ記事」からなり、一部が二代真柱『年祭回顧』『ひとことはなし その二』などに収録されている。以下、「来歴記事」と表記する。

(3) 葬祭は2月23日（陰暦2月1日）。

●中止された教祖一年祭

一年祭の執行について、前出の「来歴記事」には、「成ルベク穏密ヲ要スル折柄ナレバ、各地ノ信徒ヘモ通知スル如キ事ハナサザリシニ」とある。なぜ「穏（隠）密ヲ要スル折柄」なのかは後でふれるとして、これといった達しが出されなくても、人々が一年前のあの出来事を忘れるはずもなかった。そのころになると、いつしか全国津々浦々の信者たちが、三島《みしま》や丹波市《たんばいち》かいわいの旅館や民家に詰めかけていたようである。[4]

年祭当日の三月八日（陰暦正月二十六日）は、午前五時から「かぐらづとめ」が勤められた。明治二十年、教祖が現身をかくされる前、夜半に勤められた時期があったが、[5]その後、月ごとの月次祭はどのように勤められていたのであろうか。

陽暦三月初旬の午前五時といえば、夜が明けるまで一時間以上ある。未明から勤められたのは、取り締まりの目を避けるためであろうか。それでも、人づてに聞いたのか、多くの参拝者がおやしきに寄り集ったというから、[6]朝冷えの暗がりのなかとはいえ、人々の心は、折からの早春の息吹にも似て、陽気に勇み立っていたのであろう。

引き続き、「十二下り」までは無事に勤め終えたが、さてこれから年祭の祭典にかかろうというところで、横槍が入った。[7]

「今日御執行の一年祭式は待たれたし」

（4）「諸国から参集した講社の人々は、三島村の大きそうな家を借り受けて、臨時の講社事務取扱所にあて、旗、高張《たかばり》を建て、目印を貼《は》り出して張り切って居る。三島だけでなく、布留《ふる》、丹波市、石上《いそのかみ》、櫟本《いちのもと》あたりの旅宿まで、宿泊する信者で満員の盛況となって来た。七日には、三島の村方を招待した」（『稿本中山眞之亮伝』57～58ページ）

（5）「一月五日（陰暦十二月十二日）から、鳴物は不揃《ふぞろ》いのまゝであったが、連日お詫《わ》びのつとめをさして頂いた。しかし、官憲を憚《はばか》って、依然、夜中門戸を閉ざして、ひそかにつとめして居た」（『稿本天理教教祖伝』305ページ）

（6）『みちのとも』昭和12年4月号（教会本部設立50周年記念特集号）所載の「御教祖一周年祭と兵神真明講社の人々」（白藤義治郎）に、「何時《いつ》しか此《この》未明の祭典のある事が知れわたりまし

やって来たのは、大神《おおみわ》教会の面々であった。(8)
「昨年の葬祭の時には、大神教会が出て来て勤めたるに、今度、この大神教会を抜きにして勤めようとは怪《け》しからん次第なり」

確かに、一年前の葬儀は、守屋秀雄《もりやひでお》ら大神教会関係者によって勤められた。(9)それというのも、明治十八年の教導職補命の願書に大神教会の添書を得ていたし、十九年に神道本局に提出した「五ケ条の請書《うけしょ》」にも、「地方庁の認可を得るの間は大神教会に属すべき事」と、ただし書きをしなければならない関係にあったからである。(10)

それゆえに、一年祭を勤めるにあたっても、あらかじめ大神教会の亀田加寿美《かめだかずみ》教長はじめ主立った人々を招待すべく連絡を入れていた。しかし前日になって、所用のため出席できないとの返答。これには、さらに立ち入った折衝の申し入れがあったとも伝えられる。(11)

とにかく大神教会側は来ないことになった。やむなく、ほかの伝手《つて》で祭官を頼み、(12)年祭当日を迎えたのであった。

そして、いままさに祭典に取り掛かろうとする時、その場に及んで、いきなり年祭をやめよと言われても、できる相談ではない。おやしきに不穏な空気が流れる。(13)
「当所ニ於《お》テ教祖ノ一年祭ヲ為スト雖《いえど》モ、謂《い》ハバ中山新治郎一己《こ》ノ私祭ナリ、一己ノ私祭ヲ為スニ何ゾ大神教会ニ関センヤ」
「後悔ナサルナ」

た。扇屋に泊《とま》つて居た兵神の講員達も、何でふこれを聞きのがしませう。三々五々と寝《ね》もやらで、互《たがい》に親しい人達の手を取り合つて、廿六日未明の暗い田圃《たんぼ》の畔《あぜ》道を、丹波市から御屋敷へと人々の群はつゞきました。それは扇屋に泊る真明組の人々のみではありませんので、まこと大勢の人々が御屋敷へと参集したのでした」などと記されている。なお、文中の扇屋とは田《た》村(現天理市)にあった扇屋庄(正)兵衛宿のことで、当時、丹波市の吉野屋(のち万年楼)とともににぎわっていたようである。

(7) このへんのやりとりは『稿本中山眞之亮伝』(58ページ)を引用。

(8) 最初は津山米三郎《つやまよねさぶろう》詰員だけであったが、祭典開始直前には亀田加寿美教長、西野嘉蔵《にしのかぞう》教会員も来ていた。

大神教会のこと

大神教会は、教部省達により明治五年十一月、大神神社（現桜井市三輪《みわ》）に付設された小教院をもとに、同十三年二月、大神神社大神教会へと改称。同年五月には大神神社大神教会講社が結成され、内務省達により同十五年一月、大神神社から分離独立する。

これより大神神社に代わって日々の祈《き》禱《とう》および講社業務を行うようになり、同十八年三月、神道事務局（のち本局＝30ページのコラム参照）に属す。さらに同二十八年六月には神道本局から独立し、現在に至る。

なお、おやしきが傘下に属した時の大神教会の初代教長（管長）小島盛可《こじまもりよし》（もと大神神社禰宜《ねぎ》）は、明治十九年九月に急逝している（38歳）。同二十一年の教祖一年祭前後、大神教会とおやしきとの関係が不穏になるのは、一つには小島教長から後継の亀田加寿美教長への引き継ぎがうまくいっていなかったからではないかとも考えられる。

桜井市三輪にある大神教会

(9) 斎主・蔵堂村《くらんどう》（現田原本町）守屋神社祠官《しかん》守屋秀雄（守屋筑前守《ちくぜんのかみ》の子息）、副斎主・柳本村（現天理市）天満神社祠官笠松古輝、祓主《はらいぬし》・大神教会員西野嘉蔵、その他祭官数人。

(10)『稿本天理教教祖伝』278、293、301ページ参照。

(11) 前出「御教祖一周年祭と兵神真明講社の人々」に詳しい。

(12) 斎主・櫟本神社祠官巽久《たつみひさ》延《のぶ》、副斎主・前川菊太郎、典礼・橋本清、喪主・中山眞之亮、神饌《しんせん》掛・平野楢蔵、手長《てながちょう》長・鴻田忠三郎、後取《しどり》・山本利三郎と高井猶吉、その他祭官数人。斎主一人以外は、すべておやしき関係者で務められた。ほか楽人として春日神社から竹内照方《たけうちてるかた》（照香とも）ほか6人が来ていたようでもある（『年祭回顧』）。

(13) このへんの言葉のやりとりは「来歴記事」を引用。

問答の末、大神教会側が捨てぜりふを残して退出したのち、予定通り年祭が開始された。

祭詞の奏上。参拝者の脳裏を一年前の「陰暦正月二十六日」の情景がよぎり、祭場は水を打ったような静寂につつまれる。そのしじまを破って、突如、物々しく制服に身をつつんだ一群が乗り込んできた。

櫟本《いちのもと》警察分署長・山中辰之助《やまなかたつのすけ》ほか巡査八人。(14) 文字通り土足で踏み込んだ警察に、祭典の中止を命ぜられ、参拝者は全員門外に追い出されてしまう。

大神教会が密告、差し向けたのであろう。真柱はじめ居合わせた人々の胸中は、いかばかりであったろうか。

『稿本中山眞之亮伝』にも、「一同の無念さ残念さは、譬《たと》えるに物もない。あれ程御苦労下された教祖に、昨年御身をおかくしの時にも、何一つ十分な事とては出来なかったから、せめて一年祭だけでも、心から晴れやかに勤めさせて頂いて、お喜び頂きたいと思ったのに、又々この警察沙汰《ざた》とは、一体何たる事ぞと骨の鳴る思いであった」(60ページ)と記されている。

それでも、厳しい取り締まりがすんだあと、再びやって来た山中分署長の次のような好意的な訓戒の弁のなかに、人々は、前途に一条の光明を見いだしたような気がした。

「本職等《ら》は、敢《あえ》て今日の如き事は致したくもなし。然《しか》れども、謂《いわ》れなく、殊に政府の許可も受けず、ひそかに衆人を集むる如きは、今日の法律の禁ずる処《ところ》なり。今日

(14) 櫟本分署は、明治19年2月、それまでの丹波市分署と帯解《おびとけ》の今市《いまいち》分署が合併して設置され、おやしきは同署の管轄下にあった。『奈良県警察史』によると、櫟本分署には当時、12人の巡査がいたようである。

の現況を以《もっ》て貴方を処分せば違警罪なり(15)。違警罪ぐらいは厭《いと》わる事なかるべし。故に、処分はせざるが、しかし、このまゝにては不都合千万なり。必ず手続《てつづき》をふんで政府の許可を受くべし。以来一人だも此所《このところ》へ招く事はなりませぬ」

一年祭を勤めるにあたり、特に通知を出さなかった「穏（隠）密ヲ要スル折柄」という理由も、「政府の許可も受けず、ひそかに衆人を集むる如きは、今日の法律の禁ずる処なり」、つまり「違警罪」に抵触するからという配慮からだったのであろう。「来歴記事」によると、これ以前にも、届け出をして合法的会合にするようにという山中分署長からの助言があったようである(16)。

おやしきの場合、神道本局の部属教会になってはいるが、政府、地方庁からの認可を受けていなかったので、公認というわけではなかった。だから、公然と人を集めるには、地方庁の認可を得なければならない。

年祭中止というこの無念の事態を機に、人々は、あらためて教会公認ということを真剣に考えはじめる。

●東京出願へ出立

それにしても、一年祭の「ふし」は、なんとも納得しかねる結果であった。翌三月九日（陰暦正月二十七日）、「おさしづ」を伺ったところ、

……難《むつか》しいと言《い》えば難《むつか》しい。どんな道《みち》も連《つ》れて通《とお》ってある。何《なん》でも洗《あら》い切《き》る。

(15) 違警罪とは、旧刑法（明治13年太政官布告36号）に規定された拘留、科料にあたる軽犯罪のこと。違警罪即決令（同18年同布告31号）により、正式裁判によらず警察署長が即決処分で処罰することが認められていたが、昭和23年の軽犯罪法施行で失効となる。

(16)「来歴記事」に「署長は諸人を参拝せしむる事は不相成候《あいならずそうろう》間、手続を運んで相当の事を致すべしとて帰署したるを以て、一同協議の上、毎月六回、一、六の日、説教集会致度旨《いたしたきむね》、廿一年三月二日（陰暦正月20日）付を以て櫟本署へ届出《とどけい》でたり」と。また、諸井政一『正文遺韻抄』（126ページ「説教始」）によると、明治21年2月21日（陰暦正月10日）から、毎月一の日と六の日に説教を始め、公然と人が寄ることができるようになってはいたが、その説教の前後には警察の厳重な取り調べがあったようである。

今《いま》の処《ところ》すっきり止《と》めたと思《おも》えば、すっきり掃除《そうじ》。これまですっきり掃除《そうじ》すると言《い》うてある。ふしからふしからの芽《め》が出《で》てある。こんな中《なか》から芽《め》が出《で》る。一寸《ちよつと》の芽《め》は一寸取《ちよつとと》れる、すっきり取《と》れる。すっきり掃除《そうじ》。内《うち》から内《うち》へどっちもこっちも案《あん》じる事《こと》は要《い》らんで。

さらに確信を得たく、念押しをすると、

……十分道《ぶんみち》と言《い》えば、世界《せかい》から付《つ》けに来《く》る。世界《せかい》からろく、、ぢという道《みち》を付《つ》き来《く》る。濁《にご》った〳〵道《みち》でどうもならん。一《ひと》つ所《ところ》より吹《ふ》いたる枝《えだ》〳〵、一寸吹《ちよつとふ》いたる芽《め》は、今度《こんど》は折《お》れん。十分枝《ぶんえだ》が吹《ふ》くと。どんな事《こと》も聞《き》いて置《お》け。

引き続いて、教会設立の件について伺うと、

さあ〳〵どんな事《こと》も俺《おれ》がするのやで。善《ぜん》もある、悪《あく》もある。善悪《ぜんあく》分《わ》かるのやで。悪《あく》は扈《はび》からす〳〵。善《ぜん》より思案《しあん》して見《み》よ。五十年前《ねんぜん》よりある。無《な》い〳〵という処《ところ》から付《つ》いて来《き》てあるもの。どんな道《みち》も連《つ》れて通《とお》ろう。一《ひと》つ理《り》も立《た》てよ〳〵。十分《ぶん》の理《り》を立《た》つものと、一《ひと》つの所《ところ》に日々《にち〳〵》一《ひと》つの道《みち》を付《つ》けようと思《おも》う。一《ひと》つ道《みち》も連《つ》れて通《とお》る。こうして居《い》られん。世界《せかい》の処《ところ》こうして居《い》られん。同《おな》じ理《り》や、連れて通《とお》ろう。

このように、一つの理を立てれば十分の理も立つ、と教えられている。つまり、教会設立の問題については、何よりもおやの思い、ぢば一つの理を立てて事を進める必要があると諭されているのである。どこまでも温かいおやの心をもって、つつみ込まれている。

(17) 安堵村（現生駒郡安堵町）の飯田宅には、文久3年に7、8日間、4年に40日ほど、教祖がおたすけに出向かれ滞在されており（『稿本天理教教祖伝』46ページ）、明治14年、岩治郎を講元に積善講が結ばれていた。

(18) このときの人数については種々伝えられているが、『稿本中山眞之亮伝』（67～68ページ）によると、眞之亮、前川喜三郎《まえがわきさぶろう》、梶本松治郎、高井猶吉、桝井伊三郎、上村吉三郎《うえむらきちさぶろう》、上原佐助《うえはらさすけ》、諸井國三郎、清水與之助、井筒《いづつ》梅治郎《うめじろう》、梅谷四郎兵衛、松村吉《まつむらきち》太郎《たろう》、増野正兵衛、飯田岩次（治）郎、橋本清、鴻田忠三郎、平野楢蔵の17人で、前川菊太郎が留守役としておやしきに残った。

(19) 奈良県の変遷は次の通り。
慶応4年5月、奈良県設置
慶応4年7月、奈良府に改称
明治2年7月、奈良県に再改称
明治9年4月、堺県に合併
明治14年2月、大阪府に合併

こうしたお言葉に勇み立った真柱をはじめとする人々は、具体的な活動に入るための話し合いの場を持つことにした。

しかし、前日より門口には巡査が立っているので、おやしきでの話し合いはできそうにない。人々は心休める間もなく、西へ約八キロ離れた安堵《あんど》村の飯田岩治郎《いいだいわじろう》宅へ向かう。(17) 前日とは打って変わった、折からの風雨吹きすさぶ春の嵐のなか、取り締まりの目にふれぬよう、一人、二人と、正門あるいは裏門から抜け出していった。横なぐりの雨に打たれ、傘を飛ばされながらの道中は、あたかも人々の覚悟の程を試されているかのようであった。(18)

会議は沸騰した。出願先については、前年秋に再設置された奈良県(19)が順当な線であったが、明治十八年ごろから大阪府へ再三出願して却下された苦い経験もあるので、(20)奈良県も同様であろうということになった。そこで浮上してきたのが東京府。東京なら、神道本局（次ページのコラム参照）の助力が得られる。それが最善ということで手を打った。そして、奈良県への移転は、そのうえで願い出るのが良いということになった。

すでに、二年前の明治十九年三月には真柱が東京へ赴き、暮れには清水與之助《しみずよのすけ》、諸井國三郎《もろいくにさぶろう》(21)らが出向いて折衝を進めている。(22) また、この間、五月に神道本局管長代理の古川豊彭《ふるかわとよみち》教正一行がおやしきを訪れ、教祖にもお目にかかったことが、『稿本天理教教祖伝』に記されている。こういった一連の動きが東京へと向かわせる布石になったものと思われる。

明治20年11月、奈良県として再設置、現在に至る

(20) 大阪府知事あてに、明治18年4月に「天理教会結収御願」、同年7月に「神道天理教会設立御願」を提出するなど再々願い出たが、いずれも却下されていた（『稿本天理教教祖伝』278～279ページ参照）。

(21) 先に東京に赴いていた諸井に、おやしきから鴻田忠三郎と増野正兵衞、清水が合流。鴻田は、秀司《しゅうじ》出直し後、山澤良治郎《やまざわりょうじろう》が眞之亮（初代真柱）の後見役にあたっていたが、山澤が出直す明治16年ごろから、その任を受けていたようである。農事通信委員でもあった鴻田は、同年に大蔵省に建言書を提出するなど、早くから公認の手掛かりを得ようと努めていた。

(22) 『山名大教会初代会長夫妻自伝』、高野友治『清水与之助伝考』などに詳しい。

神道本局のこと

大教宣布《たいきょうせんぷ》運動の教化機関として中央に設置されていた大教院が、明治八年五月、神仏合同布教の廃止により解散となる。これに先立ち、同年三月、政府内外の神道家は神道事務局を創設。神職、教導職を全国的に組織し、民間の神道系諸教会をも管轄していたが、同十五年ごろから諸教会が独立分離していき、さらに同十七年八月に神仏教導職が全廃されると、神道事務局も民間の一教派とならざるを得なくなり、同年十月、稲葉正邦《いなばまさくに》を管長に教派神道として発足。正式に一派として認められたのは同十九年一月で、教団名を神道、その本部を神道本局と称した。場所は駿河台(現千代田区)。昭和十五年、神道大教に改称。

神道本局の稲葉正邦初代管長

まず先発隊として、清水と諸井が東京へ向かうことになる。清水は神戸の商館などに出入りをして交際上手であったから、諸井は東京に通じていたから、という。(23)

三月十一日、両名の東京行きについて伺うと、

……天然自然《てんねんしぜん》いかなる道《みち》、どういう道《みち》も連《つ》れて通《とお》ろう、早《はや》くの道《みち》も連《つ》れて通《とお》ろう。幾重《いくえ》の道《みち》も連《つ》れて通《とお》る。

二日前の三月九日の「おさしづ」もそうだが、教会設置に関しては「連れて通ろ

(23) 真柱はじめほとんどが大神教会を通して教導職を受けたなかで、諸井國三郎は明治19年5月、神道本局から直接受けていた。これは、真柱の「諸井さんは東京が明るいから、東京へ行つて神道本局から直接に受けたがよからう」という指示に従ったようである(『山名大教会初代会長夫妻自伝』)。

(24) 大阪の梅谷、井筒宅経由で神戸の清水宅に宿泊し、翌15日に神戸港から長門《ながと》丸で出帆。

(25) 諸井が教導職を受けた時以来面識がある篠森を通して、本局幹事である古川、大畑、内海《うつみ》の3教正と連絡がつき交渉が進む。古川豊彭、内海正雄《まさお》は明治19年5月末、神道本局稲葉管長代理としておやしきを来訪し、教祖にもお目にかかっており、古川教正は真柱に、「この人は、言わせるものがあって言われるのであるから、側《そば》に居るものが、法に触れぬよう、能《よ》く注意せん

う」で一貫されている。

清水と諸井は、三月十四日にはおやしきを出立した(24)。一年祭の「ふし」から六日後のことである。実に素早い展開といわねばならない。

三月十六日、神戸から船で横浜に上陸した二人は、即日、駿河台《するがだい》にある神道本局の篠森乗人《しのもりのりんど》教正と面談した(25)。

その結果、東京に拠点となる家屋が必要なこと、信徒総代を定めることなどの助言を受けたが、厄介なことが一つあった。出願に際して、大神教会長の添書があれば都合よろしいというのである。大神教会とは一年祭のいきさつもあり、二人は顔を見合わせたが、とりあえず、その旨、おやしきへ手紙で連絡した。そのために、真柱は言うに言われぬ苦汁をなめることになる(26)。

下谷《したや》区北稲荷《きたいなり》町に家屋も手配でき(27)、願書の作成作業も整ってきた。三月三十日、大神教会長の添書を辛《かろ》うじて手に入れ、真柱一行もいよいよ東京へ向かう(28)。

おやしき出発に先立ち、前日の三月二十九日、真柱が梅谷四郎兵衛《うめたにしろべえ》に残した言葉は極めて印象的である。

「こうやって教会設置の出願のために東京へ行くけれども、望みが叶《かな》って西向いて帰れば結構だが、もし望みを遂げられぬ場合には、再びと西を向いて帰らん決心である。その折は、梅谷お前が第二の人数の準備をして東京へ出るのやで。それでも、もし、未《ま》だ駄目な時には第三の人数を拵《こしら》えて来い」(『稿本中山眞之亮伝』71～72ページ)

教会公認への真柱の信念の程がうかがえる。

ければならん」と助言している(『稿本天理教教祖伝』293ページ)。

(26) 守屋秀雄に仲介同道を頼み、3月24日三輪の大神教会を訪ねるが不在。翌25日大阪の自宅を訪ねるが不在のため、出張先（金光教会での説法）の京都に出向くが会えないので、さらに滋賀の膳所《ぜぜ》まで赴く。翌26日朝ようやく面談かない、30日に添書入手の承諾を得ることができた（『年祭回顧』）。

(27) 北稲荷町42番地に借家を見つけるが、地方人には貸さないとのことで、中臺勘蔵《なかだいかんぞう》（のち日本橋初代）名義で借り受けた（明治21年7月には中臺が買い上げ献納した。敷地約500坪、建坪約20坪）。現在の東大教会所在地。

(28) 神戸の増野宅に1泊し、翌31日正午、平野楢蔵と松村吉太郎を供に山城《やましろ》丸で神戸港を出航。遠州灘《えんしゅうなだ》付近から大時化《おおしけ》となり、一行は船酔いに悩まされた。

●認可かなう

四月一日、真柱と平野《ひらの》楢蔵《ならぞう》、松村《まつむら》吉《きち》太郎《たろう》の一行が東京に到着。清水、諸井と合流し、最後の詰めにかかる。

神道本局稲葉正邦管長の添書など諸書類を整え、下谷区長（岡本益道）の押印を経て、四月七日午前、東京府知事あてに「天理教会所設置御願」の願書を提出。[29]二日後、府庁の社寺掛から呼び出しがあり、添付していた「神道天理教会規約」を一部訂正し、[30]府庁の返事を待つばかりとなった。[31]

「書面願之趣聞届候事

明治廿一年四月十日

東京府知事男爵高崎五六」

との吉報が北稲荷町に届いたのは、四月十一日のこと。一年祭の「ふし」からわずか一カ月余りしか経《た》っていない。あれほど苦心を重ねてきた宿願が、わずか数日で成就した。東京がだめならと決死の覚悟も決めていただけに、出願の一行は肩透かしをくった感すらあったにちがいない。

「在京の諸員ハ手の舞足ノ踏む所を知らず、神様の最《いと》も有難き御守護の然《しか》らしむる処と、直に神床ニ該指令書ヲ供へ御礼申上ゲ、一同観極まって皆涙を流し、実ニ容《た》易《やす》く御許可相成リタル難有《ありがた》キ事ヲ物語リタリ」

躍りださんばかりの人々の喜びの様子が、真柱の「上京懐中日記」に、そう記さ

(29) 田中喜三郎（地主代）、荒澤平兵衛（天理教会信徒惣代）、町田平三郎（同）、村松萬蔵（同）、平野楢蔵（同）、上原佐助（同）、松村吉太郎（同）、清水與之助（同）、諸井國三郎（同）、中山新治郎（天理教会長）の連署で提出している。

(30) 第12条「……神符及神拝略詞等ヲ授与ス」の「神符」を「神供」に訂正。

(31) 4月8日付の諸井の在京日記には「午後四時頃ヨリ平野松村助けに行《ゆく》」とあり、願書提出も済み、落ち着いたところで、おたすけに出向いている様子もうかがえる。

明治21年４月17日、悲願達成１週間後、上野の写真師勉強堂松村で撮影の初代真柱(23歳)。「負けじ魂の溢《あふ》れた眉《まゆ》上る風貌《ふうぼう》に、軒《けん》昂《こう》たる当年の意気が偲《しの》ばれる」と『稿本中山眞之亮伝』(82ページ)。

れている。(32)

四月二十四日、北稲荷町で教会本部仮開筵式《かいえんしき》を執行。上原佐助《うえはらさすけ》をはじめとする東京真明《しんめい》組の人々ら大勢が詰めかけ、にぎやかに勤められた。(33)

長年の懸案を成し遂げ、重責を果たして、ぢばへ帰る真柱の心境は、いかばかりであったろうか。(34)

「多年の辛苦、こゝに初めて芽を吹いて、教祖の御霊、又、父秀司《しゅうじ》の御霊にも、些《いささ》かお答え出来たか、と思えば、眞之亮にとって、まことに心嬉《うれ》しい、いともうらゝかな旅路であった」と、『稿本中山眞之亮伝』（78ページ）は推量している。

○

振り返れば、こうした公認運動は、慶応三年の吉田神祇管領の公許をはじめとして、明治新政府への出願の動き、明治九年の風呂屋と宿屋の鑑札、十三年の転輪王講社の結成など、さまざまな便法をもって、秀司を中心に進められてきた。しかし、いずれの場合にも、教祖はそれらを、よしとはされなかった。

また、明治十七、八年ごろからの教会設置運動の際には、教祖は、「しんに肉を巻け」と仰せになっており、あくまでも「しんばしらの眞之亮」を芯《しん》にしてのことならば、との思召が感じられる。そして、教会設置についてのお許しがあったと人々が悟ったのは、明治二十年一月十三日の「何か願う処に委《まか》せ置く」とのお言葉であった。(35)

お許しになった教会とは、どのような内容のものなのか。教会制度ができて一世

(32)『稿本中山眞之亮伝』76ページ参照。

(33) 開筵式の役割は、斎主・真柱、典礼・松村吉太郎、祓主・諸井國三郎、手長・清水與之助と平野楢蔵。真柱が梶本松治郎にあてた書簡には「好天気ニテ参集之信徒千六七百人」とある（『年祭回顧』）。なおこれより先、4月12日には芝の紅葉館で稲葉管長ほか17人を招待しての祝宴を催している。

(34) 東京から帰路の様子は、二代真柱『春の旅』に詳しい。

(35)『稿本天理教教祖伝』318～319ページ参照。

(36)『稿本天理教教祖伝』142ページ参照。

紀を越えたいま、常に元一日の神意に思いを致すことが肝要ではないだろうか。

教祖は、文久・元治のころから、「講を結べ」と仰せになり、(36)「打ち分け場所」「詣《まい》り場所」「神の出張り所」などという言葉も口にしておられたようである。(37)少なくとも当時は、「教会」よりも「講」という用語が、ごく普通に用いられていたであろうと思われる（左コラム・次ページのコラム参照）。

慶応三年に作られた「みかぐらうた」にも、

(37)「打ち分け場所」は増井宅（『稿本天理教教祖伝逸話篇』四七）、松村宅（同一〇二）、平野宅（同一八九）、「詣り場所」は松村宅（同一〇二）、「神の出張り所」は山中宅（『山中忠七伝』）などが伝えられている。

教会について

「教会」とは、共通の信仰をもつ人々の組織体、およびその教えを宣布し、礼拝などの儀式を行う建物をいう。

この用語は、キリスト教をはじめ、その他の教団でも用いられているが、語の起こりについては定かではない。仏教では、信者が仏を拝み、説教を聴聞する集まりを教会（きょうえ）と称しており、キリスト教の漢訳聖書のなかでも、すでに「教会」の語が使われているということであるが、広く諸教団で使用されるようになったのは、明治期に入ってからのことである。

大教宣布運動の中央機関であった大教院では、明治六年（一八七三年）五月に「教会大意」を立案、八月に認可施行されるが、それによって従来の黒住・吐普加美《とおかみ》・富士・御嶽《おんたけ》・不動・観音など神・仏の諸講が、それぞれ「教会」として設立を認められることになった。

本教では、明治十八年五月二十三日、神道本局直轄六等教会設置が、教会組織としての最初と見られる。

明治18年、おやしき近くの村田豆腐屋に掲げられた「神道天理教会創立事務所」の看板（『天理教百年史』から）

講について

「講」は本来、仏経の講義のための法会を法華八講、最勝王講などと称したのであるが、やがて同じ信仰に結ばれる集団を指すようになり、さらに多様な団体にも「講」を称するようになった。

村における信仰的な講と呼ばれる組織も多様である。氏神を中心とした集団や、檀那《だんな》寺を中心とした集団も、宮講とか報恩講などの講名を称しているが、これはイエを単位として形成されたもので、本人の信仰に関係なく、生まれながらその集団に属しているものである。特に、氏子集団には階層性と閉鎖性が強かった。村内の特定のイエだけが祭祀《さいし》権を持っていて、回りもちで神主役を務めていた。

村外の寺社を対象とした参詣講は、大和では伊勢講、愛宕《あたご》講、稲荷講、金毘羅《こんぴら》講、山上《さんじょう》講、大師《だいし》講などが天理周辺で多く見られる。これらは、信仰対象が宗派や同族信仰を超えたものであり、講金を醵金《きょきん》として交替に参詣する代参講の形をとるものが多いので、氏神や檀那寺を中心とする講よりも、講員間の階層意識がうすい。

山ノ神講、野神講、二十三夜講、庚申《こうしん》講、日待《ひまち》講、風《かぜ》待《まち》講などの民俗的な講は、時代や地域によって、その内容が異なるが、これらは特定の指導者がなく、順番に当番の家を祭りの場所として祈願と共同飲食を行い、講員は平等の立場で事を行うことが基準となっている。

明治八年、こかんの出直しを機に結ばれた天元《てんげん》講も、「誰が講元ということもなく、毎月、日を定めて、赤衣を持ち廻《ま》わって講勤めを始めた」（『稿本天理教教祖伝逸話篇』四三）という。

どうでもしんぐ〲するならバ
かうをむすぼやないかいな
（五下り目）

とあり、明治八年、こかんの出直しを機に、村方たちが講を結ぶことを願い出たことに対して、教祖はたいそうお喜びになって赤衣《あかき》を与えられたと伝えられる。(38)

(38)『稿本天理教教祖伝逸話篇』四三「それでよかろう」参照。

信者同士の心の結び合い、たすけ合いのなかに、おのずと強固な信心も培われるとの思召であろうか。「かうをむすぼやないかいな」の手振りは、両手十本の指をしっかりと結び合わせた「一手一つ」の形として教えられている。つまり、心と心の結び合いこそが、講にしても教会にしても大切な要《かなめ》であろう。

東京で設置認可された建物の内部。六畳二間の奥の間の三尺の床を神床にしてあった。（写真は大正10年ごろ）

「おふでさき」に、

　このはなしなんの事やとをもている
　神のうちわけばしよせきこむ　（二　16）

とあるように、現行の教会制度は、やがて、内・中・外の「打ち分け場所」へと発展する(39)一つの段階と見ることができるのかもしれない。

○

何はともあれ、宿願であった教会設置は成就した。しかし、これで万事完了というわけではなく、重要な課題が残されていた。東京の仮本部を、ぢばへ移すことである。

(39)『おふでさき註釈』に「将来は内、中、外に各々三十一カ所宛《ずつ》、都合九十三カ所出来ると仰せられた」（二号16）とある。

第三章 ぢばありて、世界治まる——教会設置(下)

明治二十一年三月八日（陰暦正月二十六日）の教祖一年祭の「ふし」を機に一気に高まった公認運動は、約一カ月後の四月十日、東京で成就した。長年の悲願達成に、真柱はじめ人々は歓喜にむせんだ。しかし、これで万事が済んだというわけではなく、いまだ重要な課題が残されていた。東京で認可された教会本部を、ぢばへ移すことである。

その懸案事項も、三カ月後の七月二十三日付で無事に解決。以降、各地に教会が相次いで設置されるなど、道は飛躍的に伸びひろがっていく。

この章では、東京で教会本部が設置認可されて後の、ぢばへの移転、一般教会設置の状況をたどる。

●教会本部をぢばへ

明治二十一年（一八八八年）四月、教会設置の悲願は達成された。それより以前、明治十八年五月に神道本局から直轄六等教会として認められてはいたが、(1) 地方庁の認可が得られず辛酸をなめてきただけに、関係者は安堵《あんど》の胸をなでおろした。

（1） 神道の「教会条例」（『みちのとも』明治25年3月号所載）第2条に「直轄教会ヲ一等ヨリ六等トシ左ノ項目ニヨル」とあり、六等教会については次のようになっていた。（ ）内は一等教会。

真柱一行が東京行きの間、留守を守るおやしきの人々も同様であった。公の許しを得ていないがために、巡査が門前に張番をし、信者は門内に入れないという状態が何日も続いていた[2]。そこへ、公許を得たとの知らせが舞い込んだわけで、立ちこめた暗雲が吹き飛ばされたような晴れやかな気分に、おやしきは沸き立った。

そして人々は、とりあえず東京で認可された本部が、遅かれ早かれ、大和《やまと》へ移る日が来るにちがいないとの思いを馳《は》せる。

このことは、すでに東京出願前の会議で話し合われていたことである。が、いざ移転という段になってみると、奈良県の従来の圧制ぶりが[3]、人々の心をよぎる。急ぎすぎて、もしも、やっと手に入れた認可が取り消されでもしたら元も子もない。そんな懸念が先に立ってしまう。

しかし、親神の急《せ》き込みは、人々の思いをはるかに超えていた（次ページのコラム参照）。

というのも、東京に本部が置かれたがゆえに、信仰上、さまざまな問題が噴出しかけたからでもある。

四月二十四日に東京での仮開筵式《かいえんしき》を終え、五日後の二十九日夜、「東京に於《おい》て御供《ごく》を出す願」がなされている。対するお言葉は、

さあ〳〵先《ま》ず〳〵尋《たず》ね一条《じょう》というは、さあ〳〵所々《ところ〳〵》で、さあ〳〵未《ま》だ〳〵。一度《ど》二度《ど》の刻限話《こくげんばなし》でさしづである。先《ま》ず〳〵今《いま》までの事《こと》に、先《ま》ず〳〵暫《しばら》くの処《ところ》、先《ま》ず〳〵の処《ところ》はぢばより送《おく》るよう。

・所属教師100人（2千人）以上
・信徒3千人（6万人）以上
・葬儀依托者300人（6千人）以上
・年金30円（600円）を納め得る者

なお、明治21年4月10日の東京府認可後、4月28日付で「神道天理教会ヲ六等トナシ証章ヲ授与スル者也」と、神道管長稲葉正邦からあらためて証章の授与があった。

（2）「梅谷四郎兵衛が、四月二日から寄留して来て、種々と御用を勤めて居たが、信者を門内に入れる事が出来ないので、村田長平、中山重吉《なかやまじゅうきち》の両旅宿を以て、内密の信徒取扱所として、おやしきから御供《ごく》を懐に入れて運んで置いては、こゝで渡すようにして居た。巡査は、眞之亮が上京したのは何故かとか、愚民を迷わしてはいけないとか、説諭した揚句《あげく》には、必ず、早く政府への手続をふんで教会所を設置せよ、と忠告するのが常であった」（『稿本中山眞之亮伝』79～80ページ）

ぢばへの移転の急き込み

明治二十年一月十三日（陰暦十二月二十日）、「教会本部をお許し下された上は、いかようにも神様の仰せ通り致します」という願いに対して諭された教祖のお話は、「誠という思案」を求められ、真実の心を定めてかかるならば――「何か願う処に委《まか》せ置く」というものであった。人々はここで、教会の設置を許されたものと受け取ったが、その後、教会設置が実現するまでの間、次々と諭された「おさしづ」に導かれて、事が運ばれていったのである。それをひと口に言えば、教会設立の手続きを進めるについての心得を伺った時のお言葉「ぢば一つ理は、独り立ち出来てある」（明治21・3・9）という信念に立った神一条の運び方である。

明治二十一年四月十日、「神道天理教会規約」（42ページ参照）に基づいたものとして教会設置は認可された。まさに「世界の道」としての成就といえよう。しかし、その後の「おさしづ」をもって促されていることは、ぢばの理を明らかにしていく「神の道」であった。そのことを具体的には、東京で認可された教会本部を、時を待たずに、おぢばへ移転することを求められ、一層具体的な形で集中的に諭されているのを見ることができる。

たとえば、「かんろだい一条、世界にある事は言わん。これから神の言うようする事、だん〳〵聞かす」（明治21・6・3）、「神一条の名揚げ、一つの細々の道、早く、理を早く直せ」（同6・8）、「ぢばがありて、世界治まる」（同7・2）、「神一条の道を胸に治めて、世界の理を運ぶよう」（同7・13）、「何処《どこ》へ頼むやないと言うてある」（同7・23）などのお言葉が注目される。その間の「おさしづ」においても、きわだって見られるのは「神一条」の表現である。

（3）奈良県は明治20年11月まで大阪府下にあり、当時の大阪府警察本部長・大浦兼武《おおうらかねたけ》が就任直後の明治15年夏に起きた「我《あ》孫子《びこ》事件」（『稿本天理教教祖伝』240～241ページ、諸井政一『正文遺韻抄』101～103ページ参照）などのこともあり、この前後から官憲の取り締まりが強くなる。また明治34年6月に内務大臣あて提出された「天理教別派独立請願理由書」（『天理教高安大教会史』所載）に「明治十八年ニ至リ、始メテ神道事務局条例ニヨリテ、其管下ニ属スルコトナレリ、然レドモ当時ノ事務局ハ教旨及ビ祭神ノ自由ヲ許シタルヲ以テ毫モ不都合ヲ感ゼザリシガ、明治十九年ニ至リ、神道教規ノ制定アリシ以来、当教会ハ教旨祭神ノ自由ヲ剥奪セラレ」とあるように、当局の監視の目が緩むことはなかった。一連の取り締まりの様相は『稿本天理教教祖伝』第9章「御苦労」に詳しい。

また、同日の「めどう札(4)を出す事じっとする願」に対しては、

さあ〳〵一時《じ》尋《たず》ねる〳〵。さあ尋《たず》ねる事情《じじょう》、よう聞《き》き分《わ》けてくれ。めどう札暫《ふだしばら》くの処出《ところだ》せんという。めどう、神《かみ》の名《な》がめどうか。何《なん》と言《い》うて呼《よ》び出《だ》すか。さあ〳〵分《わ》からんから尋《たず》ねる〳〵。めどう無《な》くば呼《よ》び出《だ》すまい。

いうまでもなく、「御供」も「めどう札」も、ぢばから出されるものである。(5) そのことを、人々に念を押されたのであろう。

翌五月二十日には、先の教会公認運動に尽力した一人でもある諸井國三郎から「分教会設置の願」がなされるが、

……先《ま》ず〳〵神《かみ》の道《みち》は、先《ま》ず〳〵一年《ねん》は一年《ねん》だけ、十分神《ぶんかみ》の道《みち》。又々《また〳〵》世界《せかい》でこれで尽《つく》せん、先《ま》ず〳〵年々《ねん〳〵》に付《つ》きたる処《ところ》、これは聞《き》いてくれねばならん。……

まず、教会本部をぢばへ移して、それからのこと、という神意であろうか。

このような諸問題をきっかけに、ぢばへの移転を促されるが、人々はまだ踏み切れずにいた。そこでいよいよ、本席の身上を通して急き込まれることになる。

六月三日「本席御障りに付おさしづ」があり、五日（陰暦四月二十六日）の「本席身上おさしづ」で、

……一《ひと》つ心早《こころはや》く一《ひと》つ運《はこ》ばねばならん。何《なん》でもならん。日柄刻限外《ひがらこくげんはず》さんよう。神《かみ》一条《じょう》の道《みち》である。早《はや》く急《いそ》げ、取《と》り掛《か》かれ。

同月八日には「御諭」もあり、二十一日の「本席の御障りに付おさしづ」では、

……本部《ほんぶ》や仮本部《かりほんぶ》や。これで一寸苦《ちょっとく》が遁《のが》れた。運《はこ》ぶ処《ところ》を運《はこ》ばずして、これで安《あん》

(4)「めどう札とは、親神様に祈念するための目標となる札であって、縦約二四センチ、横約四センチの長方形の和紙に『奉修天理王命守護』と記されてあった。……これは現在、教規によって『天理王命目標《めど》』『教祖目標《めど》』ならびに『神実《かんざね》』と呼ばれているものの起源をなすものである」（山本久二夫・中島秀夫『おさしづ研究〈上〉』）

(5) 約1カ月後の5月23日には、「東京本部に於てめどう札を渡さぬ人に御幣《ごへい》を渡すことの御許しを、中山会長より、増野が上京するに付御伺」がなされている。

「神道天理教会規約」

（『年祭回顧』から）

第一章　主　旨

第一条　本会ヲ名《なづけ》テ神道天理教会ト称ス

第二条　本会ハ神道本局ニ部属シテ惟神ノ大道ヲ宣揚スルヲ目的トス

第三条　神道教規第二条ノ祭神ヲ奉戴シ、殊ニ
国常立神　豊雲野神　意富斗能地神　大斗乃弁神　淤母陀琉神　阿夜訶志古泥神　伊邪那岐神　伊邪那美神　国之狭土神　月夜見神
右十柱大神ヲ奉教主神トシ表名祭祀ス

第二章　会　則

第四条　本会ノ教務一切ヲ総轄スル所ヲ天理教会所本部ト称ス

第五条　本会ノ教務ヲ分轄スル所ヲ某教会所ト称ス
但シ布教ノ便宜ト信徒ノ請願ニヨリ之ヲ設置ス

第六条　本会ノ信徒ヲ区別スルニ講名ヲ以テス

第七条　三条教憲ハ終身之ヲ遵奉スベシ

第八条　信徒タルモノハ神道規約ハ勿論此規約ハ違背ス可カラズ

第九条　毎朝盥漱《かんそう》シ奉教主神ヲ始　産土大神及祖先神霊ヲ礼拝ス可シ

第十条　国祭祝日等ニハ必ス国旗ヲ揚ケ祝意ヲ表ス可シ

第十一条　教会大祭ハ勿論月次祭并入社式ヲ執行ノ節ハ神楽ヲ舞楽ス可シ

第十二条　信徒ニハ各自其信票ヲ授与シ当本人ノ請求ニ応シ神供及神拝略詞等ヲ授与ス

第十三条　禁厭祈禱ヲ行フモノハ　教導職試補以上ノモノニ限ル

第十四条　禁厭ヲ請フモノアラバ　医薬ノ闕クヘカラサルヲ懇篤ニ説明シテ後之ヲ行フベシ

第十五条　国益トナル可キ事業ハ率先従事スヘシ

第十六条　隠怪ヲ説キ人蠱惑《こわく》シ私利ヲ営ム等ノ所業ハ決テ為ス可カラス

第十七条　入会ノ信徒ハ毎月些少金穀ヲ醵出シ之ヲ教費ニ充ツ可シ

第十八条　死ハ人倫ノ大故ナリ　若シ信徒組合中ニ死者アラハ互ニ会葬ス可シ
但喪家ニテ飯食等ハ為ス可カラス

第十九条　本会ノ役員ヲ定ムル事左ノ如シ

（以下略）

心《しん》、何《なに》も安心《あんしん》、成《な》って成《な》らん。どういう処身《ところみ》の処《ところ》一《ひと》つ印《しるし》、さあ〱急《いそ》ぐで。身《み》上《じょう》一《ひと》つの道早《みちはや》く通《とお》れ。見《み》えて来《く》る。世界《せかい》急《せ》く。世界《せかい》繋《つな》ぐ〱。一《ひと》つ神《かみ》の話《はなし》。一《ひと》つの理《り》を聞《き》いて道《みち》が分《わ》からん。あちらではこうや、何《なに》もならん。何程残念《なにほどざんねん》。すっきりその日刻限《ひこくげん》というはそこで知《し》らす。

仮本部が設置されて、皆安心しているが、ぢばへ本部を移転することを運ばずに安心はできない。本席の身上を通して、それを急ぐとのお言葉であった。

人々は相談の結果、とりあえず東京の本部はそのままにしておいて、ぢばに分教会を置いてはどうかと、二日後の六月二十三日「ぢばに於て分教会所設置の件伺」をしている。これに対しては、

……それ〲皆心《みなこころ》、世界《せかい》の道《みち》は、神《かみ》の道《みち》とは皆間違《みなまちご》うてある。天然自然道《てんねんしぜんみち》で成《な》り立《た》つ。世界《せかい》の道《みち》、通《とお》る通《とお》られん、一寸許《ちよつとゆる》し、その日来《ひき》たる処《ところ》、世界《せかい》の理《り》を運《はこ》ぶ。前々《ぜん〱》伝《つた》え神《かみ》一条《じょう》を胸《むね》に治《おさ》め、世界《せかい》の道運《みちはこ》ぶがよい。何《なに》も心配《しんぱい》要《い》らん。神《かみ》の引《ひ》き受《う》け心置《こころお》き無《の》う。……

世界の道と神の道とを取り違えぬよう、神一条の道を運べと、ぢばへの移転を促され、これについては何も心配はいらない、神が引き受ける、とまで仰せられている。

それでも人々が躊躇《ちゅうちょ》していると、四日後の二十七日、「本席御障りに付伺」を通して、「一寸細々《ちよつとほそ〱》の道《みち》を許《ゆる》してある。これまで通《とお》り替《か》わりてある。早《はや》く理《り》を運《はこ》び替《か》え」とのお言葉。が、人々の心は、なお定まらない。万が一認可を取り消されても

したら、また一がけからやらなければならないという懸念をぬぐい去ることができなかったのである。

そうした人々の人間思案を払拭《ふっしょく》するように、七月二日には朝六時から、またまた本席の身上(6)を台に急き込まれる。

……遠《とお》く〳〵の理《り》は、一寸《ちよつと》世界《せかい》の理《り》。神《かみ》の理《り》は、さあ〳〵一時《じ》ならん。一時《ひととき》の間《ま》にも、一時《じ》急《いそ》ぐ〳〵処《ところ》は急《いそ》がねばならん。急《いそ》いでも〳〵よい事《こと》を急《いそ》いでならん。

かなり厳しい急き立てである。そこで一同は、神一条に進むよりほか道がないとの思いに立ち、「右に付き、教会本部をぢばへ引移りの事を押して願」をしたところ――

……世上《せじょう》の気休《きやす》めの理《り》を、所《ところ》を変《か》えて一寸《ちよつと》理《り》を治《おさ》めた。世上《せじょう》には心休《こころやす》めの理《り》、ぢばには一寸《ちよつと》理《り》を治《おさ》める。ぢばの理《り》と世界《せかい》の理《り》とはころっと大《おお》きな違《ちが》い。世界《せかい》で所《ところ》を変《か》えて本部《ほんぶ》々々《〳〵》と言《い》うて、今上《いまかみ》も言《い》うて居《い》れども、あちらにも本部《ほんぶ》と言《い》うて居《い》れど、何《なん》にも分《わ》からん。ぢばに一《ひと》つの理《り》があればこそ、世界《せかい》は治《おさ》まる。ぢばがありて、世界治《せかいおさ》まる。さあ〳〵心定《こころさだ》めよ。何《なに》かの処一《ところひと》つ所《ところ》で一寸《ちよつと》出《だ》さにゃならん。さあ〳〵一寸難《ちよつとむつか》しいであろう。どんな道《みち》もある。心胆心《しんたんこころ》澄《す》ます誠《まこと》の道《みち》があれば早《はや》く〳〵。

ぢばの理と世界の理とは大きな違いがある。ぢばがあって世界が治まるのだから、一刻も早く手続きをとるようにと。だが、この時点でも、いまだ一抹《いちまつ》のためらいの

(6) 割書には「本席腹下るに付伺」とある。

気持ちは消えていない。

翌日、七月三日にも「本席の御障りに付おさしづ」。

……さあ〱ぢばの一《ひと》つ〱の理《り》急《いそ》ぐ〱。何《なに》を急《いそ》ぐ。些《いささ》かなる処《ところ》、理《り》を始《はじ》めよう。何《なん》の思《し》やんも要《い》らん、思《し》やんは要《い》らん。前々《ぜん〱》の理《り》を一《ひと》つ、かんろうだい一《ひと》つの理《り》、何《なん》にも要《い》らん。神《かみ》一条《じょう》の理《り》治《おさ》めば何《なん》にも要《い》らん。……本部《ほんぶ》々々、あちらも本部《ほんぶ》。変《か》わる出《で》ける残《のこ》る理《り》と、かんろうだい一《ひと》つ、何《なん》にも分《わ》からんでない。出掛《でか》けたら見《み》にゃならん〱。第《だい》一の理《り》が分《わ》からん。大層《たいそう》であろう〱。よう聞《き》け。何《なん》でも道《みち》を出《だ》さねばならん。先《ま》ず〱このぢば・かんろうだい一《ひと》つ、何《なん》でも彼でも運《はこ》ばにゃならん。どんな道《みち》、世界《せかい》の道《みち》、ほんの気休《きやす》めである。発《ほっ》端《たん》の道《みち》、何《なに》か急《いそ》いで取《と》り掛《か》かれ〱。

急き込みは、ますます厳しく、ここに至って、ようやく人々の心が定まる。

それより、「押して、これまで本部、東京市下谷区北稲荷町四十二番地に設置有之処、おぢばへ引移りの事を御許し下さるや願」、さらに、十一日の「本部をおぢばへ移転するに付、奈良県庁へ届書にして宜しきや、又、願にして宜しきや伺」など、一つひとつ慎重に「おさしづ」を仰いでいる。

十三日「東京本局へ、奈良県への届を書し、添書頼みに行くに付願」では、「神《かみ》一条《じょう》の道《みち》を胸《むね》に治《おさ》めて、世界《せかい》の理《り》を運《はこ》ぶよう」と諭され、清水與之助が東京へ急いだ。(7)

そして、二十三日には「東京より届書の添書帰りて願(8)」となる。

（7）移転にあたり、神道本局との相談では移転願のつもりでいたが、奈良県に交渉すると移転届でよいとのことであった。そのための神道本局管長の添書を依頼に出向いたのが清水で、翌14日に発ち、19日には帰還。またこれより先、清水は7月7日に大神《おおみわ》教会の亀田加寿美教長宅（大阪）へ赴き、公認を得るまで大神教会の傘下にあった本教が、公認後は神道本局直轄の世話を受けるようになった旨を報告している（高野友治『清水与之助伝考』）。

（8）神道本局管長の添書が東京から届いたので、移転届を奈良県へ提出するに先立って伺ったもの。

さあ〳〵願《ねがい》の事情《じじょう》、諭《さと》す処《ところ》の事情《じじょう》、先《ま》ず〳〵今《いま》まで運《はこ》び来《き》たる処《ところ》、神《かみ》一条《じょう》の理《り》は未《ま》だ〳〵いかん。さあ〳〵神《かみ》一条《じょう》の理《り》は一夜《や》の間《ま》にも入《い》り込《こ》むなら、どうしようとままや。朝《あさ》あちら向《む》いて居《い》るを、こちら向《む》けるは何《なん》でもない。前々《ぜん〳〵》聞《き》かしてある。何処《どこ》へ頼《たの》むやないと言《い》うてある。軽《かる》き〳〵の道許《みちゆる》したる処《ところ》、神《かみ》一条《じょう》の道《みち》はなか〳〵分《わ》からん〳〵。かんろうだいの道《みち》は分《わ》かろまい。世上《せじょう》にては世《せ》上《じょう》の道《みち》を知《し》らそ。世上《せじょう》で矢来《やらい》(9)をしたようなものや。……まあこれで安心《あんしん》と言《い》う、安心《あんしん》という間《ま》が隙間《すきま》やで。隙間《すきま》より腐《くさ》るもの。さあ〳〵矢来《やらい》も五年《ねん》十年《ねん》二十年《ねん》すれば破損《はそん》が廻《まわ》る。一本《ぽん》二本《ほん》抜《ぬ》く、抜《ぬ》きに来《く》る。よう聞《き》いて置《お》かねばならん。

神一条の理は、まだまだ、おまえたちには分かっていないが、ぢばへの移転については、何一つ心配することはない、軽く通してやるとまで断言されている。この「おさしづ」に勇気づけられ、同日（七月二十三日）真柱が橋本清《はしもときよし》を連れて、奈良県庁に出願した。すると、案ずるより産むがやすしで、即刻受理。こうして、手続きはお言葉通り、いともスムーズに運んだ。(10)

晴れて本部移転がかない、その開筵《かいえん》式執行の段になると、それまでのつとめ場所(11)では手狭で、早くも翌二十四日には「本部神殿祀る所の伺」がなされている。(12)そして、神殿増築が決まると、八月九日に起工式、十月七日には上棟式を挙げ、十一月二十九日の開筵式に備えた。(13)

いうまでもなく、この祭典は本部の移転とともに、正式の教会本部開設の開筵式

(9)「竹や丸太を縦横に粗く組んで作った仮の囲い」（『広辞苑』）

(10) それまでの東京本部は、同年8月5日に「本部をおぢばに引移りになりしを以て、東京の本部を出張所と改め当分の処御許しの願」がなされ、「天理教会本部出張所」に改められた。これにともない、東京府知事、下谷区長、神道管長あてに、「当教会之儀、都合有之、奈良県大和国山辺郡三島村五番地ヲ以テ天理教会本部ト相定候間、就テハ御府下下谷区北稲荷町ニ設置致置候教会所ヲ天理教会本部出張所ト引直候間、此段御届申上候也」との届けを、8月16日付で提出している（『天理教東大教会史』）。

(11) 元治元年（1864年）、のちの本席・飯降伊蔵が中心になって造った本教最初の神殿といわれている建物で、3間半に6間の広さであった。

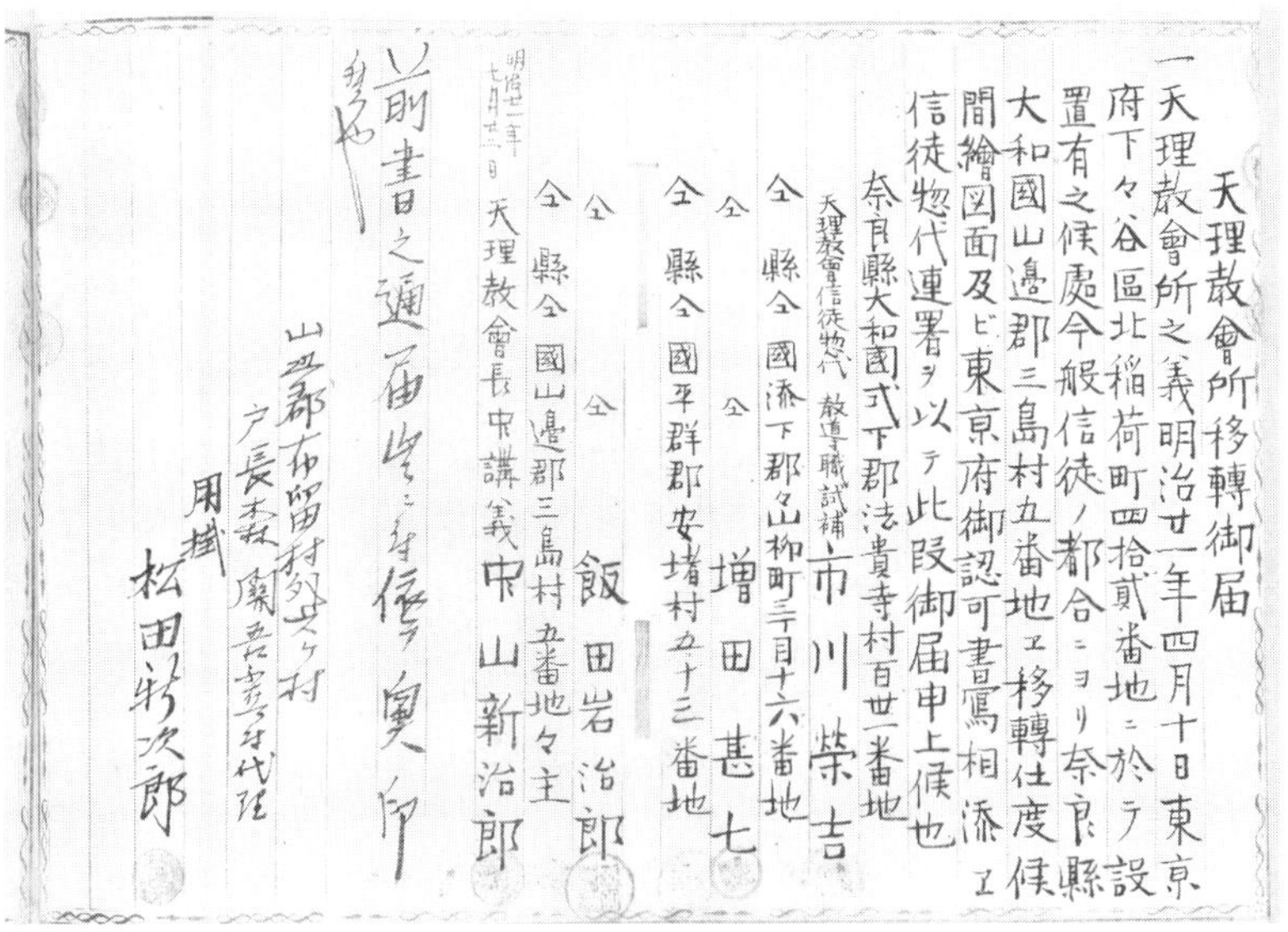

天理教會所移轉御届
一天理教會所之義明治廿一年四月十日東京府下々谷區北稲荷町四拾貳番地ニ於テ設置有之候處今般信徒ノ都合ニヨリ奈良縣大和國山邊郡三島村五番地ヱ移轉仕度候間繪図面及ヒ東京府御認可書寫相添ヱ信徒惣代連署ヲ以テ此段御届申上候也
奈良縣大和國式下郡法貴寺村百廿一番地
天理教會信徒惣代 教導職試補 市川榮吉
仝 縣仝國添下郡郡山柳町三百十六番地
仝 増田甚七
仝 縣仝國平群郡安堵村五十三番地
仝 飯田岩治郎
仝 縣仝國山邊郡三島村五番地々主
明治廿一年七月廿三日 天理教會長中講義 中山新治郎
前書之通届出候ニ付奥印
山邊郡布留村外ケ村
用掛 松田彩次郎

明治21年7月、奈良県に提出した「天理教会所移転御届」。神道管長の添書、東京府認可の写しなどが添えられている。（奈良県立図書館蔵）

である。それだけに、これに先立ち、十一月十一日に「第一、開会所に付一条」「第二、かんろだいの雛形《ひながた》の願」「第三、楽器の願」など、さまざまな事柄について、一つひとつ「おさしづ」を伺っている。

開筵式当日の十一月二十九日は、陰暦の十月二十六日。立教ゆかりの日にあたり、その日に教祖のお教え通り、ぢばで「かぐら」「てをどり」が、しかも祭典の式次第のなかで勤められた(14)ことは、当時の人々にとって大きな喜びであったと想像される。

この前後、十一月二十八日（陰暦十月二十五日）夜の鎮座祭(15)の後、二十九日（同十月二十六日）開筵式、三十日（同十月

(12) この時の割書注に「上段の間より本席の台所を境とし、渡り家取払い建家新築の願」とあり、これに対するお言葉の注記として、「おさしづ」本には、「詰合の人々左の如く悟る。『四方へ抜けるというは往還の道の初、今日より運ぶにより、一間四方はかんろだいの地上を屋根抜き雨打たしの事、二つめどうというはかんろだいの南へ神前を祀り、かんろだいの北より南へ向って参詣する事、上段の間のこれまで祀りある分、取り払うと中山会長仰せられしも、おさしづは二つめどう、矢張り上段の間これまで通りに祀る事』」とある（49ページの図参照）。

(13) 「かんろだいのぢばを囲んでおつとめをさせて頂けるよう、つとめ場所の増築をさせて頂かねばならぬ。と、衆議一決して、南方に向って増築の事と決定した。八月三日頃から、材木の買入れに着手、……夜を日に次ぐ突貫工事を以て工を急い

明治21年11月の開筵式に際しての教会本部神殿。つとめ場所の南に増築され、かんろだいを取り囲んで建てられた。（左ページの図は当時の間取り）

二十七日）秋季大祭、翌十二月一日（同十月二十八日）[16]には月次祭と、三日間にわたる祝典に、おやしきは盛況をきわめた。[17]

『稿本中山眞之亮伝』にも、「人々は、多年に亙《わた》り警官の抑圧のため表向の信仰も出来なかった苦しみも、ここに全く去り、[18]多年の困難こゝに初めて愁眉《しゅうび》を開き、多年の辛抱こゝに初めて美《うる》わしき花を開く時を迎えて、手の舞い足の踏む処を知らず、歓《よろこ》びの声はおやしきの内外に充ち満ちた」（93ページ）とある。

　明治二十年の陰暦正月二十六日に人々がいだいたであろう「道ももはやこれまでか……」という不安は、すでに雲散霧消していた。

だ。何分、開筵式の日も迫って来るので、工事中から分担を決めて、神具などは、京阪地方で買い整えた」（『稿本中山眞之亮伝』90ページ）

(14)『みちのとも』昭和12年4月号所載の中山慶一「喜びの日」によると、開筵式の式次第中、祭官の玉串奉献の前に、「教会神楽を奏する為《た》め装束師祭場を調理す」とあり、「式次第中教会神楽とあるのは言ふまでもなく御神楽勤めの事でありますが、従来は最も厳しい監視の的となり、迫害の目標にされて居つたこのお勤めを今日初めて公々然とこの晴れの開筵式に於て奉仕されたのであります」と記されてある。

(15)「十一月二十八日（陰暦十月二十五日）の夜も更《ふ》けて、正子を過ぎる頃、即ち、陰暦十月二十六日午前零時過ぎから、鎮座祭が執行された」（『稿本中山眞之亮伝』93ページ）

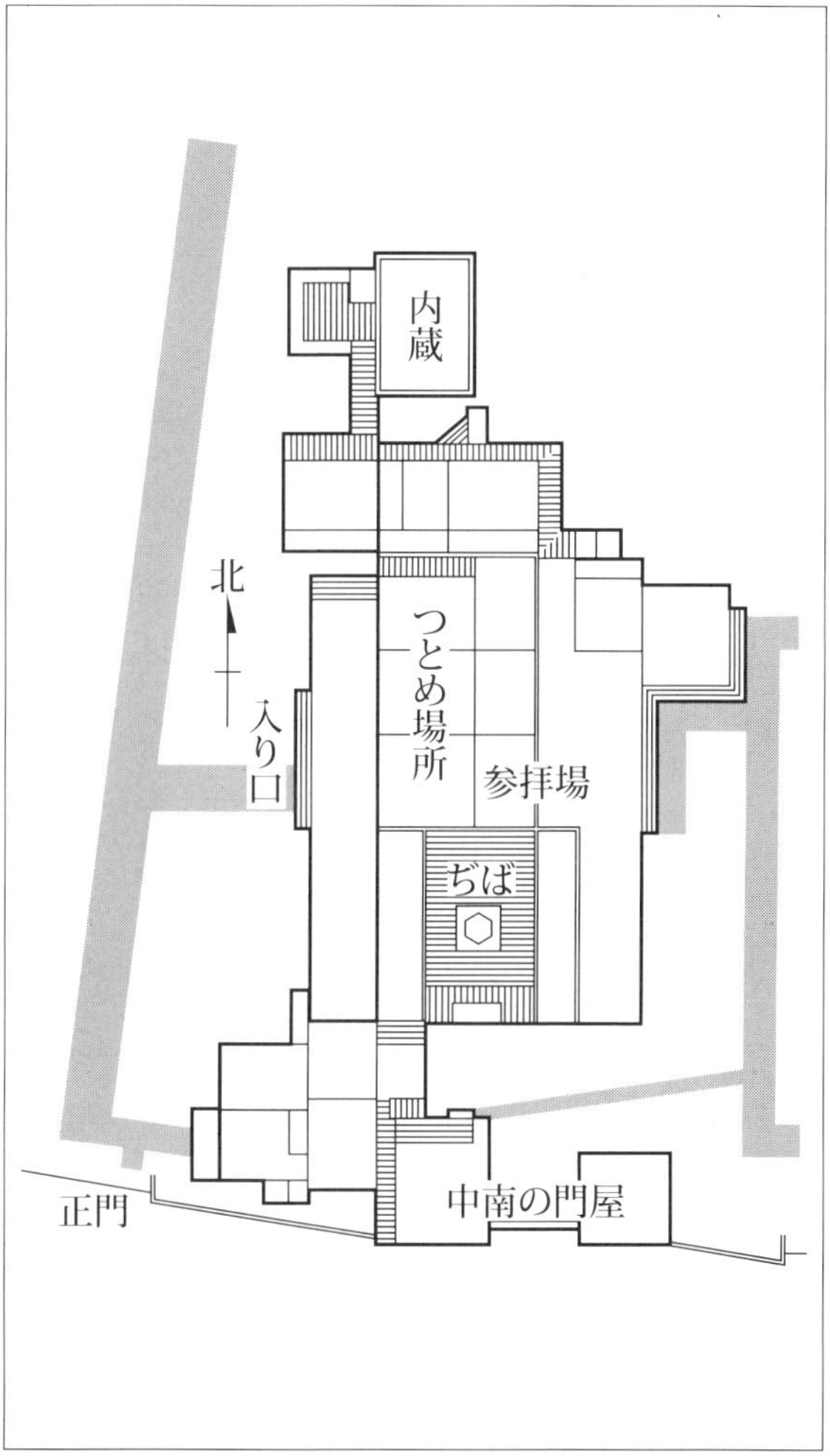

●分・支教会の設置

教会本部はぢばへ移り、その開筵式も盛大に執行された。

以降、郡山《こおりやま》、山名《やまな》をはじめとする教会が次々と設置されていくことになるが、「おさしづ」本の割書によると、それ以前にも、すでに設置の願い出がなされている。

(16) 11月21日「教会本部開筵式三日のつとめ致しますものか、又は一日だけに致しまして宜しきや伺」をしている。9月30日には「かんろだいの地に新築せし神床へ神を斎《いつ》き祭る日を伺う」も。

(17) 「三島の村の中で、貸してくれる家があれば、大小の別なく皆借りて、六十数戸に及んだが、それでも未だ足りないので、布留で七八戸、豊井で四五戸、豊田で十五戸、川原城で四五戸、丹波市で十数戸の民家を借り受け、その他、丹波市の扇屋、吉野屋、布留の魚磯等、宿屋は皆、連日満員であった」(『稿本中山眞之亮伝』92～93ページ)

(18) 『稿本中山眞之亮伝』によると、開筵式前後の交通整理のため、櫟本分署から署長以下10数名が出張している。

当時、各地に多くの講が結ばれており、(19)それらが教会本部の設立認可を契機として、教会設置の出願に踏み出したことは、当然の成り行きだったのかもしれない。

まず、四月に東京で本部が認可され、真柱一行がおやしきに帰り着いたのは五月十六日。(20)その四日後の二十日、随行の一人であった諸井國三郎から、「分教会設置の願」がなされている。これが一般教会設立願の最初になるが、このときは、

……先《ま》ず〱神《かみ》の道《みち》は、先《ま》ず〱一年《ねん》は一年《ねん》だけ、十分神《ぶんかみ》の道《みち》。又々《また〱》世界《せかい》でこれで尽《つく》せん、先《ま》ず〱年々《ねん〱》に付《つ》きたる処《ところ》、これは聞《き》いてくれねばならん。又々《また〱》聞《き》きてくれ。先《ま》ず〱処一《ところひと》つの処《ところ》、一《ひと》つ事情世界《じじょうせかい》の処《ところ》は、先《ま》ず〱一年経《ねんた》てば、あゝ成程々々《なるほど〱》。一年々々《ねん〱》と経《た》てば、それ委《まか》せ置《お》こう。

いまは法律に従って教会本部は設置できたが、神一条の道のうえからいえば、ぢばへ本部を移すことが先決問題であり、それも一年ほどのうちに、なるほどと思うようになるだろうから、そのことが済んでから、あらためて願い出よ、という内容のお諭しである。

そもそも諸井は、すでに東京滞在中に、真柱から口頭で教会設置の承諾を得ていたとも伝えられる。(21)諸井が以降、たびたび願い出ている（左ページのコラム参照）のは、そのあたりの神意を確認しようとするところもあったのではなかろうか。

本部の移転が本決まりになってきた七月十一日、諸井が今度は手紙で再び願い出ているが、(22)このときにも「暫《しばら》く、じいとして居《い》るがよい」とのお言葉であった。

本部のぢば移転直後の七月二十六日に「大阪明心講分教会の願」、また八月五日に

(19) 当時の各地の主な講について、「天理教来歴記事」では、「(教祖一年祭に)各国ヨリ寄リ集《あつま》リタル講元ヲ挙グレバ　遠江国真明組ノ講長ハ　諸井國三郎／東京真明組ノ講長ハ　上原佐助／阿波国信心組ノ講長ハ　土佐卯之助／同国真明組ノ分講長ハ　仁木直平　宗我元吉／備中国真明組分講長ハ　上原サト／摂津播磨国真明組講長ハ　端田久吉／播磨以西各国天地組講長ハ　茨木基敬／大阪真明組総講長ハ　井筒梅二(治)郎／大阪明心組総講長ハ　梅谷四郎兵衛／大阪天恵組講長ハ　泉田藤吉／京都近江国斯道会総講長ハ　深谷源二(次)郎／伊賀若狭大和諸国天龍組講長ハ　平野奈良(楢)蔵／伊賀伊勢大和諸国心勇組講長ハ　上村吉三郎／紀伊国正明講社長ハ　山田作治郎　越後淡路肥後其他諸国ノ小数団体ノ各講社長等ハ皆信徒ヲ引率シテ参集シ大凡《おおよそ》三万以上ノ多数ニ及ビタリ」とある（『年祭回顧』）。

は東京の「上原佐助より同人宅に於て、分教会設置致度御許しの願」がなされているが、ぢばが先、根を固めることを先行するようにとの思召《おぼしめし》か、許されていない。

大阪明心講といえば、東京出願中、真柱の留守を守っていた梅谷四郎兵衛が講元を務める講である。梅谷は、この「分教会の願」の一カ月前の六月二十八日には「王

分・支教会設置願い出の様子

「おさしづ」本割書（明治21・22年）から

明治21年

- 5月20日「諸井國三郎分教会設置の願」
- 7月11日「遠州国分教会設立願……再願の旨伺」（諸井、遠州より手紙にて願）
- 7月26日「大阪明心講分教会の願」
- 8月5日「上原佐助より同人宅に於て、分教会設置致度御許しの願」
- 8月9日「遠州諸井國三郎伺、前々よりの分教会設立の儀に付おさしづ」
- 11月13日「諸井國三郎分教会の伺」
- 12月5日「諸井國三郎分教会再願の願」（山名）
- 12月11日「郡山天龍講分教会伺」（郡山）

明治22年

- 1月15日「大阪真明組分教会設置の伺」（芦津）
- 〃 「大阪明心組より分教会所御許し願」（船場）
- 〃 「神戸兵庫真明講より天理分教会設立の儀……御許し願」（兵神）
- 2月18日「斯道会の分教会の件に付おさしづ」（河原町）
- 3月3日「河内国講社中より分教会設置願」（髙安）
- 6月30日「山名分教会講社先々説教所設置の願」
- 8月1日「近江国甲賀郡宇田村へ、京都河原町分教会所の支教会所御許し願」（甲賀）
- 8月26日「撫養斎田村に於て支教会設置の願」（撫養）
- 12月28日「東京東分教会日本橋支教会設置願」（日本橋）
- 〃 「河内柏原分教会設置願」（中河）

(20)「（四月）廿四日の開筵式を終って、廿六日には父様は、松村、平野の両人をつれて日光見物に出かけられました。……廿八日には東京へ帰宅され、数日おいて五月六日には東京出発、陸路を平野、諸井の両名を随《したが》へて大和へと出発されました。一寸凱旋《がいせん》行進曲と云《い》ふ形でありまして、ゆる〳〵と途中泊りを重ねて伊勢参宮までされ、五月十六日に帰着になりました」（『年祭回顧』）

(21)「（東京での）開筵式の日、（諸井）講元は初代管長公に『遠江分教会』設置の儀をお願ひされた処、管長公には其《その》場に於て直ちにお許しのお言葉を下されたのであった」（『天理教山名大教会史』〈昭和7年刊〉）

(22) 5月20日の「分教会設置の願」後、山名大教会史によると、「鮮かな充分なお許しでなかつたが、夙《つと》に遠州に教会設置の宿望ありし講元は、此月、神

社の願」をしている。(23)

一方、八月五日の上原からの「分教会設置致度御許しの願」だが、同じ日、これに先立ち、「本部をおぢばに引移りになりしを以て、東京の本部を出張所と改め当分の処御許しの願」がなされている。

このあたりの経緯について『天理教東大教会史』には、「かねてから、東京真明《しんめい》組の人々は、何《なん》とかして教会の公認を得たいという念願を燃やしながら、其《その》日の到来を渇望し、初代会長と共々教会本部設立の御用に真実を捧《ささ》げてきたところ……教会本部は滞りなくおぢばに移転された。そこで此《こ》の際初代会長を中心に竜泉寺《りゅうせんじ》村三番地の寄り所(24)を教会所と定め、分教会の設置を出願しようと言う議がまとまり、その準備も整ったので七月二十三日出願のため初代会長が周旋、信者を連れておぢばに出発した」とある。ぢばへの移転手続きが無事完了したうえで、八月五日に「東京の本部を出張所と改め」、「分教会設置致度御許しの願」に至ったようである。

これらの分教会設置の願い出と競うかのように、四日後の八月九日、諸井も「前々よりの分教会設立の儀に付おさしづ」を伺っている。このときも抑えられるような内容のお諭しであったが、それでも「**もう一寸抑《ちよつとおさ》え。今度《こんど》の暫《しばら》くは、長《なが》い事《こと》ないで。もう一寸《ちよつと》の間《あいだ》、今度《こんど》始《はじ》め出《だ》したら、世界《せかい》は皆皆《みなみな》決《き》まりてあるのやで**」とのお言葉に、お許しの兆しは感じられる。

さらに、諸井からは、十一月十三日にも、「分教会の伺」がなされているが、開筵式を十日余り後に控えていたためか、「**一《ひと》つの理《り》を治《おさ》めてやるよう**」とのお言葉

道管長の添書を得て名称を『天理教会遠江分教会所』として、教会設置の願書を静岡県知事宛に提出した」ところ、「七月に入って『設立願詮議難及』旨を以て却下された。と間もなく講元は身上にお障りを頂いた処から、手紙を以て『遠江分教会再願の旨』を神様にお願ひ」したようである。

(23) 「王社」とは、明治17年5月、梅谷が社長となって大阪に構えていた「天輪王社」(『稿本天理教教祖伝』275ページ参照)のことであろう。明治22年1月15日「大阪明心組より分教会所御許し願」から3日後の18日には、「大阪天輪王社の名義は、六年以前に御許しを受け居りしを、今回本部より分教会の御許しを受けしに付、天輪王社の名義を取消す事の願」をしている。

(24) 明治19年の夏ごろから、同所、通称大音寺《だいおんじ》前に東京真明組講社を構えていた。

であった。

その教会本部開筵式も、十一月二十九日（陰暦十月二十六日）に無事済んで日もない十二月五日、またまた諸井から「分教会再願の願」が出された。

> さあ〱改《あらた》める処《ところ》〱、一《ひと》つの理《り》、改《あらた》めて治《おさ》める一《ひと》つの理《り》。さあ〱心一《こころひと》つの理《り》を聞《き》いて、だん〱一《ひと》つの理《り》を聞《き》いて、さあ〱だん〱〱一《ひと》つ理《り》を改《あらた》めて、一《ひと》つの理《り》を、さあ〱〱早《はや》く治《おさ》めよ〱〱。

ここに初めて、早く名称の理を治めるようにという内容のお言葉があった。

引き続き、十一日の「郡山天龍講分教会伺」では、

> さあ〱尋《たず》ねる一条《じょう》、一《ひと》つのさしづ、さあ〱所々《ところ〱》に名《な》を下《お》ろす〱。年限経《ねんげんた》ちた一《ひと》つの所《ところ》、案《あん》じは要《い》らんで。皆揃《みなそろ》うて心《こころ》を治《おさ》め。所《ところ》に理《り》を無《な》けらならん。皆《み》んな心《こころ》を揃《そろ》うてすれば、どんな事《こと》も出《で》けるで。急《せ》く事《こと》は要《い》らんで〱。心《こころ》を揃《そろ》うて、あちらこちら〱、皆揃《みなそろ》うて、心《こころ》の理《り》をろっくに治《おさ》まれば、理《り》を治《おさ》めるで。皆心《みなこころ》を揃《そろ》うて、談示《だんじ》は第《だい》一。ろっくに心《こころ》を治《おさ》まれば、綺麗《きれい》に治《おさ》まる。一日《にち》の日《ひ》、話《はなし》一日《にち》の日《ひ》。

国々所々に教会名称の理を下ろすことは、真実をかけたその場所に許すのであって、皆が心をそろえて治めれば、どんなことも成就すると諭されている。

この郡山、山名を皮切りに、翌二十二年には芦津《あしつ》、船場《せんば》、兵神《へいしん》、髙安《たかやす》、河原町《かわらまち》、撫養《むや》（支教会）、東の直属教会が設置され[25]、さらにこれら直属教会の部内として[26]、甲賀《こうが》（河原町）、島ケ原《しまがはら》（郡山）、日本橋《にほんばし》（東）の支教会が出願している（51ページのコ

(25)『稿本中山眞之亮伝』100～101ページ参照。

(26) 部内教会の出願は、明治22年6月30日「山名分教会講社先々説教所設置の願」が最初で、山名大教会史によると、その理由として「山名分教会が設置されて以来、各地の教勢頓《とみ》に活況を加へ来るに及び、単なる分教会の設置のみを以てしては、教務の統轄、及布教上の不便尠《すくな》からず、各地講社先々の相寄る所にも又、教会所を設けて本教の布教を起す必要が、切実に感じられて来た」とある。具体的には翌23年1月13日に白羽《しろは》と益津《ましづ》の両支教会が願い出ている。

ラム参照)。

こうして、ぢばに教会本部が置かれて以降、各地にも分・支教会が次々と設置されていくなか、明治二十二年四月十八日の「刻限御話」で、教会制度というものに対するものとも悟れる次のようなお言葉があった。

……所々《ところどころ》には一《ひと》つ〳〵の名《な》を下《お》ろし〳〵。さあ〳〵いつ〳〵までの事情《じじょう》、往還道《おおくわんみち》を待《ま》ち兼《か》ねる。何《なに》か一《ひと》つの治《おさ》め方《かた》、一《ひと》つの事情《じじょう》、元一《もとひと》つの事情《じじょう》から始《はじ》め掛《か》ける。……さあ〳〵天理教会《てんりきょうかい》やと言《い》うてこちらにも始《はじ》め出《だ》した。応法世界《おうぼうせかい》の道《みち》、これは一寸《ちよつと》の始《はじ》め出《だ》し。神《かみ》一条《じょう》の道《みち》は、これから始《はじ》め掛《か》け。元一《もとひと》つの理《り》というは、今《いま》の一時《じ》と思《おも》うなよ。今《いま》までに伝《つた》えた話《はなし》、か、んろだいと言《い》うて口説《くど》き口説《くど》き詰《つ》めたる。さあ〳〵これよりは速《すみ》やか道《みち》から、今《い》んまにか、んろだいを建《た》てにゃならん、建《た》てんならんという道《みち》が今《いま》にあるという。

いま国々所々に許した教会は、「応法世界の道、これは一寸の始め出し」であり、本来の「神一条の道は、これから始め掛け」とのお言葉。(27) 世界の道として許された教会を、神一条の道としての教会に仕上げるために、ひたすら神一条の道を仕込まれ、ぢば・かんろだいを芯《しん》にした「つとめ」と「さづけ」を整えられていくのであった。

(27) 明治22年1月15日の「大阪明心組より分教会所御許し願」でも、「さあ〳〵神一条の道はこれからや」とある。

第四章　神一条の道は——「つとめ」と「さづけ」

明治二十一年四月に東京で設置を認可された教会本部は、七月に晴れてぢばへ移転することができた。これを機に、各地に次々と教会が設置され、教勢も急速に伸びていく。

こうして教会は、まず〝世界の道〟として始まり、いよいよ〝神一条の道〟、つまり本来の歩みが進められていくことになる。たとえば「つとめ」についての基本的な事柄、あるいは「さづけの理」を頂く手順としての別席制度が、次第に整えられていったのもこのころであった。

この章では、教会本部がぢばに置かれて以後、「おさしづ」をよりどころに、教えの体系の基礎が確立されていく状況に注目してみたい。

明治二十一年（一八八八年）十一月に教会本部の開筵式《かいえんしき》が済むと、郡山、山名を皮切りに、地方においても次々と教会設置を願い出るようになった。

翌二十二年四月十八日の「刻限御話」で、「**応法世界《おうぼうせかい》の道《みち》、これは一寸《ちよつと》の始《はじ》め出《だ》し。神《かみ》一条《じょう》の道《みち》は、これから始《はじ》め掛《か》け**」とのお言葉があるように、〝世界の道〟ともいえる教会がだんだんに整えられていく一方で、「願」や「伺」を台に、逐一「おさしづ」を通して〝神一条の道〟を仕込まれていく。

●「面はぢば限り」

各地で教会の設置が許されると、それぞれの教会でも本部にならって、開筵式を執行することとなった。その際、馳走《ちそう》はせずに握り飯でもてなすというような内々の取り決めもあったようであるが、[1]なによりもまず、肝心の「つとめ」をどう勤めればよいかという重要課題があった。

明治二十一年十二月に設置のお許しを得た郡山は、翌二十二年七月の開筵式を前に、三月三十一日、「御神楽御道具を御許しの願」を伺っている。対するお言葉は、

……皆《みな》人衆《にんじゆう》一《ひと》つ理《り》である。人衆《にんじゆう》の理《り》を計《はか》らねばならん。ぢば一《ひと》つ始《はじ》め出《だ》しという。それから道《みち》から所々《ところぐ》から運《はこ》ぶ処《ところ》から、一《ひと》つ理《り》が治《おさ》まる。人衆《にんじゆう》の心《こころ》から悟《さと》り、鳴物《なりもの》の理《り》十分理《ぶんり》で治《おさ》まる。道具《どうぐ》これまで、神前《しんぜん》に道具飾《どうぐかざ》る。十分《ぶん》の理《り》を諭《さと》して置《お》く。道具《どうぐ》の理《り》皆許《みなゆる》す中《なかひと》一つ元《もとひと》一つ人間始《にんげんはじ》め出《だ》したる、これだけぢば一《ひと》つに限《かぎ》るという事《こと》をさしづして置《お》く。

また、同じ日、兵神からも「前同様御神楽道具願」があるが、これについては、

さあ〱理《り》は皆同《みなおな》じ理《り》、つとめ一条鳴物《じようなりもの》十分《ぶん》の理《り》を許《ゆる》す。第《だい》一事情《じじよう》、人間始《にんげんはじ》めた一《ひと》つ事情《じじよう》、これからこうして貰《もら》いたい。こゝよう聞《き》き分《わ》けて貰《もら》いたい。

いずれも、鳴物道具は十分に許すが、[2]人間創造に関する「(元)一つ」については、

(1)『稿本中山眞之亮伝』100ページ参照。

(2) 二代真柱『ひとことはなし その三』によると、本部開筵式当時の鳴物は、太鼓(従来は締め太鼓)、羯鼓《かっこ》(鼓を横に据え棒でたたく)、笛、チャンポン、拍子木、摺鉦《すりがね》(従来は二鉦式)、琴、三味線、胡弓の九つ。

(3) かぐら面は、10個の顔面と2個の像と都合12個の種類がある。大別すると、獅子面2個、男子顔面4個(内1個は天狗《てんぐ》面)、女子顔面4個、鯱《しゃち》1個、亀1個(『ひとことはなし その三』)。

(4)「おさしづ」公刊本には未収であるが、『天理教河原町大教会史』によると、河原町からも明治22年12月15日の開筵式を前に、9日「かぐらの事」を伺っている。対するお言葉は、「ぜん〱の元にぢゆんじ」と

「ぢば一つに限る」「こ、よう聞き分け」と仰せになっている。

このお言葉を見るかぎりでは、具体的に何を指すのかはっきりしないが、翌四月二十四日（陰暦三月二十五日）、山名からの「御神楽面を開筵式に付御許し伺」で、明確に示されている。

さあ〳〵尋《たず》ねる処《ところ》、尋《たず》ねて一《ひと》つ心《こころ》の理《り》があれば、尋《たず》ね一《ひと》つさしづしよう。どういう事《こと》であろう。さあ〳〵止《とど》まる実際尋《じっさいたず》ねるまで一《ひと》つ理《り》、つとめ一条《じょう》の理《り》、多《おお》くの中《なか》、幾重《いくえ》心得《こころえ》もだん〳〵始《はじ》め、鳴物《なりもの》一切道具《さいどうぐ》許《ゆる》そう。第《だい》一人間一《にんげんひと》つ始《はじ》め、人衆一《にんじゅうひと》つの理《り》、だん〳〵話一《はなしひと》つ〳〵、一時《じ》尋《たず》ねるまでの理《り》であろう。面《めん》はぢば限《かぎ》り。このお話《はなし》して置《お》こう。

このときにも、鳴物の件は許されているが、「第一人間一つ始め、人衆一つの理」は「尋ねるまでの理であろう」とし、「面はぢば限り」と諭される。つまり、人間創造に関する「（元）一つ」とは、「かぐら面」[3]のことであり、その使用はぢば一点に限る、と明確に教えられているのである。[4]

もっとも、明治二十年以前の「雨乞《あまご》いづとめ」の際などには、ぢば以外で勤めることがあったし、[5]当時の人々は、その点について、必ずしも取り立てて意識することがなかったのかもしれない。一時期、山名では「かぐら面」を用いることを許されたことがあったようであるから、[6]なおさらのことといえよう。

また、郡山などでは、「おさしづ」を伺う以前に、すでに「かぐら面」が調製されていたようである。[7]これは、前年の本部開筵式に際して、十月二十日に「かぐら

あり、このときにもお許しになっていない。

（5）『稿本天理教教祖伝』（260〜261ページ）によると、明治16年8月15日に「かぐらの、獅子面二、面八、鳴物九を、それ〴〵この人数に割りつけた上」、まず三島村の巽《たつみ》（東南）の角《すみ》で、次に坤《ひつじさる》（西南）の角、続いて乾《いぬい》（西北）の角、さらに艮《うしとら》（東北）の角で、雨乞いづとめが勤められた。

（6）『天理教山名大教会史』によると、明治17年1月30日に教祖からお許しがあり、同22年1月の大祭まで毎月用いられたようである。

（7）「平野会長は何かに気の早い手廻しの良い方であったから、たぶん教会の新築落成と同時に開筵式当日から之《これ》を使用する積《つも》りで、道具調製の日程を考慮して前以て之をお願ひせられたものと察せられる」（郡山大教会史料編纂部『道すがら』）

づとめ道具の件伺」「御面の伺」の「おさしづ」を受け、新調されているので、(8)それにならったものであろう。

ともかく、ぢば以外での「かぐら面」の使用、つまり「かぐらづとめ」については、結局、お許しは出なかった。ぢば・かんろだいを囲んで勤めてこそ、はじめて「かんろだいづとめ」なのであり、それが「かぐらづとめ」でもあるからである。その理合いを、このときにあたって、人々に明確に示されたものであろう。

そこで、「かぐら面」が許されないのならば、ということであろうか、翌五月二十五日（陰暦四月二十六日）、兵神から「悪しき払、一寸咄、甘露台、十二下りよろづよ、この御勤さして貰いましても御許し下されますや」という伺いがなされる。

もっとも、早くから「みかぐらうた」の私刊本が出されたり、(9)前年の十一月に本部から「みかぐらうた」本が公刊されているので、(10)「あしきをはらうて」から「十二下り」は、ぢばに限らず各地でも早くから勤められていたものといえよう。したがって、このときは、「日々《にち〳〵》に勤《つと》め居《い》る通《とお》り許《ゆる》し置《お》こう」と、明らかに許されている。

このほかにも、同日、引き続いて、「御勤の人衆は男は黒紋附袴、女は紅色の衣服に白かり絹を掛け、赤袴、髪は下げ髪にしても宜しく御座りますや、おぢばの型通りして宜しきや」と服装についてのことや、また、「十二下り御勤は六人一勤、三人一勤という事承り、講社の人数も多人数でありますが、六人の処九人、九人の処十二人位として、理が外れるものでありますか」などと、おつとめ奉仕の人数に関しても、種々細かいところまで尋ねている。(11)

(8)『ひとことはなし　その三』によると、明治7年に三昧《さんまい》田《でん》の前川杏助《きょうすけ》によって調達されていたもの（『稿本天理教教祖伝』111ページ参照）をもとに、大阪の瀧本《たきもと》彌《や》兵《へ》衛《え》という職人により新調されたようである。

(9) 明治14年に大阪天恵組が木版刷りで出した『拾弐下り御勤之歌』が、私刊本で最も古いとされている。

(10) 明治21年11月29日の本部開筵式の直前、同月1日付、東京で出版されている。奥付の発行兼印刷人は前川菊太郎（下谷区北稲荷町42番地）。ちなみに、定価は金8銭とある（左写真参照）。

(11) 同22年6月には、郡山から「開筵式御勤に付、周旋や子供やが出ても宜しく御座りますか」とか、「神遷しに付老婆方御勤に出ても宜しきや」などについても伺っている。

当時のおつとめの様子

　明治二十二年五月二十五日の伺いで、「おぢばの型通りして宜しきや」とあるが、当時のおつとめは、どのような服装、人数で勤められていたのであろうか。

　少しさかのぼるが、明治十六年の「雨乞いづとめ」の際、初代真柱の手記によると、人数役割は「神楽二柱、面八柱、鳴物九ツ夫々《それぞれ》人数ニ割《わり》ツケ」とあり、服装は「男ハ黒ノ着物ニ袴《はかま》、女ハ黒キ着物」とある（二代真柱『ひとことはなし』）。

　また、同二十二年五月十二日には「分教会所開筵式に付、これまで本部へ尽力の方は黒衣一組ずつ本部より下附して宜しきや伺」がなされている。

　当時、この「男ハ黒ノ着物ニ袴、女ハ黒キ着物」や、「黒衣」を身に着けて勤められていたものと察せられる。そしてそれが、現在の「おつとめ衣《ぎ》」につながっているものであろう。

　なお、てをどりの人数については、同二十年の陰暦正月二十六日も、翌二十一年の開筵式でも、六人で勤められている。

　一方、地方においては、白衣に緋《ひ》の袴を着けた女性が金銀の扇子を持って勤めるところもあったようで、『天理教東大教会史』にも、「男子は羽織袴を着けてぢかたを勤め、……ておどりは周旋たちの十二、三才位の女の子に白の着物に紫の袴をはかせ、下げ髪にして奉書の紙で巻き、根元を赤いきれで結び、丁度《ちょうど》神社のみこさんのような服装で、あしき払い二十一遍のおつとめからておどりを勤める」とある。

　また、『天理教河原町大教会史』には、「（明治十八年末）当時の鳴物は、締め太鼓、小鼓、胡弓、三味線、すりがね、ちゃんぽん、笛、拍子木で、お面なしのかぐらづとめから始まり、てをどりは人数に制限なく背の高さの順で、向かい合わせに並べるだけ並ぶ」などとある。

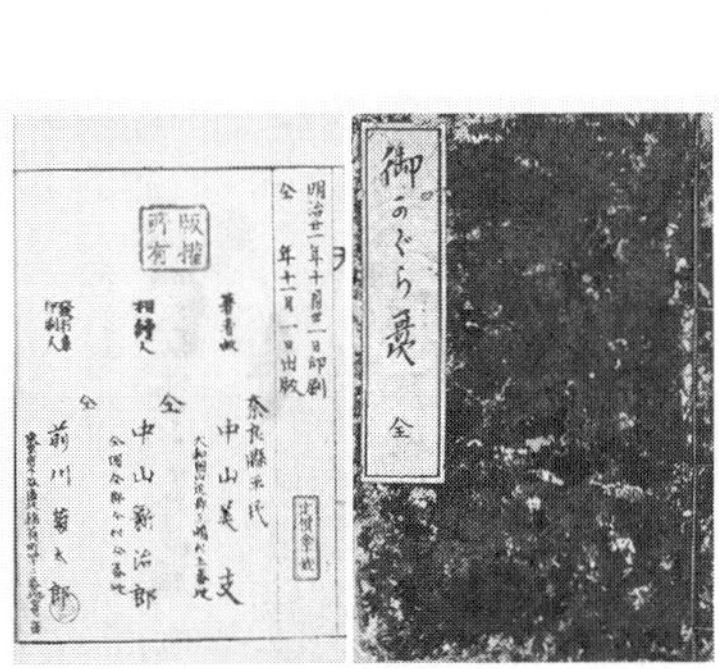

明治21年11月、本部から初めて公刊された『御かぐら歌』の表紙（右）と奥付（左）

こうして逐次、「おさしづ」を通して、教会本部と各地に設置された教会との区別を明らかに諭されるとともに、それらの教会での「つとめ」の勤め方の基本が確認されていったのである。

●「だん〳〵に理が渡そう」

各地に教会が次々と設置されていくなかで、「さづけの理」を頂きたいと願い出る者も多くなり、それに対応するかたちで、別席の制度が次第に整えられていった。

そもそも、「さづけの理」は、明治二十年陰暦正月二十六日（陽暦二月十八日）、教祖が現身《うつしみ》をかくされた直後の「これから先だん〳〵に理が渡そう」とのお言葉通り、教祖存命の証《あかし》として、本席・飯降伊蔵を通して渡されるようになったものである。(12)

もちろん、明治二十年以前には、教祖から直接に渡されていた。(13)当初は、いわゆる信仰歴などに関係なく、道を通る者の真実の心を見定めて渡されていたようであるが、現身おかくし後は「おさしづ」を通して、現在のような別席制度が整えられていく。

というのも、明治二十一年四月に教会本部は公認されたが、官憲の干渉が全くなくなったというわけではない。当時、世間一般が抱いていたお道に対する疑惑と誤解は、すさまじいまでの病たすけの活動に端を発していた。それが医薬妨害の非難

(12) 第1章「綾錦の仕事場に仕立てる」参照。

(13) 元治元年（1864年）春の扇、御幣《ごへい》、肥のさづけが最初で、明治7年には身上たすけのためのさづけを渡されている。『稿本天理教教祖伝』47～48、124～125ページ参照。

(14) これより先、同年7月15日の「平野楢蔵身上障りに付、平野トラおさづけ順序の願」でも、「取次二人《ふたり》三人《にん》の出合《でお》うて、夫婦の中の道一つ、取次三名以て、一名一人でよいで」と、別席に関する内容のお言葉があった。

を招いていたからである。こうした状況のなか、「さづけの理」を頂く者には、前もってその心を見極めておくとともに、十分な心の準備をすすめるための仕込みが必要になってきた。それが、別席制度化の要因となったと考えられる。

明治二十一年の八月二日（陰暦六月二十五日）、別席制度の始まりともいえる「刻限御話」があった。[14] 教会本部がぢばへ移されて約十日後のことである。

……又一《またひと》つ先々《さき〳〵》の事情《じじょう》を渡《わた》すには、一度《ど》二度《ど》三度《ど》先《ま》ず渡《わた》すには、又一《またひと》つには伺《うかが》い一《ひと》つ、秘《ひ》そかに〳〵。一日《にち》の日《ひ》に渡《わた》す者《もの》もある。又一《またひと》つにはこうのうという渡《わた》す事情《じじょう》、又々《また〳〵》多《おお》くの中《なか》の事情《じじょう》は又変《またか》わる。ざわざわした中《なか》ではならん。静《しず》かに〳〵。さあ〳〵取次一人《とりつぎひとり》でしっかり分《わ》かる。又一《またひと》つには取次一《とりつぎひと》つ、又《また》一名《めい》一《ひと》つしっかりと。……深《ふか》きの事情《じじょう》は別段席立《べつだんせきた》てゝ、尋《たず》ね一条《じょう》事情深《じじょうふか》き事情《じじょう》と。又々一《また〳〵ひと》つの深《ふか》きの事情《じじょう》は、又々《また〳〵》一度《ど》二度《ど》三度《ど》まで返《か》やし、又々《また〳〵》三度々々《ど〳〵》返《か》やして運《はこ》ぶ事情《じじょう》、又深《またふか》きの理上尋《りじょうたず》ねるなら渡《わた》そうという、事情《じじょう》も聞《き》かして置《お》こう。

このお言葉から、「静かに」「別段席立てゝ」、「取次一人」から「三度々々返やして運ぶ」など、別席に必要な条項が確認できる。

実際に、この段取りで別席が始められたのが、どの時期にあたるのか判然としないが、同月二十三日の「平野トラに付願」[15]に、「席《せき》を別々《べつ〳〵》、先《さき》に知《し》らしてある。席《せき》を返《か》えし」「静《しず》かにで、一《ひと》つの席《せき》を改《あらた》め」[16]とのお言葉があることからして、八月二日から二十三日までの間に開始されたという一つの推測が成り立つ。[17]

こうして、だいたいの申し合わせのもとで別席制度が動きはじめるが、席を運ぶ

(15)「別席」という言葉が、「おさしづ」のなかで初めて出てくるのは明治22年4月26日（陰暦3月27日）で、「あちら一つ席々急がし成る。遠くの所出て来る。一つ話《はなし》して聞かさにゃならん。何かの処、順々改め。別席の処、俺《おれ》も〳〵、互い〳〵処、心合《あわ》せて夜々話合《はなしお》うてくれねばならん」とある（次ページの注19参照）。ほかに「席」「日々取次」など、別席をさすと思われる言葉もある。

(16) これより先、同年7月15日に「平野トラおさづけ順序の願」をしているが、この時は渡されず、この日（8月23日）、再び願い出たもの。

(17) 8月6日の「刻限御話」にも、「だん〳〵と席を替え席を替えて、順々の理を委《まか》せて、長く通った取次の理によりて働くと。真実の理によって働くのや。真実の処尋ね〳〵。尋ねたら聞かそう。取次の理によって働く」とある。

人々にとってみると、おぢばに帰ってくるまでの地理的距離は遠近まちまちであって、そのことは現実において、決して小さな問題ではなかった。

これについては、十一月七日に「席順序遠中近の三段に分ちたる儀申上げし処おさしづ」があり、必ずしも一度の帰参に一回と限ることなく、遠方から帰ってくる者には、まとめて聞くことができるようになる。(18)

問題はまだあった。「取次一人」として始まったはずだったが、帰参者が増加し、取次人も多忙になってきたのか、翌二十二年三月二十六日（陰暦二月二十五日）に「取次中当番を定める事の願」がなされている。

このことについてのお諭しと見られる「おさしづ」が、一カ月後の四月二十六日（陰暦三月二十七日）にあった。(19)

……あちら一《ひと》つ席々《せき〱》急《いそ》がし成《な》る。遠《とお》くの所《ところ》出《で》て来《く》る。一《ひと》つ話《はなし》して聞《き》かさにゃならん。何《なに》かの処《ところ》、順々《じゅん〱》改《あらた》め。別席《べっせき》の処《ところ》、俺《おれ》も〳〵、互《たが》い〳〵処《ところ》、心合《こころあわ》せて夜々《よる〱》話合《はなしお》うてくれねばならん。忙《せわ》しくなる。それからだん〳〵身上《みじょう》入《い》り込《こ》んでの身《み》の障《さわ》りと言《い》う。皆《み》んなどんな者《もの》でも、神《かみ》の話《はなし》知《し》らんようではどうもならん。いつ〳〵まで子供々々《こども〱》ではどうもならん。取次々々《とりつぎ〱》一時《じ》にどんな事始《ことはじ》まるものではない。取次々々《とりつぎ〱》あちらへも出越《でこ》し、こちらへもそれ〳〵皆用《みなよう》がある人多《ひとおお》いで。席《せき》をする者《もの》が無《な》いで。一名々々《めい〱》事情《じじょう》あれば、皆《みな》それ〳〵運《はこ》んでくれるよう。

また、別席を運ぶ者、取り次ぐ者だけでなく、本席についても、五月七日に「おさづけに付、本席へ一座三名との御定め、然るに遠国より同連五名ありますに付、

(18) 9月21日の「御諭」にも、「さあ〳〵遠くの所さあ〳〵近くの所は、一つの心の理である。さあ〳〵遠く〳〵の所は、先《ま》ず〳〵は遠くは〳〵運んで、先ず〳〵は遠くは遠くの理運んで、中をば〳〵中をの理、近くは〳〵の理」とある。

(19) 割書には「飯降政甚夜中厳しく左の下歯痛むに付伺」と。

(20) 「一度の席六人」とは、「一座三名」を2度、計6人ということであろう。なお、同年9月23日の「刻限御話」で「暫《しばら》くの処、もとの三名」とあり、翌23年1月11日にも「元々三名に還《かえ》る」とある。

(21) 「さあ〳〵日々取次が急くやない。日々毎夜々々運ぶ席にて一つの事情あらば、又々変わる。日柄が経てば又一つの理を欠く。そこでよう聞き分け。席の運ぶ処で、三三三の理をよう諭すよう」（明治22・3・21）との「おさしづ」などによって

二座御願申す事御許し願」があり、同月二十五日（陰暦四月二十六日）には「前々別席順序を運び見分け本席へ伺い、一度に三名と御聞せ下されしも、本席御出張に付、遠く阿波国及東京より参詣人六名順序運び居り、就ては一度に三名両度だけ御許し下さるよう願」と続く。

　別席を運ぶ人々は増えているにもかかわらず、「おさづけの理」を渡す本席は、日に一座、それも三人と定められていたから、滞《とどこお》ってきたためであろうか。

　しばらく間をおいて、七月六日の「本席身上御障りに付伺」(20)では、「一度《ど》の席《せき》六人《にん》までは速《すみ》やか許《ゆる》す。六人《にん》の席《せき》二度《ど》に許《ゆる》す」とあり、さらに十月十七日には「本席の事情だん〳〵つかえ、別席の処も日々増加するを以て、遠く所三三三の理を以て九箇月通るよう改むる御許しの願」(21)がなされ、現行の九度の別席を運ぶ(22)という順序になる。

　こうして、別席の制度化が進められてきたのであるが、すべてにこれが適用されていたわけでもなかった。たとえば、十一月二十五日の「前川菊太郎、梶本松治郎、永尾楢次郎、三名別席の願」では、「心《こころ》次第《しだい》で一夜《や》の間《ま》にもさづけ」とのお言葉もある(23)。

　このように、次第に制度も整い、運ぶ人が増えてくる一方で、官憲の取り締まりもまた厳しくなってきた。

　翌二十三年一月三日に「巡査毎日々々尋ね来るに付、別席本席順序運んで居ては、何分ひっそ〳〵になりませんから、暫く休みまして如何伺」があり、十一日には

強調された「三三三の理」を思案した結果、9カ月に改められたものと考えられる（中山さとゑ『別席について』参照）。

(22)「月に1回ずつ9カ月かかって聞くというのは、そのたびに、十分に思案し反省するためであり、また9カ月たって10回目にさづけをいただくというのは、それは10カ月親の胎内にいてこの世に生まれ出てくるように、この親里に9回の席を重ねて親神の話を心に治めて、まったく新しい人間として生まれ出てくる理であるとも教えられている」（『改訂 天理教事典』）

(23) 翌23年1月13日夜「初席及本席の件に付伺」でも、「一夜の間にも授ける者もある」とある。なお、身上の伺いなど願い出てすぐに頂いたのは、「おさしづ」本によると25年1月16日の「寺田まつ身上障りに付願」が最後のようである（山本久二夫・中島秀夫『おさしづ研究〈上〉』）。

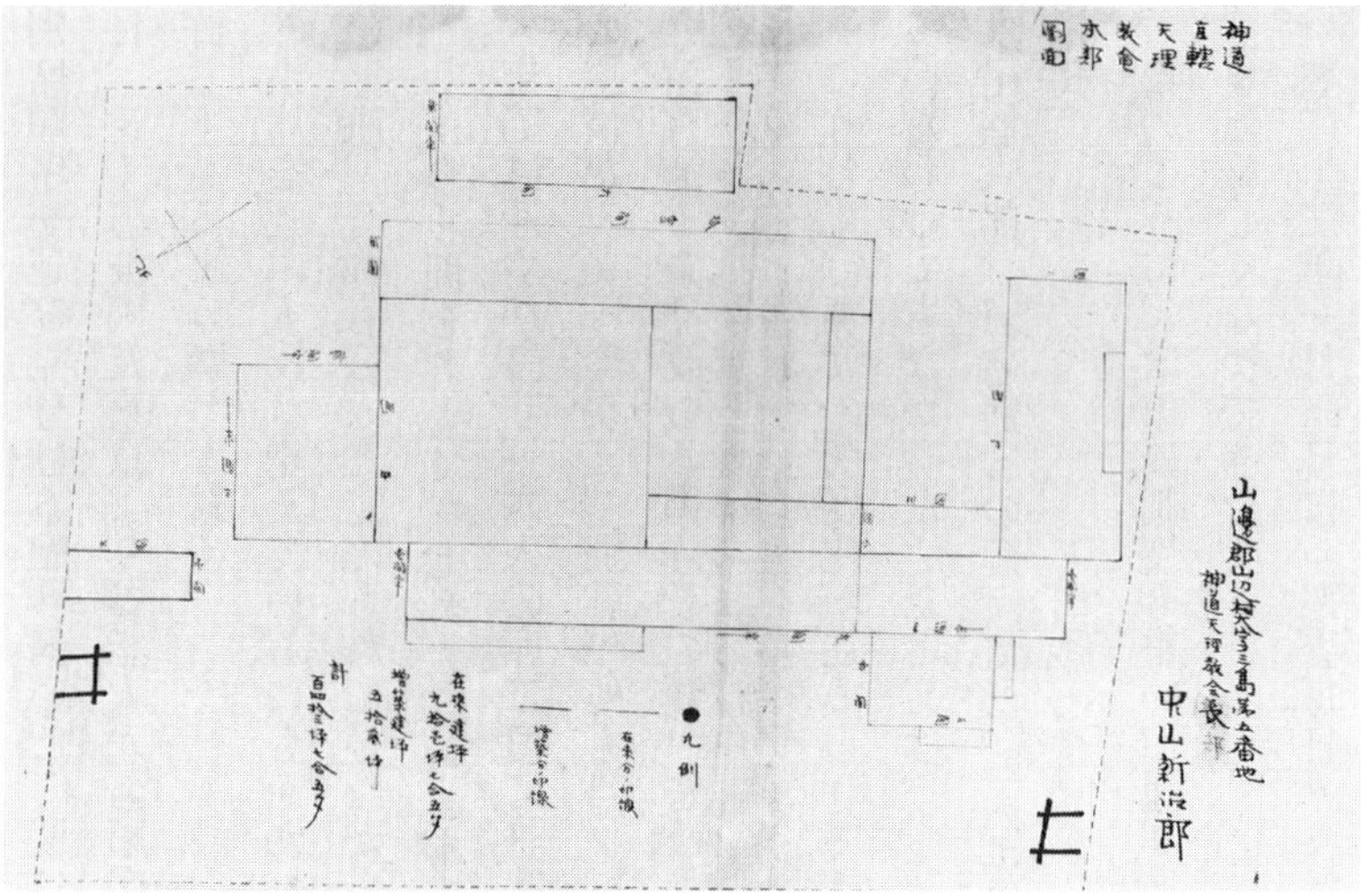

明治23年ごろのおやしき（「建家台帳」——天理図書館蔵から）

「二三日前より奈良警察より二名及布留巡査等村内を廻り、おやしき内へも度々入り込むに付、村方の事を探偵するや、又おやしきの事を探偵致しますや伺」がなされ、「元々《もと〳〵》三名《めい》に還《かえ》る」とのお言葉となる。

二日後の十三日、「日々取扱いの本席は元三名に還ると仰せあり、又ひっそ〳〵と御聞かし下されど、新しき別席も致し居りてはひっそ〳〵となりませんから、新しき別席だけ暫くじっとして休み、これまでの分だけ別席運びましては如何でありますか、又他にひっそにする事もありますなら御聞かせの事願」がなされているが、このころの「おさしづ」には、「秘《ひ》っそ〳〵」のお言葉が頻繁に見られる。

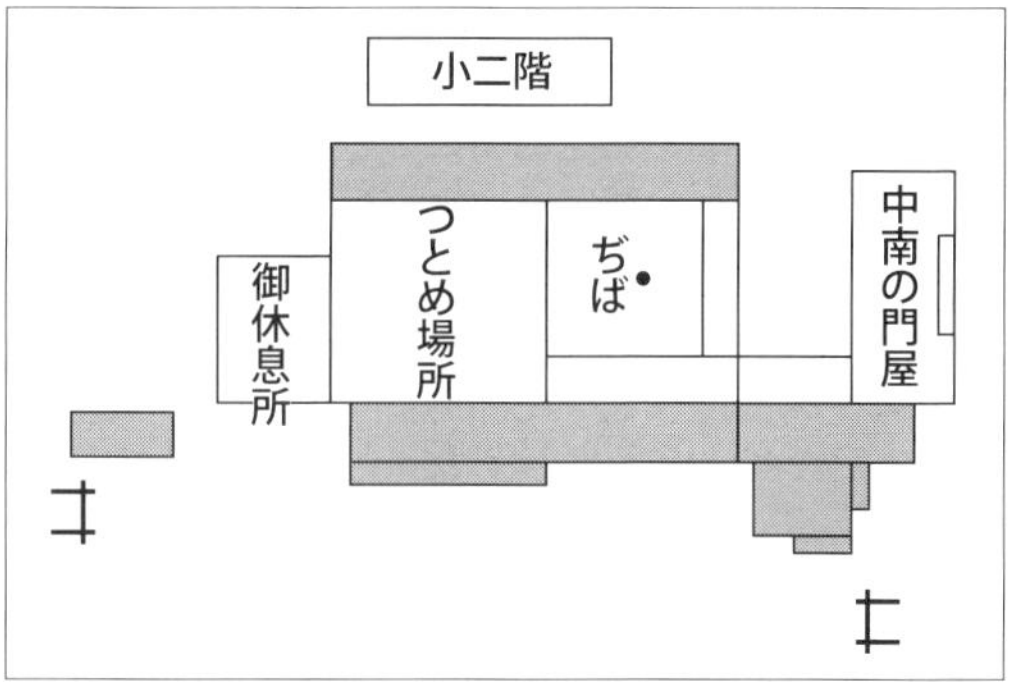

右写真では分かりにくいが、増築（23年11月21日届）部分が朱書きしてある。図のアミ表示部分がそれ。

「秘っそ〳〵」は、官憲の目を避けてということであろうが、取り扱いを十分慎重に、という意味も含まれているのであろうか。

それでも、同じ十三日夜にも再び「巡査毎夜本席宅へ来る事の件に付伺」があり、二カ月後の三月十七日（陰暦正月二十七日）には「おさづけ順序に付、本席は二月三月世界どうも通り難くいと御聞かしあり、そこでひっそ〳〵にしてと御話ありましたが、本席順席如何致しまして宜しきや伺」をしているように、周囲の人々も、その対処に困惑している様子がうかがえる。

実際にはどのように運ばれていたのか、時間は夜間という記録もあるが、(24) 場所についてはは明らかではない。

取次人の家で行われていたという伝承もある。別席制度が始まって間もない明治二十二年一月二十四日に「山本《やまもと》利三郎《りさぶろう》の地所内へ、詰員十三名の家を一手一つに建てるに付伺」などがあるので、それらの家で取り次がれていたのではないかと推測される。(25)

また、「さづけの理」を渡される本席宅については、明治二十二年一月十八日「本

(24) 増野正兵衛筆の「増野日記」明治22年2月9日に「夜、別席勤ム」とある（『別席について』）。

(25) 「増野日記によると、本部詰所当直の日に別席を取次いだ記録が窺《うかが》えるから、詰所乃至《ないし》はその近辺に於《お》いて、取次ぐ所があったのではないかとも考えられる」（『別席について』）

席の席間御普請に付伺」がなされ、五月には竣工している(26)。

一連の官憲の取り締まりがあったからか、明治二十三年には、別席を運ぶにあたり、初試験を行うようになる。同年一月十三日夜の「初席及本席の件に付伺」の割書の注記に、「前のおさしづにより(27)中山会長より取決め下されしには、初席の者は会長と事務所一人、先生方一人、三人立合の上、身の内御話し八つの埃《ほこり》の理を説かせ試験をする事、試験済の者は別席に掛かる事、本席に出る時同様の上、本席を取扱う。もしも試験に合格せざる時は(28)、日を経て又試験をする事に定め下されしが、これで宜しう御座いますや伺」とある(29)。

この半年後には、仮席も始まる。七月十五日に「おさづけ順序後へ御話」があり、翌十六日には「おさづけ順序に付一人々々心の理を諭しておさづけ御渡し相成るに付、後にて書取を添えて渡し(30)、又仮席はどういうものでありますや、詰合員より願」がなされている(31)。

ここに至って、初試験—別席—試験—本席—仮席という、ほぼ現行の制度に近い形ができたことになる(32)。明治二十年陰暦正月二十六日の「だん〳〵に理が渡そう」とのお言葉通り、「さづけの理」を頂く過程の別席制度が、この二、三年の時を要して、それこそ「だん〳〵」と整えられていったわけである（左ページのコラム参照）。

いうまでもなく、「さづけの理」は、教祖存命の理の証《あかし》の一つとして渡されるものであるが、さらに「おまもり(33)」の下附についても、同じ理合いに基づくものと考

(26) 5月17日「本席御宅新築落成に付、御引移りの事御伺」で、「今一時の処、一寸したる処、常々一つ一寸休憩所と言う。あちらへ家《や》移りゃ要らんで。一寸休憩するのやで」とのお言葉があった。

(27) これより先、同日「本席の取扱いの事願」に対して「さづけ順序、夜に定めて置く。崩さんよう。どれだけさしづ聞いて日々にせにゃいかん」、「別席取扱いの事願」に対しては「月々の席出て来る、又出て来る。随分席して、席始めるまで見分け聞き分け。一つ一寸の事、人間心の義理は要らんで。神の理が蔭るという。さあ〳〵まあ〳〵当分の理だけ運んでやるがよい」とのお言葉があった。

(28) 「（明治23年当時の本部日誌によると）落第者も数少なく、ひどい例になると、九名の受験者の中、六名が落第という記録さえ見られるほどに厳格であ

えられる。

この「おまもり」については、別席制度が整いつつある明治二十三年三月十七日（陰暦正月二十七日）、「御守はこれまで教祖の御衣物を御守に用い来たりしに、皆出して了いになり、この後は如何に致して宜しきや伺」がなされている。(34) 対するお言葉は、

さあ〳〵尋《たず》ねる処《ところ》、守《まも》りいつ〳〵続《つづ》かさにゃならん。赤衣《あかき》という、いつ〳〵続《つづ》かんなれど、そうせいでもいと、何尺何寸《なんじやくなんずん》買《こ》うてそうすればよかろうと思《おも》うなれ

別席制度の変遷

明治20年

2月18日（陰暦正月26日）教祖現身おかくし直後の「おさしづ」

「これから先だん〳〵に理が渡そう」

明治21年

8月2日「刻限御話」

一人の取次から3度の席に分けて運ぶ。

11月7日「席順序遠中近の三段に分ちたる儀申上げし処おさしづ」

距離の上から遠中近の3段階に分けられる。

明治22年

3月26日「取次中当番を定める事の願」

取次の当番が決められる。

10月17日「本席の事情だん〳〵つかえ、別席の処も日々増加するを以て、遠く所三三三の理を以て九箇月通るよう改むる御許しの願」

現行同様に9度の別席を運ぶようになる。

明治23年

1月13日「初席及本席の件に付伺」

初試験始まる。

7月15日「おさづけ順序後へ御話」

初試験―別席―試験―本席―仮席の順序となり、ほぼ現行制度に整う。

つたらしい」（『別席について』）

(29) この日、本部員会議が開かれたようで、「増野日記」に「御別席及御本席ノ取扱ニ付、本部員始メ各分教会長集会ナシ験究会ヲ発説教ノ旨趣ヲ議題トナス。初試験ト御本席様へ通スヘ迄ニ又試験ナシ、其立合人ハ教長公、事務所一人、詰所二人立合スル事ニ決シ、明十四日ヨリ執行スル事」とあり、「教会内規」にも「一、別席ヲ願出ヅル者ニハ初試験ヲ行フコトニ定ム。一、御授ヲ行フトキハ、神授御教理充分説キ聞カスベシ」とある（『別席について』）。

(30) 「おさづけ」を頂いたのち「仮席」において渡される書き物、つまり「おかきさげ」のこと。「おかきさげ」と同内容のお言葉は、早くは明治20年（月日不明）に山本藤四郎が「さづけの理」を頂く際のものに、「さあ〳〵だん〳〵の理を伝《つと》うて、だん〳〵の席改めて、さあ〳〵又

ど、赤《あか》き着物《きもの》に仕立《した》てゝ供《そな》え、これをお召《め》し更《か》え下《くだ》されと願《ねご》うて、それを以《もっ》ていつ〳〵変《か》わらん道《みち》という。

しかし、「御霊前へ供えますや、本席へ御召し更え下されませと御頼み申しますや」と、押して伺っている。この事実からして、教祖存命の理の信仰は、当時の人々の間では、まだ十分に確立されていなかったと見るべきなのであろうか。

人々のそうした不確定な思いに対して、「何処《どこ》へも行《い》てはせんで」「姿《すがた》は見《み》えんだけやで、同《お》んなし事《こと》やで、姿《すがた》が無《な》いばかりやで」とのお言葉でもって、欠くことのできない基本線をしっかり諭されている。

このころから、真柱は、教祖の道すがらを書きとめることに努められる。明治二十三年十月十三日に「教祖履歴編纂致し度くも委しく知らざるに付、各古き詰員に聞き正し、綴る事に致し、尚不分明の処はおさしづに預り度願」がある。(35) これに対しては、

……姿《すがた》ひながた今《いま》一時《じ》というひながたの道《みち》がある。これをよう聞《き》き分《わ》け。最《さい》初我《しょわ》がもの、その時今《ときいま》の道明《みちあき》らか成《な》った理《り》、今《いま》は世界《せかい》の道通《みちとお》してある。広《ひろ》くの道《みち》、世界《せかい》の道《みち》、広《ひろ》くて日々《にち〳〵》の心配《しんぱい》、どんな道《みち》があるとも分《わ》からん。どうしてこうして話通《はなしどお》り通《とお》らにゃならん。おうこ一《ひと》つ残《のこ》さにゃならん。心《こころ》を浮《うか》ぶ一《ひと》つそこい〳〵。又事情《またじじょう》分《わ》からんにゃ尋《たず》ね、尋《たず》ねば諭《さと》する。皆揃《みなそろ》うて身《み》に治《おさ》めてくれるよう。

一つの席にて、さあ〳〵同《お》んなし話であるけれど、さあ〳〵一日の人、席より一つの理を聞かそ。……誠一つの心が天の理。……」などとある。

(31) 7月15、16、17日のお言葉から、「仮席」とは「本席の後に行うものであること」「十分の理の書取を渡す席であること」「受ける者の中には書取を読んで分からぬ者もあるから重ねて十分に諭すこと」「仮席には呼出、書取、願人の三人が同席して行うこと」「三十才未満の者には特に書き足すこと」などが確認できる。

(32) これ以後新たな思召《おぼしめし》のお言葉がないところから、この段階が親神の思召どおりの席順序と考えられる(『別席について』)。

(33) 「おまもり」には、証拠守りと疱瘡《ほうそう》守りの二つがあり、証拠守りとは、「親里であるぢばへ帰って来て願い出る者に、帰

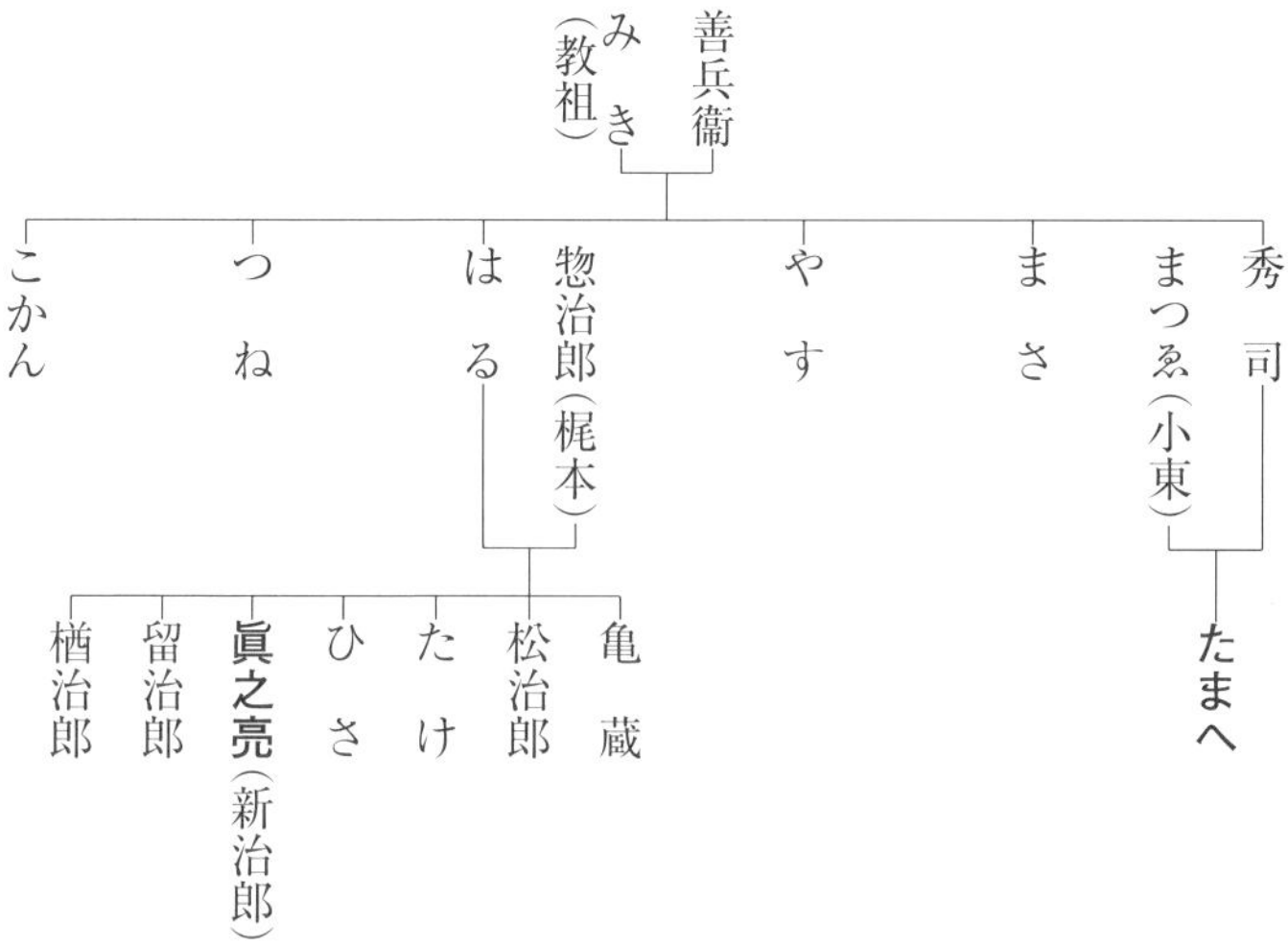

眞之亮（25歳）

たまへ（14歳）

年齢は明治23年の数え年

って来た証拠として与える神符で、これは、明治七年六月から始められたものである」（『おふでさき註釈』四号5）。

(34) 虫札についても、明治22年7月9日に「虫札めどう札は、中山会長か、前川菊太郎書認めの上教祖の御前に御供え申し、中山会長に御息を頂きて出しましても宜しきや伺」がなされ、「神前へ供えてすれば十分の理」とのお言葉があった。

(35) 8年後の明治31年に初代真柱執筆の「稿本教祖様御伝」（片仮名本）が、同40年ごろには「教祖様御伝」（平仮名本）ができている（いずれも『復元』第33号所収）。

教祖存命の理はもとより、この道の信仰を歩むうえで忘れてはならない教祖の「ひながたの道」の尊さを諭されているのである。

明治二十三年十二月七日（陰暦十月二十六日）は、立教ゆかりのめでたい日。秋季大祭が勤められたその夜、真柱とたまへ(36)の結婚の儀が執り行われ、(37)全教はその喜びにわいた。

年が明けると、明治二十四年。教祖が現身をかくされてから、五年目の年を数えようとしていた。

(36) 中山たまへは教祖の孫にあたり、明治10年2月5日、教祖の長男・秀司とまつゑの一人娘として誕生。出生については、「おふでさき」第7号65～73にもふれてある。のち大正7年（1918年）から約20年間、「さづけの理」を渡す役を務めた（前ページの系図参照）。

(37) 「おさしづ」の割書で経過を追うと、1カ月前の11月12日「中山たまへ身上に付御伺」に始まり、17日「親族一同御引寄せに付、中山会長、前川菊太郎、梶本松治郎お寄せの上、たまへ身上障りに付御伺あり（前おさしづに基き縁談の事を御知らせ下されますか御願）」、24日「前おさしづにより会長へだん〳〵と御縁談の事を申入れし処御承知成し下され、たまへへも御伝えせしも是亦御承知成し下されしによってこの旨伺」がなされ、当日（12月7日）夜「会長たまへ御結婚御盃を本席より御始めなされし際の御話」とある。

第五章　一手ひながた――教祖五年祭

明治二十一年の教会設置認可以降、道の姿は著しく変貌《へんぼう》していった。すなわち、「つとめ」についての基本的な事柄が確認され、あるいは、「さづけの理」を頂く手順としての別席制度が整えられた。また、「おまもり」の取り扱いの指示を通して教祖存命の理が一層明らかにされるとともに、「ひながた」としての教祖伝編纂《へんさん》の動きも始まっている。

いずれも、「おさしづ」を通して〝神一条の道〟がだんだんに仕込まれていった結果といえる。かくて明治二十三年には、教えの体系の基礎が一応のまとまりを見せたと考えられる。

そして翌二十四年、教祖が現身《うつしみ》をかくされてから五年目の年が明けた。この章では、教祖五年祭の執行にあたって事細かに伺った「おさしづ」をたどりながら、そこに示された神意を思案してみたい。

明治二十四年（一八九一年）――。いうまでもなく、この年は、教祖が現身をかくされてから足掛け五年目になる。神道のしきたりからすれば、(1)いわゆる五年祭を執行する年にあたるが、「おさしづ」を見るかぎり、神様のほうから積極的に五年

(1) 神道では、人が亡くなって10日ごとに、十日祭、二十日祭、三十日祭、四十日祭、五十日祭が執行される（現在では二

祭の執行を促されたお言葉は見当たらない。しかし、年祭を勤めようとする人々からの具体的な伺いに対しては、一つひとつ答えておられる(2)。

それにしても、前年、明治二十三年三月の「おまもり」についての「おさしづ」を通して、教祖存命の理について明確に諭されているはずであるのに(3)、なぜ、人々の間に、教祖の年祭を、という気運が起きたのであろうか。

おそらく、教祖存命の信仰的理解はあったであろう。しかし、一年祭の「ふし(4)」のことを考えると、目前に迫った五年祭こそは、という思いが先行し、その理解を乗り越えてしまったのではなかろうか。

年が明けると、早速、年祭を勤めるにあたっての「願」や「伺」が逐一なされていく。

●「元にひながた通り」

その最初は、一月七日の「五年祭に付、教祖の御霊舎を新造御許し願、又御居間へ御簾掛ける事(5)、机の新調の儀併せて御許しの願」である。対するお言葉は、

さあ〳〵尋《たず》ねる事情《じじょう》〳〵の処《ところ》、どうしてこうしてと思《おも》う。思《おも》う処《ところ》まあ一寸《ちよつと》ほんのざっとにして、何程大層《なにほどたいそう》する事《こと》は要《い》らん。これがきっしよう、どういう事《こと》、こういう事思《ことおも》う。何《なに》も別段大層《べつだんたいそう》の事《こと》は要《い》らん。元《もと》にひながた通《どお》り〳〵、変《か》わった事《こと》は要《い》らん。一寸前々《ちよつとぜん〳〵》祀《まつ》り方《かた》どうもならん。社《やしろ》というさしづを以《もっ》て、ひ

十日、三十日、四十日祭は略されることが多い)。さらに、百日祭、一年祭、三年祭、五年祭、十年祭、二十年祭、三十年祭、四十年祭、五十年祭と続き、百年祭が一応締めくくりとなる。

(2) 一年祭に際しては「おさしづ」を見るかぎり、年祭にあたって前もっての伺いはなされていない。

(3) 明治23年3月17日「御霊前へ赤衣物に仕立て、御召し下されませと御願い致しますにや」に対して、「それを着て働くのやで。姿は見えんだけやで、同《お》んなし事やで、姿が無いばかりやで」との仰せがあった。

(4) 教祖一年祭の祭式の途中、警官が乱入し、祭儀の中断を余儀なくされた。第2章「どんな道も連れて通ろう」参照。

(5) 「御居間」とあるのは、教祖が起居されていた御休息所の

ながた生涯定《しょうがいさだ》め、ひながた通《どお》りして諭《さと》してくれ。きっしようの事《こと》、これだけ一《ひと》つ運《はこ》ぶ。そこで尋《たず》ね、尋《たず》ね通《どお》り日々《にち〳〵》の処治《ところおさ》まり一《ひと》つ社一寸雛形《やしろちょつとひながた》、この雛形《ひながた》出《で》たものでないで。雛形通《ひながたどお》り何処《どこ》まで違《ちが》わん処《ところ》〳〵、雛形通《ひながたどお》り治《おさ》めてある、仮社治《かりやしろおさ》めある。風《ふう》の変《か》わってある違《ちご》うたひながた。一手《て》ひながた道《みち》があれば一手《て》ひながた、振《ふ》り変《か》えばひながたと言《い》わん。あちらこちら心《こころ》のひながた出《だ》して、ひながた〳〵変《か》えて、いかなる理《り》も治《おさ》まりあろうまい。日々《にち〳〵》尋《たず》ね、日々《にち〳〵》諭《さとし》しよう。これまでふあ〳〵というもので心《こころ》という。この道一《みちひと》つ変《か》わった事《こと》すればひながたとは言《い》わん。世上《せじょう》という、風《ふう》の変《か》わったものは無《な》いか。ひながたとは言《い》わん。

人々の伺いにある「御霊舎を新造」とは、それまでのお社(6)を新しくしたいという願いことであろうか。あるいは、五年祭にあたっての新しい建物を建てたいという願い出とも考えられるが、(7)後日の様子から推測して、建物ではなく、お社が新しく造られたようである。

この「御霊舎」という言葉だけでなく、「おさしづ」本の割書には、「教祖お社」(明治24・2・11)、「教祖新しき社殿」(同・2・20)、「教祖御霊新殿」(同・2・22)などの表記も見られる。それが同一のものを指すのか否か、判断はしにくい。

ところで、この「願」がなされた日は、陰暦でいうと十一月二十七日であり、実際に年祭が勤められる陰暦正月二十六日(陽暦三月六日)の約二カ月前にあたる。かつての苦汁を反芻《はんすう》しながら、今度の五年祭は、何が何でもご満足いただけるように勤めさせていただきたい、という人々の切なる思いが、この「五年祭に付」の

奥の長4畳の間のこと。御簾《みす》については2月11日にも「教祖お社内に御簾を掛くる事、中に敷物敷くこと願」があり、3月5日には「事情御簾、中御簾は未《ま》だ早い」とのお言葉があった。

(6) 明治23年3月17日の「御守はこれまで教祖の御衣物を御守に用い来たりしに、皆出して了いになり、この後は如何に致して宜しきや伺」で「(赤衣を)御霊前へ供えますや……」と尋ねているので、何かお社があったのであろう。

(7) 教祖十年祭に際して、明治28年2月26日に「教祖御霊舎新築の儀願」、3月10日には「教祖御霊殿本部北寄りで六間に八間の建物建築致し度きにより願」がなされている。

「願」となったのであろう。
顧みれば、三年前、明治二十一年の教祖一年祭の折は、まだ公許を得ておらず、官憲の厳しい取り締まりのもと、人が集まることさえ止められていた。そのために、年祭の祭儀も中断を余儀なくされた。しかし、教会設置認可後はそうしたこともなく、教祖五年祭は公然と勤められる初めての年祭で、人々の心も勇み立っていたものと察せられる。

とはいえ、官憲の干渉がまったくなくなったというわけでもなく、前年の明治二十三年にはおやしきに巡査が偵察に来たり、地方でもトラブルが生じたりしていた。(8)

そうしたなか、明治二十四年一月二十七日の「刻限」で「**世上《せじょう》から何《なん》でも彼《か》でも、打《う》ち潰《つぶ》そうと思《おも》うて居《い》る**」「**世上《せじょう》の道《みち》には、どんな穴《あな》が有《あ》るやら知《し》れん**」と、外部の世上の理に惑わされることのないように諭されている。また、引き続いて「**しっかり親族《しんぞく》事情《じじょう》治《おさ》めてくれるよう**」とも仰せになっている。

このことは、「おふでさき」にも記されてあるように、神一条の道を通るためには、まず内を治めることに努めよということを強調されているのではなかろうか。(9)

内々のことについては、一月二十九日「刻限」でも「**鏡《かがみ》やしき濁《にご》ってあってどうもならん**」と諭され、三十日には「親族一同出席の場にて御話」があり、さらに、二月八日の「刻限」では「**親族《しんぞく》切《き》って切られん中《なか》、捨《す》るに捨《す》られん中《なか》、一戸々々《こ〳〵》の事情《じじょう》、世上々々《せじょう〳〵》の事情《じじょう》、親族《しんぞく》は親族《しんぞく》の理《り》がある。……鏡《かがみ》やしき〳〵、うっとしいては照《て》らす事出来《ことでき》ん**」とのお言葉があった。

(8)「おさしづ」本の割書によると、明治23年1月3日「巡査毎日々々尋ね来るに付……」、1月11日「二三日前より奈良警察より二名及布留巡査等村内を廻り、おやしき内へも度々入り込むに付……」、1月13日「巡査毎夜本席宅へ来る事の件に付伺」など、年始から数回おやしきの偵察に来ていたようである。また、11月21日には「京都にて僧侶等集まり、天理教攻撃するとかにて……」とある。

(9)「おふでさき」に、「このさきハうちをおさめるもよふだて 神のほふにハ心せきこむ」(一 58)とある。

内の治まりがあって、はじめて世界を照らすことができるのであって、おそらく、年祭を勤めるにあたって人々の心は外を向いてしまっていたのか、その点を指摘され、まず内を治めることが先決であると諭されているのであろう。(10)

二月に入り、年祭も一カ月後に迫ってくると、「七日夜二時」の「刻限」で、五年祭に関してとおぼしきお言葉が見られる。

……さあ〳〵五箇年《かねん》々々《〳〵》、五年《ねん》経《た》ったらどういう道《みち》とも分《わ》かろまい。世界《せかい》の道《みち》も分《わ》かろまい。一年《ねん》経《た》てば一《ひと》つの事情《じじょう》、又《また》一年《ねん》経《た》てば一《ひと》つの事情《じじょう》、年《とし》に取《と》りて六十一年《ねん》、お蔭《かげ》〳〵(11)と待《ま》ち兼《か》ねたる処《ところ》、又一《またひと》つには改正《かいせい》々々《〳〵》という、明治《めいじ》の代《よ》という、国会《こっかい》という。知《し》らず〳〵待《ま》って、さあ楽《たの》しみの道《みち》は更《さら》にあろまい。一夜《や》の間《ま》の事情《じじょう》を見《み》よ。国会《こっかい》二十三年《ねん》と言《い》うた一《ひと》つの事情《じじょう》、又《また》お蔭《かげ》〳〵の事情《じじょう》、よう思《し》やんせよ。さあ〳〵明《あ》ければ五年《ねん》という。万事一《ばんじひと》つの事情《じじょう》を定《さだ》め掛《か》け。定《さだ》めるには人間《にんげん》の心《こころ》は更々《さら〳〵》要《い》らん。弱《よわ》い心《こころ》は更《さら》に持《も》たず、気兼《きが》ね遠慮《えんりょ》は必《かなら》ず要《い》らん。さあ思《し》やんしてくれ。これから先《さき》は神《かみ》一条《じょう》の道《みち》。国会《こっかい》では治《おさ》まらん。神《かみ》一条《じょう》の道《みち》で治《おさ》める。怖《こ》わい道《みち》があって、やれ楽《たの》しみという。五年《ねん》々々《〳〵》の事情《じじょう》もう経《た》ち切《き》ったる。一《ひと》つの日柄《ひがら》、世上《せじょう》には余程《よほど》の理《り》も運《はこ》び、よう〳〵の理《り》が一寸《ちょつと》治《おさ》め掛《か》け。治《おさ》め掛《か》けは、何《なに》か難《むつか》し道《みち》である。どういう事《こと》も難《むつか》しい。年《とし》が明《あ》けたら五年《ねん》、一日《にち》の日《ひ》から始《はじ》める。国々国々《くに〳〵くに〳〵》の処《ところ》、万事取《ばんじと》り締《し》まり、さあ〳〵何《なに》か談《だん》示《じ》々々《〳〵》、談示《だんじ》の決《けつ》は、これまでよりも神《かみ》のさしづ。さしづ通《どお》りの道《みち》なら、どん

(10) 2月26日「五年祭の取り扱いに付意見一致せざるに付願」などがなされているように、人々の意見が割れている様子がうかがえる。

(11) 「お蔭」とはいわゆる「おかげ参り」のこと（次ページのコラム参照）。

な事《こと》も遠慮《えんりょ》気兼《きが》ねするやない。さあ楽《たの》しんだ。五箇年楽《かねんたの》しんだ。一日《にち》の日《ひ》、万《ばん》事談《じだん》じ、又思《またおも》わく一《ひと》つの事情《じじょう》は、又々尋《またまたず》ねてくれるよう。

この日は、陰暦でいうと十二月二十八日、年の瀬である。年明けの正月二十六日に迎える五年祭にあたっての心構えを、当時の社会背景（左コラム参照）も交えて仰せになったものと考える。

翌八日（陰暦十二月晦日(12)）の夜には、先にもふれたように、まず内を治めるようにとの「刻限」があり、それを受けたような流れで、午後十時半に「教祖五年祭の件伺」がなされて、具体的に一つひとつ「おさしづ」を仰いでいる。

一つは、「斎主は、神道本局稲葉正邦を招待致して宜しきや、又、中山会長にお

(12) 陰暦で明治23年12月は29日が晦日《かいじつ》(最終日)。

明治二十三、四年ごろの社会背景

〈おかげ参り〉

おかげ参りの起源は、おかげ、おかぎなどと称する神木を神社から頂いて、田の中に立てて豊作を祈った農耕儀礼に始まるといわれるが、近世には伊勢神宮への集団参宮に限られるようになった。

伊勢信仰の普及にともなって、十四世紀末ごろから畿内中心にあらわれたとも、天正末期・十六世紀末期を最初とする説もあるが、おかげ参りと呼ばれるのは江戸時代になってからである。

近世最初のおかげ参りと伝えられるのは、慶安三年（一六五〇年）で、その次の大規模なものは五十五年後の宝永二年（一七〇五年）である。その後も小規模なものがあるが、大規模なものは六十六年後の明和八年（一七七一年）である。このころから〝六十年周期説〟が起こったようである。明和のおかげ参りから六十年目の文政十三年（天保元年・一八三〇年）のおかげ参りは、江戸期を通じて最大のものであった。明治二十三年（一八

九〇年）は、それより六十一年目の庚寅《かのえとら》の年にあたるので、おかげ年として不景気を吹き飛ばすような群参が期待されたが、その気配もなく、年が暮れていったのである。

〈国会開設〉

明治七年一月、愛国公党によって民撰議院設立建白書が提出されて以来、自由民権運動は、士族の民権運動から、豪農・商工業者の民権運動へと拡大していき、政府の弾圧もついに及ばず、十四年の政変を機に、国会開設の勅諭を発して、二十三年に国会開設を約束することとなった。かくて、二十二年に大日本帝国憲法が発布され、衆議院と貴族院の二院制の帝国議会が開会されることとなった。国民が選挙する衆議院も、その選挙資格は二十五歳以上の男子で、直接国税十五円以上を納める者に限られていたから、有権者は地主階級に限られ、全人口の一・一四パーセントにすぎなかった。

天理市の稲葉町の「澤井家年代記」の二十三年の条《くだり》に、

此年、村初寄合ニ於、村区長役辞退ス、
四月一日ヨリ村、松本繁松人民惣代当選ス、
米三石一斗四升出来、綿百二十斤取、春ハ米六円五十銭ヨリ、七円位ノ処、四月比ハ段々ニ上リ、八円ヨリ九円三十銭迄相成、五月末ヨリ六月中旬ニハ米大イニ騰貴シ、上米拾円三十銭位ヨリ拾円五十銭ニモ相成、麦安七円五十銭空豆新六円七十銭、其外雑穀一体高価ニ相成、実ニ近年希成高値段ニテ世上一般大イニ不景気ニ相成り、貧民救助中居候也
一、本年七月一日、衆議院議員選挙ニ付、世上一般ヤカマシク、夫是二三ノ競争者有之、拙者等ニモ多分依頼スル者也、玉田豊三郎へ賛成致シ候処、失敗ニ相成候、其結果、第一区、則添上、添下、山辺、平群、広瀬五郡、奈良郡役所部内当選者、今村勤三、一千三百票余、第二区、本間直・堀田忠治、第三区、桜井徳太郎、各当選相成、漸相シズマリ、本年十一月ヨリ国会開設ニ御座候也

と記されている。一般国民には選挙どころのさわぎではなかったようである。

翌二十四年には、小作と地主との間の紛争があり、十一月二十八日の濃尾大地震には、国々より義捐金を出している。衆議院は解散となり、一カ月ほどの選挙運動に「大イニ困却致候」とある。今村氏は今度は二百票ほどの差で落選している。

願い致し置いたものでありましょうや願」である。

……まあ〳〵どんな事《こと》でも談示《だんじ》の上《うえ》と言《い》うてある。談示《だんじ》だけでは、これがよいと言《い》えば又一《またひと》つ、何《なん》にもそんな難《むつか》し道《みち》を通《とお》るやない。まあどれから見《み》ても、高《たか》い所《ところ》はけなりもの(13)や。なれど必《かなら》ずの理《り》に持《も》たぬよう。低《ひく》い所《ところ》より掛《か》かれ。義理《ぎり》〳〵と人間心《にんげんごころ》の理《り》を立《た》てる。人間心《にんげんごころ》の理《り》では、いずれ〳〵の理《り》が出《で》る。理《り》が走《はし》る。どうする事《こと》も要《い》らん。心《こころ》だけの理《り》は十分《ぶん》受《う》け取《と》る。大層《たいそう》の理《り》は受《う》け取《と》らん。すっきり受《う》け取《と》らんで。

先の一年祭の折は、大神《おおみわ》教会に斎主を依頼し(14)、真柱は喪主を務めた。また、当時は官憲の取り締まりの目もあったので、教団としての年祭というよりは中山家の私祭という感もあった。それが、五年祭の今回は神道本局に所属する関係上、斎主は本局にという意見があったのであろうが、「すっきり受け取らん」と明確なお言葉であった。このことは年祭当日の祭詞のなかでも、やわらかくふれてある(15)。

また一つは、「正月二十六、二十七、二十八日の三日祭日の件伺(16)」。日取りについては、「談示《だんじ》の上《うえ》ならそれに委《まか》せ置《お》こう(17)」と許されている。

次に、おせちに関しての伺いでは、「さあ〳〵一寸始《ちょっとはじ》め掛《か》けた処《ところ》、始《はじ》め掛《か》けた理《り》は、変《か》わさんがよいで。変《か》わるというと、どういうものぞいなあと、世上《せじょう》の理《り》が出《で》る。無理《むり》にどうせいとは言《い》わん。なれど変《か》わらんよう」と仰せになり、教祖が始められたものは(18)、変えないほうがよいと諭されている。

続いて、「分文教会より五年祭当日提灯並びに名旗を樹立する件御許しの願」には、

(13) 「けなり」は関西地方で言う「けなるい」のことで、うらやましいというほどの意味。

(14) 前もって大神教会に依頼していたが、所用のため出席できないとのことで、櫟本の神社（和爾下《わにした》神社）祠官《しかん》の巽久延が斎主を務めた。

(15) 年祭当日の祭詞中には、「己《おの》が神道《かみみちの》管長《おさ》公を招聘《まね》き御祭を仕奉らむと為《し》て有りしに　教会役員の諸人《もろひと》より拙《おぢな》き新治郎に仕奉れと進るが故に其言《そのこと》の随々《まにまに》に仕奉る事に成ぬる」とある（『稿本中山眞之亮伝』129ページ）。

(16) それぞれ陽暦の3月6日、7日、8日にあたる。

(17) 割書には「節会日限本年は御供えも少きによって、五日村方、六日七日両日講社としてお許し下されますや願」とある。

(18) 「教祖の膝下《ひざもと》に寄り集い、

「大層《たいそう》は要《い》らん」との仰せ。(19)

さらに、「東京本局員篠森教正、五年祭に参拝すると言われますが、招待しても宜しきや願」がなされるが、これについては「今《いま》の道《みち》に招待《しょうだい》をすれば、向《む》こうもよかろ、世上《せじょう》もよかろ。なれど、よい事《こと》の後《あと》の思案《しあん》をして置《お》かねばならんで」と諭されている。

篠森教正とは篠森乗人《のりんど》のことで、明治二十一年の東京出願のころから関係のあった人である。篠森のほうから「参拝する」との申し出であるから、好意によるものであろう。(20) しかし、招待するのは、先方も世上もよかろうが、後々のことも思案するように促されたのである。(21)

これらの経緯の後、なお神のほうから念を押すように、「教祖五年祭御願の後にて引き続きおさしづ」があった。(22)

……これまでの処《ところ》、難儀苦労《なんぎくろう》の道《みち》を通《とお》り来《き》た。よう聞《き》き分《わ》け。蒔《ま》いた種《たね》さえ、よう〳〵の事《こと》で生《は》えんのもある。蒔《ま》かぬ種《たね》が、生《は》えそうな事《こと》があるか。根性《こんじょ》の悪《わる》い話《はなし》すると思《おも》うやろ。だん〳〵に土台《どだい》を入《い》れて固《かた》めてある。なれど、あちらが弛《ゆる》み、こちらが弛《ゆる》みする。四方正面鏡《ほうしょうめんかがみ》やしきという理《り》が明《あき》らかなれば、何《なに》が弛《ゆる》もうに。これよう聞《き》き取《と》れ。いつ〳〵の理《り》に楽《たの》しんでくれるよう。

たとえ年祭の一般的形式を外すことがあってもよいから、当座の義理や体裁に流されることなく、あくまでも神一条を通して勤めるように促されていると思われる。

こうして、教祖五年祭を勤めるにあたっての心構えが明らかにされ、具体的な準

元旦に供えた鏡餅《かがみもち》のお下《さが》りを、一同打揃《うちそろ》うて賑《にぎ》やかに頂く事は、既に早くから行われて居たが、そのお供《そなえ》餅の量も次第に殖《ふ》えて、明治七年には、七、八斗《と》にも上った。この行事は、お節《せち》会と呼ばれて、後年、次第に盛んになった」（『稿本天理教教祖伝』110ページ）

(19) その年の秋季大祭前、11月22日（陰暦10月21日）の「分支教会の名称にて提灯立てる事御許し伺」でも、「心だけ受け取る。なれど大層要らん」と。

(20) 篠森は2年後の明治26年1月25日付で神道本局から客員としておぢば勤務になっている。

(21) この件については3時間後の夜1時半にも「神道本局員招待の件に付、相談の上押して願」がなされ、3日後の2月11日には「本局へ教祖五年祭に一人も御出張無きよう御断りのため前川菊太郎出張の事情願」「押

備も、着々と進められていった。(23)

●「存命中の心は何処へも」

二月も半ばを過ぎ、次第に日も迫ってくると、「つとめ」の勤修《ごんしゅう》について種々の伺いがなされている。

なぜ、教祖の年祭に「つとめ」を勤めるのか。おそらく、教祖が終始急《せ》き込まれた「つとめ」を勤めることこそが、その思召《おぼしめし》にお応《こた》えさせていただく道であるとの、人々の思いからであろう。

年祭初日を二十日足らずに控えた二月十七日（陰暦正月九日）、「おかぐら御面を修復に掛かる願」がなされる。

これは、先の一月七日に「御面を新調する事御許し下されますや、修復をさして頂きますや願」をしたのに対し、「**古《ふる》き物《もの》は損《そん》じてあるなれば仕替《しか》えとは言《い》わん。要《い》るべき物《もの》はそれ〴〵拵《こしら》えにゃならん**」との仰せであったので、それを受けて修復することにしたのであろう。その修復にあたっても、頭毛の色のことなど細かなところまで確認の伺いをしている。(24)

また二月十七日には、同時に、「かんろだいの雛形破損に付、木にて新調仕りますや、又は修復致して宜しう御座りますや願」もなされるが、「**つくらいにして置《お》くがよい。つくらいでよいで**」、つまり繕《つくろ》うだけでよいと指示されている。

して今一名清水與之助御供かた〴〵東京行の願」がなされている。

(22) 冒頭に「どんな話、刻限以て話す」とあることから見ても、刻限のお言葉である。

(23) 『稿本中山眞之亮伝』（121～122ページ）によると、板囲いや小屋掛け、玄米（120石）や餅米（15石）などの買い入れ等がなされている。

(24) 同日、2月17日に「御面の頭毛を中には白に取り替えるを宜しと言う人もあり、これは従前のまゝにしたものでありますか、改める方宜しう御座いますか願」「修復致します場所は増

続いて、元のつとめ場所の上段の間の畳の表替えについては、これも「見難《みに》くいといえど、どうとも言《い》わん」「強《た》ってどうせにゃならんと言《い》わん」との仰せ。いずれの場合にも、新調する必要はなく、あるものを繕う程度でよいとの「おさしづ」であり、その点、徹底した思召であることがうかがえる。

重要な「つとめ」に関する事柄であるのに、周辺的なものを整えていくということに関しては、積極的なお言葉は見られない。目に見える姿形のものではなく、心の問題、神の道を立てるということこそが、教祖年祭を勤める要諦《ようてい》であることを教えられたものと感ぜずにはおれない。

十四日後に迫った二月二十日（陰暦正月十二日）には、「中山会長斎主となり今夜遷座の儀伺」がなされる。(25)

それまでの御休息所から、北の上段の間にお遷《うつ》りいただこうとしたようであるが、「何《なに》もどれもこうする要《い》らん。一寸《ちよつと》言《い》わば学《まな》びまでのもの。従前《じゆうぜん》の模様《もよう》」との仰せに、「押して、御休息所とする事」で再度伺うと、「それでよい〳〵」とお許しになっている。

遷座の後、(26) 人々は教祖がおわす御休息所で「つとめ」を勤めたいと考え、「かいろだいを御休息所の方へ御勤に付、持って行く事の願」をしている。現在では想像もつかぬ発想であるが、終始「つとめ」の実行をお急き込みになっていた教祖に対する心情がそうさせたものであろうか。それに対して、次のようなお言葉があった。

野正兵衛新宅にて御許し願」がある。なお、『ひとことはなしその三』によると、明治21年の開筵式に際して新調されたものを、梅谷四郎兵衛を通じて、大阪の瀧本彌兵衛という職人の手で修繕された模様。

(25) この「伺」の前、「本席身上御障りに付願」で、「五箇年という一つの理、年が明ける」「今の事情三年千日とも諭してある」とも仰せになっている。

(26) 「教祖新しき社殿に日暮に遷霊致しましたが、今夜勤の式を致しとう御座います。古き社を置きましても、粗末にもなり、又、これに見習うてもいけませんから、式が済んでから焼きましても宜しう御座りますや伺」に対して、「さあ〳〵すっきり掃除して了《しま》うがよい。残さず掃除して了うがよい」とのお言葉であった。

さあ〳〵理《り》を知《し》らそ。かんろうだいというは、何処《どこ》にも無《な》い、一《ひと》つのもの。所《ところ》地所何処《ぢしよどこ》へも動《うご》かす事《こと》は出来《でき》ないで。

かんろだいは、人間創造の元のぢばにこそ据えられるべきもの、どこへも動かしてはならないという信仰上の根幹が、ここではっきり明示されたのである。(27) 当時のかんろだいは板張り二段のものであったから、(28) 移動することが容易であったのであろうが、「何処へも動かす事は出来ない」との厳とした指図であった。そこで、かんろだいは動かさず、「御勤だけは宜しう御座りますか伺」をすると、「さあ〳〵学《まな》び〳〵」とのお言葉であった。(29)

こうして、教えの一つひとつを、念を押すように、心に治めさせておられるのである。

さらに、二月二十二日（陰暦正月十四日）には、「五年祭の当日御墓参り致しましたもので御座いますや伺」と続く。(30)

……何《なに》もこれ古《ふる》き処《ところ》、古《ふる》きものを脱《ぬ》ぎ捨《す》てたるだけのものや。どうしてくれ、こうしてくれる事《こと》も要《い》らん。存命中《ぞんめいちゅう》の心《こころ》は何処《どこ》へも移《うつ》らんさかい、存命中《ぞんめちゅう》で治《おさ》まりて居《い》るわい。

ここでも、教祖存命の理について、具体的な問題に即して諭されている。

そして、いよいよ年祭直前になると、最終確認とも見られる伺いがなされる。

つまり、二日後に迫った三月四日（陰暦正月二十四日）の「教祖御霊璽御遷座の

(27) 「おふでさき」にも、「このやしきかんろふだいをすへるのハ　にんけんはじめかけたしよこふ」（十 79）、「にんけんをはじめかけたるしよこふに　かんろふたいをするゑてをくぞや」（十七 9）とある。

(28) 明治15年に2段までできたかんろだいの石が没収されて以来、小石が積まれていたが、明治21年に教会本部が設置され、神殿増改築されてからは、板張りの台が2段据えられていたようである。

(29) 明治27年の中山こかん二十年祭に際しても、9月25日「おかぐら舞奏の願」がなされるが、「見合わして置くがよい」と許されず、「十二下り御勤の願」には「式のうち」ならとの指図であった。現在でも春秋などの霊祭では、てをどりだけが勤められる（左ページのコラム参照）。

場所は、神殿の東の方か北の上段の間かへ願い度き伺」に対して「世上《せじょう》には五年祭《ねんさい》という理《り》を以《もつ》て集《あつ》まる処《ところ》、一寸出《ちよつとで》ようと思《おも》えば、古《ふる》い所《ところ》へ一寸事情《ちよつとじじょう》を治《おさ》めてくれ」とあり、「同日、祭式の場に付願」には「その日《ひ》の祭《まつ》り、その日《ひ》の事情受《じじょうう》け取《と》る処《ところ》、事情《じじょう》は古《ふる》き所《ところ》で受《う》け取《と》る」と指示されている。(31)

これを受け、翌五日（陰暦正月二十五日）には「教祖御出張りを上段の間となし、こゝにて式をなし、かゝんろだいでおつとめ御許しを願」をしている。実際にどうい

(30) この日、2月22日には、「教祖御霊新殿へ御遷座の願」「五年祭の当日御霊をかんろだいの所へ御遷座願」「五年祭に付信徒には竹の皮包み、通常参拝人には弁当を饗する願」も。

(31) このほか、「同日、普通参拝人へ餅を廃する事願」があり、「御供《ごく》としてやるのは信者だけでよいで」と指示されている。

「学び〳〵」のこと

明治二十四年の教祖五年祭の際、御休息所で本づとめを勤めたいとの人々の申し出に「学び〳〵」と仰せられたのに対して、明治二十七年の中山こかん二十年祭の際には「見合わして置くがよい」と許されなかった。

このことについて二代真柱は、「本勤《ほんづとめ》とは、かんろ台の場所に於《お》いてのみ勤められるものであり、仮令《たとい》、同一屋敷であっても、又、教祖様《おやさま》の御前《みまえ》に於てする勤《つとめ》ではなく『学び〳〵』であると仰せられてゐるのであります。……若き神様としての小寒《こかん》様の御立場や、又小寒様のお魂の理から申しまする時、これ亦《また》尊い存在でおはしたのでありますが、教祖様の場合には『まなび〳〵』としてお許しあつた神楽つとめも、小寒様の場合には全然お許しがなく唯《ただ》十二下り手踊りのみお許しになつてゐる点に、親神様の思召、天理の厳として動かぬ所がうかゞはれ思はず襟を正さずには居《い》られません」（『ひとことはなし　その三』）と述べられている。

明治24年ごろのおやしき

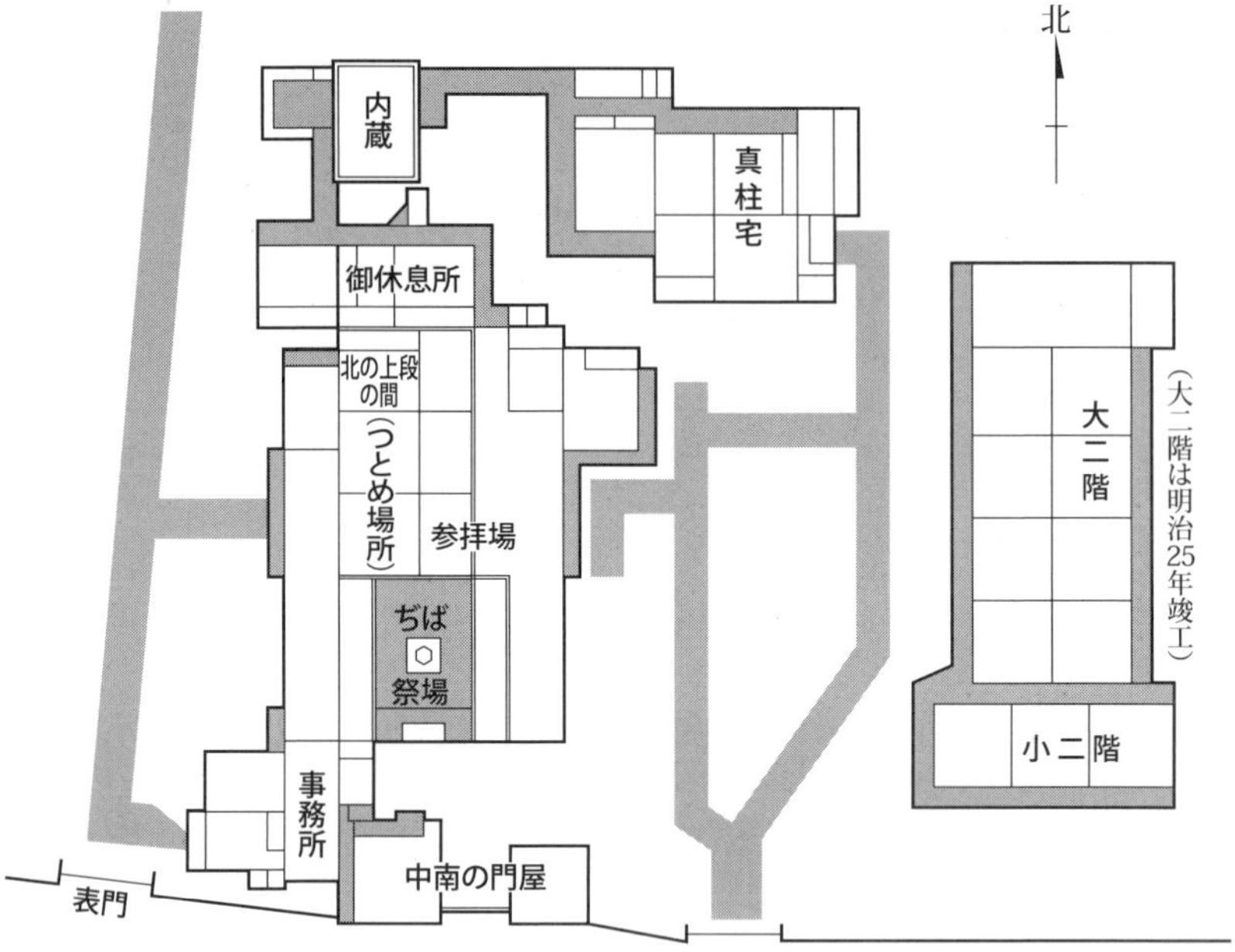

う段取りでなされたのかよく分からないが、年祭当日の祭典の様子は、『稿本中山眞之亮伝』に「三月六日には、教祖のお社は、この日の真夜中、正子まで、北の上段の間へお出張りになった。三月七、八の両日は、南方の祭場[32]で祭典を執行した」（125ページ）とある。

この記述からして、年祭初日の六日（陰暦正月二十六日）は、御休息所にあった「教祖のお社」を「北の上段の間」に移して、「こゝにて式をなし、かんろ

教祖五年祭の祭式役割	
斎主	本部長（真柱）
副斎主	前川（菊太郎）大講義
祓主	飯田（岩治郎）少講義
誓主	上原（佐助）権大講義
読師	深谷（源次郎）権大講義
典礼	諸井國三郎
解除掛	村田忠三郎
後取	西岡善造　西岡岩太郎　冨田傳次郎

(32) 3月4日の伺いで「祭式初日は北の上段の間にて行い、後二日はかんろだいの場所にて御許し願」とあるので、「南方の祭場」とは、「かんろだいの場所」ということであろう。

だいでおつとめ」をしたということになろう（右図参照）。
お居間である御休息所から、北の上段の間へ「教祖のお社」を移したのは、かんろだいで勤める「つとめ」を、教祖にご覧いただきたいという人々の思いがあったからにちがいない。また、先の四日の「一寸出ようと思えば、古い所へ一寸事情を治めてくれ」「その日の祭り、その日の事情受け取る処、事情は古き所で受け取る」とのお言葉を受けて、「古い所」「古き所」、つまり北の上段の間へお移ししたのであろう。北の上段の間は、中南の門屋ができるまで、教祖がおられた場所である。(33)

以下、「本部日誌」などの記録をもとに、(34)五年祭の盛況ぶりを見てみたい。

三月五日晴　各分支会長並ビニ各国各講長氏本部へ到着ス　門外門内市ヲ為シ夜来献燈ノ晃々タル事ハ白昼ノ如シ

三月六日晴　本日ハ信徒等兼而期望シタル当日ナレバ関西関東ノ講社ハ数フルニ遑ナク門内門外共ニ踏至シテ為メニ立錐ノ余地ナカリキ　櫟本警察署ハ昼夜共十数名ノ巡査ヲ出張セシメ非常ノ保護ヲ与ヘタリ

三月九日晴(35)　六七八三日間ニ施与シタル米穀ハ百五十石余酒五十樽其他ノ雑品数フベカラズ　本日ハ本部長斎主トナリテ五年祭モ首尾好都合ヲ喜悦セラレ夜来酒宴ヲ開筵セラレタリ

こうして、盛況のうちに終えた教祖五年祭であったが、年祭を勤めるにあたり、逐一仰いだ「おさしづ」を通して示されたことは、義理や体裁にこだわる通り方に

(33) 元治元年（1864年）につとめ場所ができて以来、明治8年に中南の門屋ができるまでの約10年間おられた。その後、中南の門屋から御休息所へ。明治16年11月25日（陰暦10月26日）夜、お遷《うつ》りになるその様子は、『稿本天理教教祖伝』（266〜269ページ）に詳細に記されている。

(34) 上村福太郎『潮の如く（上）』に詳しい。

(35) 「天候は、三月三、四の両日は雨、三月五日から三月九日までは、晴天で一点の雲も無かった。三月九日に、一日で万事の後片付けをして、三月十日に雨が降ったという、誠に申し分のないお天気具合であった」（『稿本中山眞之亮伝』134ページ）。また、3月10日の「本席御身上願」でのお言葉に「三日事情の理を見て、何日の事情も治めてくれるよう」とあるが、割書に「三日事情というは五年祭の三日晴天なり」と注記してある。

対する戒めではなかったろうか。教会組織も大きくなり、それに見合ったものをと考えるのは、人情であろう。しかし、一貫して求められているのは、神一条の通り方であった。「ひながた〳〵変えて、いかなる理も治まりあろうまい」（明治24・1・7）とも仰せられている。

この「ひながた」については、すでに明治二十二年十一月七日の「刻限御話」で言及されている。

……難《むつか》しい事《こと》は言《い》わん。難《むつか》しい事《こと》をせいとも、紋型《もんかた》無き事《こと》をせいと言《い》わん。皆《みな》一《ひと》つ〳〵のひながたの道《みち》がある。ひながたの道《みち》を通《とお》れんというような事《こと》ではどうもならん。……ひながたの道《みち》を通《とお》らねばひながた要《い》らん。ひながたなおせばどうもなろうまい。……

いうまでもなく、「ひながた」とは、教祖の通られた五十年の道すがらのことである。それをわれわれが慕い求めるにあたっても、

……五十年《ねん》の間《あいだ》の道《みち》を、まあ五十年《ねん》三十年《ねん》も通《とお》れと言《い》えばいこまい。二十年《ねん》も十年《ねん》も通《とお》れと言《い》うのやない。まあ十年《ねん》の中《なか》の三《みっ》つや。三日《みっか》の間《あいだ》の道《みち》を通《とお》ればよいのや。僅《わず》か千日《にち》の道《みち》を通《とお》れと言《い》うのや。千日《にち》の道《みち》が難《むつか》しのや。ひながたの道《みち》より道《みち》が無《な》いで。……まあ三年《ねん》の間《あいだ》や。三年《ねん》経《た》てば、偉《えら》い事《こと》に成《な》るのやで。三年《ねん》の道《みち》は直《じ》きや。そこで、難《むつか》しい事《こと》せいとは言《い》わん。……

このお言葉のあった明治二十二年十一月から、五年祭が勤められた明治二十四年の三月までは、足掛けで三年という歳月になる。現在、教祖年祭を目標とした活動

の仕切りの心構えのために取り上げられることの多い「おさしづ」である。

教祖五年祭は無事勤め終えた。直後の真柱の心境を、『稿本中山眞之亮伝』は「先般教会本部を認可されて以来、初めての教祖の年祭である。しかも、一年祭の時の思い出も生々しいこの時、十数名の警官が出張して保護警衛に当ってくれて居る事を思うと、一同の人々、特に眞之亮の胸中は、嬉《うれ》しさで一杯であった」（128ページ）と記している。

人々は、晴れ晴れとした心で国々へ戻り、おたすけに奔走した。

こうして、教祖五年祭を滞りなく勤め終えた明治二十四年は、この後の教勢躍進に弾みをつけた年であった。

第六章　尽す処は受け取る――教祖御墓地改葬

明治二十四年、教祖五年祭は滞《とどこお》りなく勤め終えられた。そのことが、三年前の教会本部設置に次ぐ二つ目の弾みになったのか、以後の教勢は目覚ましく躍進を遂げることになる。

翌二十五年に行われた教祖御墓地改葬の儀も盛況を呈した。このことも、大きく動く教勢の一つのあらわれと見ることができる。これは明治二十年陰暦正月二十六日以来の懸案事項であり、その遂行にあたって、人々は事細かに「おさしづ」を伺っている。

二十五年いっぱいかけて教祖墓地改葬は進められていくが、その過程において、終始諭されたことは何であったのか、思案してみたい。

明治二十四年（一八九一年）、教祖五年祭は無事に勤められた。以後、道の伸展の姿は著しいものがあったが、(1)真柱の胸中には、数年来、心を離れない未解決の問題があった。

話は、四年前にさかのぼる……。

(1) 教会設置の数だけでも、明治21年―2カ所、22年―11カ所、23年―14カ所、24年―23カ所で、翌25年―143カ所となっている。

●ひとまず頭光寺山へ

明治二十年の二月十八日、つまり陰暦正月二十六日、教祖は現身《うつしみ》をかくされたが、その後、直ちに起こった問題は、教祖のご遺骸をどこに葬るかということであった。二日後の二月二十日、小二階の楼上《ろうじょう》に、おやしきの主立った人や各講元が参集。(2)当時の模様を記した「天理教来歴記事」によると、次の三つの意見が出た。

甲曰《いわ》ク　教祖ハ此《この》五番地(3)ニ縁故アレバ、中山家ノ屋敷内ニ於《おい》テ埋葬スベシ

乙曰ク　甲ノ説ハ吾々《われわれ》モ賛成ナレドモ、哀《かな》シイ哉《かな》、法律(4)ノアルヲ如何セン、故ニ新墓地ヲ起コスニ如《し》カズト

丙曰ク　甲説ハ法律上其《その》目的ヲ達スル事能《あた》ハズ、乙説ハ教祖ノ遺骸ヲ政府ノ許可アル迄《まで》家内ニ存シ置ク事ハ迚《とて》モ能ハズ、何《な》ントナレバ幾日間ヲ費《ついや》スカ図リ難《がた》ケレバ、矢張リ一先《ひとま》ズ祖先の塋域《えいいき》(5)へ埋葬致シ置《おき》、時機熟シテ改葬スルニ如カズト

つまり、おやしき内にお埋めしたいが、墓地以外の場所に埋葬することは法律で禁じられている。かといって、新しく墓地を設けるには、許可を得るのに時間もかかるから、ひとまず、先祖の墓のある勾田《まがた》村の善福寺《ぜんぷくじ》内に埋葬し、新墓地の許可がおり次第、改葬しようという意見である。

加えて、三島村民の代表からは、ぜひおやしき内か、村内のどこかへお埋めしてもらいたい、それができねば、火葬にして、お骨にしてでも村からは出さぬように

(2) 二代真柱『ひとことはなし その二』より。「天理教来歴記事」は、第2章の注2（22ページ）参照。なお、この葬儀前後の様子は、冒頭の「教祖御帰幽葬祭ノ景況」に記されている。

(3) 中山家の元の地番のことで、「中山五番屋敷」などと呼ばれていた。

(4) 明治17年10月4日付の太政官布達第25号「墓地及埋葬取締規則」第1条に「墓地及び火葬場は、管轄庁より認可したる区域に限るものとす」とある。

(5) 塋域とは墓地のことで、中山家先祖の墓は、おやしきの南西、勾田村の善福寺内にあった。同寺は頭光山仏性院善福寺、略して頭光寺《ずこうじ》とも称された。

してもらいたい、との申し入れがあった。(6) 地元民たちは、ほかの村に墓ができれば、いままでのように自分たちの三島村は潤わず、他村にうばわれてしまうと懸念し、教祖のお墓の有無が村の盛衰に大いに関係すると思っていたようである。

当時、まだ地方では土葬が一般的であったし、火葬に対してはかなり抵抗があったようである。真柱は、静かに皆の意見を聞いていたが、この火葬案が出るに及んでは、黙っているわけにはいかなかった。

「来歴記事」に、「茲《ここ》ニ至ツテ激怒答ヘテ曰ク、氏等妄説ヲ吐ク勿《なか》レ、抑《そもそ》モ我《わが》教祖ハ婦人タリト雖《いえど》モ斯道《しどう》に於《おい》テノ始祖伝道主ナリ、天下又求ムルモ一人ナシ。斯《かく》ノ如キ御方ヲ火葬ニスルガ如キ酷甚《こくじん》ナルヿ《こと》ハ予《よ》等ニ於テ忍ビザル所ナリ。氏等又言フヿ勿レ、教祖ヲ葬祭スルハ予ノ自由ニシテ他ノ容喙《ようかい》ヲ受ケザルナリト」と記されてあり、真柱自身の手記にも、「天下一人ノ我恩人、老母ヲ火葬ノ如キ酷葬ニ致シ難シ」とある。(7)

こうして火葬案は一蹴されたが、決定的な思案はつかない。飯降伊蔵を通して指示を仰いだところ、

「身はかくすが、たましひは此《こ》の屋敷に留《とど》まつて生前同様、万《よろづ》助けをする。此の身《から》体《だ》は丁度《ちょうど》身につけてある衣服の様なもの、古くなつたから脱ぎすてたまでの事、捨てた衣服には何の理もないのだから、何処《どこ》へすて丶もよい」(『ひとことはなし その二』)

という意味のお言葉があったという。

この時のお言葉は、「おさしづ」原典には収録されていない。(8) しかし、このお言

(6)「来歴記事」には、三島村の委員として、足達源三郎、北村平四郎、北田嘉市郎、大西平三郎の名が連ねてある。なお、前出太政官布達の第4条に「区長もしくは戸長の認許証を得るにあらざれば、埋葬または火葬をなすことを得ず」とある。

(7)「反火葬思想も相当強い様に思はれます。これは一面反仏教思想とも見えますが、他面在来の習慣を重んずる結果とも思はれます。今日にして見れば『古くなつた衣服にすぎない遺骸』として、屋敷外へ棄《す》てたと同様の意見の墓なのであり葬式なのでありますから、かくまで強く云《い》ふは前述の気持ちと合はぬ様にも見えますが、人情として灰にして了《しま》ふは如何《いか》にも酷な様に感ぜられたのでせう。此の理と人情との有様が赤裸々に現れてゐる点や、自由と叫び乍《なが》ら而《そ》して古衣をすてると云ひ乍ら、尚且《なおかつ》、情に激して村の輿論《よろん》を皆まで聞かず、拒絶してゐる様な、

守目堂《もりめどう》村の古地図（年代不詳／天理市守目堂町・大塚武文家蔵）「三島から頭光寺へ行く道筋は、広くない上に、守目堂の宮さんの横を通らねばなりません。しかし此《こ》の道はお葬式に限り宮さんに遠慮して避けて通るのが習慣になつてゐました。そこで宮さんの東側の池の更《さら》に東側の堤の上を通るのです。……此の道を普通葬礼道《そうれんみち》と呼んでゐました」（『ひとことはなし　その二』）とは、右上端（三島村）から右下（勾田村善福寺）への道筋のことであろう。

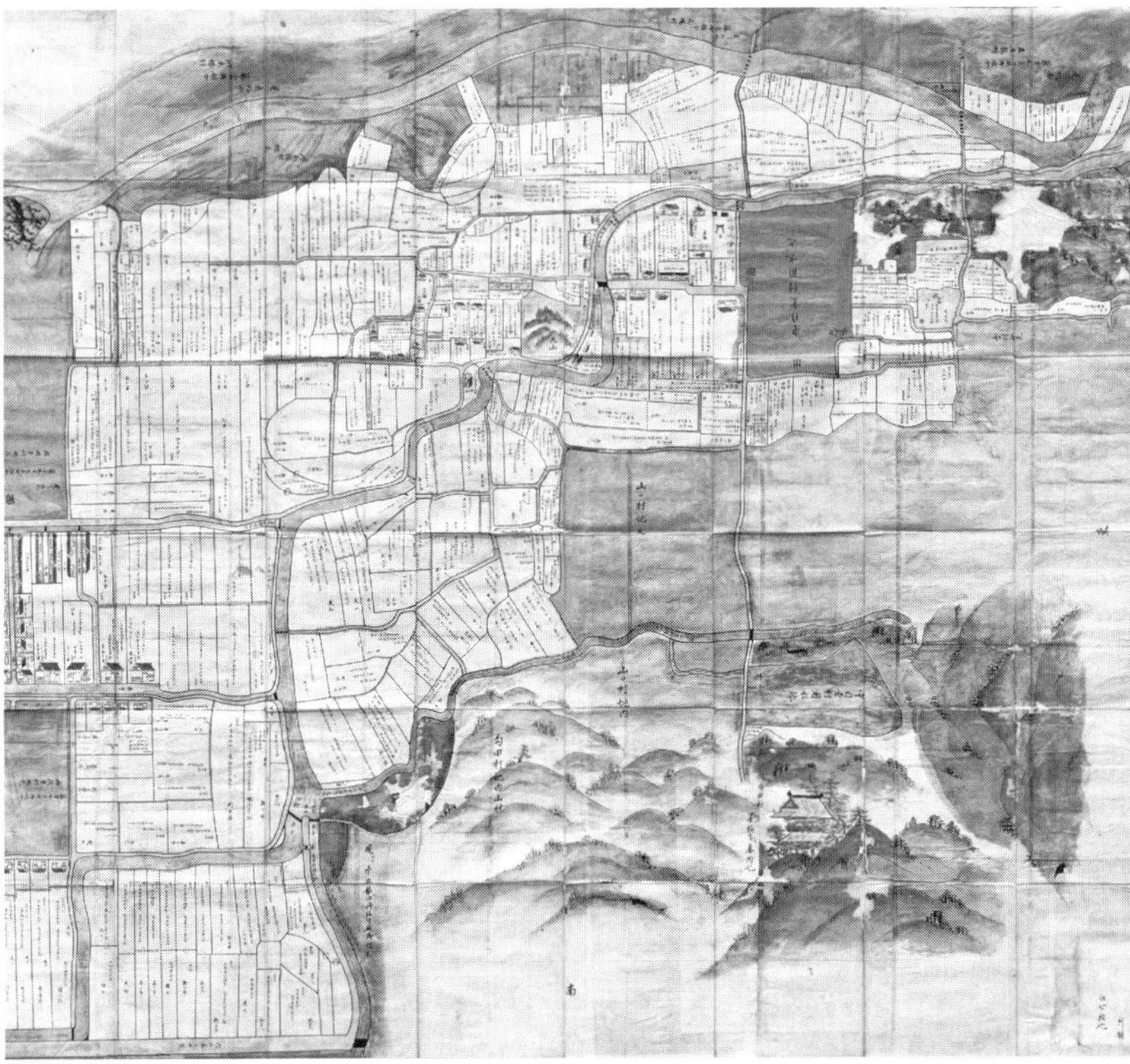

明治廿年の有様が髣髴《ほうふつ》としてゐる様に思はれます」（『ひとことはなし　その二』）

（8）「唯一筆《ただひとふで》書き加へておきたい事は、『来歴記事』の筆者橋本さんは、漢文の才あつたために、『おさしづ』まで難しい文章体に書き改めて了《しま》はれました。されば『さあさあ』で始まつている一般の『おさしづ』よりも、ずつと固い形のものになつてある憾《うら》みがあります。又残念な事には公刊されてゐる『おさしづ』には此の日の『おさしづ』が載つてありません。二、三写本の『おさしづ』を調べてみましたがそれにもありません。尚調べる事に致しませう」（『ひとことはなし　その二』）

明治以降の火葬について

神道国教化をはかる明治新政府の宗教政策は、神仏分離令から廃仏毀釈《はいぶつきしゃく》運動へと広がり、庶民の生活にも影響を与えた。

明治五年（一八七二年）に「自葬ヲ禁シ神官僧侶ノ内へ依託」の太政官布告が出されるが、これは政府による葬儀の干渉であり、信教の自由の抑圧でもあった。つまり、キリスト教などによる葬儀は禁止され、神官、僧侶に依頼しないと葬儀ができなくなったのである。

さらに翌明治六年には「火葬禁止」の太政官布告が出た。しかし、それまで火葬は浄土真宗など仏教で行われており、それに都市部の寺院では土葬のための棺を受け入れる余地がないという強い反対の声も加わり、二年後の明治八年には「火葬ノ禁ヲ解ク」の布告となる。

また、別の理由として、明治新政府の手本となる欧米では火葬率が低いということで火葬禁止令を出したのだが、むしろ火葬の普及が将来性があるという見解から、あわてて禁止令を廃止したのだという。火葬再開後、明治三十年に「伝染病予防法」が発布されてからは、火葬の普及は加速することになる。なお、その間の墓地、埋葬などについての行政を集約したのが、明治十七年の「墓地及埋葬取締規則」。現在の「墓地、埋葬等に関する法律」（昭和23年公布）の前身である。

二〇一〇年現在で、日本の火葬率は九九・九四パーセントと世界一であるのに対し、イギリスは七三・一五、アメリカでは四〇・六二、フランスは三〇・〇九パーセントにすぎない。欧米に火葬が広がりはじめたのは、カトリックが火葬を公認した一九六二年ごろから。イギリスで三〇パーセントを超えたのは一九六〇年で、これは日本の明治末期に相当する。

以上、明治の混迷期を経て以降、日本の火葬の普及がいかに早かったかが分かる。

（参考文献＝「東京都霊園問題調査会報告書」など）

葉は、人の遺体と、その扱いについて示されたものとして、極めて重要である。後日、教祖五年祭に際しての「御墓参り致しましたもので御座いますや伺」(明治24・2・22)でも、「何《なに》もこれ古《ふる》き処《ところ》、古《ふる》きものを脱《ぬ》ぎ捨《す》てたるだけのものや」と仰せになっている。

そこで、当面の処置として、中山家先祖の墓地のある善福寺内に葬ることに決定し、(9)現身おかくしから五日後の二月二十三日(陰暦二月一日)、葬儀が執り行われた。(10)「来歴記事」には、「教祖ノ遺骸ハ時ヲ得テ改葬セントノ見込ミナレバ、松ノ良材ヲ撰《えら》ミ、堅固ナル棺ヲ造リ、墓穴ハ壹丈余モ穿《うが》チ、石棺ノ内へ容《い》レ『セメント』ヲ以テ密閉シタリ」と記され、『稿本中山眞之亮伝』にも、「眞之亮は、胸中深く他日を誓って、この草深くいぶせき墓所に、しばしお留《とど》まり頂く事を、教祖の御霊にお許し願うた」(55ページ)とある。

すでにこの時点から、真柱の胸中には新墓地建設の思いのあったことがうかがえる。

その後、翌二十一年には念願であった教会公認がかない、二十四年には教祖五年祭を無事勤め終えた。

真柱は、安堵《あんど》の胸をなでおろす一方で、「いかに古着同様とは言いながら、たゞの古着ではない。月日のこもり給《たも》うた教祖の御遺骸《なきがら》を、……仮の御葬《みはふり》を済ませただけで、今日まで来て居る」(『稿本中山眞之亮伝』137〜138ページ)という思いが、次第に膨らんでいくのであった。

(9) 増野正兵衛筆「増野日記」には前日の陰暦正月27日の項に「墓地決定」とある。このことについて『ひとことはなし その二』には「廿八日の合同会議に提出する以前に、中山家の人々や二、三取次ぎの人達によって下相談し、今日となつては致し方ないから頭光寺のお墓へ埋めてはとの案を作って、廿八日の議題に上《のぼ》せられたと考へるのが一番穏当でないか」と。

(10) 斎主は蔵堂《くらんどう》村(現田原本町)守屋《もりや》神社祠官《しかん》守屋秀雄が務めたが、教祖の諡名《おくりな》(真道弥広《まみちいやひろ》言知女命《ことしりめのみこと》)も、この守屋によるという。また、「増野日記」によると、葬儀に先立ち午前2時から「御神楽歌御勤十二下リ」が勤められている(『ひとことはなし その二』)。

●「ほんの芝ぽで」

かねてより、来るべき改葬にそなえ、新墓地造営のための地所の入手に努めていた。豊田山も、その一つであった(11)。

明治二十五年二月二十六日（陰暦一月二十八日）、真柱は、豊田山の一部である小松山を検分。眼下におやしきを眺望できるこの山腹に、墓地を造成することを決意する。

翌二十七日、「教祖御墓地用豊田山買い入れの願」をしたところ、

さあ〳〵前々《ぜん〳〵》以《もつ》て事情《じじよう》始《はじ》め掛《か》け、一《ひと》つの心《こころ》、尋《たず》ね出《で》る事情《じじよう》、一寸許《ちよつとゆる》したる。あちらの事情《じじよう》、一寸《ちよつと》の事情《じじよう》に治《おさ》まるまい。だん〳〵事情《じじよう》、これから始《はじ》め掛《か》けたら出来《でき》る、どうでも出来《でき》る。尋《たず》ね掛《か》けたら一時《じ》の理《り》が見《み》えて来《く》る。どんな所《ところ》でもよいで。一日《にち》の日《ひ》運《はこ》び掛《か》け。許《ゆる》し置《お》こう〳〵。

との仰せ。このお言葉を受け、その日の夜に開かれた役員会議で、さらに広く豊田山を購入することが決まった。

これを機に、墓地造成の懸案は具体化していくことになるが、「おさしづ」本の割書によると、それ以前も、こうした動きはあったようである。

約一カ月前の一月二十六日（陰暦十二月二十七日）、「教祖御墓所を三島に新墓地を設け、それへ移転の儀願」がなされている(12)。

さあ〳〵尋《たず》ねる事情《じじよう》、さあ〳〵遠《とお》からず事情《じじよう》、これまで〳〵思《おも》う事皆心《ことみなこころ》にあれ

(11)「おさしづ」本の割書にも、明治24年12月25日「豊田村山地買い入れの事情願」、翌25年2月24日「山地所買い入れの願」などとある。

(12) この日「教祖御履歴編輯の事に付願」もなされている。

(13)『天理教郡山大教会史』に「明治二十二年初夏の頃、増田甚七、山中竹史の両役員は、勾田村善福寺にある教祖のお墓地に参拝した。それはまことに粗末なもので、雑然とした一般墓地の中にあった。しかも通路のすぐそばにあり、雨上りのことどて、墓碑の台石には一面に泥がかかっていた。これでは余りに勿体《もったい》ないと感じた二人は、後日の郡山分教会役員会議においてこの事を持出し、なんとかさせて頂く事は出来ないものだろうか、と話した。かねてその事を心にかけていた初代会長（平野楢蔵）は、話が役員から持出された事を非常に喜んだ。

ど、日柄《ひがら》という理《り》に抑《おさ》え、事情尋《じじょうたず》ね出《で》る。万事《ばんじ》いかなる処《ところ》、事情《じじょう》は一寸《ちょつと》には軽《かる》くは行《ゆ》こうまい。運《はこ》び掛《か》けたら、成《な》らんやあろうまい。さあ〳〵何《なに》かの処《ところ》は、談示一《だんじひと》つの理《り》に委《まか》せ置《お》こう。

とのお言葉があり、このときもやはり、「談示一つの理に委せ置こう」と、人々の思いに任せられている。

そもそも、明治二十年に勾田村・善福寺の一角に仮葬された教祖墓地は、狭隘《きょうあい》なうえに、墓参に不便でもあった。真柱はもとより、信者たちの間にも、このままではもったいない、申し訳ないという思いが強くあったようである(13)。また、墓参りの信者たちが頻繁に往来するので、沿道の地元住民からも苦情が出ていたのではなかったろうか(14)。おやしきのある三島村に新墓地を設けたいという願い出も、至極当然の成り行きだったといえよう。しかし適当な地所がなかったのか、おやしきの北方約一キロに位置する豊田山へということで事は進められる。

二月二十七日の「おさしづ」を受けて、役員会議でも新墓地の造成が決定し、三月十日から豊田山の買い入れを開始(15)。四月には大半の購入を終え、六月二日付で奈良県知事・小牧昌業《こまきまさなり》あてに「墓地新設願」を提出し、同月十日付で「墓地設置願ノ件聞届ク」との通知が届いた(16)。また、櫟本《いちのもと》警察分署あてに提出していた「改埋葬御願」も、同十六日付で許可がおりている(17)。

地所も調達でき、法的手続きも整ってきたので、六月二十三日、役員会議が開か

そして、郡山一手ででも、教祖のお墓地を新しく造らして頂いてはという皆の念願を、本部へ申上げた」と記されてある。

(14) 勾田村善福寺への通路は、1間(約1・8メートル)足らずの道幅で、葬儀の当日など、行列が田畑を踏み荒らしたため、損料を支払っているので(『ひとことはなし　その二』)、その後も、沿道からの苦情があったものと察せられる。

(15) 4日後の3月14日には「蜜柑畑の地所買い入れるに付願」もなされている。

(16) 郡山大教会史には「新墓地を設けるには官憲の許可が必要であるが、豊田山には小さなほこらがあり、それが問題となって新墓地の許可がなかなか得られなかった。そこで初代会長は、初代真柱のお許しを得て、郡山分教会役員山中竹史をして、許可の申請に当らしめた。幸い

れ、工事設計についてなど、具体的な討議に入った。(18) 翌二十四日、設計に関して「教祖御墓所石玉垣造る事の願」(19)をするが、

……それ〴〵心《こころ》を集《あつ》めて運《はこ》ぶ処《ところ》受《う》け取《と》る。なれど事情《じじょう》々々、所々《ところどころ》よく聞《き》き取《と》れ。仕切《しき》った事情《じじょう》は未《ま》だ〳〵。一時《じ》の処《ところ》どうでも受《う》け取《と》る事出来《ことでき》ん。どういうもので受《う》け取《と》る事出来《ことでき》んなら、地所《じしょ》はよう〳〵の理《り》に集《あつ》まりて治《おさ》まり、一日《にち》ともいう。……地所《じしょ》というは、地《ち》を均《な》らした、大方此処《おおかたここ》がそうであろうかと言《い》う。一日《にち》の日《ひ》を以《もつ》て年限《ねんげん》の処《ところ》は二年《ねん》三年《ねん》。鮮《あざ》やかというは、未《ま》だ〳〵事情早《じじょうはや》いによって、これ一《ひと》つ諭《さと》して置《お》く。

と、判然としたお許しではなく、地所の地ならしができたら、「大方此処がそうであろうか」という程度のものでよいとのお諭しであった。

それでも、六月二十七日から、梅崎三吉という石工を棟梁にして、(20) 設計図の作製にかかっている。それも二、三日中にでき、三十日には「教祖豊田山墓所五日取り掛かりの願」がなされた。対するお言葉は、

……だん〳〵の理《り》をあちらも寄《よ》せ、こちらも寄《よ》せ、どうがよかろ、こうがよかろ、尽《つく》す処《ところ》は受《う》け取《と》るなれど、一時《じ》多《おお》く広《ひろ》く地《ち》を均《な》らし、それ〳〵一寸《ちよつと》一通《ひととお》り道《みち》を付《つ》け、真《ま》ん中《なか》に一寸《ちよつと》理《り》を拵《こしら》え、此処《ここ》かいなあと言《い》えば、又《また》、何《なん》ぞいなあという事情《じじょう》に治《おさ》め。運《はこ》ぶ尽《つく》す理《り》は受《う》け取《と》る。たゞ受《う》け取《と》ると言《い》えば、どうしても受《う》け取《と》るであろう、というような心持《こころも》ってはならん。世界《せかい》の理《り》が無《な》くばならん。仕切《しき》ってすれば、思《おも》わくの道《みち》がだん〳〵延《の》びる、早《はや》い〳〵。

豊田山中に古い無縁墓地があったので、それを手がかりにして、遂に新墓地造営の許可を得る事が出来た」とある。また、10日付の通知を受けてか、6月15日には「墓所の事に付事情願」がなされ、「それ〳〵に委せ置く」とのお言葉があった。

(17) 前出太政官布達の第4条に「改葬をなさんとする者は所轄警察署の許可を受くべし」と、ただし書きしてある。おやしきのある三島は、明治30年に丹波市警察署が設置されるまで、奈良警察署櫟本分署の管轄内にあった。

(18) 工事委員（前川菊太郎、清水與之助、梅谷四郎兵衞、平野楢蔵、松村吉太郎、山本利三郎）が、各地の古墳を実地調査することとなり、翌24日には、「中山会長御歴代御陵参拝のため出向の願」がなされている。

(19) 「墓所石玉垣」については、

忠義粗末《ちゅうぎそまつ》とは必《かなら》ず思《おも》うな。これまでさしづの理《り》に定《さだ》めてくれ。
忠義《ちゅうぎ》の道《みち》は未《ま》だ〳〵先《さき》の事《こと》。
千里一跨《りひとまた》げの理《り》は未《ま》だ〳〵であるから、人間《にんげん》の理《り》はすっきり要《い》らん。
しようまいと思《おも》たて、出来掛《できか》けたら出《で》けるで。

また、七月二日にも「本月五日より御墓所工事着手の願」をしたところ、

……掛《か》かり掛《か》けというは、皆前々《みなぜん〳〵》以《もつ》て地所思《ちしょおも》わく、事情明《じじょうあき》らか許《ゆる》したる処《ところ》、一時開《じひら》き掛《か》ける処《ところ》、尋《たず》ねる処重々《ところじゅう〳〵》許《ゆる》し置《お》く。これだけという所《ところ》すっきり開《ひら》き、どういう事《こと》にして、こういう事《こと》にしてと、一《ひと》つであろう。まあ一時《じ》これはこうかいなあ、ほんにこれかいなあ、所《ところ》というはいついつまで印《しるし》という。小《ちい》さい木《き》を植《う》え掛《か》ける。そこで立派《りっぱ》な事《こと》は受《う》け取《と》れん。何故《なぜ》受《う》け取《と》れんという理《り》あろう。広《ひろ》く地所《ちしょ》、これかいなあ、葬《ほうむ》り地《ち》かいなあ、と思《おも》い〳〵、明《あき》らか事情《じじょう》が栄《さか》えると言《い》うて諭《さと》し置《お》く。随分《ずいぶん》するに出《で》けんでもない。なれどぢば〳〵諭《さと》したる、又《また》、諭《さと》して居《い》るやろ。掛《か》かり掛《か》けというは、今日《きょう》と順序定《じゅんじょさだ》めて、心勇《こころいさ》んで掛《か》かりてくれるよう、さしづし置《お》こう。

と、別段大層にはせず、少しずつ始めかけるようとのこと。談じ合いのうえ、できるだけ質素にしようということになった。

さらに、二日後の四日夜十二時の「刻限」では、

……元々《もと〳〵》人間始《にんげんはじ》めたこのやしき。かりもの捨《す》てる所《ところ》、何《なに》も派手《はで》な事要《ことい》らん。こ

旧墓地時代、つまり明治23年9月3日にも「教祖の墓所へ玉垣を造ってしるしを建てる事の願」がなされたが、「さあまあよかろ〳〵と思う処、まあ一寸暫く控えるがよい」とのお言葉であった。また、御休息所内のことであろうか、同じ日に「中山家先祖の霊を、教祖の御座所のわきの方へ御祀りすることの願」もあるが、「暫くそのまゝにするがよい」と。

(20) 郡山大教会史によると、この石工は伊賀国阿拝《あはい》郡新居《にい》村波野田《はのだ》(現三重県伊賀市)の人。郡山部内の島ケ原支教会新居出張所の信者で、平野楢蔵の仲介によって、棟梁を務めることになったようである。

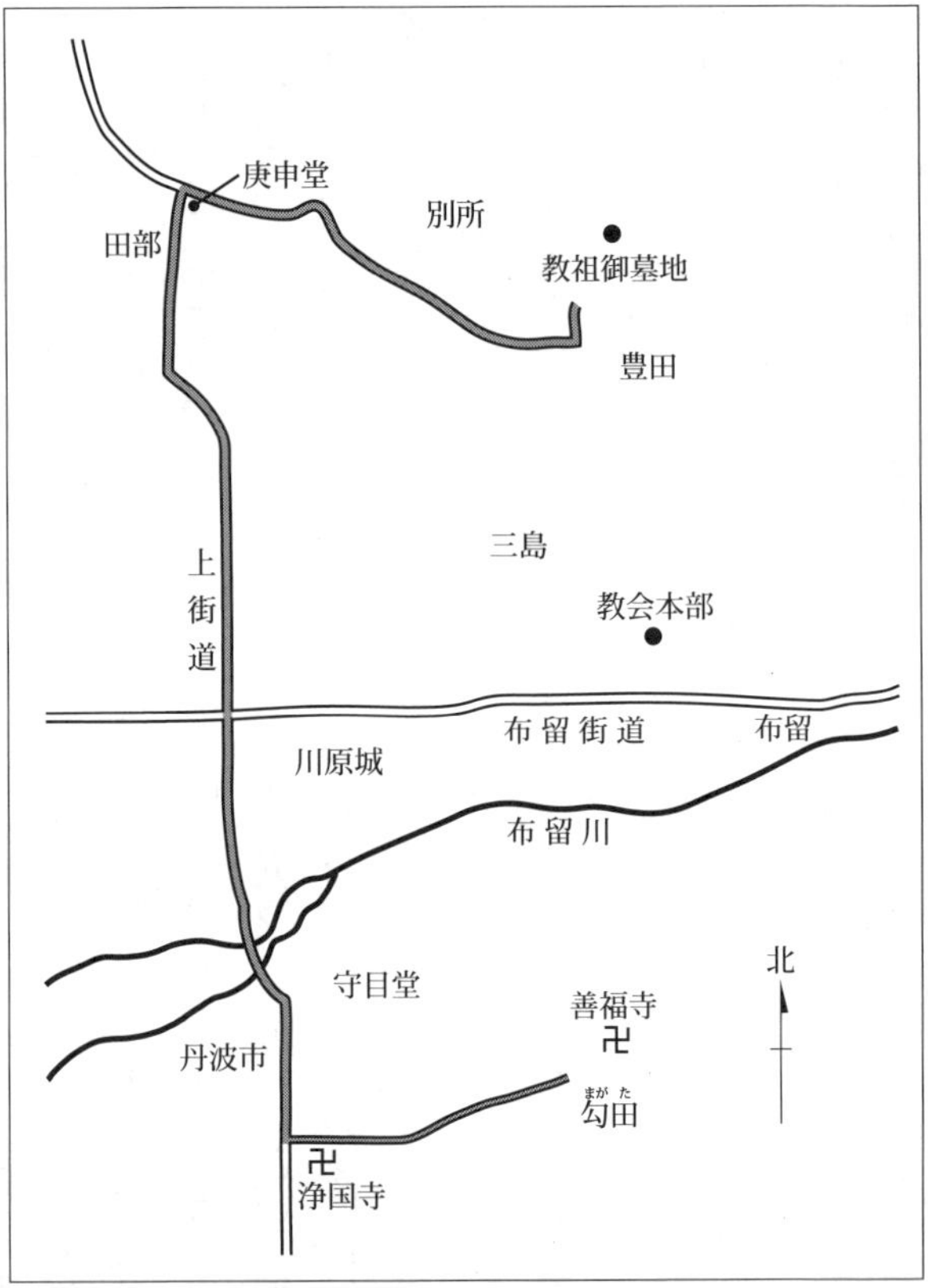

「改葬の列は、守目堂を経て丹波市に向《むか》い、浄国寺《じょうこくじ》前を経て、上街道に出《い》で、川原城、田部《たべ》と北進、田部の庚申堂《こうしんどう》から右折して東に向い、別所を経て、豊田村字西ノ森なる新墓地に到着したが、末尾はまだ丹波市にあった」(『稿本中山眞之亮伝』162〜163ページ)

の理《り》さえ聞《き》き分《わ》けるなら鮮《あざ》やか。人間《にんげん》というは一日《にち》なりとまめ息災《そくさい》でというが一時《じ》の心《こころ》、道具《どうぐ》を捨《す》てる所《ところ》に派手《はで》な事《こと》は要《い》らん。ほんの地所《ちしょ》という。世上《せじょう》では大変《たいへん》な話《はなし》を聞《き》いたけれど、そうでもない。入口《いりぐち》には金銀《きんぎん》の柱《はしら》も立《た》つと言《い》うたのに、ほんにそうでもないと言《い》う。

……人間始《にんげんはじ》めたやしき、行《ゆ》く〳〵の道《みち》を思《おも》え。かりものという、返《か》やすという。

(21)「暑さが無暗《むやみ》に激しく、又、月次祭の準備もあるので、七月十八日(陰暦六月二十五日)から、七月二十四日(陰暦閏六月一日)まで、ちょうど一週間中休みをして、七月二十五日から一層多くのひのきしんを、荷車持参で、近畿一帯から募って、大々的に

広《ひろ》くと言《い》うてある。ほんの芝《しば》でよいで。
さあ〳〵刻限《こくげん》で知《し》らした事《こと》は違《ちが》わんで。

と仰せになり、「何も派手な事要らん」と念を押されている。

そして、翌五日（陰暦六月十二日）、いよいよ着工の運びとなる。

折しも夏の猛暑のさなか、(21)本部はもとより、各教会からも名称旗を立てて、ひのきしんに汗を流す信者の群。豊田山の山腹や谷に、大勢の人々が土を運び石を築くさまは、壮観な一大パノラマを見る感があったという。『稿本中山眞之亮伝』には、「自ら先頭に立って、信者に混って土持《つちもち》する眞之亮の姿を見ては、誰一人、その意気に感じない者は無く、皆々一層元気に勇んで土持をした。……その陽気な土持を見物しようとて、近在から集まった人々までも、つい誘われて土を運ぶという賑《にぎ》わい振りであった」（143〜144ページ）と記されてある。

随時、指示を仰ぎながら(22)工事は進められ、各教会からも多くの真実が寄せられた。たとえば、棺の石は伊賀《いが》の山から郡山が、墓碑は摂津《せっつ》から兵神が、墓所の柵《さく》内に敷く黒い小石は那智《なち》から南海が、同じく白い小石は郡山が、芝は平安が、土手の江戸松は東京から東《あづま》が、それぞれ受け持った。(23)延べ一万六千二百七十五人が工事に参加したという。

十一月初旬に新墓地の造営は竣工。八日には「教祖御改葬の当日は、二十五日に致しますか、二十六日に致しますか、二十七日に致しますか、この三日の内何日に

工事を再開した」（『稿本中山眞之亮伝』143ページ）

(22) 7月4日「明五日墓地開拓着手に付御酒一条の願」、8月7日「御墓所塚の周り玉垣の下石垣積む願」、9月14日「石出しに付滝本道普請の願」、10月11日「教祖御改葬に付御輿の処四方御簾（みす）に致し度きに付御許し下されますや願」、10月17日「御墓所門の処伺」、「同日午後、改葬の御輿二つ造る願（内一つは教祖、一つは中山家祖先の輿）」、10月26日「墓所の建物三間半に四間にする願」など。

(23)『南海大教会史』によると、教祖現身おかくし後に入信した南海初代・山田作治郎《やまださくじろう》は、直接教祖に接したことがなかったので、その分、改葬に尽くしたいと考え、墓地造営の費用を南海一手で引き受けたいと申し出たようであるが、郡山の平野楢蔵の意見もあり、お道全体ですることになったのだという。

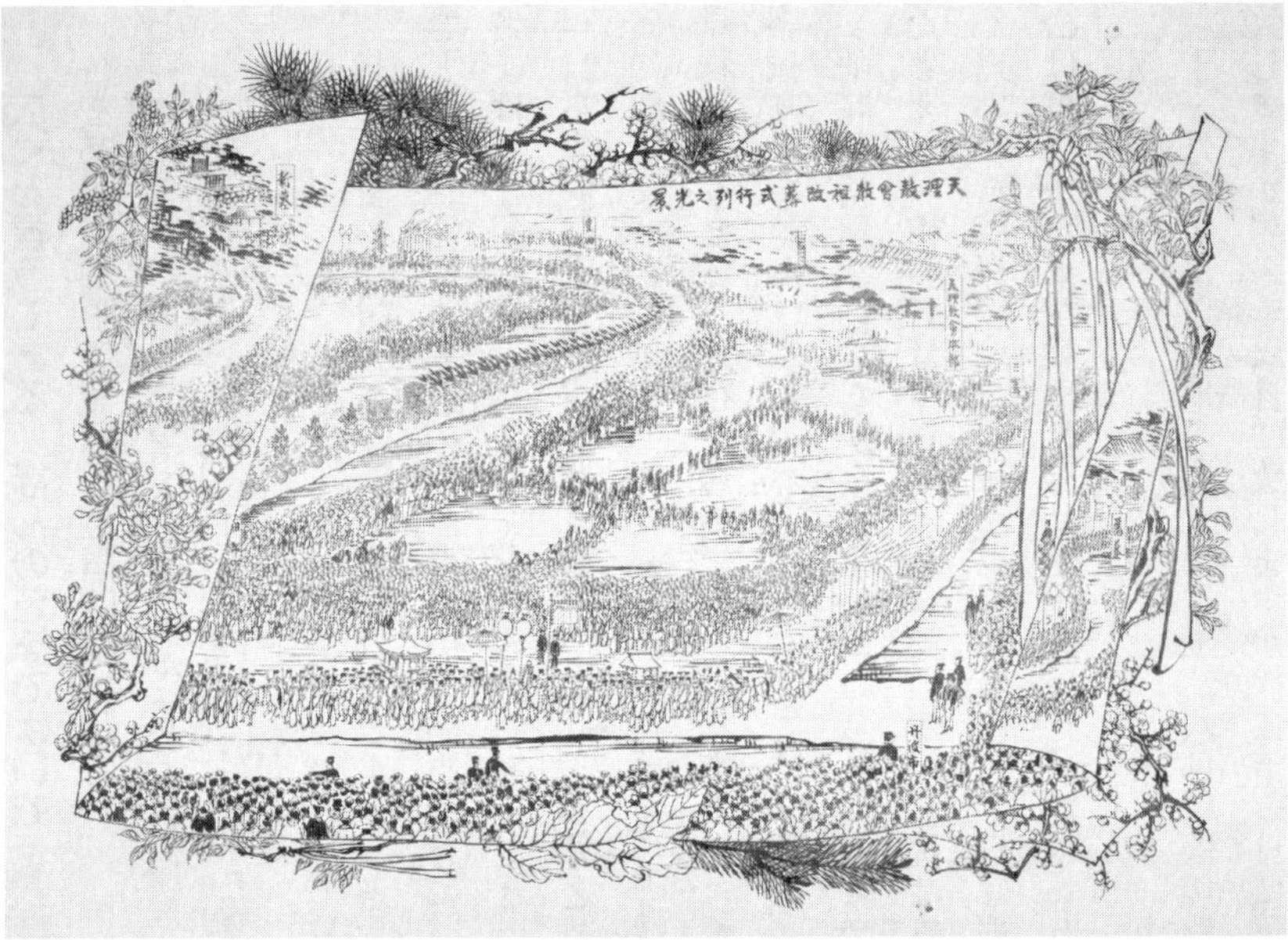

「天理教会教祖改葬式行列之光景」（『みちのとも』明治26年1月号付録から）。旧墓地（右端）から新墓地（左上）へ向かう改葬の列は、先頭が豊田山に着いても、末尾はまだ丹波市にあったという。（左ページコラム参照）

して宜しきや」と、次の段取りとしての改葬の日程について伺っている。ここでいう二十五日から二十七日とは、陰暦十月の日付のことで、人々が立教のゆかりの日、つまり陰暦十月二十六日に照準を合わせていることが分かる。(24) このほか、改葬当日の警備のことや、通路についても指示を仰いでいる。(25)

一週間後の十一月十五日（陰暦九月二十六日）と、翌十六日に重ねて会議を開

(24) 11月11日には「陰暦十月二十六日は教祖改葬に付、各分支教会月次祭の処、前々日に御勤済まし度き儀願」をしている。

(25) 11月8日「御改葬当日巡査三十名警備のため出張の願」「改葬通行道路は守目堂池を西へ下り、丹波市に出で、上街道を北へ進み、田部より別所に上ぼり新墓地に到る処御許しの願」（98ページの地図参照）など。

(26) 当日の祭式によると、おつとめは勤めず、玉串だけであったようである（『稿本中山眞之亮伝』166ページ）。このほか、「弁当二十五日に出す願」「御酒を豊田山麓にて与うる願」「弁当置場南のやしきにする事」「本部員分

き、改葬について協議。さらに十二月四日の夜にも会議をもち、翌五日、談じ合い事項確認のため、「教祖御改葬当日事情に付願」をし、「墓地にておつとめを致しましても宜しきや、又は世界の事情もありますで玉串だけに致しましても宜しきや」などと、(26)事細かに伺った。

教会長乗馬の事」「分教会長夫人支教会長夫人乗車する事」など、12月6日には「教祖墓地絵図面の儀道友社にて発行する願」(右上絵図参照)、「消防、会葬事情の願」も伺っている。

再録「教祖改葬祭の景況」

(『みちのとも』明治25年12月号から)

「教祖改葬祭に就《つい》ては大阪鉄道会社は(十二月)十一日より十五日まで柏原以西各駅より法隆寺及《および》奈良二駅に至る迄《まで》の五日間有効三割引往復切符を発売し倭《やまと》馬車会社は改葬の当日為《た》めに休業したる位なれば各地より参集する信徒は四方より絡繹《らくえき》織るが如《ごと》く本部最寄《もより》に集《あつま》り既に三島布留豊田河原城丹波市の各大字は旅舎と人家との区別なく各分支教会より借受け信徒の臨時宿泊所に充てたれば十数万の信徒は群集し其《その》混雑云《い》はん方なく夜分寝《いぬ》ること能《あた》はざるは勿論《もちろん》食事抔《など》も一昼夜にて一度位なりし此《かく》の如き有様なれば櫟本分署より三島村に警官臨時出張所を設置し新墓地旧墓地丹波市の三所に派出所を設け出張したる五十名の巡査は各所に交代して充分の保護を与へられたり然《しか》して本部門前より川原城迄の間は数百の露店陳列し諸興行の催し等ありて参拝者は昼夜間断なく押し合へり尤《もっと》も改葬の当日信徒に与へたる神酒《みき》は五十樽にして弁当は四万五千箇其他《そのた》炊出《たきだ》したる白米は総《すべ》て二百五十石に上れり」

「(十三日午前七時からの)旧墓地に於《おい》ての式全く畢《おわ》りたるは午前第十一時頃《ごろ》なりき夫《それ》より同所を出棺し丹波市村乗国寺《じょうこくじ》前を通り上街道に出《い》で丹波市河原城田部と順次各大字を通過し田部より曲折して別所を過ぎ豊田に至り新墓地なる字西の森に着せしに後列は未《いま》だ数十町隔《へだ》りたる丹波市にありし位なれば其盛儀なりし事毛錐《もうすい》のよく及ぶ所にあらず」

(原文のまま)

改葬の祭式役割

斎　主　真柱
副斎主　前川菊太郎
典　礼　橋本清
賛　者　増野正兵衞、高井猶吉、辻忠作、山澤爲造、宮森與三郎、鴻田忠三郎、永尾楢次郎、山中彦七
祓　主　松村吉太郎
献詠掛　梅谷四郎兵衞、清水與之助、井筒梅治郎、上村吉三郎
調饌師　飯田岩次郎、板倉槌三郎、喜多治郎吉
後　取　松田音次郎、前川喜三郎
神饌長　平野楢蔵
手長長　山本利三郎
手　長　諸井國三郎、上原佐助、深谷源次郎、茨木基敬、寺田半兵衞、土佐卯之助、山田作治郎、島村菊太郎、笹西治郎兵衞、久保小三郎、森川重太郎、冨松猶次郎、市川榮吉、小松駒吉、高田邦三郎、平野辰次郎、平井常七、西川実三郎、下村賢三郎、岡本善六

当日、参列の部下教導職６千人、楽人300人、生花200対、旗50流（改葬当日の３日前、12月10日「各分支教会より改葬に付提灯旗出す願」がなされている）、参拝者10数万人であった。なお、『稿本中山眞之亮伝』（166ページ）によると、神道本局から、大畑中教正代理、篠森（乗人）少教正も参列している。

十二月十二日（陰暦十月二十四日）に旧墓地を発掘し、翌十三日（同二十五日）には新墓地への改葬を執行。さらに、翌十四日は陰暦十月二十六日で秋季大祭が勤められ、人々の喜びは最高頂に達した（前ページのコラム参照）。

ところで、関連の「おさしづ」を通読してみると、「人間《にんげん》の理《り》はすっきり要《い》らん」（明治25・6・30）、「立派《りっぱ》な事《こと》は受《う》け取《と》れん」（同・7・2）、「大層《たいそう》は受《う》け取《と》れんとさしづしてある」（同・11・8）などというお言葉が目につく。人間思案や情をもってする

ものは「要らん」、世間体をつくろうところは「受け取れん」との思召なのであろう。
おそらく、人々も、一面において、その神意の重さを受けとめていたであろう。しかし、人情のうえからは簡単に切り捨てることのできるものではない。いわゆる理と情の間に立ち、それに耐えながら決断した人々の努力に対しては、「受け取る」「許す」と仰せになったのではなかろうか。

つまり、「**心《こころ》を集《あつ》めて運《はこ》ぶ処《ところ》受《う》け取《と》る**」（明治25・6・24）、「**尽《つく》す事情《じじょう》であるから、受《う》け取《と》る処《ところ》という**」（同・6・24）、「**運《はこ》ぶ尽《つく》す理《り》は受《う》け取《と》る**」（同・6・30）、「**心《こころ》を運《はこ》び尽《つく》す処《ところ》は許《ゆる》す**」（同・12・5）などというお言葉に、そのあたりの消息をうかがうことができる。

このように、人々からの「願」や「伺」に対しては、運ぶ尽くすところは受け取るとされているが、「刻限」においては終始、神一条の道を示されて、ゆずられるところがない。(27)

●「存命中で治まっている」

明治二十五年という年は、教祖の墓地改葬の賑わいのなかに明け暮れている感があるが、この間、終始、「おさしづ」をもって示されたことは何だったのか。一つには、教祖存命の信仰の確認ではなかったろうか。

もちろん、それ以前から、教祖存命の信仰についてのお言葉はあった。

明治二十三年三月十七日の「おまもり」についての「おさしづ」もあったし(28)、翌

(27) 明治25年7月4日の「刻限」では、「かりもの捨てる所、何も派手な事要らん」「ほんの芝ぽでよいで」と仰せられている。

(28) 明治23年3月17日「御霊前へ赤衣物に仕立て、御召し下されませと御願い致しますにや」に対して、「それを着て働くのやで。姿は見えんだけやで、同《お》んなし事やで、姿が無いばかりやで」とのお言葉があった。

二十四年二月二十二日の「五年祭の当日御墓参り致しましたもので御座いますや伺」では、「何《なに》もこれ古《ふる》き処《ところ》、古《ふる》きものを脱《ぬ》ぎ捨《す》てたるだけのものや。どうしてくれ、こうしてくれる事《こと》も要《い》らん。存命中《ぞんめいちゅう》の心《こころ》は何処《どこ》へも移《うつ》らんさかい、存命中《ぞんめちゅう》で治《おさ》まりて居《い》るわい」と明言されている。

もっとも、「御墓参り致しましたもので御座いますや」と尋ねたり、御休息所の修繕を伺ったりしていることからも、(29) 人々の間に、教祖存命の信仰があったことは想像に難くない。

それに念を押すようなかたちで、新墓地設置のため豊田山購入の件などが具体化しはじめる十日ほど前、つまり明治二十五年二月十八日夜の「永尾よしゑ前おさしづ(30)より中山会長出席の上御願」において、ご存命の教祖に対する信仰とその奉仕について諭されている。

……休息所《きゅうそくしょ》日々《にち〳〵》綺麗《きれい》にして、日々《にち〳〵》の給仕《きゅうじ》、これどうでも存命中《ぞんめいちゅう》の心《こころ》で行《い》かにゃならん。……存命中同然《ぞんめいちゅうどうぜん》の道《みち》を運《はこ》ぶなら、世界映《せかいうつ》す又々《また〳〵》映《うつ》す。……宵《よい》の間《あいだ》は灯《あか》りの一《ひと》つの処《ところ》は二《ふた》つも点《つ》け、心《こころ》ある者話《ものはなし》もして暮《く》らして貰《もら》いたい。一日《にち》の日《ひ》が了《しま》えばそれ切《き》り、風呂場《ふろば》の処《ところ》もすっきり洗《あら》い、綺麗《きれい》にして焚《た》いて居《い》る心《こころ》、皆《みな》それ〳〵一《ひと》つの心《こころ》に頼《たの》み置《お》こう。

これを受けてか、翌十九日「教祖御居間へ座蒲団火鉢出し置きまして宜しきや願」などがなされる。(31)

さらに、教祖存命の信仰を裏づけるものとして、御墓地改葬当日の本席の行動が

(29) 明治24年10月3日「教祖御休息所庇(ひさし)修繕願」、同8日には「教祖湯殿修復の願」をしている。

(30) 前日17日夜「永尾よしゑ身上今一段速やかならぬ故願」があり、18日には「永尾よしゑ身上今一段鮮やかならず、夜前のおさしづに、三つ一つの理とお諭し下されしは如何の事で御座りますや願」に対し「治まる道は神一条の道である。神一条ならば存命一つの理、これ第一である」とのお言葉があった。

(31) 18日夜の「おさしづ」の中で、「上田ナライトの事情にて御座いますや願」に対して「存命中にさえ三名の事情治め難《に》くい。第一一人《ひとり》暮らしと言うたる。守《も》りというは一人暮らし、夫婦連れではどうもならん」と、また「給仕は日々三度ずつ致しますもので御座りますや」には「さあ〳〵心々、心やで。心を受け取るのやで」と仰せになっ

注目される。これについては、新墓地が竣工した十一月八日、改葬当日の件を種々伺っているなかで、「送葬の時本席御送り下さるものでありますや」と指示を仰いでいる。それに対しては、

さあ〳〵又一《またひと》つ尋《たず》ねる処《ところ》〳〵もう席《せき》と言《い》うて定《さだ》め掛《か》けたる。そこで辺所《へんじょ》運《はこ》ぶまで。前日《ぜんじつ》からじいとして、心《こころ》にしっかり治《おさ》め置《お》かんならん。何処《どこ》にどうしてくれるぞいなあというようにして、取扱《とりあつか》いしてくれるよう。

との仰せ。教祖は存命で、おやしきにおられるのだから、「もう席と言うて定め掛けたる」本席は、改葬の列には加わらず、おやしきにあって勤めるべきであるという意味であろう(32)。

ぢば、教祖存命こそが、信仰の本筋であって、墓地はあくまでも情のうえで許されたところのものであるという筋道を、この墓地改葬の事柄のなかに、明確に示されている。

さらに、この時期の「おさしづ」には、「さづけ」のこと、本席の御用場のこと、上田ナライトのことなどについてのお言葉が目につく(33)。

つまり、これらのことは、親神の思召がたすけ一条の急き込みにあることを物語るものといえよう。

ている。また、19日「教祖御居間へ座蒲団火鉢出し……」に対しては「存命中の心で居《お》ればよい。存命中どうしてくれ、遺し置いたる言葉の理始め掛けにゃならん」、続いて「三方等取り換えの儀伺」には「これはこうしたならと思えば、心通りしてくれるよう」とも。

(32) 明治20年陰暦正月26日のおつとめの際、飯降伊蔵が加わっていないが、これについても、教祖との関係において考えられるかもしれない。

(33) 本席御用場については明治25年9月3日「刻限事情より本席住宅建築の事、……」、同10月26日「神様御用場の建物……」など、ナライトについては同6月3日「上田ナライト教祖の守り事情の願」などがある。

第七章

切りやという心、どうもならん——教祖十年祭へ

教祖への報恩の心情は、明治二十五年の墓地改葬の盛儀となってあらわれ、教内に躍動の渦を巻き起こしたが、一方では、「たすけ一条」のうえから、本席御用場の普請を急《せ》き込まれていた。本席を通して「さづけの理」を頂く人々が漸増すると、各地に熱烈な布教活動が展開されていくことになる。それに伴い、目覚ましい教勢の伸展が、社会の注目を集めるところとなった。こうした動きのなか、明治二十九年、教祖十年祭を迎えることになる。この章では、その間の経緯をたどりながら、折々に示された神意を「おさしづ」によって考察してみたい。

●「さづけ」と「御用場」普請

明治二十五年（一八九二年）は教祖御墓地改葬に明け暮れ、(1) それに弾みをつけたように、以後の教勢は爆発的に伸びていくことになるが、その間、終始諭されたものは何であったのか。

（1）明治25年1月から墓地移転の動きがあり、7月に新墓地造成着工、12月には改葬に至った。第6章「尽す処は受け取る」参照。

前後の「おさしづ」を見ると、一つには、いわゆる本席御用場に関するものが日につく。つまり、新墓地造成が始まってから二カ月後の九月三日に「刻限事情より本席住宅建築の事」が伺われている。

この「刻限事情」とは、三日前の八月三十一日の「刻限」――

……五年《ねん》以前《いぜん》から見《み》れば、席一《せきひと》つさしづで理《り》を見《み》、一《ひと》つの理《り》を改《あらた》め、早《はや》く掛《か》からねばなろまい。これまで十分日々《ぶんにち〳〵》たんのうは治《おさ》めて居《い》る。見《み》る理《り》普請《ふしん》、何年《なんねん》中掛《ちゅうか》かりた多《おお》くの中《なか》の理《り》であろまい。一人二人《ひとりふたり》の理《り》で建《た》て、田《た》の中《なか》へしょんぼりと建《た》て、席《せき》の十分《ぶん》見《み》る処一《ところひと》つの理《り》である。……三年《ねん》五年《ねん》以前休息所《いぜんきゅうそくしょ》、一日使《にちつか》う〳〵、皆使《みなつか》い、古館々々《ふるやかた〳〵》となってある。席《せき》一条理《じょうり》を考《かんが》え、遊《あそ》び場《ば》又一《またひと》つの話《はなし》、一時話《じはなし》、何彼《なにか》も満足《まんぞく》。すっきりこの間《あいだ》、これまでどれだけ用《よう》に立《た》てたであろう。だんだんの理《り》も急《せ》いて〳〵掛《か》かってくれ。……

明治26年ごろのおやしき

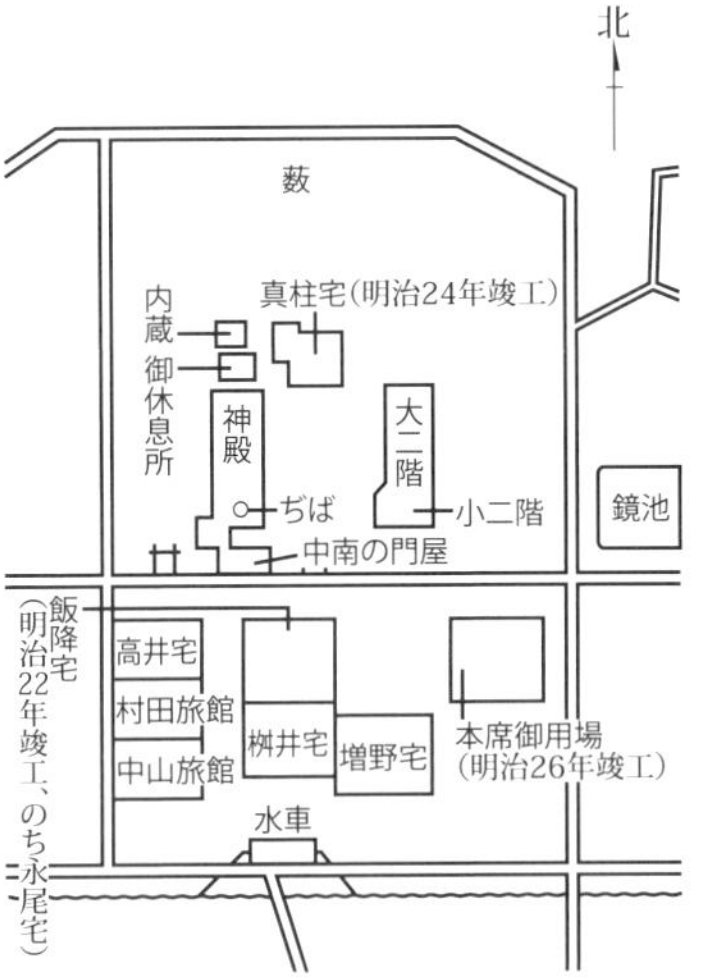

このお言葉は、教勢の伸展に応じて、本席御用場の普請を急がれる内容と見られる。

すでに三年前の明治二十二年に本席（飯降）宅は竣工していたが、(2)

（2）飯降伊蔵は明治16年以来、中南の門屋に住み、20年の本席定め後「さづけの理」もここで渡されていたが、人数も多くなり、22年1月18日「本席の席間御普請に付伺」がなされ、従来の中南の門屋の南側、道路を隔てた所に本席宅が新築された。26年に本席御用場竣工後は、永尾楢治郎（上田ナライトの弟で、21年4月に伊蔵の長女よしゑとの結婚を機に永尾家を創設）の居宅となる（上図参照）。なお22年竣工の本席宅では狭くなったのか、24年8月4日には「本席方の六畳の座敷西側の壁を取り除く事又塀を突き出す事の伺」もなされている。

これを機に、人々は談じ合いを重ね、逐一「おさしづ」を仰ぎながら、普請を進めていくことになる。

早速、九月三日に「役員集会の上、会長の御許しを受け、談議相定まり、地所の処は裏手の籔《やぶ》の処へ御許し下されますか願」がなされるが、その場所については必ずしも快いお許しではなかった。[3] 次いで、広さについて、五日「本席建家の間数の件に付願」をしたところ、「先《ま》ず広《ひろ》くという」とのお言葉であった。[4]

その後、十月十四日の身上伺いからのお言葉を受けて、[5] 翌十五日（陰暦八月二十五日）夜に「本席住宅普請の願」をしている。[6] しかし、十七日に墓地改葬に関する「願」[7] をするなど、改葬の準備の件で手をとられていたのか、普請のほうの動きは見られない。

そこで、十月二十四日の「刻限話」では、「刻限《こくげん》に知《し》らし置《お》いたる事情《じじょう》、早《は》よう定《さだ》めにゃ道《みち》を遅《おく》れるで」と、割書に「大声にて」と注記されているほど厳しく、早く普請に取り掛かることを促されている。

それを受けてか、二日後の二十六日に墓地建物の「願」[8] とともに、「神様御用場の建物六間程にして、それより地所広く致し度く御許し願」をしたところ、さらに「広く」の意味についての詳しいお諭しがあった。[9]

それでも、やはりこの時期は墓地改葬の件で忙殺されていたのか、割書を見るかぎり、二カ月間ほど関連事項はない。[10]

その改葬も無事に済み、[11] 四日後の十二月十七日「本席身上の願」に対する「なお

（3）「地所の処は裏手の籔の処へ」に対して、「一寸始め掛ける処、どちらよかろう、大方裏と表と諭したる処、一つ取扱い事情ある」との仰せであった。なお、これについては、翌26年2月6日の「最初裏は鍛冶屋《かじや》表大工という」とのお言葉との関連も考えられる。

（4）続いて「広くと言えばどのくらいと察しるも、建家《たちや》が広くに理が集まるとさしづして置こう」「建家は平家《ひらや》にて広くという。広くというは心の理が広くやで」と諭されている。

（5）「本席身上障りに付おさしづの処から申し上げて願う積もりにて一言申し上げ掛ける処へ」において、「神のやしき、神の道、神の支配、これ聞き分け。人間心言うやない、聞くやない」とのお言葉があった。

（6）このときは「神の道でこそ尽すだけのあたゑという」「寄

ざり〳〵見《み》て居《い》られん」とのお言葉を受け、「本席御用場の普請絵図面通り御許し願」をする。が、はっきりとしたお許しのお言葉はなく、翌十八日「大工に絵図面を引かせて貰います」と願うと、「**宛《あ》てがいは一《ひと》つ受《う》け取《と》らんで**」との仰せであった。

このころは、真柱が東京へ出張するなど多忙な日々であったが、(12) 十二月二十四日に「本席御用場普請図面改め八間にして御許しの願」をすると、「**心《こころ》で楽《たの》しみ、嬉《うれ》しいという処《ところ》、こらすっきり委《まか》せ置《お》く**」「**何《なに》よの事《こと》も理《り》に受《う》け取《と》る**」とのお言葉があり、引き続いて「右普請用材木買い入れの願」となる。(13) けれども、年末年始の諸行事のためか、未《いま》だ着工の運びまでには至っていない。

年明けて二十六年一月十三日（陰暦十一月二十六日）夜半の「刻限御話」を受けて、十五日「前の刻限は本席御用場の事と考えますが、何分不行届の者にて確かと悟り兼ねますに付如何にや押して願」(14)。さらに、一月末から二月初めにかけて本席御用場普請についての「願」(15) を繰り返すなかで、本席御用場についての諭しが重ねられたうえ、二月五日朝「本席御用場普請の処、前晩のおさしづより運び方申し上げ、普請今日より掛からして貰います願」となる。

しかし、対するお言葉はかなり厳しいもので、(16) 同日午後に「これまでの処詰員一同の届かぬ儀御詫び申し上げて御許しの願」をし、加えて翌六日の「事情願」で「席」に関する詳しいお諭しを受けて、(17) 八日「本席御普請間取九間として願」をしたところ、「**何時《なんどき》でも掛《か》かるがよい**」とのお言葉。これを受けて、いよいよ着工の運びとなるのであった。(18)

るは神やしき元一つありて世界、世界からという」との仰せであった。

(7)「御墓所門の処伺」「改葬の御輿二つ造る願」など。

(8)「墓所の建物三間半に四間にする願」に対して、「晴々しい事要らん」「心置き無《の》う、掛かりてくれるがよい」との仰せ。

(9)「広くというは心の理が広く。広くが楽しみ、楽しみがあって広くという。なれど心に一つ理があっては、広くとは言えん」「幾間《いくま》という理を切って話という。存命なら存命の理以《もっ》て、嬉《うれ》しい心の理を取り結んでの理は、重々受け取る処、よう聞き分け」と。

(10) それでも、11月13日に増野正兵衛が身上伺いしている中で、「押して、急いでという処は、本席御普請の処でありますや願」とはある。

ところで、本席御用場の普請に関する「おさしづ」の割書の文字は、初期のころは「本席住宅」「神様御用場」「本席御普請」「本席普請」などと一様でなかったが、(19) 明治二十五年十二月十七日の「本席御用場の普請絵図面通り御許し願」以降は、「本席御用場」あるいは「御用場所」がほとんどである。「おさしづ」を仰ぐごとに、その意味合いを人々が理解してきたということであろうか。こうした割書の経緯を見ると、人々の理解の度合いが深まるとともに、普請が具体化されていったとも考えられる。

それにしても、この「御用場」という言葉には、どのような意味があるのであろうか。

一連の「おさしづ」の糸口となった明治二十五年八月三十一日の「刻限」に、「休息所」「遊び場」のお言葉が見られるが、三年前の明治二十二年五月十七日「本席御宅新築落成に付、御引移りの事御伺」に際してのお言葉にも、「**一寸休息所**《ちよつときゆうそくしよ》**、遊**《あそ》**び場**《ば》**と言**《い》**うてあろう**」とある。さらにさかのぼると、明治十六年に竣工なった御休息所のことを、教祖は「休息所とも言へば遊び場所とも言ふで」と仰せになったとも伝えられている。(20) これらの「休息所」「遊び場」と、「御用場」との関連について、考察の余地を残している。

また、翌二十六年二月四日夜の「本席御用場普請願」に対するお諭しのなかにも、その意味合いが感じとれるお言葉がある。

(11) 12月13日(陰暦10月25日)に新墓地への改葬、翌14日(同10月26日)には秋季大祭。

(12) 12月20日「天理教会一派独立の件に付伺」「押して中山会長御出京になりて宜しきや」「左様なら本日より出立さして貰います」などある。

(13)「同付属雪隠二箇所の願」「同付属風呂場の願」も。

(14)「押して、本席御用場普請の図面はこの中御引き下されしものにて建築御許し下されますや」「押して、右普請に付相談のため東京へ行きて宜しきや、又は帰りまで相待ちて宜しきや」とも。

(15) 1月29日「御用場所御普請願」、2月4日「本席御用場所普請の願」、同夜「本席御用場普請願」「押して、本席思召し通りにさして貰いまして宜しう御座りますか願」など。

……一時《じ》尋《たず》ねる重々《じゅう〳〵》の理《り》、又一《またひと》つ諭《さと》し置《お》く。どういう事《こと》であろうと、一《ひと》つ不思議《ふしぎ》に思《おも》う。又人間《またにんげん》の心《こころ》あろうか。人間《にんげん》の心《こころ》さら〳〵無《な》いと諭《さと》して置《お》こう。又一《またひと》つ談《だん》じ、心《こころ》に分《わ》からん理《り》あれば十分尋《ぶんたず》ね返《か》やすがよい。一《ひと》つは御用向《ごようむき》という、神《かみ》の御用向建家《ごようむきたちや》というは、一《ひと》つ差《さ》し入《い》りて一寸《ちよつと》これだけの事《こと》を、もうどんな建《たち》家不足言《やふそくい》わん。定《さだ》めた理《り》でこれから先々《さき〳〵》長《なが》く住家《すみか》と言《い》う。御用所《ごようしょ》と思《おも》う、御用《ごよう》所《しょ》と諭《さと》してない。楽《たの》しみにゃならん。……人間《にんげん》の心《こころ》さら〳〵持《も》ってさら〳〵言《い》わん。何遍尋《なんべんたず》ねても、幾間何間《いくまなんげん》はあろまい。これだけ談示一《だんじひと》つ受《う》け取《と》らにゃならん理《り》であろ。……どうしてくれい、こうしてくれいと、諭《さと》した事《こと》は無《な》い。心《こころ》の理《り》だん〳〵諭《さと》する。一時始《じはじ》まりたる理《り》と言《い》う、よう聞《き》き分《わ》け。中中《なかなか》の中《なか》には、もうあれなら十分《ぶん》と言《い》う。なれど十分《ぶん》と思《おも》う理《り》で一寸思《ちよつとおも》わく、一寸《ちよつと》悠《ゆ》っくりした。……もう十分別《ぶんわ》けて話《はなし》して置《お》く。それより用《もち》いりて席々《せき〳〵》と言《い》う。席《せき》の入《はい》ると治《おさ》まると事情違《じじようちが》う。入《はい》ると治《おさ》まると、中《なか》に移《うつ》るというは変《か》わる。人間心《にんげんごころ》で言《い》わん。席《せき》と言《い》うてある。あら〳〵と思《おも》う。ほうと言《い》う。建家望《たちやのぞ》み早《はや》く。そこで思《おも》わく通《どお》り。又楽《またたの》しみというは、心《こころ》に委《まか》せにゃならん。……

神意の全容を十分につかむことはできないにしても、「神の御用向建家」「御用所」というお言葉に、本席・飯降伊蔵の日常の住まいのためではなく、神様の御用のための建物であるということが理解できる。

では、その「御用」とは何か。明治二十年三月の「本席定め」以来、「これから先だん〳〵に理が渡そう」とのお言葉通り、[21]教祖存命の証《あかし》として、「さづけの理」を

(16)「これまで何度諭したる。大切もどういう大切もある。一つ運び方もいろ〳〵ある。そこで折角の図面要らんで。燃やして了《しま》え、捨て、了え」とも。

(17)「折角遠く所運ぶ、一日遅れば二十日、一年も遅れる。日々運ぶ」「一名の席が休んで居る処では、よう〳〵運べども、未《ま》だ〳〵行かん」などと。

(18) 10数日後の2月21日「来たる陰暦二月一日二日本席六十一才御祝の事情願」があるが、3月18日（陰暦2月1日）に妻さと（数え60歳）が出直している。

(19) 明治22年の本席宅の普請に際しては、1月18日「本席の席間」、2月8日「本席御住居所」ともあった。

(20) 飯降尹之助「永尾芳枝祖母口述記」(『復元』第3号所載）参照。

渡すことである。つまり、「本席御用場」とは、本席・飯降伊蔵を通して「さづけの理」を渡すための場所ということになる。

このことは、二日後の二月六日朝の「事情願」後の刻限(22)のお言葉にもうかがえる。

……一席《せき》三名《めい》と始《はじ》め掛《か》け。それでは片付《かたづ》かんと言《い》う。まあまあ捏《つく》ねて置《お》くようなもの、捏《つく》ねて居《お》っては乾《かわ》かしてあるようなもの。上《うえ》は乾《かわ》かずして色変《いろか》わる。又《また》一席未《せきま》だどんならん。又特別一《またとくべつひと》つの事情《じじょう》を運《はこ》ばにゃならんから、何《なん》でもと思《おも》て片付《かたづ》けた。なれどあちらへ何人《なんにん》、こちらへ何《なん》百人《にん》、未《ま》だ〳〵の道《みち》、一名《めい》の席《せき》が休《やす》んで居《い》る処《ところ》では、よう〳〵運《はこ》べども、未《ま》だ〳〵行《い》かん。たゞ一《ひと》つの席《せき》、明《あ》日日《すにち》から三名《めい》、さあ三名《めい》と言《い》えば詰《つ》まらんと思《おも》うやろ。三名《めい》は定席《じょうせき》、それから特別《とくべつ》。未《ま》だ特別《とくべつ》で行《い》かん日《ひ》は、席《せき》に言《い》えば、何名《なんめい》とも言《い》わんから、済《す》んであるだけ運《はこ》んで了《しま》う。明日日《あすにち》から運《はこ》ばすで。

本席、つまり「さづけの理」が渡される席は、一席三名と定まっていたが、願い出る人が多くつかえているので、これからは特別に、さらに「特別で行かん日は、席に言えば、何名とも」運ばせると仰せられている。本席御用場の普請は、それほど急を要することであったのである。

また、これより先、前年の二十五年十二月二十一日の「日々おさづけ本席へ運び居る処、日々つかえるに付、いかように運ばして宜しきや伺」でも、

……事情々々《じじょう〳〵》は一日《にち》一席《せき》、三名一《めいひと》つの理定《りさだ》めたる。なれど遠《とお》く遥々運《はる〴〵はこ》ぶ処《ところ》、一時受《じう》け取《と》らにゃならん。事情《じじょう》の処《ところ》一席《せき》三名《めい》、一日《にち》どうもならん処《ところ》、特別又《とくべつまた》一席《せき》

(21) 明治20年2月18日（陰暦正月26日）、教祖が現身《うつしみ》おかくし直後の「おさしづ」のお言葉。

(22) 「事情願」の後、「同日、前事情に付会長はじめ役員一同本席の御機嫌伺いに出でし際の刻限」とある。

本席宅見取図

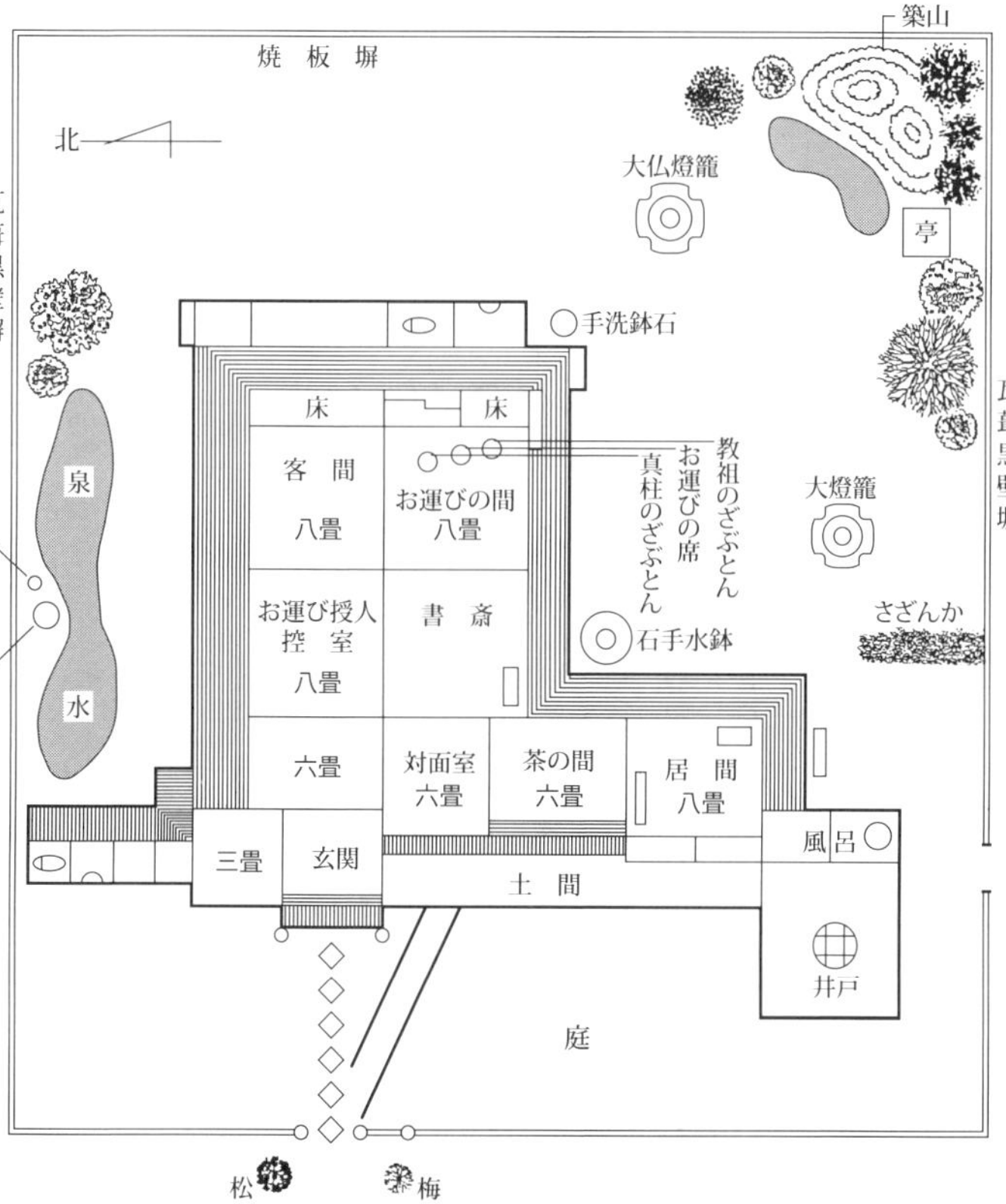

橋本正治『本席の人間像』から

なろまい〳〵。事情《じじょう》一日《にち》の一席《せき》、朝《あさ》に一席《せき》の処《ところ》、二席《せき》これは常詰《じょうづめ》。又尋《またたず》ねる処《ところ》、夜々《よる〳〵》事情《じじょう》、日《ひ》に四席《よんせき》々々《〳〵》、許《ゆる》そ〳〵。……

とのお言葉。本席がつかえているので、それまで一日一席のところを、四席まで許すと仰せになっているようである。(23)

本席御用場は、南屋敷の一角に明治二十六年中に竣工し（107ページの図参照）、十二月三日（陰暦十月二十六日）に本席は移られているが、その日の午後十時「本席お引き移りの席にて御話」があった。

……長《なが》い間《あいだ》やったのう〳〵〳〵。さあ〳〵これから勤《つと》めにゃならんで〳〵。もうこれから自由《じうよう》々々《〳〵》やで。さあ〳〵これまでこのやしきこれでこそ元《もと》やしきであるのやで。……これから又々《また〳〵》さしづいかなる事話《ことはなし》する。十分《ぶん》働《はたら》かさにゃならん。席《せき》と直《なお》りたる中《なか》に、三名《めい》の姉弟《きようだい》、一《ひと》やしきの内《うち》に暮《く》らす。何処《どこ》へも出《だ》すのやないで。これまで知《し》らず〳〵楽《たの》しんだこのやしき、中南同《なかみなみおな》じ一《ひと》つの理《り》に許《ゆる》し置《お》く。雨《あめ》が来《く》る、風《かぜ》が吹《ふ》く。さづけも皆《みな》こゝで渡《わた》すのやで。さあ〳〵しんばしらたまへも連《つ》れて来《く》るのやで。(24)……

このときの「さづけも皆こゝで渡す」とのお言葉通り、本席御用場で「さづけ」が渡されるようになったのである。そして、「さづけ」を頂く人々が増えると、それこそ燎原《りょうげん》の火のような勢いで、各地で布教活動が展開され、教会数も激増していくのであった（左ページのコラム参照）。

(23) 6日後の12月27日には「昨日おさづけ順序の処、三名ずつ三席とのように思いますが、押しての願」に対して、「ならん時三席許し置こう」と。

(24) 明治16年に竣工した御休息所へ、教祖が移られたのも陰暦10月26日の夜半であった。このときにも、「しんばしらの眞之亮」と中山たまへをお供にされている（『稿本天理教教祖伝』266～269ページ）。なお、翌日の12月4日には「永尾よしゑ、まさゑ、本席引き移りの時お伴出来ぬに付腹立たれ、桝井伊三郎、増野正兵衛の二名取り扱われ事情に付、本席古家へ御帰りに相成る事情願」もある。

教勢伸展と『みちのとも』創刊

明治二十一年に教会本部が開設されて以降、各地にも次々と教会が設置されるようになり、教勢も急速に伸びていった。たとえば、教会設置の数だけでも、明治二十一年—二カ所、二十二年—十一カ所、二十三年—十四カ所、二十四年—二十三カ所で、二十五年—百四十三カ所となっている。

こうしたなか、真柱の「今までは、皆も暇があったから、部下教会を巡回して教理を説き明かして来たが、これからは本部の用も急《いそ》がしくなるので、そう〳〵教会巡視も出来なくなる」（『稿本中山眞之亮伝』137ページ）との思いから、機関誌が創刊されることになる。

まず、明治二十四年八月四日に「教会にて雑誌発刊致し度きに付伺」がなされると、「**さあ〳〵どういう事《こと》も心《こころ》得《え》て働《はたら》いてくれ。十分許《ぶんゆる》し置《お》く。他《た》に一《ひと》つ見《み》て一《ひと》つ成程《なるほど》という中《なか》に、こんな事《こと》も言《い》う。又々《また〳〵》の事情《じじょう》のため治《おさ》まるである。そら心《こころ》置《お》き無《の》う働《はたら》いてくれるがよい**」とのお言葉。これを受け、十二月一日付で「今般道友社に於て道の友と題する雑誌発刊致候」との通達が出され、二十八日付で現行の『みちのとも』第一号発刊となる。

真柱は、「道の友は、将来教理に関する説話を満載して、信徒一般に心の糧を与えるようにせねばならぬ。若《も》し一言でも間違えば、多くの人にそれだけの誤りを伝える事になるのであるから、これから十分注意して、正しい教理を流すようにせよ」（同）と述べている。

ちなみに、第一号の目次は次の通りである。

	ページ
一、勅語	（1～2）
一、官令	（2～3）
一、道の友発行の趣意	（4～6）
一、天理教会録事	（6～15）
一、内外雑報	（15～24）
一、論説考証記伝	（24～29）

発行部数五百部、発行所は誌名にちなんで道友社。こうして文書活動の第一ページをしるした。

ところで、この前後、評論雑誌『国民之友』（明治20年2月）、仏教系雑誌『反省会雑誌』（同年8月、のち『反省雑誌』、現在の『中央公論』）、美術雑誌『国華』（22年10月）など、相次いで創刊されている。『みちのとも』の発刊には、教勢の発展という内的要因が第一の理由であるが、雑誌ブームという当時の社会背景も見逃せない。

この二十六年には、山名分教会（当時）で遠国（東北地方）布教が打ち出され、高知からは海外布教の嚆矢《こうし》となる布教師が釜山《プサン》（現韓国）へ渡っている。(25)

●「ひのきしん」と「たすけ」

この前後、活発な布教活動とともに、各地でひのきしんが積極的に行われている。老若男女が一丸となって取り組む姿が、社会の注目を集めるようになったのも、この時期からである。

早くは、明治二十一、二年の奈良県内の道路開削工事や、二十四年の濃尾《のうび》大地震の救援活動などがあげられる。(26) 明治二十一年四月の教会設置認可の際に提出した「神道天理教会規約」のなかにも国益事業推進がうたわれているが、(27) すべては、たすけ一条の教えの実践として展開されたものといえる。

さらに、明治二十七年の日清戦争(28)に際しては、七月二十六日に「日清間事件に付朝鮮国へ人夫五百人本部より出す願」、翌二十七日には「朝鮮事件に付軍資金として金一万円献上の願」がなされている。「一寸《ちよつと》には愛想《あいそ》とも言《い》う」と諭され、結果的に人の派遣はなかったが、献金は行われた。(29) また、同月三十日には「朝鮮事件に付明日より三日間軍人健康祈禱執行願」をしている。対するお言葉は、

……尋《たず》ねた処《ところ》たすけ一条《じよう》の事情《じじよう》、所々《ところ〳〵》国々《くに〳〵》遠《とお》く所《ところ》までもたすけ一条《じよう》で救《たす》ける救《たす》かる、というは皆説《みなと》いたる。早《はや》く〳〵それ〴〵皆《み》んな早《はや》く〳〵の心《こころ》に成《な》って、

(25) 高知分教会（当時）の布教師・里見治太郎《さとみじたろう》と半次郎《はんじろう》の父子が渡韓したのは、日清戦争前の日韓関係が厳しい最中であった。当時の『みちのとも』誌も、「最初は言語の通せさると地理の不案内にはほと〳〵困難を究めしが何様覚悟のことなれば耐忍と困苦とを資本とし専《もつぱ》ら神明の擁護を祈りつゝ四方に駆け走り教説怠りなかりしかは茲《ここ》に数十名の信徒を作り成し猶《なお》益々進まんとの見込《みこみ》なりし」（明治26年12月号）と報じている。

(26) 明治21年9月の奈良県郡山北方の主水《もんど》山道路工事に1千800人、22年1月の王寺村馬坂山道路切り下げ工事に延べ5千人、また同月の南葛城郡秋津村の道路工事に1千人余（ハッピ着用の初めとか）など。明治24年10月28日の濃尾大地震の際には、和歌山の南海支教会（当時）が30人を派遣している（現在の東愛大教会設立のもととなる）。

何《なん》でも彼《か》でも治《おさ》めにゃならん、治《おさ》まらにゃならん。所々《ところ〴〵》にては、それ〴〵心《こころ》の理《り》を以《もっ》て、早《はや》く救《たす》け下《くだ》されという願《ねがい》をして、治《おさ》め。一寸《ちよつと》には治《おさ》まろうまい。なれど、早《はや》く引《ひ》き戻《もど》して了《しま》う。大事件《だいじけん》あのくらいの事情《じじよう》、早《はや》く事情《じじよう》になったなあと、早《はや》く見《み》せにゃならん、見《み》にゃならん。

経済的支援や、人々の健康を祈るということよりも、戦争そのものについて、「たすけ一条で救ける」「何でも彼でも治めにゃならん」と、「たすけ一条」本来の心構えを諭されている。

これを受けて、引き続き「明日よりつとめに掛かる事情」「各分支教会出張所に於て同祈禱執行願」がなされたところ、「皆々《みな〳〵》つとめと言《い》う。治《おさ》め方《かた》のつとめと言《い》う。早《はや》く急《いそ》ぐ〳〵」との仰せであった。

先にふれた「さづけ」とともに、たすけ一条のうえから、「つとめ」が強調されていることが分かる。

こうした教勢伸展の道の歩みと、不安定な社会情勢とが絡み合うなか、いつしか、教祖が現身《うつしみ》をかくされてから、十年の節目を迎えようとしていた。

●「子供十分さして」

教祖十年祭が近づくにつれて、人々には気掛かりなことがあった。五年祭に際しても「願」(30)にあげられていた教祖のお住まいのことである。

(27) 規約の第15条に「国益トナル可キ事業ハ率先従事スヘシ」とあった（42ページのコラム参照）。

(28) 清国(現中国)との戦争で、明治27年夏に開戦。翌28年4月、下関で講和条約を締結した。

(29) 人夫の派遣に関しては当局から非公式に懇望があったようであるが、当局の方針が志願人夫は採用しない方針に一変したため、軍資金献納というかたちになったようである。しかし、既に2千700余人が志願していたので、その志を賞して、各分支教会を通じ、8月27日付で賞状並びに紋章杯を授与している（『稿本中山眞之亮伝』181～188ページ）。

(30) 明治24年1月7日に「五年祭に付、教祖の御霊舎を新造御許し願」とあった。

十年祭を一年後に控えた明治二十八年二月二十六日「教祖御霊舎新築の儀願」、翌三月の十日には「教祖御霊殿本部北寄りで六間に八間の建物建築致し度きにより願」がなされている。この「教祖御霊舎」「教祖御霊殿」とは、いわゆる教祖殿のことをさす。

教祖殿、つまり教祖のお住まいとして、当時、神殿（元のつとめ場所に南へ増築）の北に隣接して御休息所という建物があった。それが明治十六年竣工のささやかなもの[31]であるのに対し、脱ぎ捨てた古着を納める場所に過ぎないとされる御墓地のほうは、新たに造成されて間もなく、しかも偉容をほこっていた。

教祖は、現身こそかくされたが、存命のまま元のやしきにとどまられ、世界たすけにおはたらきくださっているわけであるから、墓地の改葬もさることながら[32]、住居こそ新しくさせてもらわねばならない。そういう思いが、教祖十年祭が近づくにつれて人々の胸中にふくらんでいったのであろう[33]。

ところが、三月十日の「願」に対するお言葉は、次の通りであった。

……年明《としあ》けたら十年《ねん》という、何《なん》でもという事情《じじょう》の処《ところ》、急《せ》く事要《ことい》らん。未《ま》だ〳〵地所急《ぢしょいそ》ぐ処《ところ》ある〳〵。又広《またひろ》く建《た》て出《だ》す処《ところ》、日柄何時《ひがらなんどき》でも出《で》ける。地所《ぢしょ》は一寸今《ちょつといま》に言《い》うて今《いま》に集《あつ》める事《こと》は出《で》けん。これでなら大抵《たいてえ》なあ〳〵というは、一時《じ》の道《みち》という。地所《ぢしょ》から定《さだ》めてくれ。

……それは十分受《ぶんう》け取《と》りてある。なれど内々《うち〳〵》治《おさ》まる処急《ところせ》くやない。未《ま》だ〳〵扉《とびら》開《ひら》いてある〳〵。

(31) 御休息所は長4畳と8畳との2間からなり、それに風呂場と便所が付いていた。

(32) 明治25年の新墓地造成後も順次整備が続けられ、28年3月2日にも「教祖墓標台石仕替える事御許し願」がなされている。

(33) 郡山分教会（当時）では、すでに前年の27年に教会の教祖殿が竣工しており、平野楢蔵は「十年祭までにはどうでもして、郡山一手ででも本部の教祖殿を普請させて頂きたいという決心であった」（『天理教郡山大教会史』）という。

(34) 3月13日「上志兵治郎より買い入れし宅地へ石垣並びに塀拵え度き願」、4月11日「足達保治郎四畝二歩宅地買い入れ御許しの願（本席宅東の地所）」、8月19日「藪の北方田地一町三

……これだけという処定《ところさだ》めたら、建家事情理《たちやじじょうり》を諭《さと》す。それまで建家《たちや》一条《じょう》、未《ま》だ〳〵早《はや》いとさしづして置《お》こう。世界理《せかいり》を集《あつ》めてぢばこれだけという処《ところ》、それは構《かま》わん。世界《せかい》十分《ぶん》なりたら、ぢばは十分出《ぶんで》けてあるのや〳〵。さあ〳〵まあ〳〵十年経《ねんた》っても、未《ま》だ教祖建家無《おやさまたちやな》いとは更々思《さら〳〵おも》うな。心掛《こころが》けるまで親里《おやさと》という〳〵。親《おや》は子思《こおも》うは一《ひと》つの理《り》、子《こ》は親《おや》を思《おも》うは理《り》。この理聞《りき》き分《わ》け。何《なん》でもぢば、という理《り》が集《あつ》まりて道《みち》という。親《おや》の内《うち》は地所《ちしょ》さい拡《ひろ》がりたら十分《ぶん》。建家住家《たちやすみか》して居《お》りても、多《おお》くの子供戻《こどももど》るぢば無《の》うてはどむならん。

いまは、「地所急ぐ」「未だ教祖建家無いとは更々思うな」、教祖殿を建てるよりも、大勢の人々がおぢばへ帰ってきても受け入れに不自由のない地所を用意することが先決問題である、と諭されているのである。

　これを受けて、おやしき周辺の地所が次第に広げられていき[34]、その年の八月三十一日「兵神講社取扱事務所本部近傍にて求めたる地所へ四間十二間棟付東に掛け下ろし致し普請の願」など、各直属教会ではおやしき周辺に分教会事務所、現在でいうところの信者詰所を設けるようになる[35]。

　ところで、この間、四月から七月にかけて、真柱は身上障りの状態にあった。再々「おさしづ」が伺われるが[36]、なかでも五月十三日午後の「教長御身上願」[37]では、「万事神一条《ばんじかみじょう》の道《みち》という理《り》を治《おさ》めてくれ」とのお諭し。また、十九日（陰暦四月二十五日）には「分支教会長一同帰部の上、教長御身上に付、本部員共に分支教会運び

反余買い入れる事御許し下さるや願」など。

(35)「この時事務所を新築したのは、郡山、兵神、船場、北、河原町、山名、高安、中河の八分教会である。外に高知と南海は、広い仮小屋を用意した」(『稿本中山眞之亮伝』201ページ)。なお、これより先、明治26年に日元《ひのもと》講（旭日大教会の前身）事務所なども三島に開設されている。

(36) 明治28年4月30日夜、真柱は新築奉告祭のため出向いていた南海分教会（当時）で身上障りとなり、5月10日午後「教長昨夜南海より帰部、御身上手足自由叶わぬ事情御願」などがなされる。教長とは真柱のこと。

(37) この日は容体がかなり重かったようで、「押して、院長でも招く事で御座りますや」、夜には「教長御身上大変迫りしに付御願」も。

方将来心得事情願」をするなど、真柱の身上を台として将来の心得を諭されている。

七月には全快し、(38) 地所拡張も進められていくが、教祖殿を新しく建てたいという思いは、未だ人々の胸のなかで消えてはいなかったようで、十一月十四日にあらためて「教祖の御普請御許し願」がなされている。(39) これについては、

……先々《さき〳〵》育《そだ》てて成人《せいじん》したら、どんな所《ところ》からどういう事出《ことで》けるやら知《し》れやせん。何《なん》にも分《わ》からせん。もう十分《ぶん》子供成人《こどもせいじん》したなら思《おも》うようになる。成人半《せいじんなか》ばで思《し》案《あん》という理出《りで》掛《か》けたらどうもならん。所々成程《ところ〳〵なるほど》の理《り》治《おさ》まりたら、一時《とき》に成《な》る成《な》らんとも言《い》わん。をやという、子供《こども》という、子供《こども》十分《ぶん》さしてをやが楽《たの》しむ。子《こ》が成人《せいじん》してをやが大切《たいせつ》、楽《たの》しみと楽《たの》しみと、という。世上治《せじょうおさ》まりの理《り》、十分《ぶん》の事《こと》が一時《どき》に治《おさ》まる。……内々《うち〳〵》の処《ところ》どうでもこうでも、地所集《ちしょあつ》め掛《か》けたる処《ところ》、大《たい》抵々《てい〳〵》々もう少《すこ》しの処《ところ》、直《じ》きに集《あつ》めさして了《しま》う〳〵。又一《またひと》つ皆《み》んな存命中《ぞんめいちゅう》の建家《たちや》、風呂《ふろ》もそのまゝ、便所《べんじょ》もそのまゝ。日々《にち〳〵》守《もり》を付《つ》けて居《い》る処《ところ》、存命《ぞんめい》も同《おな》じ事《こと》やで。又内々《またうち〳〵》働《はたら》き居《い》る者《もの》だけ、仮家々々《かりや〳〵》建《た》て掛《か》けるがよい。

……十年祭《ねんさい》が切《き》りやという心《こころ》、どうもならんで〳〵。仮家々々《かりや〳〵》、仮家《かりや》に掛《か》かりて仮家《かりや》の心《こころ》を以《もつ》てするがよい〳〵。……

との仰せ。「子供十分さしてをやが楽しむ」と温かく諭されているところに、限りない親心が感じられる。また「十年祭が切りやという心、どうもならんで」とのお言葉に、(40) 以降、教祖の年祭を迎えるに際しての心構えの基本を読みとることができる。

この時の「仮家々々」とのお言葉を受けてか、半月後の十二月二日に「来年教祖

(38) 7月12日に「教長御全快に付、本復御祝の願」「第一、各分支教会長を本部へ招待するものでありますや」「第二、堅物で送りたものなるや」「第三、日を延ばしたものなるや」「本部内内祝の事情」が伺われている。

(39) 前日の13日には「来年十年祭に付かぐら損じてある処願」「同鳴物の願」も。

(40) 12月16日にも「十年祭と言えば、仕舞《しまい》のように思う。未だ〳〵掛かり、広い所一寸拵《こしら》えた」と諭されている。

(41) 明治24年2月20日「かんろだいを御休息所の方へ御勤に付、持って行く事の願」に対して、「かんろうだいというは、何《ど》

十年祭に付、多人数参集するに付、教祖仮殿を裏の地所へ設け、当日教祖は御出張りを願い祭式執行致し度き願」をしたところ、「皆々《みなみな》の談示《だんじ》精神《せいしん》一《ひと》つの理《り》に万事《ばんじ》委《まか》せ置《お》こう」とのお諭しであった。

人々は、年祭当日の祭式に続いて、かぐらづとめも広い仮殿で勤めてはどうかと考えたようで、十二月十六日「本部の大裏地所土均らし願」の後、「十年祭かぐらづとめは、かんろだいにて致しますや」と伺っている。五年祭の折に、かぐらづとめはぢばに限ると諭されているのだが、(41)十年祭に際しては許されるかもしれないと人々は願ったのであろう。だが、これについては、

……元々《もと〳〵》芯《しん》という理《り》は変《か》える事出来《ことでき》ん。広《ひろ》い所《ところ》でしたら、と思《おも》うは理《り》なれど、元々《もと〳〵》狭《せま》い所《ところ》より始《はじ》まりた。……

と仰せになり、許されていない。「押して、祭式だけ北裏空地にて行う事」を願うと、「それは構《かま》わん」との仰せであった。(42)

翌二十九年になり十年祭も近づくと、さらに具体的事項について、「おさしづ」を仰いでいる。

つまり、二月四日「来年教祖十年祭に付御居間の処存命の通り火鉢なり其他つくらい致し度きに付願」(43)、十八日「教祖十年祭に付仮屋二十間に二十五間の願」である。また、二十九日夕方には日取りについて、「今日昼のおさしづは(44)二十七日に十年祭というさしづの処、五年祭の日記を調べたれば、二十六日は五年祭、二十七日は大祭執行の事に記してありましたから、如何にして勤めまして宜しきや伺」がなされ

処《こ》にも無い、一つのもの。所地所何処へも動かす事は出来ないで」と諭されていた。

(42) 引き続いて、「本部十年祭より一箇月あとにて各分支教会十年祭行う事」「十年祭の時おつとめ人衆着物黒紋付紬（つむぎ）にて新調する願」も。

(43) 「来年」とあるのは、この日が陰暦の12月21日のため。御居間の火鉢については、4年前の明治25年2月18日「休息所日々綺麗にして、日々の給仕、これどうでも存命中の心で行かにゃならん」とのお言葉を受け、翌19日に「教祖御居間へ座蒲団火鉢出し置きまして宜しきや願」をしている。

(44) 「教祖十年祭の事に付、日取りは二十五六の積りの処、五年祭は二十六七八の三日間に有之に付如何にさして頂きまして宜しきや伺」「二十七日一日だけ式場で勤める事」のこと。

再録「天理教会教祖の十年祭」

（『みちのとも』明治29年3月号から）

「霊祭執行の場所は本部北門の裏なる四千五百余坪の一大空地を以《もっ》て之《これ》に充《あ》て板《いた》囲《がこい》を為《な》して之《こ》れが区画をつけ南北の二方には青松蒼杉《せいしょうそうさん》を以て作れる高サ五間五尺横五間の大緑門を樹《た》て此《この》二基の緑門には五穀野菜類を以て後藤三敬氏が意匠を凝らせし縦一間幅三尺の中に霊祭場の三大字を草隷《そうれい》にて書したる扁額《へんがく》を掲げたり場の中央正面には教祖の奥都城《おくつき》豊田西の森山に対して奥行二十間、間口十間の式場其中《そのなか》に遥拝壇を設け……祭場中は前日登場券を各部内信徒の数により割附せし教職二千名を限りて登場を許し其他の教職二万余の人々は祭場外竹欄《たけがき》の内を以て之に充て其他は信徒一般の参拝所となし又板囲の周囲には部下教会の徽章《きしょう》ある提《ちょう》灯《ちん》及紫地に各教会名を染抜《そめぬき》し旗 各《おのおの》数千本を樹て連《つ》らねたり」

「全国百数十万の信徒は指折り数へて俟《ま》ちに俟ちたる教祖十年祭のことなれば老幼となく男女となく東西より南北より群がり集《あつま》るもの数日前より引きも切らず……五年以前即《すなわ》ち教祖五年祭の節は各信徒一般へ竹皮包の弁当を配与せしことなるが五年を経し今日驚くべき信徒の増殖を来せしことなれば前年の例に倣《なら》はんには到底その繁に堪へざるより凡《およ》そ一人に就き一合の割合を以て祭典の前日各事務所へ配与せし白米は三百五十石余神酒《みき》五十挺《ちょう》に下らず而《しか》して祭典当日祭場の入口にて施与せしは御供三十石神酒七十挺にてありしと以て其参拝者の数の如何《いかん》を推測するに足らんか」

（原文のまま）

る。(45)これについては、

……二十六日《にち》という、月々《つきぐ》理《り》と理《り》とをあらためて、事情《じじょう》のあったのは生涯《しょうがい》の理《り》。よう聞《き》き分《わ》け。又一《またひと》つ二十六日《にち》というは、始《はじ》めた理《り》と治《おさ》まりた理《り》と、理《り》は一《ひと》つである。……

二十六日という日は、親神が教祖に入り込んでこの道をはじめた立教の日であり、教祖が現身をかくされた日でもあるが、子供たすけたいという親心からいうならば、その理は一つであるということであろう。

結局、三月九日（陰暦正月二十五日）に教祖十年祭、翌十日（同二十六日）には春季大祭の日程で盛大に勤められた。(46)

当時の『みちのとも』は、「全国百数十万の信徒は指折り数へて俟《ま》ちに俟ちたる教祖十年祭のことなれば老幼となく男女となく東西より南北より群がり集《あつま》るもの数日前より引きも切らず」と報じている（右ページのコラム参照）。

その盛大な状況は、二週間後の三月二十四日「刻限」の注記に「教祖十年祭の後にて別席四五千人程もあり本席五六百人」とあることからも推察できよう。

しかし、この時の「刻限」は「七日間本席御休みになりし時の事情」（注記）であり、本席は、年祭直後から身上障りの状態にあった。人々は、教祖十年祭を無事勤め終えた満足感のなかにも、一方で、今後の成り行きに一抹《いちまつ》の不安を抱く人もあった——。

(45) 引き続いて、「鉄道会社より新聞紙へ広告せし事情もありますから、十年祭を二十五日に勤めさして頂きても宜しう御座りますや」「当日出張警官の小屋掛五箇所願」も。

(46) 3日目の3月11日には、戦勝奉告祭を執行。

第八章 いかんと言えば、はいと言え——内務省訓令発令

明治二十四、五年ごろから、各地で活発な布教活動が展開されていった。「さづけ」の取り次ぎや、「つとめ」の勤修《ごんしゅう》による不思議なたすけが続出し、教勢は飛躍的に伸展するが、それに伴い、社会の干渉や反対攻撃も日増しに強まっていく。

各地で天理教撲滅の講演が行われ、批判文書が相次いで出され、新聞までもが連日、誹謗《ひぼう》記事を書き立てた。教内の人々がいだいていた一抹《いちまつ》の不安が、現実のものとなってあらわれた。

そして明治二十九年——。内務省から、いわゆる秘密訓令が発令されるに至る。官憲による過酷なまでの弾圧は全教にさまざまな波紋を巻き起こし、厳しい冬の時代を迎えることになる……。

明治二十九年（一八九六年）三月九日（陰暦正月二十五日）、教祖十年祭は盛大に執行された。その後も、別席が四、五千人、満席を運ぶ人も五、六百人を数えるという盛況であったが、親神のどういう思召《おぼしめし》か、本席は身上のため休まれていた。(1)本席を通して「さづけの理」の頂ける日を、今日か明日かと人々が待ちわびるな

（1）3月24日夜12時半「刻限」の割書注記に、「教祖十年祭もあり本後にて別席四五千人程もあり本席五六百人もある時、七日間本席御休みになりし時の事情」と注記してある。

か、三月二十四日真夜中の「刻限」では、冒頭から「びっくりしなよ〳〵。びっくりする事出《ことで》けるで〳〵」と、仰天するような事態の出来《しゅったい》を暗示されている。(2)

その後、三十一日夜に「さあ〳〵水《みず》が出《で》る〳〵。ごもく引《ひ》っ掛《か》って錆水《さびみず》もあれば悪水《あくすい》もある。すっきり出《だ》すで〳〵」と仰せになり、さらに四月四日には「このまゝ送《おく》れば、びっくりするような事出《ことで》ける。出来《でき》てから何《なん》にもならせんで」と、切迫感ただようお言葉があった。

突飛なお言葉の連続に、当時の人々は、その深い思召は悟りきれないにしても、何かが起こるという不安感が日に日に募っていったのではなかろうか。当局から、本教を取り締まる内務省訓令甲第十二号（次ページのコラム参照）、いわゆる〝秘密訓令〟が発令されたのは、それから間もなくのことであった。

●「山が崩れる、水が浸く」

この訓令は、明治二十九年四月六日付で内務省から各府県に布達されているが、どういうかたち、どういうルートで一般に広く知られるようになったのであろうか。

〝秘密〟という冠称が付くからには、どこか秘密裏に進められた部分があったと推測される。あるいは、別段秘密にというわけでもなかったが、取り締まりの対象とされていた教会本部へ直接の達しがないまま全国一斉に取り締まりの指令が出されたので、本教側では、そう受けとめたのであろうか。(3)

（2）本席を待っている人々に対してか、「遠く来て居る者も帰《か》やさにゃならん」「一時《とき》一時間も待たんで」とも仰せになっている。

（3）『奈良県警察史』巻末年表の明治29年4月の欄に「内務省、天理教取締を秘密訓令で命ずる。警察取締りを強化」とある。しかし、同書は本教側の資料も参考にしているところがあり、官憲側の用語であるか否かについては疑問が残る。

「内務省訓令甲第十二号」

近来天理教ノ信徒ヲ一堂ニ集メ、男女混《コン》淆《コウ》動《ヤヤ》モスレバ輙《スナハ》チ風俗ヲ紊《ミダ》ルノ所為ニ出デ、或ハ神水神符ヲ付与シテ愚昧ヲ狂惑シ、遂ニ医薬ヲ廃セシメ、若クハ紊リニ寄付ヲ為サシムル等、其ノ弊害漸次蔓莚ノ傾向有之、之レヲ今日ニ制圧スルハ最モ必要ノ事ニ候条、将来ハ一層警察ノ視察ヲ厳密ニシ、時宜ニ依ツテハ公然会場ニ臨ミ、若クハ陰密ノ手段ヲ以テ非行ヲ抉摘シ、其刑法警察令ニ触ルルモノハ直チニ相当ノ処分ヲ為シ、又其ノ然ラザルモノハ、必要ニヨリテハ祈禱説教ヲ差止メ、若クハ制限スル等臨機適宜ノ方法ヲ用ヒテ、其取締ヲ厳重ニシテ殊ニ金銭募集ノ方法ニ付テハ最モ注意ヲ周密ニシ、且其ノ状況ハ時々報告スベシ、尚神仏各宗派ニシテ禁厭《エン》祈禱、風紀並ニ寄付金ニ関シ天理教会ニ譲ラザル弊害アルモノモ可有之、是亦同様ノ取締ヲ為スベシ

右訓令ス

明治二十九年四月六日

内務大臣　芳川顕正

訓令文中に、「一層警察ノ視察ヲ厳密ニシ、時宜ニ依《よ》ツテハ公然会場ニ臨ミ、若《もし》クハ陰密ノ手段ヲ以《もっ》テ非行ヲ抉摘《けってき》シ、其《その》刑法警察令ニ触ルルモノハ直チニ相当ノ処分ヲ為《な》シ」とあるように、かなり厳しい取り締まりがなされることになる。[4]

また、これを受け、東京で警視庁令が出され、[5]十七日からは『中央新聞』が八カ月間にわたる反対攻撃記事の連載を始めている（128ページのコラム参照）。『稿本中山眞之亮伝』も、「この事は、前年来、数箇月に亙《わた》って東京の中央新聞、

（4）明治26年設立の伊那《いな》支教会（当時）は、29年9月上旬に神殿落成するが、突如9月9日付で地方庁認可取り消しとなった。にもかかわらず盛大に落成奉告祭を執行したため、地元の飯田警察署は、門を閉鎖し、神殿正面入り口の大戸を、板戸を十字に交わして釘づけにして、信者の出入りを禁じた。その後、再三願い出を続けるが認可は下りず、信仰から離れていく人もあったという。再認可を得、閉鎖の門戸が開かれたのは、17年後の大正2年5月のことであった（『天理教事典 教会史篇』参照）。

万《よろず》朝報、二六新聞、その他が筆を揃《そろ》えて、本教に対する悪罵《あくば》毒筆の限りを尽して居たことからすれば、必ずしも先触《さきぶれ》の無い出来事とは、言えなかったが、まさか、これ程に全国的な大弾圧が、眼前に落下しようとは、誰しも予期しなかった事である」（216〜217ページ）と記述している。

この訓令を、所属していた東京の神道本局を通じてつかんだのか、実際、取り締まりが厳しくなって知るところとなったからか、発令から二週間後の四月二十一日になって、初めて「おさしづ」の割書に現れる。「内務省訓令発布相成りしに付、心得まで伺」、それに対するお言葉は、

さあ〳〵いかな事《こと》も言《い》うて来《く》る〳〵。皆《みな》これまで十分《ぶん》話《はなし》伝《つた》えたる。どんな事《こと》しようと思《おも》うて成《な》るやない。今《いま》一時《じ》尋《たず》ぬる処《ところ》、どういう事《こと》もある〳〵。尋《たず》ねる処《ところ》、どんな事《こと》もすっきり取《と》り調《しら》べさす。取《と》り調《しら》べさすと言《い》えば、おかし思《おも》うやろ。地方庁《ちほうちょう》や、願《ねが》う〳〵、却下《きやっか》や〳〵。どうしてもならん。時々《とき〳〵》の処《ところ》にてはどうもならん。皆《みな》すっきり寄《よ》せて了《しま》う〳〵。尋《たず》ねにゃなろまい。

いろいろ問題があるが、それは親神が見せている「ふし」である、ということであろう。

さらに、お言葉は次のように続く。

一時《じ》見《み》れば怖《こ》わいようなもの。怖《こ》わい中《なか》にうまい事《こと》がある。水《みず》が浸《つ》く、山《やま》が崩《くず》れる。大雨《おおあめ》や〳〵。行《い》く所《ところ》が無《な》いなれど、後《あと》はすっきりする。今《いま》一時《じ》どうなろと思《おも》う。心《こころ》さえしっかりして居《い》れば、働《はたら》きをするわ〳〵。

（5）4月17日の『中央新聞』に「果せる哉、岡田警視総監は一昨日庁令第十五号を以て、右天理教会に関し頗《すこぶ》る長文の諭達を各警察署に下し」とある。一昨日、つまり4月15日付で出されたという、警視庁令第15号について調べてみたが、同日付同号の庁令は見当たらない。それでも『警察法令類纂　中巻』に、「近来天理教会ハ其信徒ヲ一堂ニ集メ男女混淆動モスレハ輒チ風俗ヲ紊ルノ所為ニ出テ」で始まる「天理教会等ノ類取締方明治二十九年四月訓令甲第一二号」というものがある。文中に「厳重取締方内務大臣ヨリ訓令ノ次第モ有之候条」とあることから、これが同令とも察せられる。

今度の事情は、何かおそろしいものに思われるが、すべて「ふし」と受けとめ、先に芽の吹く楽しみを見つめて通るよう。たとえば、水害、山くずれ、大雨で、逃げ所がないような状態でも、それが過ぎた後には、すっきりと治まるもの。皆の心がしっかりしていさえすれば、神が働いてやろう――と。

反対《はんたい》する者《もの》も可愛《かわい》我《わ》が子《こ》、念《ねん》ずる者《もの》は尚《なお》の事《こと》。なれど、念《ねん》ずる者《もの》でも、用《もち》いねば反対同様《はんたいどうよう》のもの。これまでほんの言葉《ことば》々々《〱》でさしづしてある。これはというようなものは、さしづがさしづやないと言《い》う。世界《せかい》の反対《はんたい》は言《い》うまでやない。道《みち》の中《なか》の反対《はんたい》、道《みち》の中《なか》の反対《はんたい》は、肥《こ》えをする処《ところ》を流《なが》して了《しま》うようなもの。こんな所《ところ》にこんな事《こと》があったかと、鮮《あざ》やか分《わ》かる程《ほど》に〳〵。必《かなら》ず〳〵悔《くや》むやない。悔《くや》むだけ心《こころ》を繋《つな》げ〳〵。

『中央新聞』の連載記事について

『中央新聞』の天理教攻撃記事は、明治二十九年四月十七日（金曜日・三九九九号）から始まっているが、その日の記事をあげてみる。

「近来、下谷区北稲荷町に鴻大《こうだい》なる邸宅を構へ『天理教会関東総本部』という大看板を掲げ、府下は勿論《もちろん》各地方に迄《まで》枝葉を拡げて世の愚夫愚婦を誘惑せる天理教というものあり、其《その》奉ずる処《ところ》神とも附かず、仏とも附かず、殆《ほと》んど彼の蓮門《れんもん》教会同様にて毎度手前勝手の説教をなし、誰彼なしに教会に引き入れつつ、病人には医薬を断らせ、神水と称して腐れ水を呑《の》ませ、妙齢の婦女子の如きは密室暗室に誘ふて、神霊の教なりと称する異風の真似を踊らせ、為に病人は非命に斃《たお》れ、正業家は商売を怠り、婦女子は操行を汚すなど、其弊害少なからぬ由は、予《かね》て我社も耳にする処なるが、果《はた》せる哉《かな》、岡田警視総監は一昨日庁令第十五号を以て、右天理教会に関し頗《すこぶ》る長文の論達を各警察署に下し、爾今《じこん》同教会の信徒と帰依者となるもの之なき様厳重取締るべき旨達せられるにぞ、斯《か》くと聞たる教会にては、昨今一大驚愕《きょうがく》を起し、頻《しき》りに狼狽《ろうばい》の模様なりとはさもあるべし、尚《なお》同教会の起元に就《つい》ては頗る面白き事実談あり、明日委《くわ》しく記載すべし」

以下、約百五十回にわたる連載記事の項目をあげると、次のようになる。

○天理教会の記元（4月18日～24日）
○無題（4月25日～5月10日、16日～20日）
○妖婆おみきの素性
（5月12日～15日、23日～28日、6月2日～10日）
○天理教は神道に非ず、附、転輪王の正体
（5月21日～22日）
○神道本局の大会議（5月29日～30日）
○上原佐助の素性（6月11日～7月2日）
○中台勘蔵の魂胆（7月3日～4日）
○東分教会厳達を受く（7月5日）
○上原佐助と天理教会（7月7日～8日）
○中台勘蔵と日本橋分教会（7月9日～8月4日）
○中台勘蔵変死の事（8月5日～8日）
○二代目勘蔵と日本橋分教会（8月12日～27日）
○中台万蔵の蟷譬《とうひ》、警視総監を訴う（8月28日～9月10日）
○中山新次郎発狂の事（11月1日）
○教師検定委員と中山新次郎（11月5日）
○各地方の天理教害毒概記（11月7日）

捏造《ねつぞう》記事であることは言うまでもないが、当時、社会一般が天理教をどのような眼で見ていたかを知るうえで注目に値する資料である。

最終回では、「愛読者諸君に告ぐ」として、「未だ全滅に至らずと云ふと雖《いえど》も、充分その根本より大打撃を加へ、彼等邪教の徒をして一方に屏息《へいそく》し、再び其気炎を揚る能《あた》はざらしめしに至つては、我社聊《いささ》か世に尽したる処ありと信ず……我が愛読者よ、彼の邪教徒よ、決して我が社一時の休筆するを以て、全然邪教淫祀《いんし》天理教会を放釈せるものと為す勿《なか》れ、敢《あ》へて茲《ここ》に告白する」と結んでいる。

一連の攻撃記事を、地方紙でも転載したようで、各地に多大な影響を与えた。このほか、明治二十七年四月には、『二六新報』が「迷執世界」と題し、攻撃記事を連載している。

※高野友治「明治時代のジャーナリズムに現われた天理教批判の研究」（『天理大学学報』第42輯所載）、金子圭助「明治期の新聞に現われたる天理教関係記事について」（同、第56輯所載）を参照。

道に反対する者も親神から見れば、等しくかわいいわが子であり、まして、信じている者はなおさらかわいいのが道理であろう。しかし、信じている者でも、神の理に素直でなかったならば、それは反対しているのと同じである。そういう者が道の内部にもいるから、世界の者が反対するのも当然である。この先、こんなところに、こんな心得違いがあったのかと、鮮やかに分かるようになる。とにかく、皆の心をつなぐように――と諭されている。

これからは、どうでも皆集《みなあつ》める程《ほど》に〳〵。山《やま》が崩《くず》れる、水《みず》が浸《つ》く。雨風《あめかぜ》や。何《ど》処《こ》へ駆《か》け付《つ》く所《ところ》も無《な》いというようなもの。泥水《どろみず》すっきり流《なが》して了《しま》う。泥水《どろみず》の間《あいだ》は、どんな思《し》やんしてもどうもならん。心一《こころひと》つの理《り》を繋《つな》げ〳〵。いかんと言《い》えば、はいと言《い》え。ならんと言《い》えば、はいと言《い》え。どんな事《こと》も見《み》て居《い》る程《ほど》に〳〵。

すべての事情を集めて、すっきり流してしまうから心をつなげ。どのような事態になっても、親神が見守っている――と述べられる。

ここで見る「水が浸く、山が崩れる。大雨や」「山が崩れる、水が浸く。雨風や」とのお言葉に、三月三十一日夜の「さあ〳〵水が出る」という刻限話が思い起こされる。これは、いわゆる秘密訓令の発令を予告されたお言葉と理解できないであろうか。また、「いかんと言えば、はいと言え。ならんと言えば、はいと言え」とは、なんとも味わい深い。同次元での対応をはるかに超えた視点を示唆されたものであり、のちの時代の反対攻撃に対する心構えの基本を読み取ることができる。

(6)『天輪王弁妄』の発行元、京都・法蔵館や、『淫祠天理教会』の名古屋・其中堂など。『真理之裁判』の神戸・慈無量社も、その名称から仏教系と推測される（132ページのコラム参照）。

(7) この時の「おさしづ」は、「何も恐れる事は一寸も要らんで」「天の理は潰《つぶ》そうと思うても潰れる事はない」と。

(8)「大変事情思う。にをいがけという」「身の内という理があるで。これ一つ聞き分けたら、何にも案じる事は要らん」との仰せ。

(9) 明治25年8月13日「高安部内和泉我孫子講社内里島村に於て事件出来、堺裁判所にて公判より尚控訴致すべきや伺」、26年6月23日「三重県警察署へ二度目行く事願」など。

それにしても、時の内務省は、なぜこうした大掛かりな訓令を発令したのであろうか。つまり、それほどまでに、本教の存在が社会の関心を集めていたということであり、当時の教勢がいかに目覚ましいものであったかを物語るものでもあろう。

一連の反対攻撃の背景として、一つには天理教に改式する人が激増したということがあげられる。反対文書の多くは主に仏教側から発行されており、(6)各地で開催された天理教撲滅の演説会では、特に真宗関係の攻撃が激しく、地域をあげての干渉も珍しくなかった。

早くは、明治二十三年十一月二十一日に「京都にて僧侶等集まり、天理教攻撃するとかにて、対抗上河原町分教会も説教するに付、本部より一二名出張あり度儀申出により伺」などあった。(7)また、二十五年五月二十八日には「播州地方村方より信徒へ改式を止め、村方の付き合いと言うて信仰を止めるに付願」などなされている。(8)ほかにも、二十六年五月五日に「南海分教会部下警官圧制一件に付願」をしているなど、各地で警察沙汰《ざた》になることも少なくなかった。(9)

本教についての批判文書のなかでも（次ページのコラム参照）、明治二十六年六月に出た『天輪王弁妄』については、人々の動揺もあったのであろうか、九月一日「京都羽根田文明なるもの天輪王弁妄と題する小冊子を著述し攻撃せしにより、反駁《はんばく》して宜しきや、又訴訟にても起こして宜しきや伺」をしている。(10)

また、明治二十七、八年ごろには、大阪の『浪花新聞』が攻撃記事を書き立てたようで、(11)二十八年一月十四日に「内務省社寺局より浪花新聞の件に付申し来たりし

(10) 対する「おさしづ」は、「往還道、どんな邪魔があるとも知れん。何にも案じる事要らん。皆心に治めてくれ」。

(11) 高野友治、金子圭助両氏の調べによると（『天理大学学報』第42、56輯参照）、『浪花新聞』は明治8年12月創刊で、宇《う》田川文海《だがわぶんかい》などが参画し、『大阪新聞』（5年7月創刊、8年廃刊）、『大阪日報』（9年2月創刊、15年廃刊）と並ぶ大阪の三大紙の一つであったが、10年11月廃刊（12年3月再刊するが同年8月には廃刊）となっている。また、1字違いで『浪華新聞』もあったが、同紙は19年8月創刊で、21年11月廃刊。いずれも、明治27、28年には刊行されていないことになる。それでも、『新浪華新聞』（創刊廃刊時期不明、25年6月逓信省認可）というのもあるが、東大明治新聞文庫所蔵の27年3月16日号以外は所在不明で、該当記事は確認されていない。

より、橋本清上京に付伺」、二月八日には「社寺局より質問の点有之就ては神道本局へ証明書持参のため前川菊太郎、橋本清上京御許し願」がなされている。(12) 一月の時点では上京しなかったようで、種々協議を重ねたうえで神道本局を通して社寺局へ答申

(12) 3月13日にも「内務省より事情申し来たり前川菊太郎、橋本清上京に付御許しの願」。

『天輪王弁妄』（天理図書館蔵）

主な天理教批判書籍

『真理之裁判』（明治23年８月発行）
兼子道仙著　神戸・慈無量社発行

『天輪王弁妄』（明治26年６月発行）
羽根田文明著　京都・法蔵館発行

『実際討論弁斥天理教』（明治26年９月発行）
林金瑞編述　名古屋・三浦兼助発行

『天理教を論ず』（明治26年12月発行）
望天楼主人著　「日本国教大同叢書」中所収

『心鏡　一名天理狂退治』（明治27年３月発行）
（神宮教権少教正）松本時彦著
西村七平編　京都・法蔵館発行

『天理教退治』（明治27年６月発行）
奥野研寿編　越南子著　京都・護法館発行

『淫祠天理教会』（明治27年９月発行）
伊藤洋二郎著（兼発行）　名古屋・其中堂発行

『仏教最近之大敵　一名天理教之害毒』
（明治28年８月発行）
石丸甚八編　神戸・日東館書林発行

『破滅天理教』（明治29年２月発行）
梅原哲眼道人著　名古屋・其中堂発行

これらの書籍の内容を見ると、『天輪王弁妄』（左写真）は天理教に入信しないよう村長や警察も協力せよと求めたり、『実際討論弁斥天理教』では、天理教布教師との問答や数え歌で本教を誹謗するなどしている。

（参考文献＝『天理大学学報』第42輯、『天理教史参考図録』など）

することになり、二月に前川、橋本の二人に松村吉太郎が加わった。また、質問の内容は、神名についてであったという(13)。

その後、三月二十九日に「天理云々に付中山会長心得までに願」をしているが、これも、当時の社会の干渉に対し、その心得を仰いだものであろう。翌年には教祖十年祭を控えているなかで、重責を担う真柱の心労のほどが察せられる(14)。

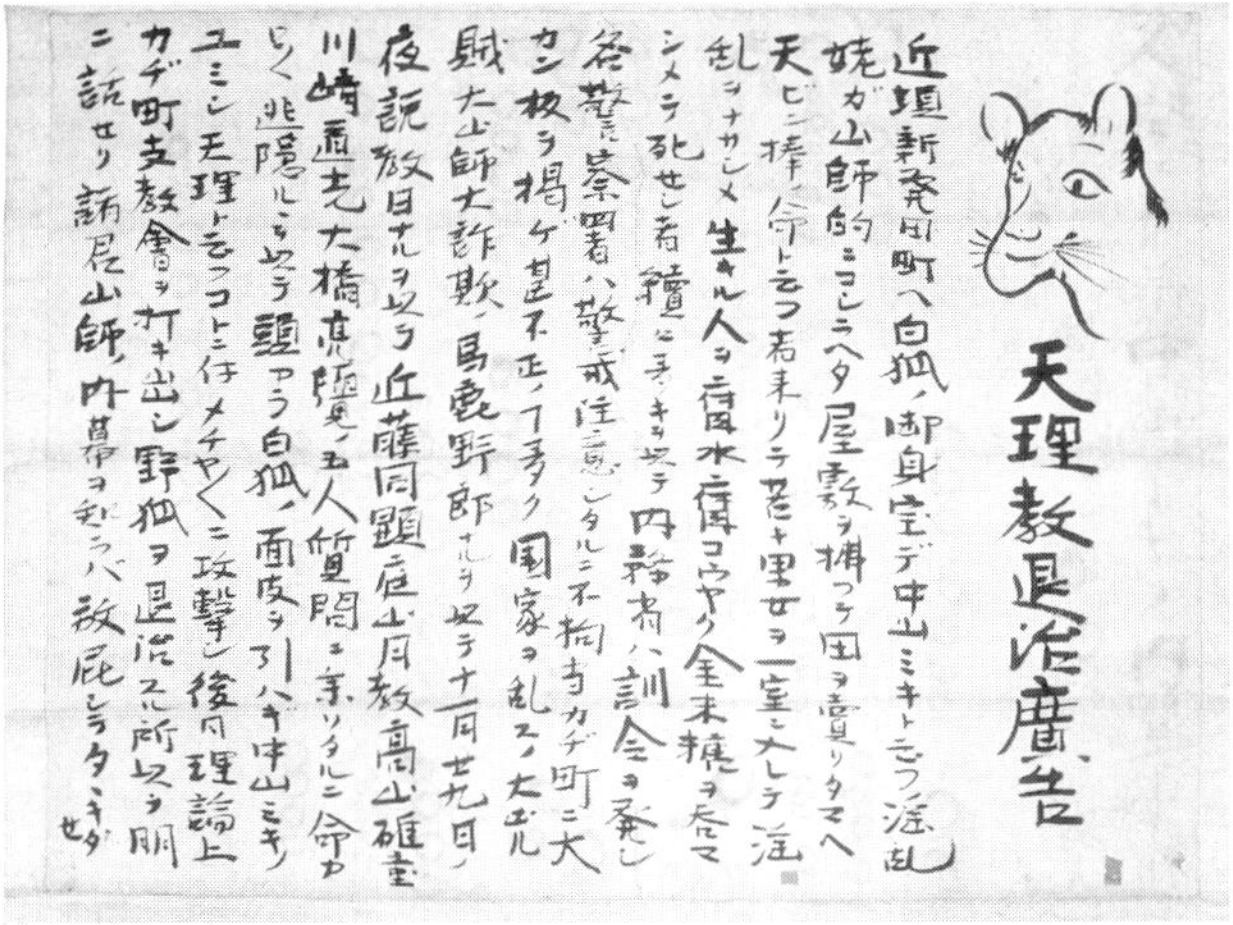

内務省訓令発令後、新潟県新発田《しばた》での「天理教退治広告」の貼紙（新発田分教会蔵）。「屋敷ヲ払フテ田ヲ売リタマヘ天ビン棒ノ命ト云フ者来リテ若キ男女ヲ一室ニ入レテ淫乱ヲナサシメ生キル人ヲ腐水腐コウヤク金米糖ヲ呑マシメテ死セシ者続々多キヲ以テ内務省ハ訓令ヲ発シ各警察署ハ警戒注意シタルニ」などと記されている。

とにかく、当時の天理教に対する反対攻撃は尋常ではなかった。社会問題にもなっていた。こうした趨勢《すうせい》のなか、本教を取り締まるべく、内務省が訓令を出すに至ったのは当然の成り行きと見られる。

ところで、この内務省訓令では、何が取り締まりの対象とされたのか。それは、「風紀紊乱《びんらん》（男女混淆《こんこう》）」「医薬妨害」

(13) 昭和4年の第2回教義講習会録に詳しい。

(14) この時、「道という、分からん者に言うたて分からんなれど、日が出て来る。どう言うもこう言うも、治まる日が出て来るから、皆心配は要らん」と諭されている。この後、4月から7月にかけて、真柱は身上障りの状態にあり、再々「おさしづ」が伺われるが、なかでも5月13日午後の「教長御身上願」では「万事神一条の道という理を治めてくれ」とのお諭しであった。また、同月19日には「分支教会長一同帰部の上、教長御身上に付、本部員共に分支教会運び方将来心得事情願」をしているなど、真柱の身上を台として将来の心得を諭されている。

「寄付強制」の三点であった。

なかでも「医薬妨害」については、早くから社会的指弾の対象になっていた。訓令文中に「神水神符ヲ付与シテ愚昧《ぐまい》ヲ狂惑シ、遂《つい》ニ医薬ヲ廃セシメ」とあるように、金米糖の御供《ごく》やお息の紙などを用いて病人の治療にあたるということが(15)、よろしくないとされたのである。しかも、得体の知れない祈禱をするということで法に抵触したようであるが(16)、これは「さづけ」による病だすけが誤解されていたことは言うまでもない。

訓令発令以前にも、明治二十三年七月七日に「さづけの理」の確認を促され(17)、引き続いての「おさしづ」では「**元々《もと〳〵》医者《いしゃ》は要《い》らん、薬《くすり》は呑《の》む事《こと》は要《い》らんという事《こと》は教《おしえ》には無《な》いで**」との仰せであった。さらに、二十六年十月十七日には「医薬の件に付、必ず医師の診察を経て御道上の御話する事情の願」がなされ、「**医者《いしゃ》の手余《てあま》りを救《たす》けるが台《だい》と言《い》う**」と諭されている(18)。

また、人々は、「さづけ」の取り次ぎはもとより、「たすけ一条」のうえから、「つとめ」も日夜真剣に勤めていた。

当局のいう「風紀紊乱（男女混淆）」とは、この「つとめ」のことであり、訓令にも「信徒ヲ一堂ニ集メ、男女混淆動《やや》モスレバ輒《すなわ》チ風俗ヲ紊《みだ》ルノ所為ニ出《い》デ」とある。確かに、祭典においては、男女が共に、てをどりを勤め、鳴物を奏でている。それが、三味線など酒宴の席での楽器を用い、男女入り乱れて踊ると映ったのであろう(19)。

(15) 御供は当初、はったい粉であったが、明治11年ごろ金米糖、37年に洗米になり、現在に至っている。お息の紙については『稿本天理教教祖伝逸話篇』一〇四「信心はな」、一五五「自分が救かって」など参照。

(16) 早くは明治16年の大阪府（奈良は明治20年まで同府の管轄下にあった）改正違警罪などで、法的資格のない者の祈禱を禁じていた。

(17) 「さづけ〳〵と言うたる、さづけというはどの位どれだけのものとも、高さも値打《ねうち》も分からん。さづけ〳〵も一寸に出してある。一手一つにもさづけ出してある、同じ理を出してある、皆一手である。重い軽いありそうな事情は無い。だん〳〵たゞ一つ、さあ受け取れという。それだけどんな値打があるとも分からん。道具でもどんな金高《かねだか》い値打でも、心の理が無くば何にもならん。さづけ〳〵の処、よ

楽器については、これ以前にも、明治二十七年二月二十四日に「御勤鳴物の事に付、静岡県より本局へ照会に相成り、それに付楽譜の事願」、二十八年四月十九日には「内務省より鳴物の内三味線入れるのを喧《やかま》しく言うによって、三味線に代え琵琶《びわ》のようなものに御許しの願」がなされていた（左コラム参照）。

鳴物の改器

訓令発令後、三味線が薩摩琵琶《さつまびわ》（写真左）に、胡弓が八雲琴《やくもごと》（写真右＝いずれも天理教音楽研究会蔵）に改器された。

琵琶は古くから宮廷音楽（雅楽）などで用いられる楽器で、本来は4絃《げん》の薩摩琵琶を3絃に変形して製作した。八雲琴は、出雲《いずも》琴とも呼ばれるように出雲大社で作られたと伝えられる神祭用の楽器。本来は2絃で、義甲《ぎこう》を用いて絃を弾いて演奏するが、それを模して製作した本教独自のものは3絃で、弓を用いて奏する。

三味線や胡弓が改められたのは、明治政府が推し進めた文明開化政策と関係があるとも見られ、いずれも昭和11年の教祖五十年祭から元に復した。

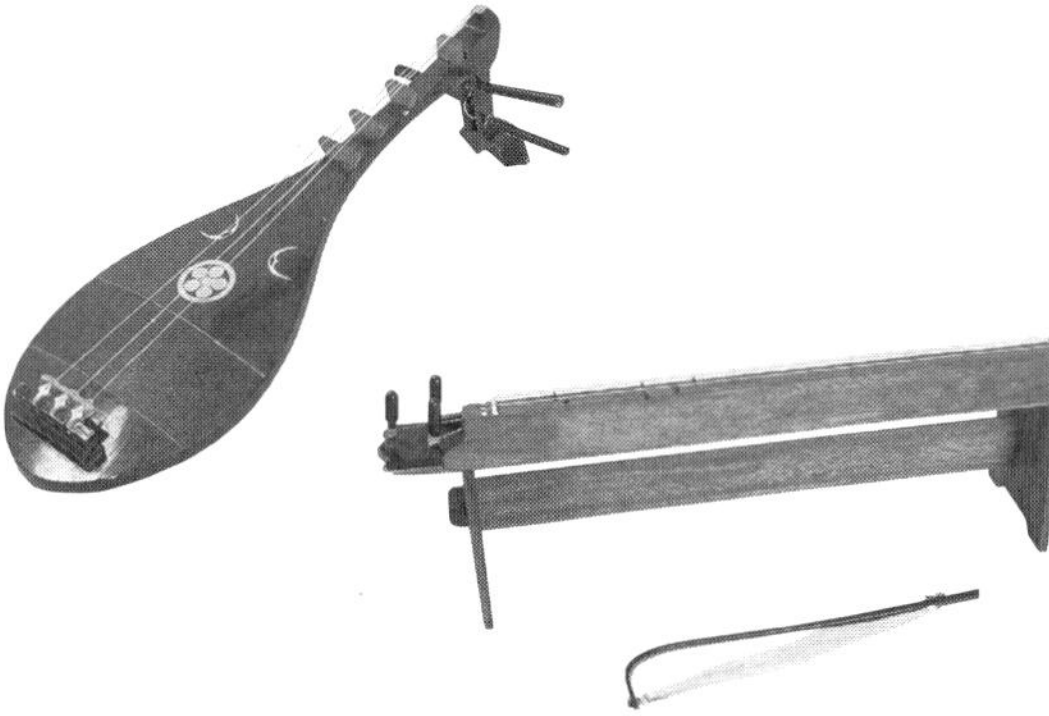

う聞き分け」と。

(18) 引き続き、「奈良県下は、派出して最寄り教導職を集めて御話を伝える事」「前川菊太郎、宮森與三郎、喜多治郎吉、永尾楢次郎の四人南北に手分けして二人宛奈良県下巡廻する事」「他国分支教会長或は重立ちたる者を本部へ招集して右話を伝える事」も伺っている。内務省訓令発令後、明治29年5月1日の「梅谷たね身上伺」でも、「押して、医者に掛ける事でありますや」に対し「医者の手余り捨てもの救けるが、神のたすけという」と。

(19) 女性のおつとめ参加について、明治23年5月23日に「郡山分教会所に於て、婦人も教会設置に尽力を為し、女は御勤出来ぬかと力落すもあり、よって入社式に教会にて女勤御許しの願」がなされている。

それになお、人々は誠真実の行為の一つとして、進んで金銭を献じた。しかし、これは、訓令文中に「紊《みだ》リニ寄付ヲ為サシムル」「殊ニ金銭募集ノ方法ニ付《つい》テハ最モ注意ヲ周密ニシ」とあるように、「寄付強制」とみなされた。さらには、金品の奉献だけでなく、家財産を手放し、家族ごと教会に住み込み、集団生活をしながら、布教活動に精出す者も多く出てきた(20)。

このようなたすけ一条の行動が、「風紀紊乱（男女混淆）」「医薬妨害」「寄付強制」という批判の対象につながるわけで、こうした反社会的とみなされた行為が、ますます社会の反対攻撃を呼び込み、官憲の取り締まりを厳しくしていくのであった。これらのことは、六月十五日付の大阪府令でも指摘されている(21)。

さらに、この内務省訓令とともに、神道本局を通して教義や祭儀についても強制してくるところがあり、それらを聞き入れなければ解散させるという勢いであった。

信教自由の建前から(22)、表面には出ていないが、時の明治政府は神道国教化主義に

外国人の見た「TENRIKYO」

米国人D・C・グリーンがおぢばを訪れたのは、明治二十七年四月のこと。当時の『みちのとも』も「東京牛込市《いち》ケ谷《や》仲ノ町に居を占めらる、デシ《DC》グリーン氏は客月中旬本部に参拝し親しく部員に向つて教祖の御履歴教理等を聞かれその上豊田西の森なる教祖の御墓所に参拝してひたすら感動を起し帰京されたりと同氏は頗《すこぶ》る宗教学に熱心の聞へ高き人の趣きなるが帰京の後も書翰を寄せて教理を聞

(20) 明治25年7月4日に「信徒にして御道を拝聴し、熱心上より家業を捨て、御道のため奮発致し度き者有之時は、如何取り計らい然るべきや心得のため願」「押して、分支教会役員の内にて、熱心上より御道を尽すため家業打ち捨ることは如何にや伺」などしている。

(21) 大阪府令には、

「教会所並ニ説教所ニ於テ停止ノ条項

神仏教会所及説教所ニ於テ左ニ掲グル条項ヲ禁ス

一、祭典執行並ニ説教開筵ニ際シ、参集ノ男女ヲ混席セシムル事

一、神殿並ニ仏堂ヲ設ケ賽銭箱ヲ置キ或ハ鈴、鰐口等ヲ掛ケ平素衆庶ヲシテ参拝セシメ社寺ニ模擬スル事

一、病者ニ対シ、医薬ヲ停メ、又ハ供水ト称シ之ヲ飲マシムル事

一、祭典仏事等ヲ行フニ際シ、猥雑ナル遊器（三味線、琴、

かれしこと再三なりしと」（明治27年5月号）と報じている。

翌二十八年十二月、『日本アジア学会紀要』で、「TENRIKYO; or The Teaching of the Heavenly Reason」という本教についての論文を発表。外国人による天理教紹介の嚆矢《こうし》となった。

この論文は「天理教の起源」や「天理教教義論」「おふでさき」「みかぐらうた」「礼拝」「布教方法」「組織」「結論」などからなるが、当時の本教に対する反対攻撃についても、次のように述べている。

「天理教会本部や各地方の教会長から得た知識のほかに、私はこの恐るべき強敵の急速な発展を妨害せんとする僧侶や、その他諸々の人のパンフレットや雑誌を多く手に入れた。仏教徒が天理教を敵視する理由について考えてみると、それは天理教が、近い将来において日本の最も優勢な信仰となることを熱望し、その信者に対して日本在来の宗教家の習慣とは全く違った絶対的排他的な忠順を要求しているためである」

たとえば、「被告天理教は原告日本社会より平和の破壊者として告訴されている」という内容の「真理之裁判」に対しては「著者は、あまりにも自己の偏見を露骨に現わしているがため、この書物は価値あるものと認め難し」とし、また「新宗教創立に対する教祖の役割を軽視して、天理教運動は全然技巧的な山師の計画である」とする「心鏡」については「天理教を詳細に研究する人々は、この説には承服することはできまい。もちろん天理教の起源の物語には、多少事実に対する強引なコジツケや誤れる想像などがあってもかまわない。否、あらざるをえないとしても、その起源物語をそのままに信ずることは、少なくとも『心鏡』の著者の説を信ずるよりも、はるかに信ずるに価する」と、偏見なく冷静に分析している。

（大久保昭教『外国人のみた天理教』など参照）

胡弓）ノ類ヲ用フル事
一、信徒ニ対シ、金銭ヲ貪《むさぼ》ル事」
などとある（『稿本中山眞之亮伝』224～225ページ）。なお、同内容の奈良県令も出ていると思われるが、いまのところ見あたらない。

(22) 明治22年2月発布の大日本帝国憲法第28条に「日本臣民ハ安寧秩序ヲ妨ケス及臣民タルノ義務ニ背カサル限ニ於テ信教ノ自由ヲ有ス」とある。が、現行の憲法にうたわれている信教の自由（第20条）とは、その性格が違う。

より、早くから記紀による教説を唱道し、特に天皇の神聖性を侵す教説は厳しく取り締まっていた。天皇に対する不敬の罪は、明治十三年の刑法で法文化され、特に二十三年の憲法施行後は最も重いものとされていた(23)。加えて、日清戦争を機に爆発的に表面化した社会主義運動に対し、政府はこれを制圧するために、自由主義的思想にまで弾圧を加えるようになった。こうした社会情勢が、この秘密訓令発令の背後にあったことも十分考えられる。

　地元・奈良県当局との折衝には、前川菊太郎《まえがわきくたろう》と橋本清があたったようであるが、内容については明らかでない(24)。

●「心さえ繋ぎ合えば」

　こうした状況下、一刻も早く本教としての方針、具体策を打ち出さねばならず、連日の話し合いがもたれた。明治二十九年五月十八日（陰暦四月六日）から二十一日にわたって、分支教会長を招集して会議を開き、二十日「会議案の点に付願」をし、次の事項について「おさしづ」を仰いでいる。

「第一、朝夕の御勤今日より『あしきはらい』二十一遍を止め、『ちよとはなし』一条と『かんろだい』の勤三三九遍とに改めさして頂き度く願(25)」

「第二、月次祭には御面を据えて、男ばかりで『ちよとはなし云々』、『かんろだい』二十一遍とを勤めさして頂き度く、次に十二下りを勤めさして頂き度く(26)、

(23) 大日本帝国憲法第1条に「大日本帝国ハ万世一系ノ天皇之ヲ統治ス」、第3条には「天皇ハ神聖ニシテ侵スヘカラス」とある。天皇の権威は神勅に由来し、天皇自身も神格を有するとされた結果、天皇は文字通り、神聖不可侵とされていた。

(24) 神名の変更など細目にわたる改革事項を提示され、「こうまでされたらいよいよ天理教も風前の灯《ともしび》だ、折角今日まで働いてきたことも水泡に帰すだけだ、面白くない、わしはもう本部へ帰るのがいやになった」と気持ちを吐露する橋本清を前川菊太郎がなだめ、談じ合いが進められたのだという（橋本武『ふしから芽が出る』参照）。

(25) 「あしきはらい」とあるのは、「あしきをはらうて　たすけたまへ　てんりわうのみこと」のこと。末尾に天理王命とあるため、止められたのであろう。

鳴物は男ばかりにて、女の分は改器なるまで当分見合わせ度く願」

「第三、守札《まもりふだ》[27]これまで出しましたが、この度政府より喧《やかま》しき故、鏡に致して宜しきや、御幣に致して宜しきや願」

「押して、神鏡にさして頂き度く願[28]」

「第四、天理王命の御名、天理大神と称する事願[29]」

それぞれ、「子供可愛《こどもかわい》から、どのような事情《じじょう》も受《う》け取《と》ってやろう」「理《り》は子供可愛《こどもかわい》々々《〱》の理《り》から、皆許《みなゆる》したるのや、許《ゆる》したるのや」「台《だい》は許《ゆる》したる」「万事皆方法《ばんじみなほうほう》の変《か》わりた事《こと》で、当惑《とうわく》して居《い》るやろ。暗《くら》い道《みち》になりたると思《おも》う。暗《くら》い所《ところ》は暗《くら》いだけの理《り》に許《ゆる》してやる」と諭されたうえで、「これは一《ひと》つのふし、と思《おも》てくれ。これより小《ちい》そうなると思《おも》たら、いかんで。一《ひと》つのふし〱、ならん処《ところ》はあちらへ廻《まわ》りこちらへ廻《まわ》り、心《こころ》さえ繋《つな》ぎ合《あ》えば、実々一《じつ〱ひと》つの理《り》はある程《ほど》に〱。又先々《またさき〱》の処《ところ》、繋《つな》ぎ合《お》うて通《とお》れば、天《てん》の理《り》がある程《ほど》に〱」と人々を勇まされている。

このほか、十一月七日に「これまで御守りの名称を、信符として出さして貰う御許しの願」、翌三十年十一月二十日には「九つ鳴物の内、三味線を今回薩摩琵琶をかたどりて拵えたに付御許し願」「同、胡弓の事願」をしている。

以上、訓令を受けて、改革した事項を整理すると、次の通りになる。[30]

一、本部は従来のかぐらづとめを改めて、御面を机上に備え、男子のみにておつとめをなし、ちよとはなし、かんろだいのつとめだけにする事

一、朝夕のつとめはちよとはなし、かんろだいのみとする事

(26)「ちよとはなし」の最後と各下りの最後に「なむてんりわうのみこと」を唱えるが、「みかぐらうた」本にはその文字が表記されていないため、止められなかったのであろう。

(27) それまで、長方形の和紙に「奉修天理王命守護」と記された「めどう札」が、親神様に祈念するための目標とされていた。

(28) 9月21日には「本部より信徒へ渡すべき神鏡の祈念は如何に願いまして宜しきや伺」も。

(29)「天理王命」という神名が問題ということで、「天理大神」に改められたが、その後も、通常のおつとめや、おさづけの取り次ぎの際などには「てんりわうのみこと」と唱えられていたようである。

(30)『天理教髙安大教会史』より。これら八つの事項は、明治29年4月21日「内務省訓令発布

一、医師の手を経ざる以上紊《みだ》りにおたすけをなさざる事
一、教会新築工事は華美に渉《わた》らざる様精々注意する事、附教会の設置は猥《みだり》に許さざる事
一、神符守札に対する件は神鏡を以て信仰の目標とし、本部より下附すべき物に限る事、産屋《おびや》御供《ごく》は熱心なる信徒に限り授与する事、御守は席順序を運ぶ者に限る事
一、教理の説き方を一定する事
一、天理王命を天理大神と称し奉る事
一、楽器は三味線胡弓を用いざる事

そもそも、これらの事項は、教祖時代から問題となった点であった。

慶応三年（一八六七年）に吉田神祇《じんぎ》管領の公認を得る際、天輪王神という神名で認可を受けていたが、[31]これは、明治七年の大和神社での問答でも問題になっていた「記紀に見えない神名を称えるは不都合」との理由からであった。[32]その後、奈良中教院から呼び出しを受けた際にも、「天理王という神は無い。神を拝むなら、大社の神を拝め」[33]、翌年の奈良県庁での取り調べでも、「天理王命というような神は無い」と指導を受けている。[34]また、「多数の人々を集めて迷わす」との理由から官憲の干渉を受けていた。[35]そして、それらを回避せんがための明治九年の蒸風呂兼宿屋の鑑札の取得、十三年の転輪王講社の結成などの便法であり、十六年ごろからの教会設置

相成りしに付、心得まで伺」に引き続いての割書「会議の決を願」に注記してある「会議の点九点」と同内容と察せられる。ほか、11月には神道本局より「本年十一月一日より向う三箇年間、普通教会及講社結成を停止す」との通達（乙第6号達）があった（『稿本中山眞之亮伝』226ページ）。

(31)『稿本天理教教祖伝』100ページ参照。

(32)『稿本天理教教祖伝』115〜116ページ参照。

(33)『稿本天理教教祖伝』121ページ参照。

(34)『稿本天理教教祖伝』132〜133ページ参照。

(35)『稿本天理教教祖伝』156ページ参照。

の動きでもあった。[36]

その教会設置のため、十九年に神道本局に提出した五カ条の請書には「奉教主神は神道教規に依るべき事」「創世の説は記紀の二典に依るべき事」「人は万物の霊たり魚介の魂と混同すべからざる事」「神命に托して医薬を妨ぐべからざる事」などと列記している。[37]

また、明治二十年に教祖が現身《うつしみ》をおかくしになる前の問答でも、「この屋敷に道具雛型《ひながた》の魂生《うま》れてあるとの仰せ」「この屋敷をさして、この世界初まりのぢばゆえ天降《あまくだ》り、無い人間無い世界こしらえ下されたとの仰せ」「かみも我々も同様の魂との仰せ」について、官憲にどう答えればよいかと指図を仰いでいる。[38]

さらに、翌明治二十一年の教会設置が公認された際の「神道天理教会規約」には、「神道教規第二条ノ祭神ヲ奉戴シ」（第3条）、「三条教憲ハ終身之ヲ遵奉スベシ」（第7条）、「禁厭《きんえん》ヲ請フモノアラバ医薬ノ闕《か》クヘカラサルヲ懇篤ニ説明シテ後之ヲ行フベシ」（第14条）などとある。[39]

いずれも、内務省訓令に際して改革された事項と同内容であり、すでにこの時期から、官憲の取り締まりの対象になっていたことが分かる。記紀神話の否定、ひいては不敬とみなされたのである。しかし、そのどれもが本教にとって本質にかかわる問題であり、不思議なたすけの元でもあった。だから、それらは安易に改められるべきものではなかった。

請書や規約では、官憲の干渉を受けないように対処していたが、実際のおたすけ

(36) 蒸風呂兼宿屋の鑑札取得は『稿本天理教教祖伝』134～135ページ、転輪王講社の結成は同148～149ページ、教会設置公認の動きは同274～281ページなど。

(37)『稿本天理教教祖伝』301ページ参照。

(38)『稿本天理教教祖伝』320ページ参照。

(39) 第3章、42ページ参照。

の現場では、そうではなかった。たとえば、「さづけ」の取り次ぎに際しては、元初まりの話や、十柱の神名とその守護の話が常になされていた。それは、官憲から見れば、認可違反である。内務省が取り締まりの訓令を出したのも、このあたりの理由からであろう。

それにしても、当時、こうした反対攻撃のなか、時には食を断ち、水ごりをしてまで、命懸けでおたすけにあたる人が多かった。

事実、不思議なたすけが各地に続出した。たすけ一条の信念が強ければ強いほど、どうでもたすかってもらいたいという「おたすけ人」としての精神が強固であったからであろう。

当時の人々は、その強固な精神をどのようにして培ったというのであろうか。おそらく、特別な修行などは経験していないはずである。ただ、不思議なたすけに浴した喜びを、直ちに人をたすける喜びへと転換させることができた人々であったことはまちがいない。激しいまでの人だすけの行動に駆り立てたのは、ご恩に報じる道として仰せられていた「人をたすけさせてもらいや」という教祖のお言葉[40]を素直に受け入れ、しかも即座に実行するという純真さではなかったであろうか。

厳しい社会の干渉があったということは、その裏側に熾烈《しれつ》な布教活動の展開があり、不思議なたすけがあったという事実を見ることができる。こうした「ふし」は、親神が人々の心のつなぎを促されるがゆえの社会の干渉[41]、つまり内を治めるための外圧ではなかったろうか。

(40)『稿本天理教教祖伝逸話篇』四二「人を救けたら」、七二「救かる身やもの」、一〇〇「人を救けるのやで」、一二三「人がめどか」、一五五「自分が救かって」、一六七「人救けたら」など。

(41) 反対攻撃が激しくなりはじめる明治23年7月7日の「おさしづ」にも、「人間心の理が世界始め出したる、人間事情、人間心の理が世界の事情と成ってある。めん／＼心で発散が出来ん。そこで知らせ置こう」とある。

第九章　綺麗な道がむさくろしいなる——前川、橋本の離反

明治二十九年、内務省によるいわゆる〝秘密訓令〟の発令により、教会本部は、諸事項改革の断行を余儀なくされた。

こうした社会からの反対攻撃のかたちで見せられた「ふし」は、神一条の心のつなぎ、一手一つのまとまりを促されるもの、つまり内を治めるための外圧であったとも悟れたが、これと重なるようにして、新たな内なる「ふし」を迎えることになる。辞職を申し出たり、異端を唱えたりするという事情があらわれてきたのである。

この章では、前川菊太郎、橋本清の離反について取り上げる。

明治二十九年（一八九六年）四月六日（陰暦二月二十四日）、内務省から発令された訓令により、教会本部は諸事項の改革を断行せざるをえなかったが、この時期、一連の外部からの干渉に加えて、内部にも諸事情が噴出していた。

●橋本清、辞職書提出へ

それが最初に「おさしづ」にあらわれるのは、明治三十年十一月十三日「橋本清辞職書差し出せしに付、協議の上事情願」であるが、事の起こりは、それ以前からあった。四月三日、橋本が教会本部へ休職届を提出したことに始まる。(1)

橋本は、明治十八年ごろからおやしきに出入りし、折からの教会設置公認運動にも参画していた人物（左ページのコラム参照）。官憲などとの渉外役を務め、明治二十八年には前川菊太郎と共に東京へ出向いて、内務省や神道本局との折衝にあたり、(2)内務省訓令発令後も、前川と共に奈良県当局との交渉に奔走していた。

そうした要職にあった橋本の休職届を、本部側が簡単に受理するはずはなく、届けは直ちに差し戻された。『稿本中山眞之亮伝』には、「当人の不平乃至《ないし》は同僚に対する感情問題の外に、何も然《しか》るべき正当な理由が無かったから」（235ページ）とある。

しかし、翌五月二日に再度、休職届を提出。四日後の六日には、居合わせた本部役員に罵詈讒謗《ばりざんぼう》を浴びせたという。休職届を出したり、謗言《ぼうげん》を吐かざるをえなかったりするほどの「同僚に対する感情問題」とは、どういうことであろうか。

一つには、教会本部役員間の意見が一本にまとまりきれなかったためではないか、という推量も可能である。

当時、教祖から直接に仕込まれた人々と、実際に動く若手との間の感覚の相違、問題意識の違いがあったとは考えられないであろうか。「年寄りが、何を言うか」

(1) この「四月三日」について、『稿本中山眞之亮伝』には「明治二十九年」とある。当時の『みちのとも』をひもとくと、橋本は同年6月、東北三陸大海嘯《かいしょう》に義捐金2円を送り、10月、長野県下教義視察に出張、翌30年1月、井筒梅治郎の葬儀に参列するなどしている。休職届提出後の行動としては理解しかねる。

(2)「おさしづ」割書によると、明治28年1月14日「内務省社寺局より浪花新聞の件に付申し来たりしより、橋本清上京に付伺」、2月8日「社寺局より質問の点有之就ては神道本局へ証明書持参のため前川菊太郎、橋本清上京御許し願」、3月13日「内務省より事情申し来たり前川菊太郎、橋本清上京に付御許しの願」など。

という感情的対立があったかもしれないし、また、若手が新しいことを提案しても相手にされない、などという場面も起こりうることであった。特に、年配者のなかには純朴で率直な人が多かったであろうし、政治的な治め方などには無関心であったとも思われるから、なおさらのことである。

橋本清という人物

のちに橋本が著した『天理教会の内幕』に対して内務省と神道本局から質問があり、教会本部は明治33年1月6日付で上申書を提出した。『天理教髙安大教会史』が「橋本の人物を知るには最適の参考」とするその上申書を同史から引用する。

「橋本清ハ奈良県磯城郡織田村大字芝ノ産ニテ、明治十五六年ノ頃、同県丹波市町大字石上尋常小学校ノ教員タリシトキ、中山新治郎ハ添上郡櫟本町ノ産ニシテ、同町ハ石上ト接近セルヨリ、時々往来セシコトアリ、コレ、橋本清ガ中山新治郎ニ縁故アル所以ニシテ、橋本清ハ明治十八年ノ頃、石上尋常小学校ヲ辞シ、修学ノ為メ東京ニ登リシモ、幾許ナラズシテ病気ノ為メ帰国セリ、当時、橋本清ハ何レニモ奉職スル事ナキヲ以テ、中山家食客ノ姿ニテ滞在シ、斯道ヲ聞キ、初メテ本教会ニ従事ス。……橋本清ガ我教会本部ヲ去ラザルヲ得ザルニ至リシ所以ハ、我教祖ガ幾多ノ辛苦ヲ嘗メテ本教ヲ開キ給ヒシハ、全ク、済世救民ノ趣旨ニ外ナラズ、故ニ此教ヲ為スニハ、其趣旨ヲ実践躬行スルニアリテ、橋本清モ初ハ教理ヲ遵守セシ故、多少ノ功労モアリシガ、終ニ教理ノ何タルヲ忘レ……」

橋本　清

事実、橋本が人材育成のために学校をつくることを提案しても、「この道は、かなの教えだから」などと、相手にされなかったこともあったようである。(3)

さらに、この時期、内務省訓令を受けて神名の変更など改革事項を検討する連日の本部会議のなかでも意見が合わないところがあったのであろう。

橋本が休職届を提出する以前、明治二十九年三月二十四日の「刻限」において、「もうさしづ止《と》めようかと思《おも》うて居《い》る。用《もち》いんさしづなら、したとて何《なん》の役《やく》にも立《た》とまい。さしづは人間心《にんげんごころ》でするると思《おも》う心《こころ》が違《ちが》う」とまで仰せになり、「心《こころ》が合《あ》わんから疑《うたが》わんならん」と厳しく諭されていた。

この時の「刻限」は、「教祖十年祭の後にて別席四五千人程もあり本席五六百人もある時」にもかかわらず、「七日間本席御休みになりし時の事情」（いずれも割書の注記）である。

数日来、本席が身上に伏せているのに、本席に関する「身上伺」がなされた気配がない。それほどに、何か人々の心が一つになりきれていない向きがあったことがうかがえる。

二日後の二十六日の「本部員一同より御詫び願」に対しても、「明日《あす》から席《せき》は要《い》らんものと言《い》うたる。言《い》い訳《わけ》立《た》たんようなもの。道理《どうり》これ一《ひと》つ聞《き》き分《わ》けたら分《わ》かり

（3）このへんの経緯は、松村吉太郎『道の八十年』に詳しい。また、『天理教高安大教会史』にも「天理教校設置が本当の問題となつたのは、明治二十七八年頃からのことで、その頃、神様に伺《うかゞ》ふた事があつた。其の時は時期尚早であり、旬が来なかつたと云ふのか、御許しがなかつたのである。なぜなれば、この頃の本教全般の傾向は、寧《むし》ろ、無学文盲を誇《ほこ》として、文筆を極端に軽視してゐたから、本部が学校を設置するなどとは、一般の念頭に置かれなかつた」とある。「おさしづ」では、のち明治31年7月28日に「学校設置の願」がなされ、「一時そんならと言うて許したら、これまで年限の理が薄うなる。これが残念。……一時細々の理、ほんの応法の心を以てすれば、皆《み》んな心に道理という。一時道理として許し置こう、許してやろう」と仰せになっている。

来《く》る。どうも言《い》わせん、言《い》わして置《お》けん、言《い》うて置《お》かせん」「何処《どこ》までも席一《せきひと》つ。剥《は》げるか剥《は》げんか、よう思《し》やんせ」とのお諭し。[4] また、三十一日の「刻限」では、「さあ〳〵水《みず》が出《で》る〳〵〳〵。ごもく引《ひ》っ掛《か》かって錆水《さびみず》もあれば悪水《あくすい》もある。すっきり出《だ》すで〳〵」「道《みち》に流《なが》るゝ水《みず》を、途中《とちゅう》で理《り》を揚《あ》げて了《しま》えば、育《そだ》つ事出《ことで》けん。いかなる者《もの》でもこの話《はなし》を聞《き》いたら改良《かいりょう》せねばならんで」との仰せである。

これらのお言葉は、「おさしづ」を「おさしづ」としない、本席の理を立てない、不足不満の絶えない人々に対してのものと受け取れる。

続いて、四月四日の「刻限御話」では、「さんげだけでは受《う》け取《と》れん。それを運《はこ》んでこそさんげという」「今夜《こんや》のさしづはえぐいさしづ[5]、えぐいさしづやなけにゃ効《き》かせん」「このまゝ送《おく》れば、びっくりするような事出《ことで》ける。出来《でき》てから何《なん》にもならせんで」と、いままでになく厳しいお言葉で示されている。

また、この時、「人衆《にんじゅう》の処《ところ》も、七十五人《にん》まで要《い》るという事《こと》は、これまでにも言《い》うてある」との仰せ。[6]「おさしづ」では、「つとめ」の勤修《ごんしゅう》と「さづけ」の徹底という、神一条の道を崩さぬよう促されているのであるが、目の前の改革事項にのみ気を取られてしまっているという人々のありさまがうかがえる。[7]

さらに、訓令が出て間もなく、四月二十一日の「内務省訓令発布相成りしに付、心得まで伺」でも、次のように諭されている。

……反対《はんたい》する者《もの》も可愛《かわい》我《わ》が子《こ》、念《ねん》ずる者《もの》は尚《なお》の事《こと》。なれど、念《ねん》ずる者《もの》でも、用《もち》いねば反対同様《はんたいどうよう》のもの。これまでほんの言葉《ことば》々〳〵でさしづしてある。これはと

(4) このとき、「十年は一ふしとして、二十年は尚《なお》もしっかりという心を持って、明日日《あすにち》からどういう事も行《い》て尋ねてこう〳〵すれば、そのまゝ直ぐにさしづする」と、すでに次の二十年祭（明治39年）の心構えを示されている。

(5) あくが強いという意味。

(6) この「七十五人」は取次人衆のことであろうが、つとめ人衆についても、中南の門屋普請（明治8年竣工）に際して、教祖は「末では七十五人の勤め人衆の生き姿をおさめる所やで」と仰せられたという（飯降尹之助「永尾芳枝祖母口述記」＝『復元』第3号所収）。

(7) 3月31日に「談示や〳〵、改革や〳〵と夜《よ》の目も寝ずに、あちらも談示、こちらも談示、やはり元の清水《せいすい》、水の穴がとんと分からんから、すっきり井手《いで》を流して了うで」とも。

いうようなものは、さしづがさしづやないと言《い》う。世界《せかい》の反対《はんたい》は言《い》うまでやない。道《みち》の中《なか》の反対《はんたい》、道《みち》の中《なか》の反対《はんたい》は、肥《こ》えをする処《ところ》を流《なが》して了《しま》うようなもの。こんな所《ところ》にこんな事《こと》があったかと、鮮《あざ》やか分《わ》かる程《ほど》に〳〵。必《かなら》ず〳〵悔《くや》むやない。悔《くや》むだけ心《こころ》を繋《つな》げ〳〵。これからは、どうでも皆集《みなあつ》める程《ほど》に〳〵。山《やま》が崩《くず》れる、水《みず》が浸《つ》く。雨風《あめかぜ》や。何処《どこ》へ駈《か》け付《つ》く所《ところ》も無《な》いというようなもの。泥水《どろみず》すっきり流《なが》して了《しま》う。泥水《どろみず》の間《あいだ》は、どんな思《し》やんしてもどうもならん。心一《こころひと》つの理《り》を繋《つな》げ〳〵。……

この時の「道の中の反対、道の中の反対は、肥えをする処を流して了うようなもの。こんな所にこんな事があったかと、鮮やか分かる程に」との仰せ通り、それが現実のものとなったのであり、「ふし」を集めて「泥水すっきり流して了う」から「心一つの理を繋げ」と戒められているのである。

以後一年余りの間、心をつなぐよう、人々に再三再四、諭されたのであるが[8]、内務省訓令に対する奈良県当局との折衝、さらには改革事項などの会議において、それまでの不平不満が一層募ったのか[9]、明治三十年九月十四日、橋本は教職および本部理事の辞表を提出するに至る。単に休職ということではなく、全面的に教会本部から身を引こうというのである。

思いとどまるように説得もしたが、橋本の心はひるがえらず、十一月十三日、冒頭でふれた「橋本清辞職書差し出せしに付、協議の上事情願」を伺うことになる。

（8）平野楢蔵、松村吉太郎、増野正兵衞など、個人の身上を通して、あるいは本席の身上や刻限によって、細かく一つの理に心をつなぐよう諭されている。

（9）第8章の注24（138ページ）参照。

それに対して、次のようなお言葉であった。

……どうでもさしづの理《り》でなければどうもなろまい。この道《みち》を知《し》りてる者《もの》が無《な》いから、どんならん。この道知《みちし》りてるなら、あゝいう事《こと》あらせん。道《みち》が分《わ》からんから分《わ》からん事《こと》になる。……皆《み》んなこれ教《おしえ》という理《り》がある。教《おしえ》に従《したご》うて通《とお》らんから、綺麗《きれい》な道《みち》がむさくろしいなる。皆行《みない》き難《に》くい道《みち》を尋《たず》ねて捜《さが》すからどんならん。一人二人《ひとりふたり》三人《にん》の心《こころ》で世界通《せかいとお》れるか。さあさしづに及《およ》ぶ。さしづしても守《まも》らねば、さしづまでのもの。……我《わ》がさえよくばよいという心《こころ》があるから、こういう理《り》になりて来《く》る。どうでもこうでも人間《にんげん》の心《こころ》では行《い》かんで〳〵、行《い》くならこの道《みち》とは言《い》わん。精神一《せいしんひと》つの理《り》が世界鮮《せかいあざ》やか明《あき》らかのもの。この理《り》より無《な》い。これをよう聞《き》き分《わ》けて、改《あらた》めてくれ〳〵。めん〳〵でする事《こと》ならどうもならん。いかなる大切《たいせつ》にせんならんものでも、心《こころ》に間違《まちが》えば、大切《たいせつ》が大切《たいせつ》にならん理《り》が、今日《きょう》の日《ひ》であろ。さあ〳〵分《わ》からんから分《わ》からん。……

そこで、さらに押して願おうとすると、神のほうからお言葉があった。

……繋《つな》ごうと思《おも》ても離《はな》れる者《もの》はどうもならん。付《つ》けようと思《おも》えど付《つ》かん者《もの》は是非《ぜひ》は無《な》い。切《き》りの無《な》い事言《ことい》うて居《い》るから、こういう事《こと》になるわい。

神一条で通るべき道を、人間思案で通ろうとするから、このようなことになる。

たとえ、どんなに有能な者でも、この点を間違えては通るに通れなくなるとの仰せである。

これを受けて、翌月十二月四日、橋本の本部理事、依願解任の辞令を持ち、宮森

與三郎が織田村芝の橋本宅を訪ねることにより、終局を迎える。(10)

振り返れば、この一件は、明治十七、八年ごろに繰り広げられた教会設置運動を彷彿《ほうふつ》させる事件ではなかったろうか。

早くは明治十四年十二月、大阪明心組《めいしん》の梅谷四郎兵衛が真心組《しんじん》とも話し合ったうえ、大阪阿弥陀池《あみだいけ》の和光寺《わこうじ》へ、初めて教会公認の手続き書を提出したことに始まる。(11)この時は何ら返答がなかったが、その後、明治十七年五月、梅谷を社長として「心学道話講究所天輪王社」の名義で出願し、大阪に「天輪王社」の標札を出すようになる。また、その一方では、天恵組《てんえ》を中心に「心学道話講究所」が作られ、竹内未《たけうちみ》誉至《よし》と森田清蔵《もりたせいぞう》が代表となった。竹内はさらに発展的に「大日本天輪教会」を設立しようと計画した。こうして、道の伸展とともに迫害が激しくなると、人々は教会公認を得ようとあせり、村田長平《むらたちょうべい》宅に「教会創立事務所」の看板をかけるまでに至る。(12)

この一連の動きは、公認を得ることだけが先行し、信仰のない者を表に立て、それがために、ぢばを、真柱を、ないがしろにして事が進められた向きがある。(13)

これらに対して、教祖は、

「さあ／＼今なるしんばしらはほそいものやで、なれど肉の巻きよで、どんなゑらい者になるやわからんで」

「しんは細いものである。真実の肉まけバふとくなるで」

(10) 宮森與三郎は明治10年ごろから、おやしきに詰め、教祖のもとで務めていた人。織田村芝は現在の桜井市大字芝。

(11) 『稿本天理教教祖伝』159～160ページ参照。

(12) 『稿本天理教教祖伝』275～276ページ参照。なお、村田長平宅は、おやしきの向かいにあり、豆腐屋と宿屋をしていた（35ページの写真参照）。

(13) 明治18年3月、4月にわたり、大神《おおみわ》教会の添書を得て、神道管長あてに眞之亮以下10名の教導職補命の手続きをするとともに、4月に「天理教会結収御願」、7月には男爵今園国映《いまぞのくにはえ》を担任として「神道天理教会設立御願」を大阪府知事あてに願い出たが、いずれも却下されている。

とのお言葉であった(14)。
真柱を芯《しん》として、人々が心を寄せるところにこそ道の治まりがある、と諭されているのである。

●前川菊太郎も誘われて

橋本の免職で、一件は落着したように見えた。しかし、同じ十二月四日、今度は、前川菊太郎が本部理事の辞表を提出してきた。

前川は、教祖の生家の兄・杏助《きょうすけ》の嫡孫にあたり、教祖が「控え柱」とまで仰せになっていた人物である(15)。

もちろん、辞表は受理されなかった。しかし、五日後の十二月九日に再提出してきたので、即日、役員会議で協議し、二日後の十一日「橋本清辞職は聞き届けしが、前川菊太郎より辞職願出されしに付、如何取り計らいまして宜しきや願」をする。

……何程繋《なにほどつな》ぎたいと思《おも》えど、繋《つな》がれんが道理《どうり》や。越《こ》すに越《こ》されようまい。出《で》て来《き》なと言《い》うやない。出《で》て来《き》て働《はたら》きゃ、どうも言《い》えんが道理《どうり》や。皆一《みなひと》つの心《こころ》に成《な》りて、よう思《し》やんせよ。これまで艱難《かんなん》の道《みち》、今《いま》の道互《みちたが》いの道《みち》。辛《つら》い者《もの》もあれば、陽気《ようき》な者《もの》もある。神《かみ》が連《つ》れて通《とお》る陽気《ようき》と、めん〳〵勝手《かって》の陽気《ようき》とある。勝手《かって》の陽気《ようき》は通《とお》るに通《とお》れん。陽気《ようき》というは、皆《み》んな勇《いさ》ましてこそ、真《しん》の陽気《ようき》という。めん〳〵楽《たの》しんで、後々《あと〳〵》の者苦《ものくる》しますようでは、ほんとの陽気《ようき》とは言《い》えん。め

(14)『稿本天理教教祖伝』277～280ページ参照。

(15)菊太郎は慶応2年10月生まれ。同年5月生まれの「しんばしらの眞之亮」に対し「控え柱」との教祖の仰せであったという。「おさしづ」でも、明治28年5月22日「前川菊太郎副会長選定の願」で「担い柱控え柱」と。

前川菊太郎

ん〳〵勝手《かって》の陽気《ようき》は、生涯通《しょうがいとお》れると思《おも》たら違《ちが》うで。

しばらくして、「このまゝにして置いたものでありますや」と伺うと、**「さあ〳〵休《やす》む時《とき》は、休《やす》ますがよいで〳〵」**との仰せ。諭すべきところは厳しく諭されたうえで、当分休むがよいと、広い親心で抱きかかえられている。

翌三十一年一月十七日、前川から元通り出勤したいと申し出があるが、十九日に役員会議を開き、「おさしづ」を伺うと、どうでも心を入れ替え、家庭の事情を治めるのが先決であるとの仰せであった。(16)『稿本中山眞之亮伝』によると、前川は、「当時、家庭の内外に亙《わた》る、事情のもつれに悩んで居た」（236ページ）ようである。(17)

この家庭の事情についての詳細は分からないが、心の動揺の渦中に、先に辞職している橋本からの誘いもあり、二月九日、前川はついに理事の辞令と辞職届を送り届けるに至る。橋本とは長年、共に官憲などとの折衝にあたった仲であり、橋本の言い分に共鳴するところがあったのであろう。

しばらく間をおき、二十七日「前川菊太郎辞令返却に付願」(18)に対するお言葉は、

……濃《こう》い中《なか》でも心《こころ》という理《り》で淡《うす》くなるという。前《ぜん》に諭《さと》したる。善《よ》い処《ところ》の理《り》を以《もっ》て、万事《ばんじ》の処取《ところと》り決《き》まりどうでもせにゃならん。勧《すす》めた処《ところ》が成《な》ると成《な》らんとある。先《せん》から諭《さと》したる。成《な》ってから仕方《しかた》が無《な》い。今日《きょう》の日《ひ》になってどうもならん。

(16) 19日「前川菊太郎の事も善悪仕切りて運びますから願」に対し、「内々事情と、外の事情と振り替わりた。内外《うちそと》振り替わり事情という。これが世界の道理という。内外振り変わりて何《ど》処《こ》に立つか。成程考えてみよ」と。

(17) 直接の関係があるかどうかは分からないが、明治24年1月28日の刻限の割書に「前おさしづに基づき中山会長へ御願い致しました処、会長は前川方は中山のある限りは粗末にはせんと仰せ下されました、前川方へ行き御話伝えました」と注記してある。

(18) これより先、同日「橋本清辞職後に於て同人より教長へ宛書面来たりたるにより、将来本部員心得まで願」で「心の理が損じたるは、道具の損じたようなもの」と。

前々《ぜん〱》から諭《さと》してある。運《はこ》びの理《り》によって成《な》りて来《き》た。今日《きょう》の日《ひ》になってから是《ぜ》非《ひ》が無《な》い。暫《しばら》くの処《ところ》どうもならんから、一時《じ》の処《ところ》すっきりして了《しま》うがよい。一夜《や》の間《あいだ》でもさんげという。一《ひと》つは受《う》け取《と》る。これだけ諭《さと》したら分《わ》かる。人間《にんげん》というものはどうもならん。人間《にんげん》の心定《こころさだ》まり付《つ》かん先《さき》から言《い》うたて、定《さだ》まり付《つ》かん。全《まった》くこうも成《な》らん事情《じじょう》であれども、理《り》に誘《さそ》われ、取《と》り誘《さそ》われたも同《おな》じ事《こと》。人間《にんげん》と人間《にんげん》との事情《じじょう》から、こうと成《な》ったる事情《じじょう》であろ。人間心《にんげんごころ》からどうもならん。今日《きょう》の処《ところ》では一時《じ》なろうまい。

前々から諭しているにもかかわらず、心底からさんげの心が定まらず、人間心で通って今日の日になってはどうもならん、すっきり処分してしまうがよい、とのお諭しであった。

こうして、不本意ながら、前川、橋本という教友を相次いで失うことになる。それまで苦楽を共にしてきた真柱の胸中は、いかばかりであったろうか。

この二人の離反については、およそ十年前に、それを予告されていたと思われる「おさしづ」が思い起こされる。それは明治二十一年四月十一日、東京で認可された教会本部を、七月二十三日、いよいよぢばへ移転する運びとなり、真柱と橋本清とが奈良県庁へ出向くにあたって伺った「東京より届書の添書帰りて願」である。

……世上《せじょう》にては世上《せじょう》の道《みち》を知《し》らそ。世上《せじょう》で矢来《やらい》をしたようなものや。さあ矢来《やらい》も十年《ねん》二十年《ねん》したなら破損《はそん》が廻《まわ》るやろ。あちらに一本抜《ぽんぬ》ける、こちらに一本抜《ぽんぬ》

「おやしき絵図」（明治30年ごろ・作者不詳）

きに来《く》る。判然《はんぜん》としたさ、し、づ、やで。まあこれで安心《あんしん》と言《い》う、安心《あんしん》という間《ま》が隙間《すきま》やで。隙間《すきま》より腐《くさ》るもの。さあ〳〵矢来《やらい》も五年《ねん》十年《ねん》二十年《ねん》すれば破損《はそん》が廻《まわ》る。一本《ぽん》二本《ほん》抜《ぬ》く、抜《ぬ》きに来《く》る。……

矢来でも、最初は堅固だが、十年二十年経《た》つと破損してくる。一本二本抜けていき、また抜きにも来る。だから決して安心と思ってはならない。安心という心の隙間から腐敗・堕落が生じる。それははっきりとした指図である――と。

前川、橋本の辞職の件は、教史のなかで「前橋《まえはし》事件」という呼称[19]で、内務省訓令発令を契機に発生した事情として位置づけられている。前川、橋本の両者は、結果的には同じ辞職ということになってしまっているが、[20]二人の言動には、かな

(19) 昭和38年刊の『稿本中山眞之亮伝』（上田嘉成執筆）が最初であろうか。

(20) その後、橋本は前川とともに、神道本局に種々天理教の内情を陳述し、教師検定試験について告訴している（髙安大教会史）。これに対して、明治31年5月31日「本部にて試験執行に付、前川菊太郎、橋本清の両名より本局へ願出相成りしに付上京御許し願」がなされ、6月1日、その答弁のため、真柱に、松村吉太郎、清水與之助、篠森乗人が随行している。

(21) 前出の上申書（145ページのコラム参照）には「（橋本が）金五百円貸与ノ事ヲ申来レリ、本部ハ断然之ヲ謝絶シタリキ、当時、彼ハ強談的ニモ右金額ヲ貸

りの相違が見られる。それに「前橋《まえばし》」という地名もあってまぎらわしい。その意味からすれば、一括《ひとくく》りにしたこの「前橋事件」との呼称は、必ずしも適当であるとは言いきれない。

たとえば、その後、橋本が明治三十二年に『天理教会の内幕』という教団誹謗《ひぼう》の冊子を著したのに対し、(21)前川は晩年ながらも「本部の墓守《はかもり》をしたい」と述懐していたという。(22)

前川に関して加えれば、明治二十年、教祖が現身《うつしみ》をおかくしになる直前の一月十三日に、教会本部の設置願いに対して、教祖は「さあ〳〵一時今《じいま》から今《いま》という心《こころ》、三名《めい》の心《こころ》しいかりと心合《こころあ》わせて返答《へんとう》せよ」と念押しをされているが、この三名というのが、真柱と、それに梶本松治郎《かじもとまつじろう》、(23)そして前川菊太郎であった。それほどまでに、教祖も心をかけておられた人物ということが分かるが、この時においても神一条の姿勢を強く促されている。

ともあれ、前川と橋本は離れていった。教会本部の要職にあった二人が相次いで辞職するに至ったのは、人々の心が治まりきれていなかったことが理由としてあげられる。そうしたなか、この一件とは、かなり性格の異なる問題が浮上していた。ある意味では、最も深刻な内憂といえる事情である。

与スレバ善シ、若シ貸与セザル時ハ、冊子ヲ発刊シテ本教ニ大害ヲ与ヘント予言セリ、是、今回、天理教会ノ内幕ト題セル冊子ヲ刊行セシ基因ナリ」とある。そして、明治33年1月4日に「橋本清の演説を筆記として発行の『天理教会の内幕』という雑誌その筋へ送りしに付、神道本局より一月六日までにその個条々毎に答えして差し出すように申し来たり、就いては松村吉太郎、山中彦七上京出局の願」がなされる。

(22) 大正2年、48歳で出直し。葬儀の時、真柱は三昧田《さんまいでん》まで出向いて他所ながら見送ったという（『稿本中山眞之亮伝』244ページ）。

(23) 真柱の実兄、明治24年11月3日、35歳で出直し。

第十章　元分からんから——水屋敷事件

明治二十九年に発令された、いわゆる内務省秘密訓令により、教会本部は諸事項改革の断行を余儀なくされた。そうしたなか、追い打ちをかけるように、内々から新たな「ふし」があらわれてきた。前章で、前川菊太郎、橋本清が相次いで辞職するという事情を取り上げたが、さらに、この一件とはかなり性格の異なる問題が浮上していた。飯田岩治郎の離反事件である。

それは、ある意味で最も深刻な内憂といえる。安堵《あんど》事件、または水屋敷事件と呼んでいる異端事情である。

●「水屋敷と言うた事は無い」

飯田岩治郎の問題が表面化してきたのは、明治三十年（一八九七年）のこと。前川菊太郎、橋本清の辞職もこの年であるから、直接の関係はないにしても、前年四月に発令された内務省訓令の一件と立て合った大きな「ふし」であった。

飯田の住む安堵村は、その昔、教祖が数回足を運ばれた地であり、早くから信仰

（1）安堵村は、ぢばの西方約8キロにある現在の生駒《いこま》郡安堵町。教祖は、文久2年、3年、4年と、再三おたすけに出向かれている。安堵村周辺には、竜《たつ》田《た》村の乾《いぬい》ふさ・勘兵衛《かんべえ》親子、その流れをくむ田中與助《たなかよすけ》、若井《わかい》村の松尾市兵衛《まついちべえ》、白石畑《しらいしばた》村の大東《おおひがし》

熱心な人々がいた。(1) なかでも飯田は、文久三年（一八六三年）、六歳の時、一命も危ないというところを、直接赴かれた教祖から、おたすけいただいている。(2)
伝承によると、(3) この時、「水のさづけ」（次ページのコラム参照）を頂き、十三歳ごろまで、教祖のもとで教えを受けたという。その後は安堵村でいろいろな勉強をしていたが、明治九年、十九歳の時、またも大病を患い、戸板に乗せられておやしきへ帰り、教祖にたすけていただいた。このころ、「人足社《にんそくやしろ》」(4) という理を頂いたが、一時、東京へ出た時期もあるようである。

明治十四年ごろ、安堵の地で布教を始め、平群《へぐり》地方に結成された積善講の講元を務めるようになり、(5) 二十一年の教会本部設置に際しては重要な役割を果たしている。(6) さらに、二十五年に平安《へいあん》支教会を設置、二十九年には新神殿も落成し、陰暦三月六日、開筵式《かいえんしき》を盛大に執行している。(7)

飯田岩治郎

平安支教会長と教会本部の役員という要職にあった飯田には、水面下で不穏な動きがあったようであるが、「おさしづ」に現れるのは、明治三十年六月三日である。その時、「安堵村飯田岩治郎事情願」がなされている。「事情願」の理由として、割書に「事情は神様下がると言うに付将来治め方に付願」と注記してある。

重兵衛《じゅうべえ》などがいた。

(2)『稿本天理教教祖伝』46ページ参照。なお、飯田は先代のおじにあたる、と教祖が仰せになっていたとも伝えられる。

(3)『天理教事典　教会史篇』「平安大教会」の項参照。

(4) 上田ナライトも許されたようであるが、どのような役目をするかについては明らかでない。親神の必要なときだけ、神の特別な御用をつとめる立場とも伝えられる。

(5) 明治13年12月末、松尾與《よ》蔵《ぞう》（市兵衛の子）、田中菊松《きくまつ》（與助の子）、大東長三《ちょうぞう》（重兵衛の子）で講を結ぼうと、松尾の母はるを講元に願い出たが、翌1月、飯田も同様の出願をしていることが分かった。合同で講を結んではという本部の指導もあり、最年長の飯田（24歳）が講元に、松尾（21歳）は副講元に就いた。

水のさづけ

（水のさづけを頂いた人が）清水《せいすい》を器に入れ、先に三口飲んで、これを病人に与える。清水に白砂糖を入れたもの（ぢきもつこう水《ずい》のさづけ）もある（『改訂 天理教事典』、桝井香志朗《こうしろう》「おさづけの種類とその理」＝『天理教学研究』第6、7号所載参照）。

明治二十年五月六日「喜多治郎吉身上に付願（この時おさづけ頂戴）」では、「さあ〱授けたのは、心の理に与えたるのやで。たとえ途中にても、泥水でも、身の悪い者あれば、先に三口飲んで、後飲ましてやれ」「さあ〱この水というは、人間元初まりの時、三尺まで水中住《ずま》居《い》、この清水《せいすい》を与える理。又三口飲むは、三日三夜《みっかみよさ》に宿し込みた、この理によって与える」と。

明治二十一年二月、諸井ろく（生後10カ月）が頂いたのも、水のさづけであった。また、東大《あづま》教会では、明治二十四年四月五日「さあ〱この所〱、この所清水一条、もう水という清水の水を授けよう」「さあ〱水を授けて置くで」との「おさしづ」により、教会の土地所に「清水のさづけ」を頂いている（『天理教事典 教会史篇』）。

なお安堵の伝承では、教祖の指示によって作られた五勺《しゃく》（90㎖）入りのつるべ（杓《しゃく》）で、この小人（岩治郎）が汲《く》んだ井戸水を与えれば、どんな病もたすける、またどこへ行っても同じ心で汲めば同じ理に受けとると言われたという。

内務省訓令の影響で本教への取り締まりが厳しくなるなか、「神様下がる」という事態に、安堵のほうへなびく人も少なくなく、「おさしづ」を仰ぐに至ったので

（6）明治21年2月の教祖一年祭の「ふし」直後、教会設置の話し合いがもたれたが、その会場となったのが安堵の飯田宅であった。また、同年4月に東京で設置認可された教会本部を7月にぢばへ移転する際の「天理教会所移転御届」に、天理教会長中講義・中山新治郎（真柱）をはじめ、天理教会信徒惣代教導職試補として、市川榮吉（25年城法2代会長就任）、増田甚七（33年郡山2代会長就任）とともに、飯田も名を連ねている（47ページの写真参照）。

（7）平群郡の「平」と安堵村の「安」をとって「平安」。明治29年当時の教勢は、教師114名、信徒1千500戸以上を擁した。

あろう。(8) これに対するお言葉は、

……ほのかの事情《じじょう》にて、人足社《にんそくやしろ》と言《い》うて来《き》て居《い》る。何程《なにほど》、どうしてやりたいこうしてやりたい、埋《うず》め置《お》いて、皆《みな》めん〳〵やる事情《じじょう》、取《と》り扱《あつか》い出《で》けん。十分《ぶん》先々《さき〳〵》諭《さと》さにゃならん。これ一《ひと》つ聞《き》き分《わ》け。ならん処尋《ところたず》ねば、さしづを皆《みな》してある。さしづ事情《じじょう》、これだけの事《こと》なら、それだけの事《こと》なら、と日々《にち〳〵》送《おく》り、さしづ事情《じじょう》皆埋《みなおぼ》れてある。……あちら神《かみ》が下《さ》がり、こちら神《かみ》が下《さ》がりて、何処《どこ》から皆《みな》ほんにと分《わ》かり難《がた》ない。どんな事言《ことい》うたやら、一時堪《じた》えられんような事言《ことい》うたるそうな。……取《と》りよう聞《き》きよう難《むつか》しい。難《むつか》しい事《こと》でも、そこ捌《さば》いて行《ゆ》くは取次《とりつぎ》という。皆遠慮気兼《みなえんりよきがね》。世上《せじょう》に遠慮《えんりよ》は要《い》らん。さしづ理《り》である。……

たとえ、「人足社」という立場を与えられていても、その理を埋めて、勝手な道を歩んでいては、その扱いはできない。あちらこちらに神様が下がれば、どれが本当か分からない。聞くにたえないようなことを言っているそうな――という意味の仰せである。

さらに、しばらくして後、

……一時間違《じまちが》う道理《どうり》よう聞《き》き分《わ》け。何処《どこ》にどういう事授《ことさず》けた、こういう事授《ことさず》けた。それは修理《しゅうり》して、作《つく》り上《あ》げてこそ、我《わ》がものである。

と、諭し加えられている。

この事情に関しては、平安大教会の伝承によると、(9) 前年の明治二十九年の秋ごろ

(8)「他系統の信者もお地場への参拝の途中平安に寄り、お水を頂く者が多くなった。当然批判の声も出てきた。しかし、驚くような御守護を頂き助けられた者が、においがけをした人をつれて来るということで、……」(『天理教事典　教会史篇』)

(9) 前掲『天理教事典　教会史篇』に詳しい。

から、その動きがあったようである。

つまり、九月十五日、飯田から平安支教会の参拝者一同に、

「天理教中山みき様を通じてさづけられた水のさづけは、天よりのお指図によれば、人に与えられたさづけではなく、天よりわが屋敷にさづけられたものであることが判明した。このたび、年限、旬刻限の到来せるにより、天命のまま、この屋敷を水屋敷とする。水と火とを打ち分けると仰せある。本部は火の元庄屋敷で、この屋敷は水の屋敷。水は元の親、それに続いて火となる。この屋敷世界元々始めの屋敷なり、これより神が守護して世界を打ち分ける」

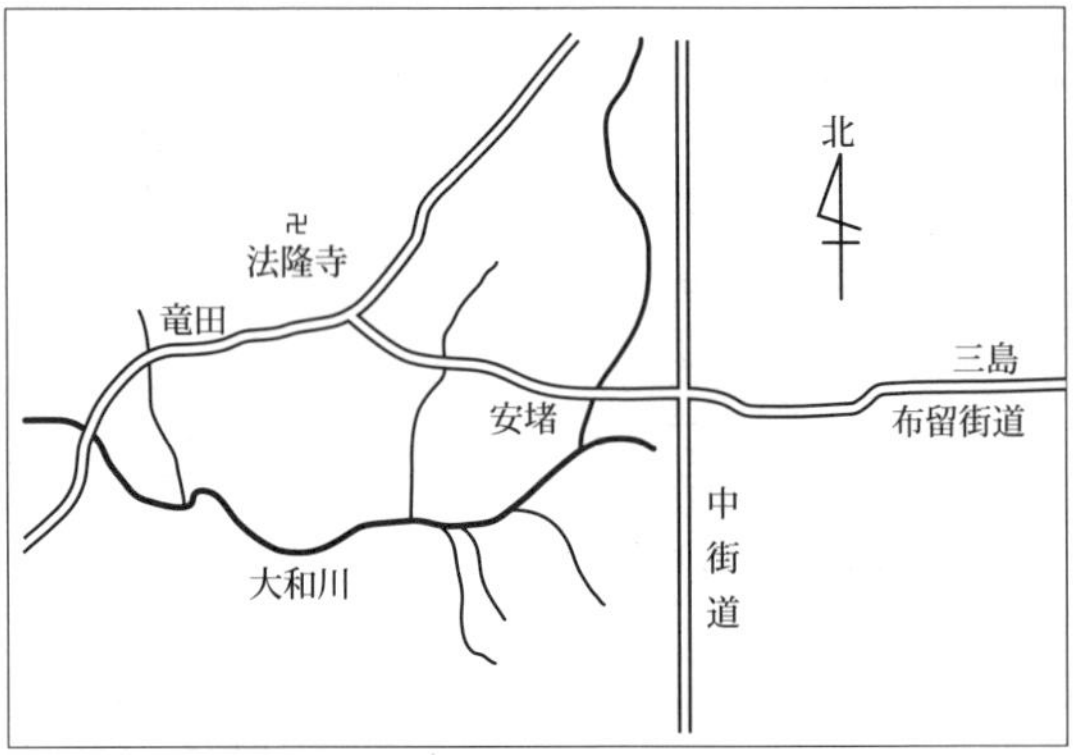

という話があったようである。(10)

少なからず動揺のあったことは察しがつく。信者間に賛否両論の意見が入り乱れ、役員の松尾《まつお》與蔵《よぞう》が真柱に報告。同時に、本席に「おさしづ」を伺うと、「さあ〱事情〱、事情はにんに渡しさづけた理であるほどに〱、屋敷にさづけた理でない〱。さあ〱はやく〱理をとき、きまりとるがよい〱」との仰せであったという。(11)

(10) これより先、同年1月上旬に、飯田は全役員・信徒に対する特別の仕込みを、9月15日に行う旨を告げていたという(『天理教事典 教会史篇』)。

(11) 同内容のお言葉が、翌明治30年8月2日「平安支教会長飯田岩治郎事情に付願」で、「水屋敷と言うた事は無い。人に授けたる」と。年月日については、教会史と「おさしづ」の間に、相違があるようにも思える。

平安に伝えられるこのお言葉は、公刊本には収められていないが、一連のものとして、公刊本の明治二十九年十二月七日の割書に「飯田岩治郎身上願(12)」とある。そこでは、

さあ〱尋《たず》ねる事情《じじょう》〱、余儀無《よぎな》く事情尋《じじょうたず》ねる。さあもうよかろか〱思《おも》い思《おも》い日《ひ》が経《た》ったる。どうでもならんから心《こころ》一度《ど》さしづ。どういうさしづ便《たよ》りする。よう事情長《じじょうなが》い間《あいだ》、今日《きょう》一《ひと》つ発散《はっさん》。一《ひと》つ案《あん》じるであろう。案《あん》じてばかり。よう聞《き》き分《わ》け。何年前《なんねんぜん》こういう事《こと》があった。道《みち》は何年後《なんねんあと》こういう事《こと》があった。外々《ほか》〱一《ひと》つの理《り》も聞《き》き分《わ》けば分《わ》かる。知《し》らず一《ひと》つの理《り》見《み》てみよ。内々《うち》〱これだけ神《かみ》の道《みち》をほうして、十分《ぶん》の理《り》である。遠《とお》く所《ところ》、所々《ところ》〱の理《り》を聞《き》き分《わ》けてみよ。一大事《だいじ》の処《ところ》やで〱。

ぢば一つの理と地方の教会の理の違いを、よく聞き分け、理解し、治めなければならない。それを取り違えるとすれば、それは一大事になる、と諭されている。引き続き、「押して、夢見し事を尋ねる(13)」と伺っているところに、「神様下がる」という事態の背景が察せられる。

それに対しては、

……成《な》ると成《な》らん事情《じじょう》、世界《せかい》が鏡《かがみ》、鏡《かがみ》やしき。世界《せかい》の元《もと》が曇《くも》れば世界《せかい》も曇《くも》る。又々《また》〱照《て》ると思《おも》え。今夜席長《こんやせきなが》い話《はなし》、夜々《よる》〱刻限諭《こくげんさと》し難《に》くてならん。刻限取《こくげんと》りようで破《やぶ》れる。消《け》そうか。事情大《じじょうおお》きい。取《と》り損《そこな》いの無《な》いよう、皆治《みなおさ》めにゃなろうまい。

と仰せになり、さらに、同夜「安堵飯田岩治郎身上御願の後にて」と、お言葉が続

(12) すでに「神様下がる」という状況はあったが、「事情願」ではなく「身上願」として伺っている。

(13) 教祖があらわれたり、神様の使いがあらわれたりしたと伝えられる。

いた。(14)

すでにこの時点で、早く事を治めるよう諭されているのである。

しかし、半年余り経《た》っても治まっていないので、先述の明治三十年六月三日に「安堵村飯田岩治郎事情願」がなされる。それまで、「身上願」であったのが、「事情願」として伺っている点に注目したい。

さらに、七月三日に「安堵村飯田岩治郎の事に付、桝井伊三郎、増野正兵衛の両名運びしも聞き入れ無之に付、如何致して宜しきや願（飯田岩治郎に神様降れりと申し立て、月読命様のお話なりと言い、上田、春木両名(15)が一の取次と申し、信徒へ申し伝え云々に付取り締まり方御願）」が、同月十四日には「安堵村飯田岩治郎神様下られる様申されるは道具主でも出られるや如何と心得まで願（前日御願通りだん〳〵信徒へ及ぼす故心得まで願）」がなされている。

なかでも、後者に対するお言葉では、

……どうこうというは、大体《だいたい》の理《り》に分《わ》かるもの。ほんの何《なん》にも知《し》らぬ者《もの》寄《よ》って言《い》うのや。尽《つく》した理《り》は何時失《なんどきうしな》わんならんやら知《し》れん。一《と》も取《と》らず二も取《と》らずという事《こと》は、前々《ぜん〳〵》に知《し》らしたる。天理教会《てんりきょうかい》と言《い》うて、国々所々印《くに〴〵ところ〴〵しるし》を下《お》ろしたる。年限経《ねんげんた》つばかりでは楽《たの》しみ無《な》いから、一時道《じみち》を始《はじ》め付《つ》けたる。神《かみ》一条《じょう》の道《みち》からは、万分《まんぶん》の一の道《みち》を付《つ》けたのやで。それから聞《き》き分《わ》けば、邪魔《じゃま》になるものは邪《じゃ》魔《ま》になる、害《がい》になるものは害《がい》になる。言《い》わいでも分《わ》かった話《はなし》や。

(14)「よう諭し掛けたら、勇めば勇む曇れば曇る、言い〳〵日は経つ」「年限聞き分けば、我々も放って置けん、捨てゝ置けん」と。

(15) 上田善兵衛は当時、麹町《こうじまち》支教会長（明治29年7月初代会長に就任）で、北分教会の役員。飯田とは、明治28年4月の宇佐《うさ》支教会の開筵式で知り合った。春木とあるのは、平安支教会の役員であった春木幾造のこと。

と厳しく戒められている。

また、教内への影響を危惧《きぐ》して、引き続き、「信徒取り締まり上に付願」「部下出張所布教所へ出張して整理すべきや、又は担任を本部へ招きて取り締まり致すべきや」も伺っている。

さらに、八月二日には「平安支教会長飯田岩治郎事情に付願」。割書に「神様御下りありと申し立て曰く『この屋敷は二つ無き水屋敷、元なる者は何んと思うぞ、この度は平安より往還の道つける皆心勇み出よ』と、その他種々申し立て尚飯田に月読の神御下り其御指図故本席より誠の神と言って分かり来るとの事に付、平安より役員春木、松尾、田中、森中、西本、重役五名罷出《まかりい》で、本部長[16]へ上申の上本部員立ち会いの上願」と注記されていることからも、事態は深刻化していることがうかがえる。

これに対しては、

……取《と》り損《ぞこな》いありてはならん。無理《むり》にどうせいとは言《い》わん。人間《にんげん》というめん〱の理《り》で思《おも》い違《ちが》いすればどうもならん。前々《ぜん〱》尋《たず》ねた理《り》に諭《さと》したる。一も取《と》らず二も取《と》らず。めん〱心出《こころだ》したら、皆根《みなね》を忘《わす》れて了《しま》うも同《おな》じ事《こと》。珍《めずら》しい事《こと》と思《おも》えば、一時《じ》は通《とお》れるやろう。なれど、教祖《おやさま》の理《り》を聞《き》き分《わ》け。……

との仰せ。

さらに、「押して七月三十日（陰暦七月一日）に飯田へ神下り、筆先と申し、二つ無い水屋敷其外いろ〱御指図ありましたは実ですや、心の迷いですや願」に対

(16) 教会本部の長、真柱・中山眞之亮のこと。

して、

……水屋敷《みずやしき》と言《い》うた事《こと》は無《な》い。人《ひと》に授《さず》けたる。又《また》、変《か》わらん理《り》を伝《つた》えて、代々《だい〳〵》変《か》わらねば、屋敷《やしき》の理《り》ともならんでもない。三代四代《だいよだい》経《た》っても、代々《だい〳〵》変《か》わらねば又水屋敷《またみずやしき》も同《おな》じ事《こと》。よう聞《き》き分《わ》けば分《わ》かる。

と仰せになり、「水屋敷と言うた事は無い。人に授けたる」ということを強調されている。

また、願い出た役員たちに対しても、(17)

……平安《へいあん》という理《り》が一《ひと》つある。これまで互《たが》いという理《り》が一時《じ》忘《わす》れられようまい。この場《ば》で成程《なるほど》と思《おも》えども、あちらへ戻《もど》ればどうと思《し》やんは要《い》らん。教祖一《おやさまひと》つの話《はなし》、存命同様《ぞんめいどうよう》の理《り》である程《ほど》に。

さらに、「明日《あす》から心治《こころおさ》まれば同《おな》じ事《こと》、互《たが》い〳〵心《こころ》はどうしたぞいなあというようなもの」と諭されている。

飯田は、「水のさづけ」を頂いていたことから、「安堵は水屋敷、三島は火屋敷、所詮《しょせん》水は火に勝つもの」などと豪語していたようである。

慶応のころ、針ケ別所《はりがべっしょ》村の助造《すけぞう》という人物が邪説を唱えたことがあったが、教祖は直接同地に出向いて、厳とした姿勢で対応されている。取り払うだけなら、人を遣わせられたであろうが、直接出向いて説き諭されている点に着目したい。(18)

この時の飯田に対しても、ぢば一つの理の基本的な教理を否定することについて

(17) 役員は本部側と飯田側の両派に分かれており、前者の中心人物が松尾與蔵で、後者は春木幾造ら。

(18) 『稿本天理教教祖伝』64～66ページ参照。

は、先の前川、橋本に対するものとは異なり、厳しくこれを戒められている。

また、飯田の特別な立場に遠慮気兼ねをしている取次《とりつぎ》の立場の人々に対しても、「おさしづ」の理による対応を諭されている。そして、当初から、早く問題を解決するようにとのお諭しであったが、日を置いても改心しないことから、次第に厳然とした「おさしづ」となっていく。

つまり、十一月十三日の(19)「飯田岩治郎だん〳〵相つのりしに付、処分方に付願」でのお言葉は、相当厳しい口調で始まっている。

……ものというは、放《ほ》って置《お》いて大事無《だいじな》いものと、害《がい》になるものとある。放《ほ》って置《お》いて為《ため》になるものなら、放《ほ》って置《お》いてもよい。皆《み》んな、よう聞《き》き分《わ》け。……二所《ふたところ》も三所《みところ》も出来《でき》るものなら、元《もと》のやしきは要《い》らんもの。元分《もとわ》からんから、そういう事《こと》するのや。……尽《つく》して十分運《ぶんはこ》んで十分《ぶん》、年限経《ねんげんた》ってこそいつ〳〵までの事情《じじょう》、何《なに》やら彼《か》やらほんの一《ひと》つの答《こたえ》も無《な》く、放《ほ》って置《お》くから一寸《ちよつと》には行《い》かん。行《い》かんからこれまで放《ほ》ってある。……

悪《あく》というものは、立《た》ち掛《か》けたら一時《じ》は立《た》つものや。放《ほ》って置《お》いてはどうもならん。世界《せかい》には未《ま》だ〳〵分《わ》かりた者《もの》は僅《わず》かしか無《な》い。早《はや》くに取《と》りて了《しま》えば、今日《きよう》の日《ひ》は無《な》きもの。それからそれと心《こころ》に欲《よく》が付《つ》くから、一人出《ひとりで》け二人出《ふたりで》け、それが頼《たよ》りになりてだん〳〵事情《じじょう》と言《い》う。あちらこちら何《なに》も分《わ》からん者《もの》、いつまでやっても行《い》かせん。今日《きょう》の日《ひ》は一寸片付《ちよつとかたづ》けて、すっきりして了《しま》うがよいで〳〵。

この時の「二所も三所も出来るものなら、元のやしきは要らんもの。元分からん

(19) 同日「橋本清辞職書差し出せしに付、協議の上事情願」も。

現在も安堵町の辻に残る
「水屋敷」の石標

から、そういう事するのや」との仰せは、教えの根本を踏み誤った者への厳しい警告のお言葉である。

これを受けて、四日後の十一月十七日、飯田ほか二名の教導職を免じ、翌十八日には飯田本人の本部準役員および平安支教会長を解任。二十五日には平安支教会を竜田《たつた》へ移転、担任は板倉槌三郎《いたくらつちさぶろう》に変更することに決まった。(20)

この飯田の事情は、のちに、地名をとって「安堵事件」、その内容を示して「水屋敷事件」と呼ばれる。(21)

●「悪風に誘われてはならん」

これらの「ふし」を通して、常に促されていたことは、ぢば一つに心をつなげということではなかったろうか。この時期の「おさしづ」には、そのあたりを示唆されていると思われるお言葉がいくつか見られる。

たとえば、明治二十九年十月十日の「刻限」には、

……聞《き》き分《わ》け出《で》けん者《もの》はどうもならん。嘘《うそ》と言《い》えば嘘《うそ》になる。疑《うたが》えば疑《うたが》わにゃならん。疑《うたが》うから、世界《せかい》に疑《うたが》うような事出《ことで》けて来《く》る。さあ〳〵月《つき》が更《か》わり年《とし》が

(20) 11月29日に「平安支教会長を板倉槌三郎に変更の上、竜田村元すみやへ仮りに移転願」「竜田へ移転する事情願」「同神霊を其儘遷《そのままうつ》すものや、又は幣を持って行て御遷り下さるものや願」「明後日出越す願」「平野楢蔵、松村吉太郎、板倉槌三郎三名出張願」など、委細指図を仰いでいる。その後、12月11日に松村が東京へ出向き、神道本局の了解を求めたうえで、飯田の免職、平安支教会の移転を実施した。なお、上田も麹町支教会長を、春木は教職を免ぜられた。

(21) その後、飯田たちのグループは、明治33年に神道大成教所属大道《だいどう》教会となり、昭和21年からは大道教と称し、現在に至っている（『新宗教教団・人物事典』）。

更《か》わり、事情《じじょう》だん〳〵多《おお》くなる。……

とあり、のちの離反事情を暗示されているようにも悟れる。

翌明治三十年、年明け早々の一月十二日、「郡山分教会山瀬文次郎御願の後にて、御話」で、

……悪風《あくふう》の理《り》に混《ま》ぜられんよう、悪説《あくせつ》に誘《さそ》われんよう、悪理《あくり》に繋《つな》がれんよう。

……今《いま》に何処《どこ》からどんな事情現《じじょうあら》われるやら分《わ》からん。……

と仰せになり、ここでも事情の出来《しゅったい》を予告されている。

また、翌十三日の「村田かじ身上願」においては、

……どうも存命中神《ぞんめいちゅうかみ》の道教《みちおし》え、一《ひと》つの理《り》とは変《か》わりてならん。何名何人《なんめいなんにん》よう聞《き》き分《わ》け。この道《みち》という一《ひと》つの心《こころ》というて、世上《せじょう》へ諭《さと》する処《ところ》、皆《み》んなはどう思《おも》うても、俺《おれ》はこうとしっかり神《かみ》の道《みち》、理一《りひと》つの心《こころ》に寄《よ》せるよう。これまでよりも刻限《こくげん》つかえて〳〵知《し》らしとうて〳〵ならん。刻限延《こくげんの》びて〳〵どうもならん。なれど、刻限《こくげん》の理《り》を諭《さと》せどもどうもならん。用《もち》いる者《もの》が無《な》いから、身上《みじょう》さしづにも刻限《こくげん》ちょい〳〵混《ま》ぜたる。遠《とお》い他《た》の事情《じじょう》には混《ま》ぜてない。何《なん》ぼ刻限《こくげん》にて知《し》らせど、刻限《こくげん》はいずれ〳〵やろと追《お》い延《の》ばすばかりや。そこで俄《にわ》かの事情《じじょう》、身上《みじょう》のさしづでなけりゃ諭《さと》されん。どうも知《し》らされん。よう聞《き》き分《わ》け。鏡《かがみ》やしき、四方正面《ほうしょうめん》の中《なか》でありながら、どうも一《ひと》つの理《り》に寄《よ》せ難《に》くい、集《あつ》まり難《に》くい。又《また》一人《ひとり》、又一人《またひとり》の理《り》を混《ま》ぜるからどうも集《あつ》まらん。寄《よ》せて了《しま》えば自由自在《じゆうじざい》の働《はたら》きをするわい〳〵。……刻限出《こくげんで》てもすっきり用《もち》いん。めん〳〵思《おも》うだけは用《もち》いる。

勝手《かって》の悪《わる》い事《こと》はそこ退《の》けである。日々《にち〳〵》くだり〳〵の話《はなし》は何《なん》と聞《き》いて居《い》るぞ。これより刻限《こくげん》のさしづは台《だい》となりてくれにゃならん。……

と仰せられている。

人がどう思おうと、心を寄せれば皆の心が集まるもの。だから、神一条の道に心を寄せてくれ、集めてくれということを、諄々《じゅんじゅん》と諭されているのである。

なぜか、この時期、「おさしづ」本に刻限が少ないが、(22)「刻限延びて〳〵どうもならん。なれど、刻限の理を諭せどもどうもならん。用いる者が無いから、身上さしづにも刻限ちょい〳〵混ぜたる」とのお言葉に、そのへんの消息を察することができる。

その後の人々の「身上願」などを見てみると、次のように仰せになっている。

たとえば、明治三十年一月十五日の「増野道興身上願」においては、

……だん〳〵長《なが》らえて連《つ》れて通《とお》りてから、悪風《あくふう》に誘《さそ》われてはならんで。何《なに》をしたやら分《わ》からんような事《こと》ではどうもならん。……皆一条《みなひとすじ》の道《みち》。言《い》うて聞《き》かしても寄《よ》らず、諭《さと》しても聞《き》かぬ者《もの》はどうもしようが無《な》い。ついの〳〵〳〵の理《り》に誘《さそ》われんよう〳〵。

二月一日の「松村吉太郎風邪引き咳出て困り居る後へ、小人義孝口中舌たゞれ、口中悪しくに付願」では、

……皆千切《みなちぎ》れ〳〵である。千切《ちぎ》れ〳〵になりてからは、容易《ようい》な事《こと》では繋《つな》がれん。春風《はるかぜ》のようなそよ〳〵風《かぜ》の間《あいだ》は何《なに》も言《い》う事《こと》は無《な》い。神《かみ》も勇《いさ》んで守護《しゅごう》する。なれ

(22) 明治29年の3月は頻繁にあるが、それ以降は、4月4日、10月10日、30年4月4日、31年3月30日、8月26日、9月30日、12月31日などあるのみ。

ど今《いま》の事情《じじょう》はどうであるか。黒《くろ》ほこり、泥《どろ》ほこり立《た》ち切《き》ってある。この黒《くろ》ほこり、泥《どろ》ほこりの中《なか》で、どうして守護出来《しゅごうでき》るか。又守護《またしゅごう》した処《ところ》が、世界《せかい》へどう見《み》えるか。……鏡《かがみ》やしきや、ぢばやという理《り》、竜頭《りゅうず》の事情《じじょう》、今《いま》の事情《じじょう》、これが世界《せかい》の鏡《かがみ》となるか。竜頭《りゅうず》が濁《にご》れば、辻々《つじ〱》は一時《じ》にどないになるやら知《し》れんで。……ぢばも鏡《かがみ》なら、世上《せじょう》も鏡《かがみ》、世上《せじょう》の理《り》も映《うつ》れば、ぢばの曇《くも》りも皆映《みなうつ》る。あの者《もの》には義理《ぎり》や、この者《もの》は放《ほ》って置《お》けん、という人間心《にんげんごころ》の理《り》から世界《せかい》の曇《くも》りとなる。……

また、二月二十五日「増野正兵衛身上願」においては、

……さしづを以《もつ》て通《とお》れば、危《あぶ》ない事《こと》は無《な》い。危《あぶ》ない事有《ことあ》れば、親《おや》から危《あぶ》ないとさしづする。悪風《あくふう》々《〱》に誘《さそ》われてはならん。悪風《あくふう》に誘《さそ》われれば、どんな所《ところ》へ流《なが》れるやら分《わ》からん。難儀《なんぎ》さそう、不自由《ふじゆう》さそうという親《おや》はあろうまい。これまでちょい〱理混《りま》ぜてある。これよく〱理繋《りつな》ぐだけ繋《つな》いでくれ〱。寄《よ》るだけ寄《よ》せてくれ。もう〱悪《わる》い理《り》あらせん。世界《せかい》に鏡《かがみ》やしき〱と言《い》うて合《あ》わせに来《く》る理《り》を、合《あ》わせてくれ。よく聞《き》き分《わ》けてくれ。

さらに、四月四日「増野正兵衛身上願（続いて刻限）」では、

……神《かみ》が捨《す》てるやない。何《なん》ぼ大切《たいせつ》ない者《もの》でも、めん〱から捨《す》てゝ掛《か》かればどうもならん。何程繋《なにほどつな》ぎたいかて、真《しん》の心《こころ》から事情《じじょう》の理切《りき》れたらどうもならん。事情《じじょう》に、限《かぎ》りという理《り》ある。……

通して読み深めてみると、一連の「ふし」を示唆されてのお言葉ととれ、人々の

地方教会の事情に対する「おさしづ」

地方教会の事情に対するお言葉は、一面においては厳しく、半面また温かかった。たとえば「万事さしづという。皆その通りにせぬ。一時立ち越す。一寸事情には日柄遅れ切って〳〵ならぬから、万事の処に曇りが掛かってこうなる」（明治30・12・15）と諭され、また、「十分の話を伝え〳〵て、それでもいかんと言えば、余儀無くの事情運ばにゃならん」（明治28・7・10）。しかし、できるかぎりつないでいくのが道であって、「兄弟の中に罪を持って兄弟と言えん。……事情諭して万事取り扱え。一つの心に寄せてやるがよかろう」（明治27・9・12）とも述べられ、「一度は二度三度、心を以て繋いでやってくれ」（明治28・12・5）などと教えられる。

心をつなぐよう促されている。

　ともあれ、この年、前川と橋本、そして飯田と、相次いで教会本部の要職にあった人々が離反していった。

　これは、人々の心が治まりきれていなかったことが理由としてあげられるが、こうした内憂は、地方の教会においてもあったようである。この時期の「おさしづ」の割書だけでも、いくつか目につく。(23)

　これらのほとんどは、事情を治めるために教会本部から出向した件である。たとえば、明治二十九年四月二十二日の「河原町分教会治め方に付、桝井伊三郎、平野楢蔵出張願」に対するお言葉では、

(23) 主なものを挙げると、
明治27年9月12日「芦津分教会部下笠岡支教会の事情に付……願」
明治28年2月27日「天明講社八木布教所担任岸本の処事情有之に付……願」
明治28年3月6日「梅谷分教会治まらぬ事に付……願」
明治28年6月7日「河原町分教会治め向きに付願」
明治28年7月10日「山名部内愛知支教会事情に付……願」
明治28年8月10日「東分教会治め方の願」
明治28年8月18日「中河分教会長に付伺（中河分教会治め方に付……願）」
明治28年12月5日「市川城法支教会長辞職書差し出せしに付……伺」
明治29年4月22日「河原町分教会治め方に付……願」
明治29年4月25日「高知部内岩浜支教会地方事情に付願」
明治29年6月17日「本部長随行に橋本清、平野楢蔵両名の願」

……多《おお》くの中《なか》、事情沢山《じじょうたくさん》あれど、時々《とき〴〵》に変《か》わる。治《おさ》まりたる理《り》が治《おさ》まりたるのや。治《おさ》まるだけの理《り》を、治《おさ》めてくれるがよかろ。

と諭されている。

状況の詳細は分からないが、それらに共通する要因として、内務省訓令などの影響とか、設立後年数を重ねるにしたがい、個々の人間思案が表面に出てきたことなどがあげられるかもしれない（右ページのコラム参照）。

しかし、そうした「ふし」のなかでも、山名の遠国布教など、各地で地道な布教活動が展開され、明治二十九年から三十一年までの三カ年の間に、七百を超える教会設立として結実している(24)。

相次ぐ事情にもかかわらず、教線はよどむことなく、着実に伸展していたのである。そこに、存命の教祖のおはたらきを如実に見ることができる。

（併せて平野楢蔵東分教会事情治め方兼ねて行く儀願）」
明治29年11月14日「梅谷分教会事情に付、会長笹西治良兵衞辞職に付願」
明治29年12月6日「山名部内甲府支教会長事情に付……願」
明治30年9月25日「清水與之助身上願」「押して、分教会の事情願」
明治30年12月15日「北部内豊岡支教会部内整理上に付……願」
などある。

(24) この前後の教会設立数は、次の通り（『第3回天理教統計年鑑別冊』から）。

明治27年―196カ所
28年―383カ所
29年―418カ所
30年―210カ所
31年―126カ所
32年―125カ所
33年―212カ所

第十一章　婦人会の台から、又話々――婦人会創設

明治二十九年に発令されたいわゆる内務省秘密訓令後、辞職を申し出たり、異説を唱えたりする者が現れるなど、教会本部は、相次ぐ事情に見舞われた。しかし、そうした内外の事情に揺れる「ふし」のなかにも、教勢は萎《な》えてしまうことはなかった。むしろ伸展をみた部分もある。

いわゆる〝遠国布教〟も、この旬に芽生えている。国内はもとより、海を越えて、地道な布教が展開されたのである。さらに、教会本部にあっては、婦人会創設にかかわる「おさしづ」を契機として、さづけやつとめのあり方が正されていく。

●「日本国中やない」

前川菊太郎、橋本清の離反、飯田岩治郎の事情は、直接の関係はないにしても、明治二十九年（一八九六年）四月に発令された内務省訓令の一件と立て合った大きな「ふし」であった。

殊に、内務省訓令発令下にあっては、全国各地の警察で厳しい取り締まりがなさ

れたため、布教活動もままならず、教会閉鎖に追い込まれるなど、打撃を受けたところも少なくなかった(1)。また、当時所属していた神道本局からも、教会結成を停止する通達が届いた(2)。

確かに、この時期の教会設立状況を見てみると、明治二十九年から翌三十年にかけては半減し、三十一年にはさらに半減している(3)。これは、官憲の厳しい取り締まりや、教会結成停止の達しが出ていた結果であると見ることができる。

しかし、この三カ年の間に、七百を超える教会が設立されている。この現象を、どう読み解けばよいのであろうか。

一つには、教会結成停止の達しが、さほど厳しいものではなかったということがあげられる。後日、神道本局から、停止の緩和を示唆する達しが出されている（次ページに別掲）。このことは、神道本局に対する本教の影響力の大きさを物語るものと見てよいが、これについては、後でふれたい。

また一つには、教会系統や地域などによって、取り締まりに緩急があったようにも思われる。たとえば、山名系、河原町系、東系、髙安系、髙知系などの部属教会では、この時期の設立数を見るかぎり、その影響はあまり見られない（175ページの表参照）。むしろ増加している。地域的には、東北、四国、九州などにそれが見られる(4)。

それにしても、内務省訓令による取り締まりの厳しいなか、しかも、あえて遠国への布教にと、人々を駆りたてたものは何だったのであろうか。

その根本にあった布教の理念は、もとより「世界一れつをたすけるために」との

(1) 第8章の注4（126ページ）参照。

(2) 「乙第六号達 本年十一月一日より向《むこ》う三箇年間、普通教会及講社結成を停止す」との通達（『稿本中山眞之亮伝』226ページ）。神道本局の資料（次ページに別掲）によると、10月21日付で出たようである。

(3) 明治29年に418カ所が、30年に210カ所、31年には126カ所となっている。第10章の注24（171ページ）参照。

(4) 明治29年7月、秋田県に教会設置（平鹿出張所・山名系）をみて、沖縄県をのぞく全国各府県に名称設立がなった（沖縄県には明治43年に設置）。

去十月廿一日乙第六号ヲ以テ向三ケ年間普通教会及講社ノ結成ヲ停止スト御達相成候儀ハ既ニ認可ヲ受ケタル教会講社ノ信徒結集ヲ停止シタル訳ニハ無之自今新ニ名称ヲ付シ教会講社ノ開設願出ヲ停止シタル義ニ候条為念此段及御通牒候也

追テ直轄教会及普通教会ニシテ其分支教会出張所等ヲ開設ナスハ差仕無之義ニ候

明治廿九年十一月十四日

神道本局

幹事

神道分局

直轄教会　正副長御中

立教に際してのお言葉に応《こた》えるものだったであろう。が、それ以上に、教祖存命の理による不思議なたすけを目のあたりにした人々の、ご恩報じへの強い思いが布教へと向かわせたのであろう。

先人たちは、「国の掛け橋」「南半国道弘《みちひろ》めに出す」「道の二百里も橋かけてある」「東京々々、長崎」など(5)、遠国までも教えを広めることを示唆される教祖のお言葉を受け、それまでの日常の生活圏を越えて布教に邁進《まいしん》していった。

教祖現身《うつしみ》おかくし後も、「この道《みち》は、常々《つねぐ》に真実《しんじつ》の神様《かみさま》や、教祖《おやさま》や、と言《い》うて、常々《つねぐ》の心神《こころかみ》のさしづを堅《かた》くに守《まも》る事《こと》ならば、一里《りゆ》行けば一里《り》、二里《りゆ》行けば二里《り》、又《また》三里《りゆ》行けば三里《り》、又《また》十里《りゆ》行けば十里《り》、辺所《へんしよ》へ出《で》て、不意《ふい》に一人《ひとり》で難儀《なんぎ》はさゝぬぞえ。

(5) 『稿本天理教教祖伝逸話篇』の三三、八四、九五、一二七を参照。

内務省訓令下の教会設立状況例

伊那	白羽	静岡	甲府	仙臺	小牧	益津	愛知	城山	磐城平	名京	山名	夕張	神崎	宇仁	社	網干	飾東	兵神	山陽	中背	生駒	山陰	東肥	北陸	熊本	島ケ原	津軽	津	中和	郡山	教会
1	1	0	0	1	0	0	0	3	1	0	6	-	3	0	2	1	6	12	11	1	0	9	1	3	2	9	1	6	9	7	29年
0	1	0	1	2	1	1	3	1	1	1	6	1	0	2	1	0	1	2	0	0	0	0	4	1	4	1	0	4	3	1	30年
0	0	0	0	0	0	1	0	0	0	0	2	0	0	0	0	0	0	1	0	0	1	0	0	0	0	2	0	0	1	2	31年

撫養	大垣	山國	西陣	鹿島	越乃國	小南部	秦野	佐野原	沼津	嶽東	水口	東濃	中野	岐美	秩父	日野	蒲生	中根	都賀	日光	甲賀	北洋	名古屋	鎮西	西海	朝倉	筑紫	湖東	河原町	船場	教会
4	0	0	0	2	0	0	0	9	0	6	3	-	1	9	5	2	3	2	3	4	4	4	6	4	4	1	3	7	6	6	29年
7	2	6	0	3	0	0	0	0	0	1	0	-	1	0	0	1	0	0	0	0	0	0	0	5	4	0	2	0	1	0	30年
0	1	0	0	3	0	2	4	1	1	1	1	1	0	1	4	3	0	0	0	0	0	2	7	1	0	0	0	4	5	1	31年

越知	伊野	愛豫	繁藤	川之江	髙岡	髙知	古市	大鳥	南	西成	洲本	大縣	本愛	東本	髙安	立野堀	淺草	深川	牛込	阪東	日本橋	東	防府	高松	香川	阿羽	南阿	国名	周東	名東	教会
0	2	2	2	2	3	2	0	0	1	1	3	2	1	-	13	0	2	4	4	2	15	4	4	0	2	1	2	0	6	2	29年
2	0	0	0	0	11	9	1	2	2	0	2	2	0	-	12	5	3	5	3	0	1	3	0	0	0	0	0	0	1	0	30年
0	0	3	1	1	1	2	0	0	1	0	1	1	0	1	2	14	12	1	4	0	1	1	3	0	0	0	2	0	0	0	31年

鹿児島	宮崎	熊本	大分	長崎	佐賀	福岡	高知	愛媛	徳島	香川	兵庫	大阪	奈良	滋賀	福井	石川	富山	神奈川	東京	千葉	埼玉	群馬	栃木	茨城	福島	宮城	山形	秋田	岩手	青森	府県
2	2	3	10	0	3	19	4	10	11	3	41	21	36	7	1	3	0	10	10	3	12	3	11	5	5	4	7	1	4	3	29年
4	1	4	11	3	5	7	0	18	8	1	28	13	4	1	1	1	3	2	7	7	5	0	0	4	4	3	1	4	0	0	30年
0	1	0	5	2	1	3	0	6	0	0	4	2	1	5	0	1	1	2	6	6	27	1	0	4	3	1	9	2	0	2	31年

※『天理教教会名称録』と『天理教事典 教会史篇』をもとに作成。アミ部分は当時の直属教会。年号は明治。

後《あと》とも知《し》れず先《さき》とも知《し》れず、天《てん》より神《かみ》がしっかりと踏《ふ》ん張《ば》りてやる程《ほど》に」（明治20・4・3 補遺）とのお言葉に支えられ、あくまでも存命の教祖を頼りに、人々はおたすけに奔走した。

明治二十八年に教会本部の青年四人が無断で九州へ赴いたのも、全教に遠国布教の熱が高まっていたからであろう（左ページのコラム参照）。

さらには、「百十五才縮《さいちぢ》めたる処《ところ》、既《すで》に一《ひと》つの道《みち》のため、既《すで》に一《ひと》つの国《くに》のため、いゝ、たすけ一条《じょう》のため。日本国中《にっぽんこくちゅう》やない、三千世界《せかい》一《ひと》つの理《り》、始《はじ》め出《だ》したる一《ひと》つの理《り》」（明治22・1・24）との「おさしづ」や、「神がこの屋敷へ天下《あまくだ》って七十五年立てば、日本あら〳〵すます、それから先は世界隅から隅まで天理王命の名を流す」(6)との口伝もあってか、人々は国内にとどまらず、海外へと目を向けはじめる。

たとえば、明治二十六年に高知系の布教師が韓国釜山《プサン》へ、二十九年には船場系の青年がアメリカへ出向いている(7)。

こうした、いわば個人レベルでの布教活動に対し、教会あげてのものもあった。たとえば、山名や島ケ原の東北布教、南海では全国布教が打ち出されている。

山名系白羽《しろは》の初代・小栗市十《おぐりいちじゅう》は、明治二十一年四月に警察から遠州での布教禁止の厳命を受けた時、「世界は広い。遠州だけが布教の場所ではない。道さえつけば、百里が千里の遠国でも構わん」と遠地布教を目指したのだという(8)。

島ケ原で、関東、東北への発展が目覚ましかったのは、明治二十五年、初代の萬《まん》田萬吉《だまんきち》が、上級郡山の平野楢蔵に「箱根を越えたら私にお任せください」と言った

(6) 海外布教を目した昭和2年公布の諭達第3号にも、この口伝が引用してある。

(7) 釜山へは里見治太郎・半次郎父子、アメリカは玉置《たまき》仙太《せんた》郎《ろう》。なお、『船場大教会史』（平成3年刊）には、実際の渡米は明治30年が妥当と見解してある。

(8) 『天理教事典 教会史篇』「白羽大教会」の項参照。

(9) 明治27年の日清戦争の軍夫募集に際しては、教会本部からの募集に萬田会長以下205名が志願していたが、中止となったため、「戦地に死するは国に忠、布教地で斃《たお》るるは道に忠。同じ忠義の道」との思いで布教に赴いたという（『天理教事典 教会史篇』）。

(10) 台湾布教に際し、諸井國三郎（58歳）は、明治30年6月5日「諸井國三郎殖産工業の事情を兼ね、台湾台中県へ布教の儀

ことに端を発しており、それに応えんと、多くの布教師たちが東国へ向かった。(9)
また、山名では、明治三十年に台湾布教を打ち出している。(10)
布教の地を海外へ向けたことについては、内務省訓令によって国内での〝芽〟を摘まれたためということもあろうが、新領土進出を目指していた当時の国の情勢の影響も考えられる。(11)

山名初代の諸井國三郎は、国内の布教がふるわず沈滞ぎみであることに対し、「道なき所に道をつけてお詫《わ》びをする」と、台湾布教にかかったのだという。また、その支援機関として、「大日本神道天理山名婦人協会」を結成していることに、海外伝道への意気込みが感じられる。(12)

本部青年による九州布教

明治二十八年、鴻田《こうだ》利吉《りきち》(26歳)、桝井《ますい》安松《やすまつ》(19歳)、諸井《もろい》政一《まさいち》(同)、久保《くぼ》楢次郎《ならじろう》(同)の四人が大分県佐賀関《さがのせき》に出向いた。

「まあ我々はこうして本部の青年として勤めさせて頂いているのは、非常に結構な事ではあるが、部下先々で第一線に於《お》いて働いて居《お》られる人々の気持が判らない様ではどうにもならない、我我も一つこれから布教をしようではないか」との思いにかられ、許可も得ずに九州に向かったのだという。当時布教熱は盛んであったが、本部の許可を得て布教に出るのはなかなか難しかったようである（梶本《かじもと》宗太郎《そうたろう》「私の青年時代」〈『あらきとうりよう』第9号所載〉参照)。

願」、7月16日「諸井國三郎渡台に付、部下重立ちたる者分教会に集まり御神前に御勤をなし……」、9月12日「山名分教会台湾台中城内諸井國三郎拝借地に、山名分教会台中教会設置願」などしている。

(11) 日清戦争後の政府の政策は、ロシアを仮想敵国とした軍備拡張を基軸とし、それを支えるものとしての殖産興業であった。そうしたなか、新領土となった台湾は、その両方にとって重要な土地であった。のちの小学校の教科書に「台湾名物何々ぞ。砂糖、樟脳《しょうのう》、ウーロン茶。年にお米が二度とれる。山に黄《こ》金《がね》の花が咲く」などと記されたように、政商たちは政府の援助のもとに、競ってその開発に活躍した。

(12)『天理教事典 教会史篇』「山名大教会」の項参照。

内務省訓令発令により減速した教勢に、活気をもたらしたのが、実は地方での地道な布教活動であったといえるかもしれない。

●鳴物と別席

遠国、海外へ向けての布教が果敢に展開される一方、この時期、「竜頭《りゅうず》」としてのおやしきを治めることを急《せ》き込まれる内容の「おさしづ」が頻繁に見られる。折からの前川、橋本の離反、飯田の事情もあってのことであろうが、ばらばらになっている人々の心を寄せ、神一条に徹するよう促されている(13)。

その一つとして、教会本部における婦人会創設(14)の件があげられる。

これ以前、明治二十八、九年ごろから、その前身組織と目されるものもあったようではあるが(左ページのコラム参照)、人間側の申し合わせからではなく、神意から発しているというところに着目したい。

つまり、明治三十一年三月二十五日の「増野いと身上願」が、その発端とされるお言葉である。そこでは、

……事情《じじょう》はさあ女《おんな》の道《みち》がある。皆惣計女《みなそうけいおんな》の道《みち》あるなれど、女《おんな》の道《みち》に男女《おとこおんな》とは言《い》わん。この道《みち》どうも分《わ》からん。そこでよう聞《き》き分《わ》け。惣計《そうけい》の中談示《なかだんじ》の台《だい》に出《だ》す。……一時女《じおんな》、婦人会《ふじんかい》として始《はじ》め掛《か》け。これ人間《にんげん》が始《はじ》め掛《か》けたのやない。神《かみ》が始《はじ》めさしたのや。……女研究《おんなけんきゅう》、何《なん》ぼでもぢばという中《なか》に、これまでにも治《おさ》まる理《り》

(13)「もうさしづ止《と》めようかと思うて居る。用いんさしづなら、したとて何の役にも立とまい」(明治29・3・24)、「今夜のさしづはえぐいさしづ、えぐいさしづやなけにゃ効かせん」(同・4・4)、「成ると成らん事情、世界が鏡、鏡やしき。世界の元が曇れば世界も曇る」(同・12・7)、「鏡やしき、四方正面の中でありながら、どうも一つの理に寄せ難《に》くい、集まり難くい。又一人、又一人の理を混ぜるからどうも集まらん。寄せて了《しま》えば自《じう》由《よう》自在の働きをするわい」(明治30・1・13)、「鏡やしきや、ぢばやという理、竜頭の事情、今の事情、これが世界の鏡となるか。竜頭が濁れば、辻々は一時にどないになるやら知れんで」(同・2・1)、「世界に鏡やしき〳〵と言うて合わせに来る理を、合わせてくれ」(同・2・25)、「さしづしても守らねば、さしづまでのもの」(同・11・13)、「万事の処、さしづ〳〵を突き合わせ、さしづを以て丸めて了《しも》うて、反古《ほうぐ》同

無《な》くばどうもならん。……婦人会始《ふじんかいはじ》め掛《か》け。始《はじ》め掛《か》けたらよう思《し》やんせにゃならん。道《みち》に艱難《かんなん》の道《みち》という、通《とお》りたる事情《じじょう》、婦人会《ふじんかい》というは何《なん》のためにするのや。義理《ぎり》でするやない。又人間《またにんげん》の体裁《ていさい》でするやない。又世上《またせじょう》に対《たい》してするやなし。婦人会《ふじんかい》というは、道始《みちはじ》めて互《たが》い〳〵の諭《さと》し合《あ》いの道治《みちおさ》めてやれ。……世上《せじょう》男女《おとこおんな》言《い》わん。何程女《なにほどおんな》でも道《みち》のため運《はこ》んだこの事情聞《じじょうき》き分《わ》けにゃならん。……

様にしてはどうもならん」（明治31・3・27）など。

(14) 正式に創立されたのは、明治43年1月28日。

婦人会の芽生え

「たしかな記憶はありませんが、なんでも明治二十八、九年の頃《ころ》かとおもひます。（中略）当時、宅の方につとめて居《お》ってくれた婦人は、辻とめ菊さんと村田おすまさんそれに仲田おなつさんと増井とみ枝さんの四人で、この人たちが二人宛《ずつ》交替で毎日詰めて居てくれました。もっとも本部員の家内として、永尾よし枝さん、桝井おさめさん、増野おいとさん、山本小松さん、宮森おひささん、高井おつねさんや山澤の姉なども近くには居ましたが、今日のやうに当番のきめもあるではなし、毎日顔を出すといふわけではありませんでした。（中略）こんな有様《ありさま》ですから自然お互《たがい》婦人同志が寄り集まってお道の話をし合ふやうなことは稀《まれ》で、これでは折角結構なお膝下《ひざもと》において頂いて居りながらまことに申訳《もうしわけ》ないのみならず、お互の精神の出世もさせて頂くことが出来ませんから、何とかしてお互が寄り集まってお道の教理を勉強し合ひ、また気づいた点を銘々に話し合ひ悟し合ひをさせて貰《もら》ってはどうかと思ひまして皆さんに御相談申しました所、もとより異存のあらう筈《はず》はなく、まことに結構な事だと賛成をしてくれたのでした。そこで寄り日をきめやうといふことになって、何日《いっ》がよからうと考へた末、三といふ日は『三ッみにつく』で、かうした集《あつま》りの精神からいってもほんとに意味深い日であるといふので、毎月三日、十三日、二十三日といふことに致しました」

（中山たまへ「婦人会設立の由来と希望」＝『天理教婦人会史第1巻』所載）

さあ〳〵よう思《し》やんして、皆《みな》それ〳〵身上迫《みじょうせま》れば心治《こころおさ》まらん〳〵。世界明《せかいあか》るく、道《みち》にほこりありては、元《もと》ぢばと言《い》えん。女《おんな》であれど、元々《もと〳〵》尽《つく》したこうのうという。元々《もと〳〵》女《おんな》でもあれだけのこうのうあるか、と、知《し》らさにゃならん。

これを受けて、翌三月二十六日には「前日増野いとのおさしづより、婦人会の事に付おさしづありしにより、以後の筋道心得事情申し立て願」がなされる。対するお言葉は、

……元々《もと〳〵》始《はじ》めたぢばという。皆《み》んな治《おさ》めにゃならん。めん〳〵だけ治《おさ》めて居《い》ればよいというような事《こと》ではならん。……男女《おとこおんな》の隔《へだ》て無《な》く、一時《じ》に心澄《こころす》み切《き》りて通《とお》れば、男女《おとこおんな》の区別《くべつ》は無《な》い。……これから話《はなし》、男女《おとこおんな》の隔《へだ》て無《な》い。よう始《はじ》めた道《みち》聞《き》き分《わ》け。この道始《みちはじ》めたは男《おとこ》か女《おんな》か。これから悟《さと》ればどんな事《こと》も分《わ》かる。……婦人会《ふじんかい》の台《だい》から、又話々《またはなし〳〵》、いつ〳〵待《ま》って居《い》た処《ところ》がならん。心《こころ》に浮《う》かまん。これ初《はじ》め望《のぞ》む処《ところ》、この中三《なかみつ》つ事情《じじょう》、男《おとこ》の中《なか》にどんな理《り》もある。女《おんな》の中《なか》にどんな理《り》もある。これ聞《き》き分《わ》け。忘《わす》れ落《お》ちありてはならん。婦人会《ふじんかい》たすけ一条《じょう》の道《みち》、通《とお》りた道《みち》、万事見分《ばんじみわ》けたら、感《かん》じは皆《み》んなの心《こころ》に湧《わ》くであろ。

ここでも、婦人会が神意によるものであること、その目指すところをあらためて諭されている。

引き続き、「押して、元々艱難した者婦人会の中に古い者洩《も》れ落ち有るか無いかという処話する処へ」お言葉があり、(15)「飯炊《ままた》き掃除場《そうじば》」などに埋もれてしまっている人の存在を忘れてはならないと注意され、さらに、「つとめ事情《じじょう》、鳴物事情《なりものじじょう》」(16)につ

(15) 「上田ナライトの事でありますや」「おこと、おいゑの事でありますや」「永尾よしゑなどの事でありますやろうと話するうちに」、お言葉が続く。「おこと」は西田こと、「おいゑ」は村田イヱのことであろう。

(16) 内務省訓令により、三味線が琵琶《びわ》、胡弓が八雲琴《やくもごと》に改器されたことなど、おつとめのあり方に対するお言葉と見られ、先に「三つ事情」とあるのは、三つの鳴物に関することとも考えられる。

いても諭されている。

この後、(17) 三月二十八日に「前日おさしづにより教長へ御伺い申し上げ、その趣きは婦人会の処何か区域を立て、何とか名前付けますものやという願」をしているが、対する「おさしづ」は、二十六日に続く内容のものであった。そこで、「おつとめに出る鳴物の御方の順序の願」「押して、鳴物元の御方に習う事」などを伺っている。

ここで、婦人会の件によせて、鳴物のこと、おつとめのことに、話題が展開されているところに注目する必要があろう。

さらに、三月三十日の「前日おさしづの婦人会内の事情に付一同話しの上願」では、

> さあ〳〵何《なに》を聞《き》いて居《い》るのぞ。さしづ裏返《うらかえ》して了《しも》うたる。さあ〳〵、詳《くわ》しい聞《き》かねば分《わ》からんで。前々《ぜんぜん》さしづの理《り》にも、男女《おとこおんな》の隔《へだ》て無《な》いという理《り》は、重々《じゅうじゅう》の理《り》に諭《さと》したる。それ〳〵も聞《き》いて居《い》るやろ。男《おとこ》より未《ま》だも治《おさ》まりて居《い》る人体《にんたい》を、どう取《と》って居《い》るぞ。女《おんな》でも席《せき》をさすとまで言《い》うたる。筆《ふで》に落《お》ちたのか。心《こころ》に思《おも》い違《ちが》いしてるのか。さあ今日《きょう》の日《ひ》の道具《どうぐ》、今日《きょう》から今日《きょう》に道具《どうぐ》になるか。悪《わ》るなったら取《と》り換《か》える道具《どうぐ》でも、使《つか》え慣《な》れるまで一寸《ちよつと》には行《い》こまい。皆同《みなおな》じ道《みち》に尽《つく》して、一人《ひとり》は遅《おく》れ居《い》たか、よう〳〵席《せき》を運《はこ》ぶようになったやろ。女《おんな》でも理《り》さえ治《おさ》まりてあれば、どんな事《こと》でも出《で》けるで〳〵。この道《みち》、男《おとこ》だけで、女《おんな》は世界《せかい》へ出《だ》さんのか。婦人会《ふじんかい》という、一日《にち》の日《ひ》を以《もつ》て研究《けんきゅう》さしてみよ。出《で》けるか出《で》けんかさしてみよ。

(17) 3月27日「永尾よしゑ身上願」でも、「さしづありて、さしづ丸めて了《しま》うような事なら、さしづは要らんもの」「婦人会と言うて諭したる。一時心という理分けて、ほんにこうせにゃならんと、男女《おとこおんな》言わん。男女区別無い」「日々取り次いで居れば同体の種である」と。

ここでは、「さづけ」のこと、つまり、別席の取次人に婦人を用いるようとの仰せである。(18)

別席の件については、三月三十日朝の「刻限」でも、

……一寸《ちよつと》さづけは出《だ》してある。なれど、貰《もろ》た処《ところ》が、さづけの元《もと》が分《わ》からん。何《なに》をして居《い》るやら分《わ》からん。日々《にち〱》取《と》り扱《あつこ》うて居《い》る者《もの》は分《わ》かりてあろ。さづけとい う話《はなし》の理《り》を十分治《ぶんおさ》めたら、一時《じ》一《ひと》つの理《り》はあろ。さづけさえ貰《もろ》たらそれでよい、というようではならん。先々《さき〱》では、まあ一人《ひとり》でもたすけさして貰《もろ》たらという。かしきという元《もと》という。世界《せかい》から見《み》て、あゝあんなんかいなあと言《い》うてはどうであろう。そこで婦人会《ふじんかい》の事情《じじよう》を始《はじ》めさした。埋《うず》もれて居《い》る者《もの》、これも心《こころ》に運《はこ》ばにゃならん。心《こころ》の路銀《ろぎん》多分集《たぶんあつ》めにゃならん。それ婦人会《ふじんかい》の台《だい》が出《で》けて来《き》た。世界《せかい》から出《で》て来《く》る。今日《きよう》は女《おんな》の人《ひと》に席《せき》を受《う》けた。ほんに分《わ》かりよい。あんな人《ひと》ぢばにありたかと、一《ひと》つ理《り》を付《つ》ける。今日《きよう》の刻限《こくげん》、度々《たび〱》出《で》る刻限《こくげん》やない。皆《みな》だれ切《き》ってあるから、一寸集《ちよつとあつ》めに出《で》た。

との仰せであった。

翌三十一日の「増井りん腹痛に付願」では、割書に「別席始めのおさしづなり」と注記してある。さらに、四月十七日「増井りん別席致すに付、本席の守の処如何致して宜しきや願」がなされ、(19) 実際に婦人が別席の取次に出るようになったようである。

この後、五月九日の「増野正兵衞身上に付、昼のおさしづ夜深との事に付願」で

(18) 引き続き、「増井りんの事で御座りますや」に対して、再び鳴物の件についても。

(19) 4月20日には「前日増井りん別席取運びせられる事に付、本席の御守欠ける事もありますから如何致して宜しきや伺いせし処、夜深とおさしづ有之に付願」も。りんは、明治12年に教祖の守《も》り役を、26年からは本席の身の回りの世話を仰せつかっていた。

は、「さあ〳〵三つ《みつ》〳〵鳴物《なりもの》々々《〳〵》、この事情《じじょう》まあ一寸分《ちよつとわ》からんから理《り》を出《だ》した」と、鳴物、おつとめに関して諭された後、

……誰《たれ》がどう言《い》う、彼《かれ》がこう言《い》うた。人々《にん〳〵》一《ひと》つに書《か》いて集《あつ》めて、しんばしらへ持《も》ちて行《い》て、これはよい、これはどうと、それからこうなると、席《せき》に尋《たず》ねて一《ひと》つの理《り》に治《おさ》めるという。

ここでも、おつとめのこと、別席のことについて言及されており、これを受けて、別席話が次第に統一されていく。

別席話統一の神意の背景には、このころ取り次がれる話のなかに、橋本清や飯田岩治郎が説くような、根本から外れた話が一部に見られたということも考えられる。また、五月十二日夜、「昨日辻とめぎく身上願いより夜深というおさしづに付願」でも、おつとめのこと、さづけのことについて念を押されている。つまり、「鳴物の事申し上げし時御諭」「おかぐらに替わり合うて勤める願」「かぐら願」など、おつとめに関する伺いに対しては、人間思案に流れることなく、あくまでも神一条の取り扱いを求められているのである(20)。

引き続いての「日々のあたゑ配与方の願(21)」では、

……日々中《にち〳〵なか》にどうやこうや、言《い》いようで違《ちが》うによって一《ひと》つの理《り》に集《あつ》め〳〵。日《にち》日別席《にちべつせき》する。諭《さと》しよで間違《まちが》う。取《と》りよう〳〵で間違《まちが》う。もう何《なん》ぼ切《き》り長《なが》い話《はなし》しても、第《だい》一の理《り》を聞《き》き取《と》る事出《ことで》けん。こゝと〳〵折《お》り目《め》切《き》り目《め》の理《り》を聞《き》かし、十人《にん》なら十人《にん》、一二三と言《い》うたら、それに違《ちが》わんように諭《さと》して貰《もら》いたい。そこ

(20)「紋型《もんかた》無い処、何《ど》っから師匠出来て、手を付けたと言うやない。一を抑え、二三を抑え、手を付けさした。この者皆存命で居るやろ」「かぐらの方はそれはどうともこれがこうとも一つも分かりてない。それまで人衆分かりてありゃせん。肝心言い掛けた処が及ばす事出けん」「今一時決まりの理は取り難《に》くい。どれとこれと人々《にん〳〵》役割、又々一時応法の理を以て、今度は誰、日々の処一日の日を以て、これまで通り来た処を以て勤め、又一つ鳴物、親やったやろうか、子やったやろうか。真から誰もこうと言う者は無い。知って居たとて言わんのや」と。

(21)『天理教原典集』での割書には、その内容を示して「別席話に付おさしづ」としてある。

で前〳〵《ぜん〳〵》にも諭《さと》したる。俺《おれ》はこういう諭《さと》し誰《たれ》はこういう諭《さと》し、それ〴〵書《か》き取《と》ってしんばしらに出《だ》して、それより席《せき》に尋《たず》ね、そうしたらどんな者《もの》が聞《き》いても、成程《なるほど》あれならなあ、あれでこそなあと言《い》う。それより結構《けっこう》は無《な》い。何《なん》にもならん話《はなし》した処《ところ》がどうもならん。紋型《もんかた》も無《な》い処《ところ》からのこの道《みち》の結構《けっこう》という、元《もと》の理《り》を諭《さと》さにゃならん。これは言《い》うまでや。諭《さと》しても居《い》るやろう。

しばらくして、

長《なが》い話《はなし》した処《ところ》が、中《なか》に飽《あ》いて来《く》る者《もの》が出《で》ける。そんな席何《せきなん》ぼしたとてどうもならん。そこで九遍《へん》という。九遍《へん》さえ追《お》うたらよいというだけではならん。同《お》んなじ事《こと》九遍聞《へんき》かしたら、どんな者《もの》でも覚《おぼ》えて了《しま》う。まち〳〵の理《り》を諭《さと》しては何《なん》にもならん。……

従来、取次人によって個々になされていた別席話が、「元の理」、教祖のひながたなど、根本の筋において統一された台本にまとめられ、一定の話が九度繰り返して諭されることになる。

これについては、『稿本中山眞之亮伝』に、「取次全員、教祖からお教え頂いた処を書いて、眞之亮に提出し、眞之亮の手許に於《おい》て、一冊の台本に取りまとめ、親神様の思召を伺《うかご》うて決定したものが、現行の台本である」（256ページ）としてある。

つまり、(22)五月九日、十二日のお言葉を受けて、五月末までに十数人が真柱に提出。(23)それらをもとに(24)まとめられた台本を、八月二十三日には本席に披露できるまでになり、二十六日に「教長より別席順序願」がなされ、(25)その日夜の「刻限」で諭された

(22) 以下の経過は、中山さとゑ『別席について』による。

(23) 辻忠作、清水與之助、鴻田忠三郎、高井猶吉、梅谷四郎兵衞、桝井伊三郎、山澤爲造、宮森與三郎、板倉槌三郎、増井りん、増野正兵衞、喜多治郎吉、松田音次郎ら。

(24) 7月14日「昨朝本席御身上御願い申し上げば、夜深に尋ね出よとの仰せに付願」に対するお言葉があるが、8月26日夜の「刻限」でのものと同内容（注26参照）であり、この時のお諭しも、まとめられるにあたって、もとにされたと思われる。また この間、真柱は、7月3日付で「稿本教祖様御伝」を執筆。なお7月23日には「本部二間半に十七間の建家に一方へ半間縁付け一方へ濡れ縁を付け別席する処十五畳五間の御許し願」がなされ、翌32年4月10日「別席する処建物大裏へ建てる事願」で「仮《かり》家《や》なら」とお許しになっている。

ところを改め、(26) 九月十二日には一応の形が整ったようである。

さらに、取次人の心得についても、六月十八日夜の「今朝おさづけの後にて、夜深に尋ね出よ、と仰せ下されしに付願」で、次のように諭されている。

……さあ〳〵運《はこ》び方《かた》〳〵、日々《にち〳〵》取《と》り次《つ》ぎ〳〵、取《と》り次《つ》ぎ中《ちゅう》〳〵、取《と》り次《つぎ》ぎ中《ちゅう》に、日々《にち〳〵》の席順序《せきじゅんじょ》さづけ一条《じょう》、事情《じじょう》これまでどうもならん。事情《じじょう》遥々《はる〴〵》道運《みちはこ》び、遠《とお》く出《で》て来《く》る。一時運《じはこ》び方渡《かたわた》す理《り》によって、あちら落《お》としこちら落《お》とし取《と》り次《つ》いではならん。これ聞《き》いて置《お》かにゃならん。順々《じゅん〳〵》道見《みちみ》えた。よう聞《き》き分《わ》け。さづけ順序難《じゅんじょむつか》しいなった〳〵。何《なに》も難《むつか》しいないのや。難《むつか》しいするのや。難《むつか》しい事《こと》では、これまで通《とお》りて来《き》らるか来《き》られんか。何《なに》も知《し》らん者《もの》にせいとは言《い》わん。出《で》けん事《こと》せいとは言《い》わん。運《はこ》び方《かた》〳〵。三名日々運《めいにち〳〵はこ》ぶ処《ところ》、よう聞《き》き分《わ》け。一席《せき》の時《とき》に人《にんひと》一つの理《り》を欠《か》いて、事情何《じじょうなん》ぼう言《い》うたてどうもならん〳〵。……千切《ちぎ》れ〳〵の理《り》、理《り》と理《り》と積《つ》み重《かさ》ねば理外《りはず》す。理《り》を外《はず》してこれでよいと言《い》うは、話《はな》した理《り》は砕《くだ》くようなもの。これ一時《じ》に聞《き》き分《わ》けて、一度《ど》の理《り》は将来諭《しょうらいさと》しせにゃならん。遠《とお》く所《ところ》からだん〳〵心《こころ》を以《もつ》て手《て》を繋《つな》いで戻《もど》りて来《く》りゃこそ、それに諭《さと》し。道理守《どうりまも》らんというはどうもならん。皆手《みなて》を繋《つな》いで戻《もど》りゃこそ。それを聞《き》き分《わ》けるは日々取次《にち〳〵とりつぎ》である。……

また、この年、婦人会の件だけでなく、青年の育成についてのお言葉もあった。(27)

これが、のちの青年会のもととなる。

ふりかえれば、婦人会創立のお言葉に端を発して、たすけの根本であるおつとめ

(25) この時、「刻限順序以て、席に赤衣《あかき》を着せて尋ねば、違《たが》わん違わん」と。

(26) 「これ（8月26日夜の刻限）を大別すると、

○二人の兄弟（秀司、こかん様）の十年間の御苦労

○十年の理

○本席様のふせこみの理

○大和神社の一件

○教祖の心

等である。これらをも話の台とするようにとの意が含められているのではないだろうか。それ以後も、人々に読み聞かせたりしながら十分のものに改められ、九月十二日には本部員会議の議題になる迄に及んだ」（『別席について』）

(27) 6月3日「先般梅谷たね、永尾おさしづより本部員会議の上農行衆なり日々本部で勤める青年に、月々一度宛御話する事、本部長の御許しに相成りしに付、神様の御許し頂き度く願」『押し

のあり方と、さづけを頂くための別席が、世情に押されてしまい、元一つの理をはずすことのないように戒められている。同時に、おやしきの人々の心を澄まし、親里を慕って帰り来る人々に、竜頭としての鏡やしきの理を映すように、繰り返して諭されたのである。

このことは、人間思案、応法に流れやすい人々の姿勢を神一条に立て直し、やがて訪れる独立運動への心構えを、前もってお示しになったという見方もできる。

●独立の胎動

独立については、明治三十一年八月三日「天理教別派独立運び方の願」に対して、

……あちらこちらから、十分旨《ぶんうま》い事言《ことい》うて来《く》る。旨《うま》い事言《ことい》うて来《き》ても直《じ》きに取《と》らりゃせん。古《ふる》い拵《こしら》えである。旨《うま》いという理《り》、何処《どこ》からどう言《い》うて来《く》るやら、皆《み》んなそれ〱よう聞《き》いて置《お》かにゃならん。世界《せかい》からあれにしたらどうと望《のぞ》むばかり。世上《せじょう》から望《のぞ》まれる理《り》を聞《き》き分《わ》けてくれ。世上《せじょう》からむさくろしと言《い》う中《なか》から、今日《きょう》の順序理《じゅんじょり》があるから、鮮《あざ》やかな道《みち》。綺麗《きれい》な心《こころ》から運《はこ》べば、綺麗《きれい》なもの。急《せ》いた分《ぶ》にゃ成《な》らせん〱。綺麗《きれい》な道《みち》は急《せ》いてはいかん。急《せ》いては綺麗《きれい》とは言《い》えん。成《な》って来《く》るが綺麗《きれい》なもの。……

と、「綺麗な道」、神一条の道は、急いてはいけないと諭されていた。

それが、翌明治三十二年の五月二十一日、神道本局の春季大祭のため、真柱が東

て、農行の方宮森與三郎、山澤為造両人取り締まる事願」に対してのお言葉。これより先、明治26年に一致幼年会、青年団結義会もあった。

(28) 『稿本天理教教祖伝』278ページ参照。

(29) それまで神道本局の傘下にあった禊《みそぎ》教が明治27年に独立し、この時点で残っていた有力教会は、本教と金光《こんこう》教ぐらいであったから、運営上、経済的支障が生じたのかもしれない。その金光教も31年に1等教会に昇

京へ赴いた際、時の管長稲葉正善《いなばまさよし》から、独立を勧奨《かんしょう》する旨の話があった。

その内容が、『稿本中山眞之亮伝』に記されている。

「貴教は、明治二十七年の本局が負債のため閉局しようというような窮状に陥った時、その負債償還の道を講じたるのみならず、その後は又、本局の敷地を寄付し、その上建築の際には普請監督となってこれを成功せしめ、昨年管長選挙の際にも一方ならぬ尽力をしてくれられたため、今日では本局も一教派として立派に面目を保つ事が出来るようになった」（262～263ページ）

ところで、神道本局との関係は、明治十八年五月の直轄六等教会設置にまでさかのぼる(28)。その後、明治二十一年に東京で教会設置が認可され、二十二年に三等教会、二十四年には一等教会に昇格。さらに、本局での重要な位置を占めるようになったのが、二十七年の「本局が負債のため閉局しようというような窮状に陥った時」であった。その詳しい様子は分からないが(29)、この年の六月二十九日に「神道本局負債二万八千円今回悉皆《しっかい》弁償に付、当会より三千円出金の事願」がなされている。ちなみに、三千円は本局の年間予算に相当する額である(30)。また、負債の返済だけでなく、本局の神殿建築の際には、真柱が普請監督となって進められている(31)。

こうしたなか、明治二十九年四月に内務省秘密訓令が発令され、それを受けて、本局から教会結成停止の達しが出るが、先述したように、間もなく緩和されているのは、それまでの関係を踏まえたうえでの、本局側の配慮があったからという見方もできる。

格、33年に独立する。

(30) 明治28年の収支決算表の収入の部に「一金参千七百七拾参円八拾七銭八厘」とある。

(31)「おさしづ」の割書によると、明治27年6月29日「同時、本局神殿建築に付用地当教会より買い求め、教長の名前にして本局へ貸し与える件願（但し地代は三千円程）」「同時、神殿建築に付監督の名義を受けるや否やの伺」「同時、特撰幹事の名義を金光教会へ受ける時は当教会も受けるや否や心得まで」、7月26日「神道本局より教長へ幹事及び神殿建築監督受諾の件申し込みに付伺」「又押して、然らば監督の方は辞退致して、幹事の方は暫く御受けする願」、8月17日「本局神殿建築監督受諾の儀本局管長より押して願に付諾否の願」、29年11月9日「神道本局の敷地教長の名称に成り居る処、本局へ寄付致し度きに付願」など伺っている。

当時の神道本局神殿（東京・麻布—明治29年竣工）

その後、明治三十一年になると、一月に内務省社寺局長、四月には神道本局管長、奈良県知事などの来訪が相次いでいる。(32)

さらに、この年の夏、稲葉正邦《まさくに》管長が亡くなり、その後任選挙に際して、神道本局における本教の存在は、かなり重要なものとなる。(33) この時の状況を『稿本中山眞之亮伝』には、「管長選挙は、教師一名に一票という定めであったから、本局所属教師の大半を占める本教としては、眞之亮を本局管長に選挙することも、決して不可能なことではなかった」（261ページ）と記されてある。

しかし、先にもふれたように、「急いてはいかん」との八月三日の「おさしづ」により、直接には深入りしない方針をとる。

つまり、十一月の後任選挙では、本教が推した前管長の親戚《しんせき》にあたる稲葉正善が当選し、新管長に就任することになった。

こうした一連の動きが、翌明治三十二年の本局からの独立勧奨につながったと考えることができる。独立運動は、それを受けて進められるが、予期に反して、長い苦難の道を歩むことになる。

(32) 明治31年1月12日内務省社寺局長久米金弥、4月18日神道本局管長稲葉正邦、同22日奈良県知事水野寅治郎など。『稿本中山眞之亮伝』は、「これ等の来訪が、一層本教の理解を深めて行った事は事実である」（259ページ）と評している。

(33) 明治31年7月15日の稲葉正邦管長逝去にともなう後任選挙に際し、水野某と、真柱を推す動きがあったようであるが（『稿本中山眞之亮伝』）、11月5日の本選挙では本教の推す稲葉正善が当選し、同11日2代管長に就いた。

第十二章　綺麗な道は急いてはいかん――一派独立へ

明治二十九年、教祖十年祭直後に発令された内務省訓令、それに引き続くように起きた離反事情も、明治三十一年の初めには一応の決まりがついた。

内外の「ふし」が一段落したところで浮上してきたのが、長年の懸案であった神道本局からの独立という問題であった。人々は、「おさしづ」を伺いながら、事を運んでいくのである。が……

●独立へ向けて

明治三十二年（一八九九年）五月、神道本局からの独立勧奨を受けるが、それ以前にも、これに類する動きはあった。

七年前の明治二十五年十二月二十日「天理教会一派独立の件に付伺」をしている。

教祖墓地改葬が執行されて間もなく(1)、芝亭《しばてい》という人物が、本局からの独立を進言してきたのであった(2)。

(1) 墓地改葬は明治25年12月13日（陰暦10月25日）。

(2) 「明治二十五年秋、華族であった芝亭実忠《さねただ》という人物が、佐治登喜治良《さじときじろう》に対して、本教の一派独立に尽力する旨を通じてきたので、登喜治良はこれを

……表《おもて》の道独《みちひと》り立《た》って来《く》る。事情《じじょう》ある、出《で》る。尋《たず》ね掛《か》けたら、元《もと》ある元《もと》が分《わ》かる。一時《じ》一《ひと》つの道《みち》のため、成《な》る成《な》らん事情《じじょう》、放《ほ》って置《お》いても出《で》て来《く》る、立《た》って来《く》る。一時《じ》に開《ひら》く、一時《じ》に成《な》る。これ諭《さと》したる。さあ〳〵急《いそ》いで万事何《ばんじなに》か運《はこ》び掛《か》け。さあ〳〵許《ゆる》し置《お》こう〳〵。

とのお言葉に力を得て、真柱自ら東京へ出向くが、事はうまく運ばず、結局、時期尚早ということで打ち切られてしまう(3)。

ここで、「急いで万事何か運び掛け。さあ〳〵許し置こう」とのお言葉の神意は、何だったのであろうか。それは単に当面の問題の解決ではなく、もっと深いところにあったのであろう(4)。

そもそも、外部からの斡旋《あっせん》があったからとはいえ、なぜ、この時期に、神道本局から独立する必要があったのであろうか。

その傘下になった明治十八年当時は六等教会であったが、二十二年五月に三等、前年の明治二十四年には一等教会へ昇格していたので(5)、おのずから次の段階として、独立を目指す雰囲気があったのではなかろうか。そして、周囲がそれを認めるほどに、本教の教勢の伸展が著しかったとも考えられる。

しかし、このころから本教に対する風当たりが激しくなり(6)、さらには内務省訓令の発令もあって、事が進展しなかったとしても、やむを得ない状況下にあったといえる。

それもやや治まった感のある明治三十一年になると、八月三日に「天理教別派独

(深谷)源次郎《げんじろう》会長に伝えた。この芝亭氏は明治二十五年ごろ信仰するようになったようであるが、その親戚には埼玉県の氷川神社の神主をしていた氷室鉄之助氏がおり、また当時の内務省神社課長芳賀真咲《はがまさき》氏など、要路に知人もあったことから天理教の一派独立を勧めたらしい。それで源次郎会長は同年十月十六日、芝亭氏と会見した。そしてその話を十月二十六日におぢばへ帰った際に本部へ上申した。その後、源次郎会長が東京へ赴くなどして話は進んでいったようで、ついに明治二十五年十二月二十日、真柱様が直々に東京へ赴かれることとなり、源次郎会長もこれにお伴した」(『天理教河原町大教会史』)

(3)「『(許し置こうとのお言葉に)もう今にも独立がなるように思うたが……』しかし現実は、それほど容易なものではなかった。上京してみると、まったくの虚構であったことがわか

立運び方の願」がなされている。
この気運がどこから起こったものかは分からないが、一つには、この時、引き続いて伺っている神道本局からの電報の件が気になる。[7] 本局へ出向いた際、独立に関する話があることも期待して、「おさしづ」を伺ったのかもしれない。明治二十七年以降の神道本局の諸事情もあり、本局内における本教の立場が、かなり重くなっていたという背景[8]を考えると納得もいく。が、この時は「綺麗《きれい》な道《みち》は急《せ》いてはいかん」とのお諭しがあり、しばらく表面的な動きはない。

ところが、冒頭でもふれたように翌三十二年五月、「貴教も追々隆盛になり、今日に於《おい》ては、もう十分教派として立つ資格が出来たのみならず、元来本局と天理教とは、教義を異にする点もあるから、この際、独立の請願をした方がよかろう」[9]との、本局管長からの勧奨を機に、独立運動が再燃することになるのであった。

けれども、この話に、人々がすぐに飛びついたわけではなかった。七年前のこともあり、真柱が東京から帰り、話し合いが重ねられたうえで、[10] 三十日朝、「五月二十日本局大祭に付教長御上京に相成り大祭仕舞いし後、管長稲葉正善及び野田幹事より教長に向い天理教会の従来本局のため尽力の廉により、目下の時機として一派独立の恩命ありしに付、帰部の上教長心得として事情詳しく申し上げ御願（上京随行員清水與之助、永尾楢次郎）」をし、神意を伺っている。

……まあ一《ひと》つ教会《きょうかい》と言《い》うて、順序《じゅんじょ》世上《せじょう》世界《せかい》の理《り》に許《ゆる》し置《お》いたる処《ところ》、どうでもこうでも世上《せじょう》の理《り》に結《むす》んであるからと言《い》うて、世上《せじょう》の理《り》ばかり用《もち》いてはならんで。

り、一同は唖然《あぜん》として引き上げた」（松村吉太郎自伝『道の八十年』〈改訂新版〉133ページ）

（4）引き続き、「本局管長より会長へ呼出状付て居りますが、会長御上京なされて宜しきや、又は前川菊太郎代理に出頭して宜しきや」とあり、この時、本局管長から書状が来ていたようであるが、その内容は、独立とは別件で、本局の事情に関することではなかったろうか。

（5）6等教会については、明治21年4月10日の東京府認可後、4月28日付で「神道天理教会ヲ六等トナシ証章ヲ授与スル者也」と、あらためて証章の授与があった。神道の教会条例第2条によると、信徒6万人以上と定められていた（第3章の注1〈38ページ〉参照）。ちなみに『みちのとも』明治31年1月号によると、明治30年12月末現在の信徒数は、320万8千113人となっている。

と戒められたうえで、

尋《たず》ねる事情《じじょう》は、遅《おそ》い早《はや》いは言《い》わん。世上《せじょう》という、世界《せかい》の理《り》から順序運《じゅんじょはこ》んで事情《じじょう》独立《どくりつ》という。事情《じじょう》は世界《せかい》の理《り》に結《むす》んでも、尚々《なお〳〵》元々《もと〳〵》紋型無《もんかたな》き処《ところ》より始《はじ》め掛《か》けた一《ひと》つの理《り》を以《もっ》て、万事括《ばんじくく》り方治《かたおさ》め方結《かたむす》び方《かた》という。この理《り》一《ひと》つが道《みち》の理《り》である程《ほど》に。始《はじ》め掛《か》けという、越《こ》すに越《こ》せんから世上《せじょう》の理《り》として許《ゆる》したる処《ところ》、まあ一二年《ねん》二三年《ねん》というは、どんな困難《こんなん》とも分《わ》からなんだ。今《いま》一時《じ》尋《たず》ねる事情《じじょう》、旬《しゅん》と言《い》えば旬《しゅん》、世界《せかい》の道理《どうり》から言《い》えば、旬《しゅん》とも言《い》う。尋《たず》ねる事情《じじょう》は心《こころ》の理《り》に委《まか》せ置《お》くから、許《ゆる》す許《ゆる》さんは世上《せじょう》の理《り》。よう聞《き》き分《わ》け。

と、許すのは、世上の理として許すのであるとされて、

日々《にち〳〵》という、諭《さと》し方《かた》は元々《もと〳〵》始《はじ》め掛《か》けた理《り》より外《ほか》に理《り》は無《な》いで。寄《よ》り来《く》る者《もの》は兄《きょう》弟《だい》なら兄弟《きょうだい》の理《り》。ぢば始《はじ》めた理《り》というは容易《ようい》やないで。世上世界《せじょうせかい》の理《り》と一《ひと》つに成《な》ってはならん。治《おさ》め方《かた》は日々《にち〳〵》諭《さと》する理《り》にある程《ほど》に。

と、「ぢば始めた理」の重要さを諭され、最後には、

尋《たず》ねた事情《じじょう》、成《な》る成《な》らんはさて措《お》き、一箇年《かねん》二箇年《かねん》では鮮《あざ》やかな事情《じじょう》は見《み》られようまい。さあ〳〵始《はじ》め掛《か》け。ぼつ〳〵始《はじ》め掛《か》け。

と仰せになっている。

このお言葉を受けて、具体的に事を運ぶことになるが、六月六日、十四日にも「おさしづ」を伺い、(11) 十五日には松村吉太郎、清水與之助が、本局管長との交渉のため東京へ向かう。(12)

(6)『中央新聞』などによる攻撃記事など。第8章「いかんと言えば、はいと言え」参照。

(7)「押して、神道本局より電報にて至急一名上京の事申し越されしに付願」「押して、松村吉太郎上京願」がなされている。

(8) 神道本局の神殿普請、後任管長選挙に際しての貢献など。

(9)『稿本中山眞之亮伝』262〜263ページ参照。

(10)『道の八十年』によると、「最初（7年前）の蹉跌《さてつ》が不味《まず》い思い出となって残るとともに、われわれがまだそこまで成人していないのだと悟って、自ら着手するほどの積極的な気分を持たなかった」が、「本局がそういうなら、今度はやらんにゃいかん、今度は、こちらの力でやるのや……」（134ページ）ということで、5月30日「おさしづ」が伺われたようである。

ここに、いよいよ独立請願運動が開始されたのである。

さて、東京へ出た松村と清水が、最初にぶつかった難関は、本局からの分離金の問題であった。(13)独立するということは、分離するということであり、勧められたとはいえ、傘下で最も有力な本教が抜けてしまえば、本局側が経済的窮状に陥るのは目に見えている。この問題は、どうしても避けて通るわけにはいかなかったのであろう。

六月二十五日に「清水與之助本局へ交渉の結果一先ず清水帰本の上、本局へ掛け合い事情の願」、七月七日には「本局へ交渉のため上京中の清水與之助、松村吉太郎の両名よりだん〱運びの末申し越されしに付教長より本部員に相談の上御願」をして、折衝は進められ、七月十二日付で約定書(14)を交換するに至った。

こうして、本局との分離問題は解決したが、次の段階となる内務省との折衝は容易ではなかった。

●第一回請願

真柱はじめ、平野楢蔵、清水與之助、永尾楢治郎《ながおならじろう》、松村吉太郎、篠森乗人《のりんど》が品川《しながわ》の借家(15)にこもって、願書の添付書類の作成にあたったが、作業は難行した。

書類作成に直接あたった松村の自伝『道の八十年』によると、「手許《てもと》に雛型《ひながた》もな

(11) 6月6日「独立願に付教長御心得のため御願なされし処、右のおさしづ（＝5月30日朝のお言葉）により本部員一同へ御話し下され、その上分教会長を召集し、分教会へも同様伝え合い、本部員教会長一同打ち揃い出席の上御願」に対して「皆揃うて一つ心、教祖存命中の心を以て尋ね出た、一日の日の心の理に、万事許し置こう」、14日「天理教独立の件に付、本局へ交渉のため清水與之助、松村吉太郎の両名明十五日上京御許し願」では「一つの心の理として許そう」とも。

(12) 清水は、明治21年の教会設置の際にも、東京での折衝で活躍している。第2章「どんな道も連れて通ろう」、第3章「ちばがありて、世界治まる」参照。

(13) 「本局では、当時の天理教の教会数と教師数から算出して、三十六万円の分離金を申し出た。私たちの権限に於《お》いてまかせられ

いのを造るのであるから、まったく創作である。しかも、一教の運命を担う書類の創作であるから、一字一句にも議論がわいて、容易な業《わざ》ではなかった。教会の起源沿革といっても、罫紙に五枚、教祖の履歴も一枚にすぎなかったが、それでも私たちにとっては大問題であった」と記されてある。そうしたなか、かつて神道本局に在職していた篠森[16]の存在も見のがせない。

それらを整えたうえで、いったんおぢばへ帰り、「おさしづ」を仰いでいる。明治三十二年七月二十三日の「天理教独立願書に添付する教会起源及び沿革、教祖履歴、教義の大要に付御願」では、

……一寸《ちよつと》書《か》き記《しる》した処何処《ところどこ》にもある、此処《ここ》にもあるというよう理《り》に成《な》ってある。……ほんの一時世上《じせじよう》の道理《どうり》に一《ひと》つ〳〵心休《こころやす》めに許《ゆる》してある。又一本立《またいつぽんだ》ちというは、早《はよ》う〳〵の話《はなし》にもしてあるなれど、道《みち》すがらの中《なか》にもうどうしょうかと思《おも》た日《ひ》もある。なれど、心休《こころやす》め。さあこれからが一《ひと》つの精神無《せいしんな》けにゃならん。だん〳〵教《おしえ》の理《り》というは、よう聞《き》き分《わ》け。万事改《ばんじあらた》めて一《ひと》つ理《り》を始《はじ》めて治《おさ》めるというは、皆《み》んな一手一《てひと》つの心《こころ》が無《な》けりゃ、治《おさ》まっても治《おさ》まらん。元《もと》というは、人《にん》間心《げんごころ》で成《な》ったのやないという事《こと》は知《し》って居《い》るやろ。今日《きよう》一日《にち》の日《ひ》を以《もつ》て尋《たず》ね出《だ》すというは、始《はじ》まりとも言《い》う。何《なに》か道理《どうり》を外《はず》してはならんで。元《もと》というは心《こころ》にあると言《い》うても、有《あ》れば有《あ》るだけの理《り》を映《うつ》さねば、無《な》いと言《い》うても同《おな》じであろ。改《あらた》めてこうという処《ところ》は止《と》めるやない。勇《いさ》んで出《だ》してくれ。出《だ》す処《ところ》に曇《くも》りあってはならん。日々《にち〳〵》八《やつ》つ〳〵のほこりを諭《さと》して居《い》る。八《やつ》つ諭《さと》すだけでは襖《ふすま》に描《か》いた

ていたのは一万円である。まるで桁《けた》がちがっていた」（『道の八十年』137ページ）

(14)「第二条　神道本局維持金トシテ金弐万円也、天理教会ヨリ別派独立出願ノ際、神道本局へ納金スベキ事」など4カ条からなる（『道の八十年』139～140ページ）。

(15) 明治32年6月14日「東京にて家屋一箇所借り入れの願」をしている。

(16) 明治26年1月25日付で客員として教会本部に勤務するようになっている。

絵《え》のようなもの。何遍見《なんべんみ》ても美《うつく》し描《か》いたるなあと言《い》うだけではならん。めんめん聞《き》き分《わ》けて、心《こころ》に理《り》を治《おさ》めにゃならん。この教《おしえ》というは、どうでもこうでも心《こころ》に理《り》が治《おさ》まらにゃならん。あちら話《はな》しこちら話《はな》し、白《しろ》いものと言《い》うて売《う》っても中開《なかあ》けて黒《くろ》かったらどうするぞ。今日《きょう》この理《り》のさゝづよう聞《き》き分《わ》け。跨《また》りは無《な》い。あちら眺《なが》めこちら眺《なが》めて、勝手《かって》のよい理《り》を出《だ》し、無理《むり》の理《り》でも通《とお》すというは、人間凡夫《にんげんぼんぶ》の理《り》である。今日《きょう》の日《ひ》のさゝづはうっかり聞《き》いて居《い》られん。この理《り》さえ守《まも》りて運《はこ》ぶなら、神《かみ》はどんな事《こと》も引《ひ》き受《う》ける。どんな難《なん》も遁《のが》れさすという。万事《ばんじ》ほんの角目《かどめ》だけ〳〵。それでよい〳〵。さあ〳〵出《だ》すがよい〳〵。

と諭されている。

また、「教師総代は本部員一同及び分教会長連印、信徒総代は国々の熱心な有志者を調印するの事情願」に対しても、

……ほんの仮名《かな》な事《こと》で一寸諭《ちょっとさと》す。ほんの補《おぎな》うようなものや。世上《せじょう》には何教会《なにきょうかい》何派《なには》という。それも同《おな》じようなもの。それと同《おな》じ心《こころ》を持《も》って居《い》てはならん。よう聞《き》き分《わ》け。真《しん》の道《みち》の理《り》というは、めん〳〵心《こころ》に治《おさ》めてくれにゃならん。……この書面《しょめん》というは、世上応法《せじょうおうぼう》の理明《りあき》らか。道《みち》はなか〳〵容易《ようい》で付《つ》けたのやない。今日《きょう》の理《り》聞《き》き分《わ》け。この書面《しょめん》だけでは後先《あとさき》の理《り》は分《わ》からんなれど、書面《しょめん》は世上《せじょう》の理《り》であるから勇《いさ》んでやれ〳〵。又一《またひと》つ聞《き》き分《わ》け。どれだけの者《もの》に成《な》ったて、心失《こころうしの》うて了《しま》えばそれまで。何《なん》の楽《たの》しみも無《な》い。……

と言葉を尽くされている。

なるほど、作成された書面は簡略なものである。申請書類作成に関して、当局の指導があったのかもしれないし、あるいは時間的な制約も考えられる[17]。ともかく、前年の七月に真柱は「稿本教祖様御伝」を記しているし[18]、量的にも充実したものを作れたと思われるが、この時の「教祖の履歴」は罫紙一枚余に過ぎない（左ページ別掲）。「教義の大要」には「八つのほこり」などが盛り込まれており、最も苦心したのは、このあたりではなかったろうか。

ともあれ、関係書類もそろい[19]、提出の運びになったのであるが、再び願書連署の件について、「人間心で決し兼ねるに付」、八月五日「おさしづ」を仰いでいる[20]。

これは、人々の心が治まりきれていないことのあらわれでもあろう。また、「押して、ただ今のおさしづから思やんすれば、この度の事情は世界応法の理でありますから、その理に治めさして貰うて宜しう御座りますや願」をしていることから、人々も、今回の願い出が応法の道を歩むうえからの手段であるということを十分了解していたことが分かる。

「教祖《おやさま》の理《り》から聞《き》き分《わ》けば、どんな理《り》も治《おさ》めてくれ」「天《てん》が見通《みとお》しという」とのお諭しに、署名の件も治まり、願書も整い、まず八月七日に奈良県へ、次いで九日には内務省へ提出されるに至る[21]。

なおこの時、添付書類に「教会の起源沿革」「教祖の履歴」「教義の大要」「神道天理派教規」、参考書類として「教会府県別一覧表」「神道教規」「神道天理教会規約」「神道天理教会規約（改正）」「天理教校学則」が添えられている。

(17) 神道本局との約定書を交わしたのが7月12日付、「おさしづ」を伺ったのが同23日であるから、東京からの移動時間も考えれば10日もないことになる（200ページのコラム参照）。

(18) 『復元』第33号所収。表紙に「明治卅一年七月三日」と記されている。

(19) 8月3日には神道本局管長の添書を得ている。

(20) 「天理教独立願に付、信徒総代の処有力者だけでは将来治め方に関する故、分教会長も共に調印して貰うという取り決めの処、本局にては成だけ少人数の方が宜かろうとの注意もあり、この辺人間心で決し兼ねるに付願」

(21) 県（寺原長輝《おさてる》知事）へ「天理教会一派独立請願書進達願」、内務省（西郷従道《つぐみち》内務大臣）へは「天理教会一派独立請願書」を提出。

願書提出までにはこぎつけたものの、人々は、その後の経過を懸念していた。なぜなら、提出先の内務省といえば、全国的に本教を取り締まる、いわゆる秘密訓令の発令元だからである。

訓令が発令されてから二年後の明治三十一年九月二十二日に「増野正兵衛道の友雑誌の件より身上願（七十六号より七十八号まで三号分内務検事局へ納本せず、その件に付、警察署より三度呼び出し手続を出し、又奈良区裁判所より二十四日午前

「教祖の履歴」

（天理教沿革書類―奈良県立図書館蔵―から）

当教会教祖を中山みき子といふ　前川半七の長女にして寛政十年四月十八日大和国山辺郡朝和村大字三昧田に誕生す

文化元年より同七年に至る迄父母の膝下にありて読書習字の傍ら裁縫紡績等を兼習す

文化七年九月十五日山辺郡三島村中山善兵衛に嫁す

教祖は従来敬神の志深く文政十一年大に悟る所ありて爾来済世救民を以て楽とせり

天保九年十月神憑りありて本教開設の基礎を立つ

嘉永六年二月廿二日夫善兵衛帰幽す

これより一意専心身を斯道の拡張に委ね専ら布教伝道に従事す

慶応三年七月男秀司に命じ京都吉田神祇管領に出願せしめ信徒参集所開設の許可をうく

明治八年より同十九年に至る迄の間濫りに衆庶を参拝せしめたりとの嫌疑を以て数回警察署に拘留せらる

明治廿年一月廿六日膝下に侍せし教徒に向ひ諄々教を説きて曰く本教の要は済世救民にあり汝等能くこの意を体し益本教の拡張を企図せよと言訖り溘焉帰幽せらる　時に享年九十

九時出頭致せと申し来たり、二三日前より身上しんどく又常に目がかすみ細かき事見えぬ処如何なる事でありますや願）」をしていることからも、当局の監視の目が緩められていないことが分かる。

そこへ明治三十二年十一月、橋本清が『天理教会の内幕』という冊子を刊行し、(22)内務省にも提出した。橋本は、それより二年前に教会本部から離反しており、(23)時期といい、内容といい、明らかに本教の独立を妨害する意図があったと見られる。

はたして明治三十三年早々、内務省は神道本局へ、本局は教会本部へ真偽のほどを問いただしてきたが、上申書を提出することで、この件はなんとか治まりをみた。(24)

しかし、内務省の本教に対する感情は、決して好転しているとはいえなかった。

そうした状況のなか、同じ神道本局傘下にあり、独立請願中であった金光教《こんこう》(25)が、本教より早く許可されるのではないかという情報が入り、人々は動揺した。

もっとも、金光教側は中学校が設立(26)されているなど、組織の面でも一応整い、提出書類も整備されていたようである。願書提出後、当局から金光教へ四十九項目からなる調査質問がなされているが、(27)本教に対してはそれもなかった。質問する段階にも至っていなかったということになろうか。

前年の明治三十二年八月に出願して以来、音沙汰《さた》なしの状態にしびれを切らし、明けて三十三年二月二十七日「別派独立の願書内務省へ請求に付願」をしている。

この時、「時々《とき〲》どうであろうかと尋《たず》ねにゃなろうまい」とのお言葉もあり、別派独立請願委員に命じられた松村吉太郎と増野正兵衛が東京へ出向き、直接、当局に

(22) 11月13日発行、警世社刊。

(23) 明治30年12月4日、本部理事を解任。第9章「綺麗な道がむさくろしいなる」参照。

(24) これに際して、明治33年1月4日（陰暦12月4日）「橋本清の演説を筆記として発行の『天理教会の内幕』という雑誌その筋へ送りしに付、神道本局より一月六日までにその個条々々毎に答えして差し出すように申し来たり、就いては松村吉太郎、山中彦七上京出局の願」をしている。

(25) 安政6年（1859年）川《かわ》手文治郎《てぶんじろう》（赤沢文治《あかざわぶんじ》）が開教。明治31年に1等教会に昇格し、33年には独立する。

(26) 明治27年神道金光教会学問所として創立、同31年金光中学に改称、内務大臣の認可を受ける。当時、教派神道の中で唯一の中等学校であった。

尋ねてみることにした。

　三月六日、まず内務省宗教局の稲垣宗正《いながきむねまさ》課長を訪ねると、「願書はたしかに来ています。しかし、天理教の目下の状態では、独立認可などできるものではないです。当局としては、むしろこの際に、何とか処分しなければならんと思っているぐらいです。走りまわってみたところで、無駄でしょう。それより早く帰って、改善の方法を講じられた方が得策ですよ……」との辛言。課長では話にならんと、次いで斯《し》波淳太郎《ばじゅんたろう》局長にも会うが同様の答えで、二言目には「改善せよ」「このままでは独立はおろか、処分するより外はない」との言葉であった。

　なぜ、どこがどう悪いのか。それを突き止めるため、松村が斯波局長の私邸にも何度か足を運ぶが、「おまえのような者が出入りしては外聞が悪い。再び私の家には来てくれるな。教義もなっておらん、組織がまるでないじゃないか。十分の準備をしてからでないと、話に乗れん」と一蹴《いっしゅう》されてしまう。(28)

　三月二十日には本部へ帰り、真柱にその旨を報告し、教義の整備と組織の確立に着手することになる。

　つまり、組織の充実に関しては天理教校の開校、(29)機関誌『道の友』の改良に努め、(30)教義の整備については中西牛郎《なかにしうしお》に「みかぐらうた」の解釈を依頼し、(31)井上頼圀《いのうえよりくに》、逸《へん》見《み》仲三郎《なかさぶろう》らの協力を得て、「天理教教典」などの編纂《へんさん》にかかっている。(32)

　そうしてできた「天理教教規」「天理教教典」「天理教礼典」「教祖系伝」「教務本末」を九月七日に、「教典釈義」「御神楽歌釈義」を二十四日に内務省へ追加提出し

(27) 佐藤範雄《さとうのりお》（金光教の請願全権委員）『信仰回顧六十五年』によると、「一 完全ナル宗教ハ宗教ノ要素トシテ必ス完全ナル世界観ヲ要ス、金光教ノ世界観ハ如何」「二 金光教ハ神ニ対シテ一神教カ多神教カ万有神教カ」「三 宗教ハ其目的トシテ安心立命ヲ説キ、必ス救済還没ノ方法ヲ教ユ、今金光教ノ帰著ハ如何」「四 金光教ノ主神ナル三神ノ性質如何、又此三神ト古来神道家ノ唱フル神トノ関係如何」「五 教義大綱ニ挙ケタル第一項第三項ハ、共ニ宗教道徳ニシテ教義ニアラス、如何」「六 教義大綱第二項ノ天地ノ大理トハ如何、又是ヲ信セシムル方法如何」「七 教義大綱第四項ノ意義如何、其顕界及幽界ニ対スル観念ヲ説明セヨ」など49項目。
(28) このへんのやりとりは『道の八十年』（148～149ページ）を参照。金光教では、前出佐藤範雄が斯波局長宅に招かれ、晩餐《ばんさん》を饗されながら問答を交わ

た。

はたして十月十四日に本局から電報が入り、松村が一人で東京へ向かった(33)。内務省関係の意向をさぐると、独立の許可どころか、解散も命じかねない状況であることが分かった。

十七日には本部へ帰り、真柱に報告、その結果、内務省に「願書不備のため、訂正の必要あり」との理由をもって、十月二十二日、第一回の請願書は取り下げるに至る(34)。

当時の東京との連絡

一派独立請願運動が始まると、おぢばと東京間の行き来が盛んになる。では、交通機関は何によったのであろうか。

明治二十一年の東京府への教会設立申請の折は、往路は神戸港から船、復路は鉄道、人力車、馬車などの乗り継ぎであった。それから十年も経《た》った明治三十一、二年ごろは、もっぱら鉄道が主流になる。三十一年五月十一日、京終《きょうばて》（奈良）―桜井に奈良鉄道開通、丹波市《たんばいち》駅（現ＪＲ天理駅＝いまの道友社前）営業開始。三十二年五月二十一日、関西線全通。同十月十四日、奈良鉄道・奈良―京終開通。請願運動に合わせるかのように、鉄道網は次々整っていく（ちなみに、明治三十年三月、丹波市郵便局で電報取り扱い開始、三十五年十一月、三島郵便受取所開設）。

東京への所要時間を『汽車汽船旅行案内』（明治31年8月版と32年10月版・庚《こう》寅《いん》新誌社発行）（天理参考館蔵）からたどってみると――

している（佐藤範雄『信仰回顧六十五年』）。

(29) 学校設置については明治27、28年ごろから話があったが、31年7月28日「学校設置の願」で「一時道理として許し置こう、許してやろう」とのお言葉があった。翌32年9月4日奈良県へ願書提出、9月26日奈良県知事より設立許可を得、33年4月1日開校に至る。

(30) 明治33年5月17日「道の友改良の件や、道の友の事に付願」をしたうえで、大阪朝日新聞社記者であった宇田川文海を招く。

(31) 明治33年5月31日「……今度中西牛郎に十二下り解釈を致させて居りますが、この件に掛かりますや願」、7月14日「……十二下りを郡山の信徒中西牛郎に解釈させて大綱を内務省へ出す事御許し下されますかと願」をしている。

○明治31年の場合

Ⅰ　丹波市――京終―(人力車)―大仏――亀山――名古屋―(夜行)―新橋
　　12:33　　12:52　　　　　　14:10　17:43　20:10　　　　　8:49
　　　　　　　　　　　　　　　　　(20時間16分・待ち時間を含む)

Ⅱ　丹波市―(人力車)―大仏――亀山――名古屋―(急行)―新橋
　　　　　　　　　　　6:00　9:45　12:26　　　　　22:31
　　　　　　　　　(大仏まで人力車で1時間半を見込めば約18時間)

○明治32年10月14日以降は京終―奈良がつながり、Ⅰの場合、丹波市の出発を1時間遅らせ13:23発、Ⅱの場合、奈良発6:10となる。

〈注〉大仏鉄道は明治31年に大仏(東大寺)詣での客を見越して、奈良―加茂に開通。大仏駅は現奈良市法蓮佐保川西町（市街地北）にあった。明治40年ごろ廃線。

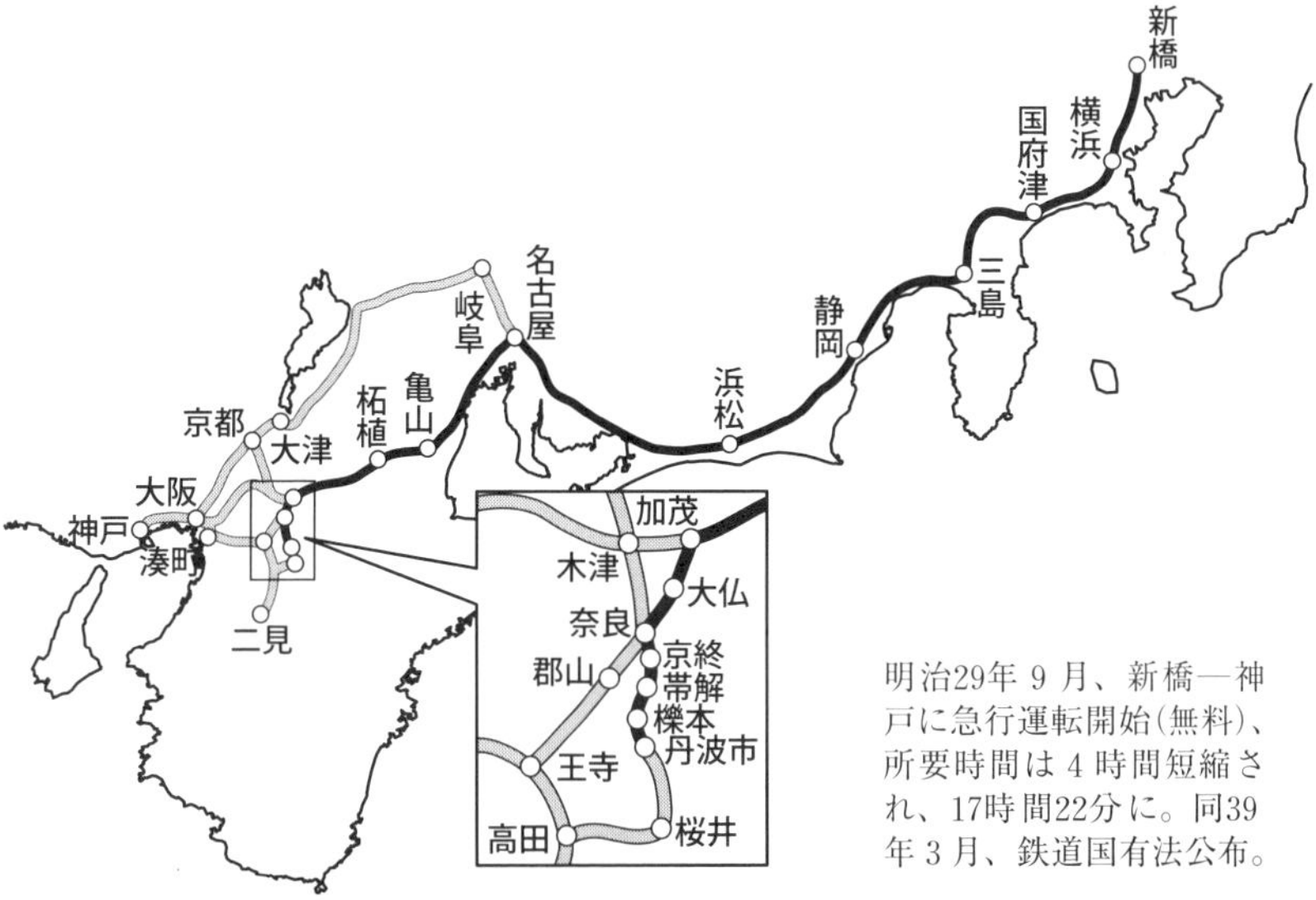

明治29年9月、新橋―神戸に急行運転開始(無料)、所要時間は4時間短縮され、17時間22分に。同39年3月、鉄道国有法公布。

(32) いわゆる明治教典の元になるもので、「第一章　神業神徳」「第二章　人業人徳」「第三章　教訓教誨」「第四章　立身処世」の4章28条からなる。

(33) 『稿本中山眞之亮伝』(284ページ)には12日に上京したとあるが、14日、本席の身上障りに本部員一同が集まり「おさしづ」を伺った後で、「押して、東京本局より松村吉太郎へ、用向捨て置いて直ぐ上ぼれとの電報に付、このへんの願」をしている。もう一人の別派独立請願委員であった増野正兵衞は、妻いとの出直しのため出向かず。

(34) 奈良県へも10月26日付で内務省からその旨の連絡（乙第七六六号）が来ている。

これに先立ち、全教の動揺を危惧《きぐ》し、十月二十日「おさしづ」を伺っているが、[35]それに対するお言葉は、

……さあ〳〵これだけ話伝《はなしつた》えて置《お》く〳〵。しっかり胸《むね》に治《おさ》めて、心得《こころえ》てくれ〳〵。これもどれも書《か》いて〳〵、それも分《わ》からんどくに[36]してるによって用《もち》いられん。用《もち》いらんもの、すっきり根腐《ねくさ》りてある。彼是《かれこれ》の中《なか》には抜《ぬ》いたる者《もの》ある〳〵。なれど、心《こころ》では唱《とな》えて居《い》る。心替《こころか》え事《こと》して、行《い》きそうな事《こと》は無《な》い。幾度《いくたび》の道理《どうり》適《かな》いそうな事《こと》は無《な》い。神《かみ》の道《みち》、人間《にんげん》で手伝《てつだ》う。神《かみ》の道《みち》、人間《にんげん》で出来《でき》やせん。これをよう聞《き》いて置《お》け。

ということであった。

確かに、あれもこれも書いて書類としては整えているが、大事な神の理が治まっていない、神の道は人間の力でできるものではない、と諭されているのである。

以降、人々は、神一条と応法の板挟みにあえぎながら、明治四十一年の認可に至るまで、五回に及ぶ請願を重ね、長い苦難にみちた独立運動の道を歩み続けていくのである。

(35)「一昨夜高井つね身上のおさしづより、本部員一同打ち揃うて願」の後、「東京の事件(独立事件)申し上げ、尚この事分支教会長には以前出願せし事承知あるから知らしたものでありますや如何のものでありますやと願」「松村吉太郎明日から東京へ出立さして貰いますと願(以前出願しある独立願書訂正の廉を以て一先ず願い下げするためなり)」

(36) 分からんままに、の意。

第十三章

中に錦を——組織の充実

明治三十二年、教会本部は、神道本局から独立するための運動にかかる。それを進める過程で、当局から問題として指摘されたのが、組織と教義の不備という点であった。

この章では、教師養成を目的とした天理教校の開設、教区制度の設置、機関誌『みちのとも』の改良など、独立達成までの組織充実の経過をたどる。

●天理教校開設

学校開設については、神道本局からの独立運動にかかる以前にも、その気運はあった。

『天理教髙安大教会史』によると、明治二十七、八年ごろ、「神様に伺《うかご》ふた事があつた。然《しか》るに、其《そ》の時は時期尚早であり、旬が来なかつたと云《い》ふのか、御許しがなかつた」ようである。(1) というのも、「この頃《ころ》の本教全般の傾向は、寧《むし》ろ、無学文盲を誇《ほこり》として、文筆を極端に軽視してゐたから、本部が学校を設置するなどとは、一

(1) これについては『天理教校五十年史』にもふれてあるが、この時の「おさしづ」は現在のところ見当たらない。

般の念頭に置かれなかつた」からであった。

『稿本中山眞之亮伝』も、「当時、教内一般の風潮は『学者金持後廻《かねもちあとま》わし』と言うて居た時代で、無学文盲は苦にならないが、生《な》まじ学問をさせると理屈を言うし、理屈を言うて居るとたすけ一条の道が遅れる、と考える人が、少なく無かった時代である」（272ページ）としている。(2)

それが、その後の内務省訓令への対応として、(3)人材養成を目的とした学校設置の一件が浮上。明治三十一年の七月二十八日には「学校設置の願」がなされる。

さあ〱尋《たず》ねる事情《じじょう》〱、どうも一時《じ》の処《ところ》は、どうも一時《じ》の処《ところ》はだん〱尋《たず》ねる処《ところ》、これ一時《じ》に許《ゆる》そうという、一《ひと》つの理《り》はどうも計《はか》り難《がた》ない。時日《じじつ》の理《り》を聞《き》き分《わ》けて、諭《さと》す理《り》は心《こころ》に委《まか》せ置《お》こう。一時《じ》そんなら直《す》ぐと設《もう》けと言《い》えば勇《いさ》むやろう。なれど元々《もと〱》通《とお》りた理聞《りき》き分《わ》けみよ。何《なに》も無《な》い処《ところ》からどうなりこうなり、あれこれどんな年《とし》もあった。どうもならん処《ところ》から、ほんの気休《きやす》めを付《つ》けてある。心《こころ》に治《おさ》めて今日《きょう》の日《ひ》、良《よ》き日《ひ》ばかり物見見物《ものみけんぶつ》のような心《こころ》ではいかん。……一時《じ》そんならと言《い》うて許《ゆる》したら、これまで年限《ねんげん》の理《り》が薄《うす》うなる。これが残念《ざんねん》。……これまでこうしたのに、許《ゆる》し無《な》いためこうなったと言《い》えば、一時心《じこころ》が治《おさ》まろまい。一時細々《じほそ〱》の理《り》、ほんの応法《おうぼう》の心《こころ》を以《もつ》てすれば、皆《み》んな心《こころ》に道理《どうり》という。一時道理《じどうり》として許《ゆる》し置《お》こう、許《ゆる》してやろう。

許しはするが、「元々通りた理聞き分け」るよう諭されている。

この時点においては、まだ表立った動きはなかったが、(4)翌三十二年五月の神道本

（2）それでも、「天理教沿革書類」（独立運動に際して本教が県に提出した願書などの書類＝奈良県立図書館蔵）中の「天理教校創立前後ノ沿革」に「明治二十六年一月天理教会本部ニ従事スル者ノ子弟及青年ノ者ヲシテ学術ヲ研究セシメン為ニ夜学校ヲ開設セシカ尓来年々生徒ノ増加スルヲ以テ明治廿八年四月夜学ヲ廃シ天理教校ト改称シ部下信徒ノ子弟及青年者ヲ募集シテ教養セリ」とあり、それ以前に学校があったことが記されている。学校存在の有無はともかく、明治26年1月という時期は、東京の神道本局から篠森乗人が教会本部に勤務するようになっているので、それとの関係も考えられないでもない。なお、この26年には、おやしきに出入りしていた青少年たちにより「一致幼年会」「青年団結義会」が結成されている。

（3）第8章「いかんと言えば、はいと言え」参照。

局からの勧奨を受けて独立運動が本格化するのにともない、学校設立の準備が進められていく。

そして、三カ月後の八月九日に「天理教会一派独立請願書」を内務省へ提出し、翌月の九月四日付で、天理教校の設置願を奈良県へ出すに至る。(5) その願書には、設立の目的として、「今般神道天理教教旨拡張ヲ希図シ、神道天理教教師養成ノ為」とある。

神道本局から別派として独立するからには、当然、教師養成機関が不可欠なわけであるが、そのこともさることながら、教勢の伸展にともない、指導者層の人材育成、教師養成のための学校を必要とする見解が次第に多数派を占めるようになってきたのである。

教師の補命は、神道本局所属の天理教会という建前から、本局に願い出たうえで、同管長名で認定される手順を踏んでいた。それは、明治三十年ごろ以降、本教で独自に教師の検定試験が実施されるようになってからも、同様の形式がとられていたようである（次ページのコラム参照）。

この教師検定の件で、明治三十一年五月三十一日に、「本部にて試験執行に付、前川菊太郎、橋本清の両名より本局へ願出相成りしに付上京御許し願」がなされている。

割書の記述だけでは、その詳細は分からないが、髙安大教会史によると、「前川、橋本の両人は神道本局に対して種々天理教の内情を陳述し、教師検定試験に付いて

（4）6日後の8月3日には「天理教別派独立運び方の願」がなされ、「綺麗《きれい》な道は急《せ》いてはいかん」との仰せ。

（5）『稿本中山眞之亮伝』には「明治三十二年八月九日、即ち、第一回請願書出願と歩調を揃えた同日に、奈良県庁へ天理教校設立請願書を提出した」（273ページ）とある。

告訴したので、(6)その答弁の為《た》め、初代管長公に初代会長、(7)清水、篠森の三氏が随行して明治三十一年六月一日上京されるやうなことになつた」ということである。

このあたりの事情について、『稿本中山眞之亮伝』にも「官辺では、人材養成のための学校一つ無いような事で、独立などとは思いもよらぬ事だ、と、言うて居る事が分かった。そう言われてみると、尤《もっと》も千万な話である。又、本当に道の将来を思えば、よしんば、政府に催促されなくても、学校はどうでも必要である」、また「本局所属の教導職の数は、本教々師が大半を占める、本局管長からは独立をすゝめられる、学校も無いような事で一派独立が許可出来るか、と言われてみると……」(272)

(6) 前川菊太郎、橋本清の二人は、明治28年に神道本局検定条規起草委員に名を連ねていたが、明治30年12月に橋本が、翌31年2月には前川が、教会本部から離反しているので、そうした事情によるものであろう。

(7) 初代管長とあるのは真柱・中山眞之亮、初代会長とは松村吉太郎のこと。

神道本局時代の教師（教導職）補命

明治十八年四月、神道（神道本局）管長に、中山眞之亮初代真柱以下十名の人々が教導職補命の手続きをし、五月二十日、初代真柱は教導職試補に、二十二日には訓導に補命される。翌二十三日、神道本局直轄六等教会設置が認可され、次いで、その他の人々も教導職に補命された。これが、神道本局所属の教師として補命を受けた最初である。

教導職という名称は、明治五年、大教宣布《たいきょうせんぷ》運動の開始にあたって、教部省のもとに神官僧侶合同の教導職が設置された時に始まる。さらに、この教導職の階級として次の十四級が定められた。

一級（大教正）　二級（権大教正）　三級（中教正）
四級（権中教正）　五級（少教正）　六級（権少教正）
七級（大講義）　八級（権大講義）　九級（中講義）
十級（権中講義）　十一級（少講義）　十二級（権少講義）
十三級（訓導）　十四級（権訓導）

明治八年、神仏合同布教が廃止され、神道側は神道事務局を創設して全国的に教導職を組織するが、明治十七年に神仏教導職は全廃される。その結果、神道事務局は民間の一教派とならざるを得なくなり、教団名を「神道」、その本部を「神道本局」と称した。以降、教導職の職階は教派神道に受け継がれるが、明治十八年に初代真柱が授けられた教導職試補は、神道事務局時代に設けられたものと見られる。

　神道本局所属以降、教導職の資格は、本教側から神道本局へ進達し、神道管長名義で補命されていた。明治二十四年には、神道本局は次のように進級内規を制定している。

教導職進級内規

一職級ヲ昇進セシムルニハ自今左ノ年程ニ拠ル

大教正		権大教正	満十年
中教正	満八年	権中教正	満六年
少教正	満四年	権少教正	満三年
大講義	満二年	権大講義	満一年
中講義	満一年	権中講義	満一年
少講義	満一年	権少講義	満一年
訓導	満一年	権訓導	満一年
試補			

但学識優等教義上著シキ功労アルモノハ特ニ進級セシムルヿアルベシ

年程ハ現職拝命ノ日ヲ以テ起算ス

　ところで、明治二十八年になると、内務省より「教規宗制中に教師検定条規を定むる件」に関する訓令が神道各教派・仏道各宗派あて発令され、神道本局としても即刻、検定条規の起草に取り掛かることになった。本教側からは、前川菊太郎と橋本清が委員として参加した。教会本部においては、明治三十一年七月一、二日に教師検定試験が実施されることになる。しかし、明治四十一年の一派独立達成までは、従来通り神道管長名による神道教師としての補命という形式がとられていた。

　ちなみに、この職階は戦後の復元まで採用されている。なお、当時の「神道天理教会教務取扱規則」(『みちのとも』明治34年8月号所収)に、第六章「布教方法及教師心得」として、第三十八条「教師に非ずして禁厭祈禱《きんえんきとう》は勿論《もちろん》説教講話等をなす事を得ず」、第四十条「教師は信徒の請求に応じて神符神供を授与する事を得」などとある。

〜273ページ）と記されてある。(8)

県へ願書を提出した直前に、たまたま私立学校令が公布されたこともあり、(9)手続きは難なく進み、九月二十六日付で寺原長輝・奈良県知事から認可が得られた。(10)

早速、その年の『みちのとも』十二月号に生徒募集の広告が、翌三十三年一月号には学則が掲載されている。(11)

当時の教育課程について、『天理教校五十年史』は、「語学がないだけで他は殆《ほと》んど普通の中学校と変らなかつたようである。時間は週二十八時間になつている。こゝには本教教義の時間が入れられてない」と述べている。(12)それでも、「普通学科を授けるとともに、神道教師たるに必要なる学科を授け、さうして卒業者をば直ちに本教教師にする方針であつた」(13)としている。

ひとまず、北分教会（当時）の信者詰所を仮校舎にあて、(14)三十三年四月一日に待望の開校式を挙行するに至る。独立請願運動に際し、組織の充実を指摘されていたからとはいえ、学校設立の件は難行すると予想していた神道本局は、当初、容易にこれを信じなかったようである。(15)

こうして、なんとか学校設置までにはこぎつけたのであるが、経営上の見通しは、未《いま》だついていなかった。

開校を二カ月後に控えた二月二十六日に学校基本財産についての役員会議を開き、翌二十七日には各分支教会長を集めて天理教校基金及び新築費寄付の件について協

(8) 同ページに、「眞之亮自身、学問が好きで、或《あるい》は米を搗《つ》きながら、或は、昼の教務を了《お》えて後、深更まで勉学した体験からも、将来の若い者には、どうでも学校を建て、やりたい、との思いもあった」とも。

(9) 明治32年8月3日付の勅令第三五九号。

(10) 「明治三十二年九月四日附願天理教校設立ノ件許可ス」（奈良県指令三第三六〇九号）

(11) 定員100名。校主は真柱、校長に山中彦七、教師に篠森乗人、後藤懋、山中元蔵《もとぞう》、校医に好村功斉《よしむらこうさい》（『天理教校五十年史』には吉村好斎と。第20章の注31参照）など。『天理教校五十年史』は、9月に県へ提出した願書に「左ノ規則」とある学則を修正して、『みちのとも』に掲載したものとしている。なお学則の第一条には「本校ハ神道教師ヲ養成スルヲ目的トス」とある。

議。開校二日前の三月三十日には「教校資本金を募集御許し願」がなされている。(16)

さらに翌三十四年、学校を移転し、(17)校舎を新しく建築するにあたっては、賛否両論入り乱れたようである。というのも、折からの独立運動請願中であり、(18)本部会計の出費のほとんどが、その関係で占められていたからであった。

先にもふれたような、学校設立を良しとしない雰囲気も未だ残っており、「校舎建築に寄付をするのは泥池の中へお金を投げ捨てるやうなものだ」など、強硬な反対意見も飛び交ったようである。(19)

そうしたなか、「おさしづ」を伺いながら、新校舎の建築は進められていくが、それに対するお言葉をたどってみたい。

開校一年後の三十四年四月十六日に、「教校新築に付四間に十八間教場二棟御許しの儀願」(20)がなされる。これについては、

……子供《こども》仕込《しこ》む所《ところ》仕込《しこ》む所《ところ》、道《みち》の上《うえ》の理《り》、さあ〳〵まあ子供《こども》仕込《しこ》む所《ところ》、一時《じ》の処《ところ》成《な》るよう行《ゆ》くようにして置《お》くがよい。……

引き続いての「本日地均らしの願」では、

……掛《か》かりというは、もうざっとして置《お》くのや〳〵。雨露《あめつゆ》に打《う》たれにゃよい。この道《みち》の理《り》皆治《みなおさ》めにゃならん。こら狭《せま》いなあ〳〵という事《こと》は今《いま》にも出《で》る。一時《じ》は狭《せま》い。道立《みちた》てゝくれば、どんな所《ところ》でも、こんな事《こと》くらい二《ふた》つや三《みっ》つの恐《おそ》れる道《みち》やないで。……

と、仕込みの場である教場については許されているが、それは「ざっとして置くの

(12) 普通中学の修業年限は5年であったが、天理教校は4年。

(13) 明治41年9月26日、教校別科開設式における松村吉太郎の祝辞（『天理教校五十年史』）。

(14) 現在の神殿南側、西泉水プール付近。

(15) 高安大教会史によると、神道本局の野田菅麿《のだすがまろ》幹事が別派独立請願委員であった松村吉太郎に「天理教に学校が出来るとは不思議だ、橋本清などは、天理教に学校が出来たら逆様に立つて歩くと云ふてゐた」と話していたという。

(16) 同日「三十三年四月一日天理教校開校式執行に付御許し願」「奉告祭神前にて執行願」も。

(17) 明治34年2月4日「平野より教校地所買い入れの事に付申し上げ」などなされている。

や」と。つまり、肝心なことは道の理に治めることであって、道が立ってくれば、必要な建物はおのずからできてくる、と諭されている。(21)

二日後の四月十八日には、「一昨日詰所にて梅谷四郎兵衛、諸井國三郎の両名教校の普請の事に付大工奥村忠七と話し合いの際、本席火鉢の所へ御越しになり、神様御入り込みの上、『違う〳〵しっかりせい〳〵、明日尋ね出るがよい』との御言葉に付願」がなされたところ、

……多《おお》くの中《なか》から三名《めい》頼《たの》まれたもの。余儀《よぎ》無《な》く事《こと》で好《この》んでするのやあろうまい。この道《みち》たゞ一《ひと》つの理《り》から出来《でき》たもの。何《なに》よの事《こと》も聞《き》き損《そこな》い、やり損《そこの》うてなろうまい。運《はこ》び切《き》らぬ先《さき》に、神《かみ》が止《と》めたのやで。数々《かず〳〵》そこ〳〵運《はこ》び切《き》らぬ先《さき》に神《かみ》が止《と》め置《お》いて、理《り》を聞《き》かすのや。何《なに》や彼《か》や派《は》を分《わ》けて三名《めい》分《わ》けて了《しも》うたら、傍《はた》からどうする事《こと》も出《で》けん。皆々《みな〳〵》寄《よ》って面白《おもしろ》く頼《たの》もしくやってくれ。……

と諭される。

また、「教校《きょうこう》は世上《せじょう》の理《り》」であるが、しかしいずれも、「一《ひと》つの理添《りそ》う〳〵。やれ〳〵、これもどうせ一《ひと》つの理《り》に纏《まと》まらにゃならん。暫《しばら》くの間《あいだ》やで〳〵」と仰せになっている。

これらのお言葉を受けたうえで、五月八日には、真柱をはじめ、総出の土持ちひのきしんが行われた（左ページのコラム参照）。

その後八月十三日、教場に加えて「教校本館と講堂二棟新築する願」では、

……どういう処治《ところおさ》めるなら頼《たの》もしいと言《い》う者半分《ものはんぶん》、又《また》なあと言《い》う者半分《ものはんぶん》、半分《はんぶん》

(18) 第2回請願書提出は明治34年6月27日。

(19) 髙安大教会史による。また、松村吉太郎自伝『道の八十年』によると、建築資金を2万円と見積もり、直属分教会に2千円の義務があったが容易に集まらず、「海にほかしたと思うて出してやるわ」と言う者もあったという。

(20) この日「一派独立の件に付、内務省へ出願の件に付願」も。

(21) 明治34年2月10日には「過日のおさしづより相談の上、本席より常に理に適う適わんの理の御話を聞かせ下さる節は、早速それこれ相運ぶ事に決定致しましたが、これまでの処御詫び申し上げ願」「又押して、応法世界の理に押されて遅れたると御聞かせ下されし角目は、如何なる処で御座りますや願」「日々本席御運びの時、教長出席下さ

々々《〱》追々《おい〱》と言《い》う。追々《おい〱》すれば、どんな事《こと》も十分《ぶん》と成《な》る。……

と、追い追いにして十分の道を求めるよう諭され、すぐに必要のない建物については、お許しがない。

しかし、すでに準備にかかっていたのか、「石灰の都合もありますから、コンクリートの所だけ続いて掛からして頂きたい」「前々御許し下されし教室二箇所を仕上げたる上にて、あと〱と御願いする事でありますや」と伺うと、「十分《ぶん》したら澪《こぼ》れる」理であるから、一気に完全な道を目指したからといって成るものではなく、

らぬ処でありますや」「又続いて遅れたると仰せ下さる角目は、本部教会所新築の件でありますや、就ては屋敷買い入れの事でありますや願」「平野楢蔵より学校の事に付申し上げ」などなされている。

教校土持ちひのきしん

場所は神殿西方の、現在は参道になっている元天理中学校のあった場所である。「初代真柱には、みづから先頭にたゝれ、毎日数時間づゝ、畚《もっこ》になうて土持《つちもち》をなされた。加之《これにくわえて》、職員生徒の労をねぎらわんため、多数の扇子に『天理教校土持記念』と御揮毫《きごう》下され、或《あるい》は白地の手拭《てぬぐい》に赤字で、『土持ひのきしん』などと御染筆になり、一同に配布下された（上写真）。時にはこれがために夜を徹せられたこともあられたという。この御熱誠に動かされて一同は元気百倍、疲労を忘れて働いたので、土持はいちゞるしく進捗《しんちょく》し、同年五月二十五日には、地固め大運動会が催され、七月七日に至つて、地ならし工事は全く終ることが出来た」（『天理教校五十年史』）。

「半《なか》ばというは先《さき》の楽《たの》しみやで」と教えられている。

十月十三日には「教校教室二棟出来上りに付、後へ事務室二十間に五間物(22)を建築致し度く願」をしたところ、

……建家々々《たちや〳〵》という、二箇所《かしよ》は十分許《ぶんゆる》しあればこそ、出来見《しゅったいみ》て楽《たの》しみ。又後一《またあとひと》つ尋《たず》ねる。尋《たず》ねば、事情《じじよう》は許《ゆる》さんではない〳〵。これはどうでも無《な》けにゃならんから、許《ゆる》す。なれど、出《で》け上《あ》がりたら移《うつ》さにゃならん。これだけしてどれだけして、という事《こと》は許《ゆる》されん。許《ゆる》されんというは、どういうもの。よう聞《き》き分《わ》け。……この道《みち》の初《はじ》め三十八年《ねん》あと勤《つと》め場所《ばしよ》〳〵という。だん〳〵世界《せかい》という。今一時《いまじ》やない。年限数《ねんげんかぞ》えば、三十八年《ねん》あとからだん〳〵精神定《せいしんさだ》めて通《とお》り来《き》た者《もの》、何人《なんにん》あるか数《かぞ》えてみよ。調《しら》べてみよ。こゝまで作《つく》り上《あ》げるは容易《ようい》やない。何《なに》か小《ちい》さいものから、何《なに》も要《い》らん〳〵と言《い》うて、それから出《で》けたる道《みち》。その理《り》で作《つく》り上《あ》げるは、どんな事《こと》でも出《で》けるなれど、人間心《にんげんごころ》でしょうと言《い》うた処《ところ》が、神《かみ》がじいとすれば、出《で》けん〳〵で。これだけこうしてと言《い》うは、ならん。皆不自由《みなふじゆう》勝《がち》というは、前々諭《ぜん〳〵さと》したる。よう思《し》やんしてみよ。未《ま》だ〳〵出《で》け上《あ》がりたるもの何《なに》も無《な》い。さあ、月々祭典《つき〴〵さいてん》という。さあ雨《あめ》が降《ふ》れば畳上《たたみあ》げる〳〵。そら〳〵と言《い》わんならん。さあ中《なか》に錦《にしき》を着《き》ずして、外《そと》に錦《にしき》を着《き》ては通《とお》られん。日々暗《にち〳〵くら》がりではならん、暗《くら》がりでは通《とお》れん。夜《よる》の暗《くら》がりは通《とお》れるなれど、昼《ひる》の暗《くら》がりは通《とお》れん。これをよう聞《き》き分《わ》け。……

とのお言葉であった。

(22) のちに本館と呼ばれた建物。注24、26参照。

「中に錦を着ずして、外に錦を着ては通られん」(23)とあるが、「中」とは神一条の道、「外」とは応法の道ということを仰せになっているのであろうか。

そこで、講堂の建築を見合わせることにし、あらためて、「教員室と付属建物だけ建てさして頂きます願」をすると、

……どうでもこうでもせにゃならん。せにゃならんが、よう思《し》やんせにゃならん。さあ一時《じ》建家《たちや》の処《ところ》は許《ゆる》そ。公然《こうぜん》許《ゆる》そ。さあ移《うつ》さんならんで〳〵。

との仰せであった。

ところが、翌月の十一月十九日に普請現場の出火という事情が起こり、(24)二日後の二十一日に「一昨朝教校工事場出火致し、御詫《わ》びのため掛員始め本部員一同願」をしている。これに対しては、

……神《かみ》の守護《しゅご》も無《な》きものかなあと、中《なか》にそういう事《こと》も思《おも》う者《もの》もある。皆《みな》これ大《だい》難小難救《なんしょうなんたす》けたる。

と勇まされたうえで、

……道《みち》に一《ひと》つの道《みち》、理《り》に一《ひと》つの理《り》、道《みち》に理《り》は一《ひと》つ。二《ふた》つは無《な》い。この一《ひと》つ彼《か》の一《ひと》つの理《り》を定《さだ》め。どうこう流《なが》れなよ〳〵。さあ〳〵流《なが》れなよ〳〵。……

と仰せになっている。応法に流れないよう戒められているようにも悟れる。

この後、「押して、前々おさしづに御許しの分だけ続いて御許し願」をし、さらに「講堂は後より致し、廊下付属建物要り用の分だけ建てさして頂きます」と伺ったところ、

(23) 明治34年11月26日「外に錦は要らん。外の錦はどうもならん。心に錦無くばならん」、35年7月20日「外の錦より心の錦、心の錦は神の望み」とも。

(24) 「控室の落成に次いで本館として五間に二十間の建物が、教室二棟をつないで東側に建てられ、その中央に講堂が建てられることになり、明日より工事にかゝるという十一月十九日朝方、不幸にも普請小屋からの失火により、本館用の材木は全部烏有《うゆう》に帰した」(『天理教校五十年史』)

天理教校新校舎落成開所式（明治35年１月７日）

さあ〳〵移《うつ》せ〳〵。大《おお》き所《ところ》広《ひろ》き所《ところ》、皆《みな》それ〳〵の中《なか》から出来《でき》たもの。十分《ぶん》々々、十分《ぶん》は水《みず》は澪《こぼ》れる。又《また》時《とき》という、言《い》うようにならん、思《おも》うようにならん。移《うつ》す。これから掛《か》かるなら天然自然《てんねんしぜん》。十分《ぶん》の事要《ことい》らん。……

との仰せ。引き続いて、「梅谷四郎兵衛よりこの度早く移してと」と伺うと、「さあ移《うつ》す事《こと》から先《さき》やで」とのお言葉があり、「移す事先にと一同申し上げ」ている。

この「移す」とは、何をどうすることなのであろうか。この前後、「出け上がりたら移さにゃならん」「移さんならんで」「移す事から先やで」など頻繁に出てくる。いずれは一つにということであろうが、教会本来のものと教校とを別立てにせよ、との仰せであろうか。(25)

その後、昼夜兼行で工事が進められ、(26)十二月二十一日には「教校開校式陽暦一月七日に致し度く、それには県知事始め高等官及び署長招待致し度き儀御許し願」を

(25) 明治34年4月18日には、「さあ〳〵これ何よの事分けさゝ、にゃならん。区域分けにゃならんは、たゞ一条《ひとすじ》成ったら、教校は世上の理。どんな者も入り込む。一つの処の会計はしっかりと〳〵。後々《あと〳〵》つゞまって、これだけしっかり、別派に立って行け。建家《たちや》一条《じょう》はやしき中《なか》のもの、一つの理添う〳〵。やれ〳〵、これもどうせ一つの理に纏《まと》まらにゃならん。暫《しば》くの間やで〳〵」とも。

(26)「何分にも落成式予定日が、一月七日であったので、あますところ僅《わず》かに四十数日となり、その間、あらたに材木をととのい、工員を督励し、建築係は、殆《ほと》んど工事場に附き切り、夜は原油を灯して工事を急いだという。その甲斐あつ（て）遂に落成式の前日、すなわち明治三十五年一月六日に本館（梁行《はりゆき》五間、桁行《けたゆき》二十間）の建築を完成することが出来た」（『天理教校五十年史』）

し、翌三十五年一月七日には新築落成式を挙行するに至る。仮の校舎ではなく、名実ともに学校設立がなったといえる。

そもそも、学校設立については、どういう思召《おぼしめし》があるのであろうか。校舎新築落成開設式での山中彦七《やまなかひこしち》校長の演説に、「我天理教内ニ於《おい》テ学校設立スル事ハ今ヲ去ル四十年ノ昔《むか》シ不肖教祖ニ親シク聞ケリ」「教祖往昔ノ予言空シカラズ時機到来シ本校開設スルニ至リシ也」(27)とある。

彦七の父にあたる山中忠七《ちゅうしち》の伝記(28)によれば、彦七の末の弟元蔵《もとぞう》について、教祖は、「神様はこの子が大きくなった頃《ころ》、おやしきで世界の学者を集めて学問をする所のお師匠さんにすると仰言《おっしゃ》いますで」と仰せになったという。事実、この元蔵は、のち師範学校を出て、教校開校に際しては教師兼書記として務めている。

この話からすれば、教祖は、学校開設を予定されていたということになる。また、「世界の学者を集めて学問をする所」とのお言葉に、現在、親里に見られる学校群に思いを致さずにはおれない。

こうして開校なった天理教校での教師養成ということだけでなく、並行して三十七年には教師の淘汰《とうた》も断行せざるを得なかった(29)。内務省から「どうも天理教は、やたらに教師を造るのだね(30)。粗製濫造《そせいらんぞう》だよ。だから、絶えず世間の問題を引き起こすのだ」と指摘されていたからであった(31)。

実際に内務省との折衝にあたっていた松村吉太郎の自伝『道の八十年』によると、

(27)『みちのとも』明治35年1月号参照。

(28)大和眞《やまとまこと》分教会編『山中忠七伝』。

(29)前年に編纂《へんさん》された、いわゆる明治教典の普及徹底にともない、教師講習会も開かれた。

(30)明治37年当時の教師数は定かでないが、33年12月31日現在で1万8千335人を数えた。

(31)「教典実行と一緒に、整理できないか」「どんなに立派な教典ができても、教師が悪質では、百年河清《かせい》を待つと同様です」とも(『道の八十年』〈改訂新版〉186～187ページ)。

「言外には、それ（教師の整理）を敢行しなければ、教義も制度も組織も認め難いという意味が汲《く》みとれた」としている。

これについて、『稿本中山眞之亮伝』には、

「教内の郭清《かくせい》を実施し、教師の行状を正さねばならぬ、という事になって、

1、教師たるの品性を欠き、性行不良なるもの

2、教会の命を用いず、教規教制を守らざるもの

3、有名無実にして、教師の職責を尽さゞるもの

右に該等する者、千四百余名を淘汰辞職せしめた」（296ページ）

と記してある。

では、淘汰された人々はどうしたのであろうか。その内実は、「信徒といい教師といい、教祖様の教えを奉じて、ただたすけ一条に、まっしぐらにすすんでいるのだ。宗教の世界を、法規で画一的に整理しようとは無理も甚《はなは》だしい。殊に、身を捨てて伝道に従っている人びとを、どうして捨てられよう。苦慮に苦慮を重ねた。そうして、有名無実者、死亡者などを拾い上げて、千四百名の淘汰を完了したことを報告した」（『道の八十年』187ページ）のであった。

その後、純然たる本教の教師養成機関と、中学校の学校教育という点で支障をきたしたため、学則を改正し(32)、明治四十一年にそれまでの天理教校を本科と別科に分け(33)、天理中学校を開設するに至ったのである(34)。

(32) 先の学則の第一条に「本校ハ神道教師ヲ養成スルヲ目的トス」とあったのが、この時の学則では「本校ハ天理教会教師ヲ養成スルヲ以テ目的トス」となっている。なお、それから間もなく明治41年11月27日付で、本教の一派独立がなる。

(33) 「改正学則によれば、教校は一年制の本科と、半年制の別科とを置くことになつているが、当時未だ本科開設の気運熟さず、当分別科のみを開設することゝなり、九月二十六日を以つて別科のみを開設することとなつた」（『天理教校五十年史』）

(34) 「四年制教校の一、二、三学年の終了生は、厳重なる試験の結果、新設天理中学校の二、三、四学年にそれ〴〵編成することゝなり、同校は、更に新生徒を募集して、明治四十一年四月一日を以て開校した。校舎は従前の天理教校をそのまゝ使用、職員も四年制教校の職員が多く

●『みちのとも』の改良

天理教校開設にあたって生徒募集や学則を掲載するなど、本教の教報的役割を担っていた『みちのとも』(35)の改良も、学校設立とともに、組織充実の課題とされた。

『稿本中山眞之亮伝』によると、明治三十二年八月九日付で第一回請願をし、翌三十三年九月に追加提出した書類中(36)に「教務本末」(37)を添付する必要上、機関誌である『みちのとも』の改良をせねばならなかったようである。

添付書類を提出する四カ月前の三十三年五月十七日、「道の友改良の件や、道の友の事に付願」をしたうえで、大阪で新聞記者をしていた宇田川文海《うだがわぶんかい》を招き、編集にあたらせている（次ページのコラム参照）。

確かに、その年の五月号、すなわち第百一号から判型が四六判から菊判へと大きくなっているが、内容的にはどう変わったのであろうか。

「教務本末」中の「第六　雑誌（道の友）」の記述によると、「変更種目」は、それまでの「現今種目」の「勅語　宮廷録事　官令　天理教会録事　漫録　内外雑報　論説　考証　記伝　文苑等」に加え、「政事法律　諸種広告等ノ事柄ヲ載ス」ようになったのであるが、目に見えて一新したとは感じられない。

まずは組織充実をはかる一端として、当時の知名人を編集者にあて、機関誌改良の努力を示したのであろうか(38)。

そのま、同校教諭として改任した」（『天理教校五十年史』）

(35) 明治24年の創刊にあたり、真柱は「道の友は、将来教理に関する説話を満載して、信徒一般に心の糧を与えるようにせねばならぬ」（『稿本中山眞之亮伝』137ページ）と。

(36) 9月7日に「天理教教規」「天理教教典」「天理教礼典」「教祖系伝」「教務本末」、同24日に「教典釈義」「御神楽歌釈義」を追加提出。

(37) 「教務本末」は、「第一　起原沿革梗概」「第二　公共事業裨補」「第三　献品軍資恤兵」「第四　臨時祝祭記事」「第五　天理教校」「第六　雑誌（道の友）」からなる。

(38) 発行人、編集人は、従来通り増野正兵衞、山中竹史。

宇田川文海のこと

嘉永元年（一八四八年）二月、江戸本郷（現文京区湯島）の道具商伊勢屋市兵衛の三男として誕生。早く父母を亡くし、一時仏道に入ろうとしたが、明治七年『遐邇《かじ》新聞』（秋田）記者となる。翌八年秋『神戸港新聞』に入社。同年十二月『浪華新聞』を創刊するが十年夏退社、同年創刊の『大阪日日新聞』に入る。十四年九月には『朝日新聞』へ。このころすでに関西における小説家としての地位を確立していたという。その後、二十六年四月に『大阪毎日新聞』に入り、三十五年創刊の『大阪朝報』でも活躍。晩年は新聞雑誌の寄稿家として、関西文壇の大御所的存在であった。昭和五年一月六日大阪住吉町の自宅で没。八十三歳。

（以上、吉川弘文館『国史大辞典』による）

以下、『みちのとも』とのかかわり具合をみてみると

「明治三十三年の二月……其時《そのとき》の余は毎日新聞の記者として、小説に筆を執り……意気揚々《ようよう》として其日を送つてゐた。山中重太郎（＝『天理教御教祖御一代記』など記しているが、教会本部関係の人ではない）が偶然に出て来て、『君は天理教を知つてゐるか』と突然の尋ね。余は之《これ》に答へて、『否《いや》、知らない』、と言つた。……重太郎は笑ひながら、『僕は天理教の本部の重《おも》なる人に馴染《なじみ》があるが、明日は幸ひ春季の大祭であるから見物かた〳〵案内しようか』、と意外の事を言出《いいだ》した……『それは妙だ、是非伴《つ》れて行つてくれ給《たま》へ』、と即座に三島行きの相談を極《き》め、翌二十五日（陰暦正月廿六日）約束の如く重太郎に案内されて、余は初めて御地場に帰り、御本部も見、御祭典も拝し、重太郎の紹介に因《よっ》て、始めて松村（＝吉太郎）教正に謁《えっ》し、教正の御案内に因て、教祖の休息所を拝し、教祖の御墓地を拝した。……それより引続《ひきつづ》いて、三月四月の月並の御祭日に参拝したが、其間に教長公（＝初代真柱）にも拝謁し、松村、増野（＝正兵衛）、篠森（＝乗人）、その他の御本部員にも御心安く成り、又今は故人となられた桝井（＝伊三郎）御本部員に就いて御道の初歩を運び、松村御本部員に就いて教祖の御伝の一班《ママ》をも承《うけたま》はつたが、其後図らずも松村、増野の両御本部員より、道の友記者の一員として筆を執るやうとの御勧めを受けた。余は是に対して『他の物ならばともかくも、道の友は神聖の御道の機関雑誌、換言すれば宗教

の専門雑誌であるのに、余の如き信薄く識浅き者が筆を執るのは、雑誌の神聖を涜《けが》す惧《おそれ》があるから、是は達《た》つて御免を蒙《こうむ》る』、と、固く御辞退に及んだが、『イヤ、重《おも》なる事は吾々《われわれ》が筆を執るから、君は唯《ただ》材料を撰択し原稿の順序を立て、字句を訂正し、雑誌の体裁を整理してくれ、ば、其れで宜《よ》いのである』との仰せ。『然様《さよう》の事ならば僕にも出来ますから、仰せに随《したが》ひませう』と、御相談に応じて、此《ここ》に始めて、三十三年五月二十八日発行、第百〇一号の『道の友』より、編輯《へんしゅう》員の数に備《そなわ》つて、初めて筆を執る事に成つた」（「余は如何にして道の友に筆を執る事となりし乎」＝明治45年1月号）

「其《その》時代（明治33〜42年）の道友社の組織を述べますれば、故管長閣下の総裁の下に、故増野先生が、発行印刷の事に任じられ、故篠森先生が、記事の編纂《へんさん》に任じられ、山中（＝竹史）先生と令息の忠蔵先生が之を補助され、松村先生が編輯の監督をされ、私は其下に就いて……」（「道乃友の過去現在未来」＝大正5年11月号）

●全国十教区・取締員体制

組織を充実させるため、学校が設立されたり、機関誌編集の体制が整備されたが、それらに加えて、全国に教区が置かれることになる。(39)

つまり、明治三十五年七月十三日「全国に十教区を置く事の願」がなされている。

……まあそら修理肥《しゅうりごえ》の内《うち》である。修理肥《しゅうりごえ》は何処《どこ》までもせにゃならん。蒔《ま》き流しでは、何《なに》も取《と》れるものやない。修理肥《しゅうりごえ》というはせにゃならん。又人《またにん》という、十名《めい》と言《い》うはそら願通《ねがいどお》り許《ゆる》し置《お》こう。中《なか》に又余程《またよほど》の理《り》改《あらた》めてせにゃならん。銘々《めいめい》勝手《かつて》という理《り》あるで。これを十分《ぶん》取《と》り調《しら》べてくれにゃならん。

教区を設けることは、あたかも、作物に肥をやるようなもの、田の修理するよう

(39)「教区」という言葉は神道本局でも使われていたが、その区分がいくぶん違っていたようで、本局では全国を7教区に分け、それとは別に各府県には分支局が置かれていたようである。

明治35年の10教区と取締員

第１教区＝奈良、大阪、和歌山、兵庫、京都、三重　（取締員・増野正兵衞）
第２教区＝滋賀、岐阜、愛知、静岡、山梨　（同・山澤爲造）
第３教区＝東京、神奈川、埼玉、茨城、千葉、群馬、栃木　（同・山中彦七）
第４教区＝福島、宮城、秋田、山形、岩手、青森　（同・板倉槌三郎）
第５教区＝北海道　（同・板倉槌三郎）
第６教区＝長野、福井、石川、富山、新潟　（同・高井猶吉）
第７教区＝岡山、広島、鳥取、島根、山口　（同・桝井伊三郎）
第８教区＝徳島、香川、愛媛、高知　（同・桝井伊三郎）
第９教区＝福岡、大分、佐賀、長崎、熊本、宮崎、鹿児島、沖縄　（同・喜多治郎吉）
第10教区＝台湾　（同・喜多治郎吉）

なもの、つまり丹精するためのものである、との仰せである。

このお言葉を受けて、「教会所取締条規」を制定し、七月二十九日付で神道本局管長の認可を受けた。

その第一条には「本教会部属ノ分支教会所出張所布教所ノ教務一切ヲ監督スル為メニ教務取締員ヲ置キ其条規ヲ定ム」とある。

以下、第十一条まであり、全国を十教区に分けて、管轄内の教会を監督することとなった。(40)

(40) 明治40年には「教会組合規程」により、各道府県に教会組合事務所が設けられ、11人の組合長と管轄区域が定められた。43年には「教務支庁規程」により、14の教務支庁名称と所管区域が定められた。この所管区域は昭和2年に変更され、各道府県にそれぞれ教務支庁が置かれることとなるが、当分の間は従来の14の教務支庁長が、従来の担当府県を管理した。

翌八月十日には教務取締員、いまでいう修理人の心構えについて、「十教区取締員の事情に就ては先々へ出張の御許し願(41)」をしている。対するお言葉は、

……まあ遠《とお》い所《ところ》、それからそれへ伝《つた》え、道《みち》という、又先《またさき》という中《なか》に、一《ひと》つの困《こん》難《なん》という／＼中《なか》に一《ひと》つ理《り》、これも一《ひと》つ、よく聞《き》いて話《はなし》という。……同《おな》じ一《ひと》つの中《なか》、我《わ》がさえよくばよいというようでは、兄弟《きょうだい》とは言《い》えん。この理《り》を一《ひと》つ聞《き》き分《わ》けて心《こころ》に治《おさ》めするなら、同《おな》じ水流《みずなが》れる。力次第《ちからしだい》、力次第《ちからしだい》にもだん／＼ある。この理《り》よく聞《き》き分《わ》けにゃならん。どうでも成《な》る、どうでも行《い》かん。国々所々《くにぐにところどころ》、一寸《ちよと》出《で》て話《はなし》するにも、聞《き》かすにも、心《こころ》に満足与《まんぞくあた》えてやらにゃならん。……さあ／＼国々《くにぐに》廻《まわ》るは外《ほか》から廻《まわ》らん。おぢばという、本部員《ほんぶいん》という、これ中《なか》に話聞《はなしき》かにゃならん。この道遠《みちとお》い所《ところ》へ行《い》けば大層《たいそう》である。大層《たいそう》なれど、大層《たいそう》の中《なか》から出《で》て来《く》る。……

と、応法の態勢の整備についても、「同じ水流れる」ように、「国々廻るは外から廻らん。おぢばという」とあるように、ぢばの理を芯とした治まりの道を示唆されている。

こうして独立請願運動の過程で、当局の要求に対する対応策を講じ、「世上の理」として整えられていく応法の道も、「おさしづ」によって教えの理が示され、たすけ一条の道へと展開されていくのであった。

(41)「押して、青年連れて出る事の願」も。

第十四章　理を変えて道があるか——教義の整備　その一

明治三十二年以降、一派独立請願運動の過程で当局側が問題としたのは、組織とともに教義の不備という点であった。

この章では、組織に次いでなされた教義の整備のうち、「みかぐらうた」の釈義書および、教祖の伝記書について見てみたい。

明治三十二年（一八九九年）、神道本局からの勧奨を受けて独立運動は開始されたが、以降、内務省との折衝、特に添付書類などの作成は容易な道程《みちのり》ではなかった。第一回の請願にあたり、その年の七月二十三日、「天理教独立願書に添付する教会起源及び沿革、教祖履歴、教義の大要に付御願」をしている。

対するお言葉は、以下のものであった。

……一寸《ちよつと》書《か》き記《しる》した処何処《ところどこ》にもある、此処《ここ》にもあるというよう理《り》に成《な》ってある。……願《ねご》うてどうするのやない。なれど、年限《ねんげん》から天然《てんねん》の道《みち》の理《り》によりて成《な》り立《た》った道《みち》と諭《さと》してある。ほんの一時世上《じせじょう》の道理《どうり》に一《ひと》つ〳〵心休《こころやす》めに許《ゆる》してある。

……さあこれからが一《ひと》つの精神無《せいしんな》けにゃならん。だん〳〵教《おしえ》の理《り》というは、よう聞《き》き分《わ》け。万事改《ばんじあらた》めて一《ひと》つ理《り》を始《はじ》めて治《おさ》めるというは、皆《み》んな一手一《てひと》つの心《こころ》が無《な》けりゃ、治《おさ》まっても治《おさ》まらん。元《もと》というは、人間心《にんげんごころ》で成《な》ったのやないという事《こと》は知《し》って居《い》るやろ。今日《きょう》一日《にち》の日《ひ》を以《もっ》て尋《たず》ね出《だ》すというは、始《はじ》まりとも言《い》う。何《なに》か道理《どうり》を外《はず》してはならんで。元《もと》というは心《こころ》にあると言《い》うても、有《あ》れば有《あ》るだけの理《り》を映《うつ》さねば、無《な》いと言《い》うても同《おな》じであろ。改《あらた》めてこうという処《ところ》は止《と》めるやない。勇《いさ》んで出《だ》してくれ。出《だ》す処《ところ》に曇《くも》りあってはならん。日々《にち〳〵》八《やつ》つ〳〵のほこりを諭《さと》して居《い》る。八《やつ》つ諭《さと》すだけでは襖《ふすま》に描《か》いた絵《え》のようなもの。何遍見《なんべんみ》ても美《うつく》し描《か》いたるなあと言《い》うだけではならん。めん〳〵聞《き》き分《わ》けて、心《こころ》に理《り》を治《おさ》めにゃならん。この教《おしえ》というは、どうでもこうでも心《こころ》に理《り》が治《おさ》まらにゃならん。あちら話《はな》しこちら話《はな》し、白《しろ》いものと言《い》うて売《う》っても中開《なかあ》けて黒《くろ》かったらどうするぞ。今日《きょう》この理《り》のさしづよう聞《き》き分《わ》け。跨《また》りは無《な》い。あちら眺《なが》めこちら眺《なが》めて、勝手《かって》のよい理《り》を出《だ》し、無理《むり》の理《り》でも通《とお》すというは、人間凡夫《にんげんぼんぷ》の理《り》である。今日《きょう》の日《ひ》のさしづはうっかり聞《き》いて居《い》られん。この理《り》さえ守《まも》りて運《はこ》ぶなら、神《かみ》はどんな事《こと》も引《ひ》き受《う》ける。どんな難《なん》も遁《のが》れさすという。……

これは、独立運動にあたり教義関係書類を作成するうえでの最初のお言葉であり、以後の心得を諭されたものと受けとれる。また、提出内容については、「万事《ばんじ》ほんの角目《かどめ》だけ」とも仰せられている。

八月に第一回の請願書を提出。ところが、年が明けても音沙汰《おとさた》なかったので、三月に直接、内務省へ問い合わせたところ、[1]組織と教義の未整備を厳しく指摘される。組織については天理教校の設置や教区制度の実施などなされるが、教義の整備については明治四十一年に一派独立なるまで、五回にわたる請願のたびに関係書類が整えられていくことになる（左表参照）。

第一回の請願、つまり明治三十二年八月九日付で提出した際の添付書類には「みかぐらうた」に関するものは含まれていない。それが、翌三十三年九月二十四日付の再追加書類のなかに「教典釈義」とともに「御神楽歌釈義」が出されている。[2]再追加の書類は、第一回の添付参考書類を提出して後、内務省から教義の整備を図るよう指導を受けて作成されたものである。書類作成にあたり、教祖が説かれた教えを当局が納得する内容としていかに表明するかが問題とされたが、教会本部としては、そのあたりの事情に不案内であったので、やむを得ず外部にその人材を求めた。

こうした一連の事情について、松村吉太郎は自伝のなかで次のように語っている。「まず第一の苦労は執筆者の人選であった。本部にはその人がいない。とすれば外部に求めるより外はないのだが、ここに私はその条件としてこう考えた。

一、立派な学者であること。

一、但《ただ》し、好人物であって、本部の方針にくちばしを入れない人。即ち、本部の命のままに真実に動く人。

（1）明治33年2月27日「別派独立の願書内務省へ請求に付願」に対する「時々どうであるか尋ねるが理である」との仰せを受けて、松村吉太郎と増野正兵衛が東京へ向かう。第12章「綺麗な道は急いてはいかん」参照。

（2）これより先9月7日付で「天理教教規」「天理教教典」「天理教礼典」「教祖系伝」「教務本末」を追加提出。

一派独立請願関係書類

第１回（明治32年８月９日付提出、33年10月22日付取り下げ）
○本願書　天理教会一派独立請願書
○添付書類　教会の起源沿革、教祖の履歴、教義の大要、神道天理派教規
○参考書類　教会府県別一覧表、神道教規、神道天理教会規約、神道天理教会規約(改正)、天理教校学則
○追加書類(明治33年９月７日付提出)　天理教教規、天理教教典、天理教礼典、教祖系伝、教務本末
○再追加書類(同年９月24日付提出)　教典釈義、御神楽歌釈義

第２回（明治34年６月27日付提出、36年１月11日付取り下げ）
○本願書　天理教会一派独立願、天理教別派独立請願理由書、神道本局管長添書
○添付書類　教典綱要述義、天理教教規、天理教礼典、教祖系伝、教務本末、御神楽歌釈義
○参考書類　神道教規、神道天理教会規約、天理教校学則、天理教会教務取扱規則
○追加添付書類　教会所取締条規(明治34年７月10日付提出)、神教本義(同年９月17日付提出)

第３回（明治37年８月１日付提出、同年８月13日付取り下げ）
○本願書　天理教会一派独立願
○添付書類　天理教教典、天理教教規及規程、教祖系伝、教務本末、御神楽歌述義
○参考書類　神道教規、天理教会規約、天理教校学則、天理教会教務取扱規則、教会所取締条規、神道天理教会規則及規程、天理教会講習会学則

第４回（明治37年12月16日付提出、39年12月20日付取り下げ）
○本願書　天理教会一派独立願、天理教会別派独立請願理由書
○付属書類　天理教会経過事績概要、天理教教典、天理教教規及規程、天理教校学則
○参考書類　神道天理教会規約、天理教校規則、天理教会教務取扱規則、教会所取締条規、天理教校一覧表、天理教会教務整理会規約、神道天理教会規則及規程、天理唱歌、天理教会講習会学則、巡回宣教規程、戦時ニ於ケル帝国臣民ノ心得書、教会一覧表

第５回（明治41年３月20日付提出、同年11月27日付認可）
○本願書　天理教会別派独立願
○添付書類　天理教会別派独立請願理由書、天理教会経過事績及現在実況、天理教教典、天理教教典義解、天理教教規及規程
○参考書類　神道天理教会規約、天理教校規則、天理教会教務取扱規則、教会所取締条規、天理教校一覧表、天理教会教務整理会規約、神道天理教会規則及規程、天理教祝詞集、祭式作法及葬儀式、天理唱歌、天理教会講習会学則、巡回宣教規程、戦時に於ける帝国臣民の心得書、御神楽歌、神の御国の曲、私立天理中学校学則、天理教校学則、神道天理教会教則及規程

一、といって、軽薄子《けいはくし》は困る。人格者であること。
人を得るのは難事業である。人を得れば、仕事はその半《なか》ばを達成したにも等しい。
そこで私に授かったのは、京都の中西牛郎氏であった。中西さんを主軸に、神道学者の井上頼圀、逸見仲三郎の二人を配して、仕事にとりかかった。井上さんと逸見さんの二人にはもっぱら教典を、中西さんには『みかぐら歌釈義』をやってもらった(3)」

以降、教義関係書類の作成に努めていくわけであるが、教典の編纂《へんさん》については後でふれるとして、まず「みかぐらうた」について見てみる。

●「みかぐらうた」の釈義書作成

『天理教高安大教会史』によると、「みかぐらうた」の解釈を宗教学者の中西牛郎(4)に依頼したのは、明治三十三年の四月半ばであったようである(5)。

しかし、その後、翌五月三十一日になって、あらためて「今度中西牛郎に十二下り解釈を致させて居りますが、この件に掛かりますや願」をしている。

これは、それより先、松村が家族の身上伺いに際してのお言葉から派生したものである。つまり、中西に依頼して間もない五月三日に、松村の妻ノブと子息義孝《よしたか》の身上について伺った際(6)、「天然《てんねん》という理《り》」を諭されるが、この時には「分教会の内らの事でありますや」と悟っていた。しかし、それでも治まらぬため、三十一日に

(3)『道の八十年』(改訂新版)151〜152ページ。

(4)「うしろう」「ごろう」とも読めるが、『国史大辞典』(吉川弘文館)によると「うしお」とある。熊本の生まれ。安政6年(1859年)、著書に「教祖御伝記」(明治35年)、『天理教顕真論』(明治36年)、『神の実現としての天理教』(昭和4年)などがある。

(5)「恰度《ちょうど》、其の頃京都に住んで居た人で、中西牛郎と云ふ有

再度「松村ノブの五月三日のおさしづに、天然という御言葉を下された処に、如何の処の事でありますや、押して願（尚小人義孝夜分非常に咳きますから併せて願）」をしたところ、それに対するお言葉の中で、

……前々《ぜん〳〵》に天然《てんねん》自然《しぜん》と諭《さと》したる。天然《てんねん》自然《しぜん》というは、誰《たれ》がどうする、彼《かれ》がこうしょうと言《い》うても出来《でき》ん。独《ひと》り成《な》って来《く》るは天然《てんねん》の理《り》。金《かね》でどうしょう、悧巧《りこう》でどうしょうというは、天然《てんねん》であろまい。……

と仰せられたのを一派独立運動についてのお諭しと悟り、「押して、たゞ今おさしづを承りし処」うんぬんと、前述の通り「みかぐらうた」の解釈依頼の件について伺ったものと察せられる。

中西へ依頼したことについては、

さあ〳〵尋《たず》ねる事情《じじよう》〳〵、それ天然《てんねん》と言《い》うたるで〳〵。これ一《ひと》つに悟《さと》ってくれ。何程発明悧巧《なにほどはつめいりこう》な智者《ちしや》や学者《がくしや》でも、行《い》くものやない。たゞ言葉《ことば》で八方《ぽう》という。未《ま》だ鮮《あざ》やか分《わ》からん。急《せ》いた処《ところ》が行《い》かん〳〵。この道何《みちなに》も紋型《もんかた》無《な》い処《ところ》から、天《てん》より天降《あまくだ》りて始《はじ》めた道《みち》。誰《たれ》り天降《あまくだ》りて始《はじ》め掛《か》けたる道《みち》。誰《たれ》も分《わ》からんから、天《てん》よ

が掛《か》かりたかて、そら分《わ》からん。そこで、どうしょうこうしょうと思《おも》たて、一時成《じな》るものやない。なれど、何年経《なんねんた》ったて通《とお》り抜《ぬ》けにゃならん。どうで危《あぶ》ない所《ところ》も、怖《こ》わい事《こと》もあろ〳〵。年限重《ねんげんかさ》ならにゃ出来《でき》やせん。だん〳〵道理《どうり》から、だん〳〵ほんに珍《めずら》しい事《こと》しよったなあ、悪《わる》い事《こと》も聞《き》くけれどなあ、そうやないなあと、明《あき》らか重《かさ》なりて往還《おうくわん》の理《り》と諭《さと》し置《お》こう。

名な宗教哲学者が見附かつた。宗教や哲学の方面には非常に明るい人であつたが、借財の為め大変家計が困難に落入つて居た。或る人からの話で、中西氏の窮状を救ふことを条件として、明治三十三年四月十二日附で山岡エツなる人が引受人となつて、増野、平野、松村三名宛の契約書を取交はし、三十ケ月（二ケ年半）間本部へ雇入れることにされたのである」（高安大教会史）

（6）割書には「松村ノブ昨二日俄かに気がのぼせて倒れしに付、如何の儀知らせ下されしや願、且つ長男義孝夜分に非常に咳きますに付願」とある。

との仰せであったので、引き続き「中西はそのまゝ仕事をさせて宜しきや」と念を押して伺うと、(7)

……皆肥《みなこえ》や。どんな者《もの》もこんな者《もの》も、年限《ねんげん》の内《うち》に立《た》ち寄《よ》る。金銭出《きんせんだ》したとて雇《やと》われん。一《ひと》つどういう、こういう、掛《か》かりた処《ところ》が出《で》けん。どれだけ悪口言《わるくちい》う者《もの》もある。言《い》うた処《ところ》がそら世上《せじょう》へ知《し》らすのや。そこでぼつ〳〵掛《か》かるがよい。この道具《どうぐ》に使《つか》う。急《せ》いた処《ところ》が行《い》くものやない。ぼつ〳〵掛《か》かるがよい。

と仰せになり、教義を整備していくうえでの心構えを諭されている。

学者を用いても、この教えは「何も紋型無い処から、天より天降りて始め掛けた る道」であるのだから、「どうしょうこうしょうと思たて、一時成るものやない。なれど、何年経ったて通り抜けにゃならん」、それでも次第に「明らか重なりて往還の理」となると仰せられている。

以降の経過は松村の自伝に詳しく、「さて仕事を始めたが、実際の業《ぎょう》は予想よりも遥《はる》かにきびしい。学者は学者としての立場から筆をとる、中西さんが如何に器用であっても、一カ月や二カ月で道の真の理が理解できようはずがない。『そこを、こう書けんか。こういういいまわしにしてもらえないか……』と、私は草稿を校閲《こうえつ》するたびに註文した。一句の訂正のために、全章が根本から覆《くつがえ》されたことも一再ではなかった」と記されている。(8)

七月には出来上がり、同月十四日、「天理教別派独立の件に付……十二下りを郡山の信徒中西牛郎に解釈させて大綱を内務省へ出す事御許し下されますかと願」(9)をす

(7) 11月5日には「中西牛郎は学校専務として御許し願」「中西学校教師に御許しの願」も。

(8) 『道の八十年』153ページ。

(9) 割書には「天理教別派独立の件に付内務省へ書面差し出し置きし処、信徒を取り調べの事に対し、各府県より内務省へ種々の事申し込み有之、よって今少し確実のもの提出せば却って教会のためかと言われ、よって十二下りを郡山の信徒中西牛郎に解釈させて大綱を内務省へ出す事御許し下されますかと願」とある。

(10) 3カ月後10月16日の刻限では、「これもどれもいかんと言うなら、隠《しま》して了え。出しさえせにゃ、せんで治まったる」とも。

(11) 第1回、第2回の「釈義」は151ページの印刷本であったが、第3回の「述義」は173ページに

るが、これについては、

……もう遠《とお》からず道見《みちみ》えるで。心《こころ》しっかり持《も》って、皆《み》んなの綺麗《きれい》な心《こころ》より働《はたら》きする。……この元一《もとひと》つ、よう聞《き》き分《わ》けてくれ。上《かみ》さえさあと思《おも》うたらこれで結構《けっこう》、と思《おも》うなれど、この道《みち》は容易《ようい》では行《い》かん。容易《ようい》では成《な》り立《た》たん。実《じつ》というもの世界《せかい》に治《おさ》まりて、道理成《どうりな》り立《た》ったら出来《でき》るもの。……出《だ》すものは、どし〳〵出《だ》すがよい〳〵。隠《かく》し包《つつ》みしてゝはならん。十分心《ぶんこころ》に通《とお》り抜《ぬ》けたら聞《き》く者《もの》ある。

……

と仰せになっている。[10]

これを受けて、二カ月後の九月二十四日付で再追加書類として「教典釈義」とともに提出するに至る。

この時の「御神楽歌釈義」の内容は、「みかぐらうた」を一句ずつ注釈したもので、翌三十四年六月二十七日付で提出した第二回の添付書類とも同一である。また、明治三十七年八月一日に提出した第三回請願書の添付書類の一つ「御神楽歌述義」とは、異なっている。[11]

とにかく、啓示原典の一つである「みかぐらうた」の解釈であるから、事は重大であった。「おふでさき」は既に焼失したことになっているので、[12]「みかぐらうた」だけが教祖の教えとして表に出せる唯一のものであったからである。[13]

中心になって事を進めた松村は、この点について、「みかぐら歌は素《もと》より天理教の原典の一である。それは神言である。これを訂正したり、削除したりしては信仰を

なっている(『改訂 天理教事典』「一派独立請願添付書類」の項参照)。現在、これらの文献を目にすることができないが、その内容にふれることによって編纂《へんさん》に携わった人々の苦労が一層浮き彫りにされると思われる。

(12) 「おふでさき」の焼失については『稿本天理教教祖伝』251～254ページに詳しい。明治36年発行の『天理教教典』(明治教典)の「緒言」にも「本教は由来筆墨の教《おしえ》にあらず……生前御神楽歌十二下りの製作ありしのみにして敢《あえ》て文字の窺《うかが》ふべきものあるなし」と。また「おさしづ」にも、「実際は十七号ふでさきという、珍しいものがあるそうな。見たいなあ、聞きたいなあ、これはどうも見とうて〳〵、聞きとうて〳〵ならんというは、世界に多分ある。なれど、容易に見せる事は出けんで。又真に聞きたいと言う者には、そら聞かさにゃならん。なれど、うっかり出せん」(明治33・9・14)とある。

捨てるも同様である。天の声をそのまま当局に理解させねばならぬ、そこに釈義の目的があった。しかも、世間がもっとも誤解するのもここにあり、当局が難詰してくるのも、ここにあった。彼等を承服せしめ、同時にその意義をくずさない、そこに言外の苦慮があった」と振り返っている。(14)

こうした原典の扱いについては、「おさしづ」でも言及されている。

つまり、同じ明治三十三年の十一月五日、「十二下り神楽歌本の是までの分、文字の違いを訂正の上再版致し度く御許しの願」に対して、

……さあ理《り》というもの、変《か》えようにも変《か》えられはせん。理《り》を変《か》えて道《みち》があるか。理《り》を変《か》えて居《い》るもの世上《せじょう》にまゝある。この道聞《みちき》き分《わ》け。文字抜《もじぬ》き差《さ》し、上《うえ》が下《した》に、下《した》を上《うえ》に、言葉《ことば》の理《り》に変《か》わり無《な》ければ幾重《いくえ》の理《り》もあろう。一文字《ひともじ》でも理《り》が変《か》わりたら。堅《かた》く／＼言《い》うて置《お》く。とても／＼理《り》を変《か》わりては道《みち》に錆《さび》を拵《こしら》えるも同《おな》じ事《こと》。……すっきりと人間心《にんげんごころ》で、こらどうそらどう、理《り》を抜《ぬ》いたら、これは半文字《はんもじ》もいかんで。

と仰せになり、さらに「押して、再版の事願」に対しては、

さあ／＼理《り》の変《か》わる事《こと》すっきりならん。理《り》が変《か》わらにゃ、上《うえ》が下《した》になるやら、下《した》が上《うえ》になるだけ。理《り》が変《か》わらんよう。

と諭されている。(15)

引き続いて、「十二下り解釈講社一般へ出す事の願」をしており、これは、時期的に見て、独立請願の再追加書類として二カ月前に提出した「御神楽歌釈義」を指

(13) 明治27年3月17日には「神楽歌楽譜出版届竝版権登録願」を内務省図書課あてに提出している。

(14) 『道の八十年』152ページ。

(15) 翌34年6月に『御かぐら歌』(21年11月1日発行)が再版されているが、これについて二代真柱は、『続ひとことはなしその二』の中で「明治三十三年十一月五日……のおさしづを仰ぎ、理をかえることなく字句を訂正の上、発行所を東京よりおぢばにかえて発行したものである。……初版本に父(＝眞之亮)の筆でその頃の文法、又は仮名遣いに照して訂正し、父筆の版下で明治卅四年六月一日再版発行となつている」と。

(16) このほか、明治24年7月31日「おかぐら十二下り版木、前の分損じたるに付更に版木製作の願」、同25年1月10日「神楽

してのことと思われる。

いずれにせよ、教祖が教示された原典の扱いについての厳しいお諭しである。(16)

その後、明治三十七年十二月の第四回請願の際には添付書類に「みかぐらうた」関係のものはなくなり、四十一年三月の第五回では解釈なしの「御神楽歌」のみとなっており、新しく「神の御国《みくに》」（次ページのコラム参照）なるものが加えられている。これは、当局側の意に沿った原典の解釈が、いかに困難であったかを物語るものといえる。

たとえば、「みかぐらうた」には農事や建築用語などを用いて具体的に説いてあるが、第三回請願の添付書類「御神楽歌述義」では、それらが象徴的なものとして解釈されている。特に、かんろだい、さづけ、扇の伺い、ぢば定めなどについては、その真意を損なう内容になっている。(17)

本来の神意から遠ざかっていくという懸念から、第四回請願以降、「みかぐらうた」の釈義書を提出しなかったという見方もできる。それでも、第四回請願中、「みかぐらうた」について、当局とかなり厳しい折衝があったようである。

松村の自伝によると、

「教典の方はかねてより承知してもらっているので、それほど困難な問題に行き当たらないが、みかぐら歌の方は、なかなかむつかしい。

当局の方はあくまでも、国家主義に統一しようという計画であるから、それに添わぬと思える点をいちいち指摘してくる。


歌本再版致しましたものにや、原版をさらえて其侭《そのまま》使用して宜しく御座りますや伺」、同26年3月31日「かぐらうた版行の御許し願」、同34年3月29日「本部十二下り再版する願」などある。

(17)『御神楽歌述義』（明治39年印刷発行）に「いちれつすましてかんろだいハ救済ノ恩寵ニヨリテ世界一列ノ心ヲ清浄ナラシメテ其ノ心ニ甘露台ノ建設ヲ見シメ給フベシトノ義ナリ……心ニ甘露台ヲ建設ストハ我等教徒ノ信仰堅固ニシテ救済ノ恩寵ヲ被ルモノ、内心清浄ニシテ霊化充満シ霊福不滅ニシテ無上目的ニ向ヒテ進行スル状態ヲ謂フナリ」「こゑのさづけハ我等人間救済ノ要求ニ応ズル天啓ノ声ナリ……さづけもらうたらトハ天啓ノ声ヲ聞キテ信受シタラバト云フ義ナリ」「あふぎのうかゞひこれふしぎトハ扇喩ノ天啓ハ真ニ是不可思議ナリトノ義ナリ」「ぢばさだめトハ地固ノ事ナリ」などとある。

「神の御国」

『稿本中山眞之亮伝』によると、「眞之亮自ら二十一代集の中から十五首を選び、宮内省雅楽部に依嘱して作曲の出来て居たもので、衣冠をつけた四人の舞人が舞い、伴奏は、拍子、付歌《つけうた》、和琴《わごん》、笛、篳篥《ひちりき》、各一人によって奏でられる」（319～320ページ）とある。二十一代集とは『古今和歌集』から『新続古今和歌集』までの二十一代の勅撰和歌集のこと。歌詞は、「参音聲《まいりおんじょう》」として「あめつちの　ひらけしよりや　ちはやふる　かみのみくにと　いひはじめけむ」はじめ三首、「揚拍子《あげひょうし》」に「たみやすく　くにゆたかなる　みよなれば　きみをちとせと　たれかいのらぬ」など九首、「退出音聲《まかでおんじょう》」は「きみがよは　あまのかごやま　いづるひの　てらむかぎりは　つきじとぞおもふ」など三首、計十五首からなる。また『天理教高安大教会史』によると、宮内省の辻氏に篳篥、安信氏に龍笛を習っている。

「神の御国」舞奏の図。明治39年の教祖二十年祭以来、南礼拝場竣工前の昭和8年春まで毎月の祭典で奏舞されていた。

『ここを改訂できないであろうか』

『この字句を削除できないであろうか』

と、致命的な註文が出てくるのであった。

　ここで、迎合するような言動を微塵《みじん》も見せてはならんと思った。一字と雖《いえど》も改訂削除はできぬし、しない――その決意に立って、縦横から説明した」

と記されてある。(18)

　また、第五回請願に初めて添えた「神の御国」は、明治三十九年の教祖二十年祭に際して制定されたものであるが、(19)『稿本中山眞之亮伝』によると、

「明治三十一年以後、独立請願を始めてからも、『一寸来い《ちょっと》〳〵』と言うては、眞之亮を東京へ呼んで、『御神楽歌《みかぐらうた》』を廃止せよ、など酷《むご》い事を言うた。それは、普請、とか大工とか言うて、財産を蕩尽《とうじん》さす、というのである。眞之亮が、

『こればかりは、どうしてもやめる訳には行かぬ』

と言うと、

『もしやめねば、天理教を取り消して了《しま》う』

とまで言うた。その時の苦しさは、とても筆舌には尽せない程で、眞之亮は、

『もし、御神楽歌をやめるような事になれば、自分は出直して、親神様にお詫《わ》びを申し上げる覚悟であった』

と、後日述懐した」（320〜321ページ）

とある。

(18)『道の八十年』197〜198ページ。初代真柱の書簡にも、「今亦《また》十二下り御歌について、改作せよとか、或る部分改めよとか申され、松村さんは一字も改めること出来ぬと申され、当局者に於《お》いては、改める事できざれば許可与えられずと申され、大衝突起《おこ》り」「御歌は教祖様のものせしものにて、数十年信仰の固まりたるものゆゑ、一字たりとも私に改めることはなりません」と記されてある（同書199〜200ページ）。

(19) 教祖二十年祭を機に、朝夕神拝祝詞、信徒参拝心得も制定されている。

こうした当局との苦渋に満ちた折衝の末に取り入れたものであったが、それでもなお、この第五回請願時にも、「みかぐらうた」についての申し入れがあった。

松村の自伝には、「しかし、現実は依然としてむずかしい。前回に於《おい》ては何の問題も起こらなかった教典の一部の修正を申し渡され、さらに、おかぐらづとめに故障が入った。教典の修正は、所詮《しょせん》、人間の造ったものであるから、どうにでもなるが神様のお定めくださったことについての故障ばかりは、どうにもならぬ。私のとるべき道は、命懸けでその了解に当たるより外はなかった」と、当時の状況のほどが記されてある。(20)

記事中にある「故障」とは具体的にどういうことなのか定かでないが、最後まで当局との折衝に苦慮したことがうかがえる。

●教祖の伝記書作成

このほか、教義に関するもののなかで、教祖の伝記書について見てみる。

すでに、教祖伝の作成については、早くから「おさしづ」を伺っており、(21)明治三十一年七月には初代真柱による「稿本教祖様御伝」ができていた。(22)

また、同じ時期、教会本部の依頼によるものもいくつか執筆されており、宇田川文海の「天理教教祖御略伝」、中西牛郎の「教祖御伝記」などがあげられる（左コラム参照）。

(20)『道の八十年』229ページ参照。真柱が松村にあてた書簡にも、「此度《このたび》は亦《また》神楽に故障申込まれ候様、定めて御心配と推察仕《つかまつ》り候」「飽迄《あくまで》も押し切り被下《くだされ》度《たく》候」と記されてある。

(21) 明治23年10月13日「教祖履歴編纂致し度くも委しく知らざるに付、各古き詰員に聞き正し、綴る事に致し、尚不分明の処はおさしづに預り度願」、同25年1月26日「教祖御履歴編輯の事に付願」などある。

(22) 表紙に「明治卅一年七月三日」と記されてあり、罫紙51

しかし、独立請願関係書類としての最初のもの、つまり明治三十二年八月に第一回請願の添付書類として提出した「教祖の履歴」は、罫紙一枚半の簡略なものであった。(23) 量的にも充実したものを作れたと思われるが、提出するに際して「万事ほん

「天理教教祖御略伝」と「教祖御伝記」

山澤爲次《やまざわためつぐ》『教祖御伝編纂史』によると、宇田川の「天理教教祖御略伝」（明治33年執筆。『復元』第8号、35号所収）は「総振仮名を施し、二十二字詰、二十行の原稿用紙に一行措きに書かれ、総数百二十二枚からなつてゐる。その内容は第壱章緒言、第弐章御降生及び御少壮、第参章御神憑及び御艱難、第四章御布教及び御帰幽の四章に構成されてゐる」。

中西の「教祖御伝記」（明治35年執筆。同9号所収）は「句読点も振仮名もなく、十二行罫紙表裏両面書きで、総数五十一からなつてゐる。その内容は第一章緒言、第二章済度信仰記、第三章済度天降記、第四章済度宣布記、第五章終結の五章に構成されてゐる。……殆んど宇田川氏の文学的筆致をそのまゝ中西流の学者的筆致に焼き直されたものであるとの感を深くする」とある。

教会本部の依頼により執筆された両書であるが、出版に至らなかったことについて、「当時は倫理的教論の盛んである頃であり、神秘的な事蹟に対しては鋭い批判のあつたこと」「官憲の干渉に関する叙述についての遠慮のあつたこと」などをあげている。なお、宇田川は『みちのとも』改良のため、明治33年5月号から編集に携わった人でもある（第13章、218ページのコラム参照）。

枚からなる。なお『復元』第33号によると、「稿本教祖様御伝」とは正善（＝二代真柱）が呼称した題名で、父様の命名ではない」「別席の台本等と関連して、その頃までに、前川老、飯降翁その他から語られた話を蒐《あつ》め、編纂されたものと察せらる」とある。なお明治32年ごろの初代真柱筆に「教祖御履歴不燦然《ふさんぜん》探知記載簿」「翁《おう》より聞きし咄《はなし》」などもある。

(23) 第12章、197ページのコラム参照。

の角目だけ」(明治32・7・23) との「おさしづ」があったからであろうか。

その後、内務省から組織と教義整備の指導を受けて、翌三十三年九月の追加書類として「教祖系伝」を作成している。

先にも述べたが、教義を整備していくうえで、「みかぐらうた」の釈義書に中西、教典には井上と逸見が携わったのに対し、御伝関係は誰が中心になって作成されたのであろう。

その構成、文体や用字から見て、請願書類の「教祖系伝」は、宇田川筆の「天理教教祖御略伝」を引拠要約してあるように推察できるが、どうであろうか。また、さらに突き詰めると、「天理教教祖御略伝」は、その構成や文体から推して、初代真柱の「稿本教祖様御伝」の表現をもとに、宇田川がつづったものと察せられる(左コラム参照)。

ただし、天保九年以前の一部分や、明治二十年の状況は、「稿本教祖様御伝」にその記載がなく、別の記録によったものであろう。そして、「稿本教祖様御伝」により「天理教教祖御略伝」を編纂するに際して、すでに教祖の神格化や神秘的な部分は、宇田川の文飾によって合理化や倫理化され、史実の改変が、ある程度行われているが、だいたいにおいて忠実な叙述がなされているといえる。

しかし、「天理教教祖御略伝」から「教祖系伝」を作成する過程で、いくつか削除されている事項が見受けられる。たとえば、立教の啓示の状況、「貧に落ち切れ」との神命、ぢば定め、雨乞いづとめ、現身《うつしみ》おかくし前後の「おさしづ」などがふれ

教祖の伝記書のこと

独立請願の提出書類のうち、教祖の伝記書として、「教祖の履歴」と「教祖系伝」がある。

「教祖の履歴」は、明治三十二年八月の第一回請願時に添付した書類の一つ。その概要は、教祖の生い立ち、天保九年の立教、嘉永六年の夫善兵衛出直し、慶応三年の吉田神祇管領への願い出、明治八年から十九年の警察への拘留、明治二十年の正月二十六日などが、罫紙一枚半に個条書きに記されている。

標題の通り、履歴書ほどの簡略なものであったため、当局の指導を受けて、翌三十三年九月に追加書類として提出したのが「教祖系伝」。教祖のご誕生から現身をかくされるまでのご事跡が、十行二十ページにわたって記されている。

誰が中心になって作成したのか定かでないが、文体や用字から見て、宇田川文海の「天理教教祖御略伝」を引拠し、その「天理教教祖御略伝」は、初代真柱の「稿本教祖様御伝」の表現をもとに宇田川がつづったものと察せられる。

たとえば、教祖が御苦労からお帰りになる時の記述が、初代真柱の「稿本教祖様御伝」に「教祖監獄署及ビ警察ヨリ御帰館ノ節ハ出迎ヒノ人々諸国ヨリ来リ車ハ何百輌人数何万人デ有升皆門前迄送リ来リテ夫レヨリ各自引帰セリ警官ノ取締厳敷故ナリ」とある。

それが、「天理教教祖御略伝」には「然るに教祖監禁拘留より放免されて御帰館ある毎に、諸国の信徒雲の如く集り、一度ハ一度より多く出迎へ、腕車《くるま》は何百輌、人員ハ何万人を以て数へられ、拍手の音雨の如く、歓呼の声雷の如く、陸続として中山家の門前まで送り来り、警察の取締の厳なるに依り、門内に入ること能はねバ、其処にて礼拝告別して家に帰るを例とせり」と、宇田川の文飾がほどこされている。

さらに、「教祖系伝」には「而シテ其ノ拘留ヨリ放免セラレテ帰宅セラル、ヤ遠近ノ信徒雲集歓迎スルモノ腕車幾百輌人員幾千人ナルヲ知ラズ且《かつ》其人衆ガ歓呼スル声ハ実ニ百雷ノ轟ガ如クナリキ」と略記してある。

られていない。

こうしたことは、内務省の意向にしたがったものと見られるが、教祖の神格化の表現をはじめ、本教の独自な教義が、いわゆる国家神道教義と抵触しているところが問題視されたからであろうか。ここに、請願書類としての配慮がうかがえる。

その後、「教祖系伝」は、第二回、第三回請願時にも添付書類として提出しているが、第四回以降は、教祖伝関係のものは含まれていない。

いずれにしても、教祖が直接に教示された「みかぐらうた」についての釈義書、それに何よりも、「ひながた」としての教祖の御伝を削除せざるを得なかった当事者の苦労が察せられる。(24)

(24) 金光教の場合、教祖自ら教示された啓示書はなく、高弟の一人であった佐藤範雄氏が教祖の説く信仰の要諦を整理し、教義典籍として当局に提出。その編纂に際しては芳賀《はが》矢一《やいち》、井上頼圀、逸見仲三郎らの協力を得ている。金光教が一派独立を早期に実現し得た理由の一つに、教祖直接の啓示書がなかったため、当局の意に沿いやすかったという点が考えられる。

第十五章

心に理が治まらにゃならん——教義の整備　その二

一派独立請願運動の過程で、当局側が終始問題としたのは、組織および教義の不備ということであった。

教義整備のうち、前章の「みかぐらうた」の釈義書と教祖の伝記書に次いで、この章では教典編纂《へんさん》の経緯をたどってみたい。

●教典の編纂

いわゆる明治教典(1)が一応の完成を見たのは明治三十六年（一九〇三年）一月であるが、教義書として最初に作成されたものは、明治三十二年八月、第一回請願書提出時の添付書類「教義の大要」である(2)。

これには、冒頭に神名を列記し、「かしもの・かりもの」の教理にふれ、続いて八つのほこりについて一つひとつの説明が記されている（次ページのコラム参照）。

前章でもふれたように、これを提出するにあたって明治三十二年七月二十三日、

(1) 現行の『天理教教典』（昭和24年公布）に対して、旧教典、あるいは明治教典と呼ばれる。

(2) ほかに「教会の起源沿革」「教祖の履歴」「神道天理派教規」、参考書類として「教会府県別一覧表」「神道教規」「神道天理教会規約」「神道天理教会規約（改正）」「天理教校学則」も提出している。

「教義の大要」

（天理教沿革書類—奈良県立図書館蔵—から）

国之常立命《くにのとこたちのみこと》　豊雲野命《とよくむぬのみこと》
意冨斗能地命《おおとのじのみこと》　大斗乃弁命《おおとのべのみこと》
淤母陀琉命《おもだるのみこと》　阿夜可志古泥命《あやかしこねのみこと》
伊邪那岐命《いざなぎのみこと》　伊邪那美命《いざなみのみこと》
国之狭土命《くにのさづちのみこと》　月夜見命《つきよみのみこと》

右十柱神を奉教主神とす

宇宙間の森羅万象は千差万別なりと雖《いえ》とも一として神の創造に関らざるものなしされば神は天地間万物の主宰たることは云《い》ふも更なり特に吾人々類《われわれじんるい》は其《その》最上位に生を禀《う》けたるものなれはこれが思慮分別なかるべからず第一敬神尊皇の実を挙げ生民の本分を尽《つく》すことを務むべし已《すで》に述ふるが如く吾人の肉体は一髪の微細だも皆神の造化し給ふ所にして即ち身命は神の賜《たまもの》なれば常にこの神恩を思ひ敢《あえ》て之《これ》を毀傷《きしょう》することなくこれを全うして初に皈《き》することそ正当なれ凡《およ》そ物には遠因と近因とあるものにて禍福の来る必らす之が原因なくんばあるべからず故に各自が日々に積み重ねたる小善すらその結果は福となり又小悪と雖《いえど》も改むることなく積み重ねたる結果は禍《わざわい》となるものなり若《も》し宇宙間に神霊なからんか安《いず》くんぞ禍福あらんや先《ま》づ吾人の上に就《つい》て熟思するに五官の作用四肢の運用一として霊妙ならさるはなしされば常に其神恩の尊きことを思ひて報本反始の道を尽し生死共に神明に委《ゆだ》ぬべし斯《か》くの如くなるときは正気は常に心界に充満して邪気これを侵すことなし是に至つて上は政府の法制に触る丶ことなく下ハ社会の安寧《あんねい》を保ち精神の爽快身体の健全を保つことを得《う》べし故に教祖は左の八ケ条の教則を立て其身を三省し心神を清浄潔白にして神明に奉仕するときは必らず其加護を蒙《こうむ》ることを得るものなれば斯道に入らんと欲するものは能《よ》く教旨を了得し精神界の塵埃《じんあい》を洗滌し実践躬《きゅう》

（3）割書は「天理教独立願書に添付する教会起源及び沿革、教祖履歴、教義の大要に付御願」。

（4）『道の八十年』（改訂新版）141ページ参照。

（5）12行罫紙10枚からなる。

（6）内務省宗教局の斯波局長から「改善せよ」「このままでは独立はおろか、処分するより外はない」と（『道の八十年』149ページ参照）。

（7）天保10年（1839年）江戸神田の生まれ。明治8年大神《おおみわ》神社少宮司兼補大講義。10年宮内省御系譜掛。15年皇典講究所設立に尽力。これより後、皇典講究所講師、国学院講師、『古事類苑』校閲員、華族女学校教授、学習院教授、図書寮編修課長、六国史校訂材料主任などを歴任。

行《こう》を務むべしと教へたり
(一)をしい(惜)　(二)ほしい(欲)
(三)かはい(愛)　(四)にくい(憎)
(五)うらみ(恨)　(六)はらたち(怒)
(七)よく(慾)　(八)かうまん(傲慢)
第一　人の最惜《もっともおし》むものは生命と貨財となり生命は貴重すべく貨財は蓄積すべしと雖も国家事あらば身命を惜まずして公に奉じ進みて社会の公益を図り又窮困を撫恤《ぶじゅつ》せんがためには資財を擲《なげう》ちてその誠を致し以て国民たるの本分を尽すべし　（以下略）

「おさしづ」を仰いだ際、(3)「日々《にち〳〵》八《やっ》つ〳〵のほこりを諭《さと》して居《い》る」「万事《ばんじ》ほんの角目《かどめ》だけ〳〵。それでよい〳〵」との仰せであったので、八つの「ほこり」を中心とした教理の角目だけをつづったのであろうか。

それでも、作成にあたっては「一教の運命を担う書類の創作であるから、一字一句にも議論がわいて、容易な業《わざ》ではなかった」という。(4)

しかし、こうした簡略なもの(5)では不十分とみなされ、(6)明治三十三年三月、内務省の指摘を受け、教義の整備に着手することになる。つまり、神道学者の井上頼圀と(7)逸見仲三郎(8)に依頼し、この二人が中心となって教典の編纂にあたった。

その後の経過は、松村吉太郎の自伝に詳しい。七月に「御神楽歌釈義」の完成を見た後、東京で井上、逸見と「天理教教典」の作成にかかり、そのかたわら「教典釈義」の執筆にも着手。(9)九月に入って追願書が揃《そろ》ったので、七日付で「天理教教典」、二十四日付で「教典釈義」を提出している。

本教では明治35年4月28日、天理教校において「天理」の名の由来について演説している(『みちのとも』同年5月号参照)。また、佐藤範雄『信仰回顧六十五年』によると、井上は金光教の教典編纂にも携わっている。

(8) 安政6年(1859年)相模の生まれ。「いつみちゅうざぶろう」とも読めるが、『和学者総覧』(国学院大学日本文化研究所編・平成2年)には「へんみなかさぶろう」とある。井上頼圀の後輩で、明治28年神道本局顧問、29年神道教師検定委員を委嘱されている。『みちのとも』にも明治32年に5回、33年に2回、35年に1回、教論、論説などを記している。

(9) 『道の八十年』155ページ参照。のちに松村が『みちのとも』誌上に長期連載(明治37年9月号~40年4月号)した「天理教教典釈義」とは、別のものである。

この時点での「天理教教典」は、第一章神業神徳、第二章人業人徳、第三章教訓教誨、第四章立身処世の、四章二十八条からなるものである。

しかし、「願書不備のため、訂正の必要あり」との理由で、一カ月後の十月二十二日付、第一回の請願書は取り下げた。(10)

翌三十四年六月二十七日、不備を整えたうえで、第二回の請願書を提出。(11) この時の添付書類の一つに「教典綱要述義」なるものがある。(12)

これは、「教祖曰《いわ》く」で始まる十章からなり、第一章、第二章、第三章が天理大神《おおかみ》、第四章が八埃《はちあい》、第五章が極楽浄土、第六章が信心・修行・道徳、第七章が御神楽勤、第八章が真道《まみち》の教え、第九章が天理教と日本国、第十章が国法の遵奉《じゅんぽう》と布教、といった内容である。(13)

四章から十章に項目が増えるなど充実のあとがうかがえるが、それでも「教典がまずい、これをもっと改良しないことには話にならない」との指摘を受けた。独立教派の教義書として「天理教教典」と銘打てるだけの教義を体系づけることが要求されたのである。

このころ、教内外から独立運動の加勢をしたいという申し入れがあったが、(14) それらは断り、神道学者の井上ら(15)を天理教会顧問に委嘱し、教義書および書類の整備に努めた。

そうしたなか、教典の編纂にも一層力が入れられ、明治三十六年一月には、ひとまず完成にこぎつけた。これが、のちに明治教典と呼ばれるものである。

(10) 内務大臣は請願時の西郷従道《つぐみち》から末松謙澄《すえまつのりずみ》に交替。

(11) 時の内務大臣は内海忠勝《うつみただかつ》。これより先、3月22日「松村吉太郎東京本局に対する件申し上げて後上京する事願」に対し「皆めん〳〵通りよい道ばかり思《し》やんして居る。よう聞き分け。この道は容易な道やない。往還、往還危ない、細い道は怪我無いと、惣々《ぞうぞう》諭したる」、4月16日「一派独立の件に付、内務省へ出願の件に付願」では「時という、旬という、天然という理無くばならん。成ると言うても成らん。又成らんと言うても成る。どんな反対あっても成る。これはこれまであったやろう。精神という理、定めてくれにゃならん」と。

(12) 9月17日付で「神教本義」も追加提出。これは「第一条天理大神の事、第二条日本は神国なる事、第三条一切事物は神に出《い》ずる事、第四条天理を守るは

第二回の請願中であったが、この新しくできた教典を添えて、あらためて出願するほうがよかろうとの指導もあり、一月十一日付で請願書は取り下げた(16)。
その後、第三回の出願を前に、四月二十三日、東京の内務省宗教局へ出向くと、「これならよかろう、早速、実行してくれ。全教内に徹底さしてくれ」との意向であった。

この時の心境を、松村は、「初めて行方《ゆくえ》に一つの光明を認めた。やかましかった教典だ。それが、『これならば』といわれたのである。ひそかに、『しめた！』と、叫ばずにおれなかった」と感慨深く振り返っている(17)。

これを受け、一カ月後の三十六年五月二十九日には、「天理教別派独立請願書以前内務省へ提出致しましたが、宗教局では不完全なる故今少し完全なるもの差し出せとの事に付、今回教典を十章に製し、更に出しましたに付、直ちに実行の事に御許しの願」をする。

……心《こころ》に案《あん》じて心沈《こころしず》んで了《しも》うてはならん。心一《こころひと》つ元《もと》という、台《だい》という。どうでもこうでも立《た》ち切《き》るという。もう敵《かな》わんかいなあと、隅《すみ》から隅《すみ》まで涙《なみだ》を流《なが》し、涙《なみだ》を流《なが》すは一日《にち》の日《ひ》と言《い》うたる。もう出《だ》すものは出《だ》すがよい。もう皆々《みな〳〵》心《こころ》という、心《こころ》を一手《て》に定《さだ》めるなら、これ天《てん》から順序《じゆんじよ》の道《みち》を明《あき》らか定《さだ》める日《ひ》ある。……一日《にち》の日《ひ》が暗《くら》くなりてからどうなるか。一《ひと》つさあ〳〵始《はじ》まりた〳〵。心《こころ》をどんと勇《いさ》んでくれ〳〵。

との仰せに、「教典提出致しますと申し上げ」ると、

即ち人道なる事、第五条埃を払ひ誠を存する事、第六条信心と行状は車の両輪の如くなる事、第七条礼典の事、第八条安心立命の事などの内容」(『天理教髙安大教会史』)で、これに各条の注釈が施されている。

(13) 表紙なしで白紙に10行ずつ38ページにわたって墨書(『改訂 天理教事典』)。神道本局資料には「教典綱要釈義」と記されている(次ページのコラム参照)。

(14) 「(明治35年)四五月頃には、佐治登喜治郎、近藤嘉七の両人から代議士小久保嘉七氏を紹介して来《きた》り、又南海分教会部内の内海吉人氏からも申込があり、更に、七月頃には池田真一氏からも申込みがあつた」(髙安大教会史)

(15) 『稿本中山眞之亮伝』(291ページ)によると、ほかに村岡《むらおか》良弼《りょうすけ》、神崎一作《かんざきいっさく》、宮地巌夫《みやじいずお》、多田好問《ただこうもん》などの名が連ねてあるが、

さあ〳〵出《だ》すものは出《だ》したがよい〳〵。まあ〳〵出《だ》したからとて〳〵何《なに》も分《わ》からん者《もの》ばかりや。こんな所《ところ》にこれだけの事《こと》あったかと、これだけの事《こと》よう喰《く》い縛《しば》りたなあ、と言《い》う日《ひ》がある程《ほど》に。

それまでの辛労をねぎらっておられるようにも悟れるお言葉である。

引き続き、「大斗之地之命を大日孁命に改称願」(18)をしているが、対するお言葉は、

さあ〳〵今《いま》の処《ところ》、まあこれ一寸道理《ちよつとどうり》より諭《さと》せば黒札同様《くろふだどうよう》。黒札《くろふだ》というようなもの。何《なに》も言《い》う事無《ことな》い。明《あか》るい日《ひ》がある。十分《ぶん》、心《こころ》だけ十分計《ぶんはか》りてみよ。その上《うえ》一《ひと》つ天《てん》の理《り》より外《ほか》はありゃせん。

この「黒札同様」とは、真実を伏せた仮のものという意味であろうか。(19)

先に教典の編纂に携わっていた逸見の名がない。また、明治32年5月号以来執筆していた『みちのとも』にも35年8月号以降その名が見えないので、何らかの理由で本教との関係が途絶えていたとも考えられる。それでも、36年の神道教師講習会規則、同試験規則の末尾に、神道管長本多康穣《ほんだやすしげ》をはじめ、教科監督として井上頼圀、村岡良弼とともに、逸見の名も連ねてはある。

「教典綱要釈義」

緒言

謹《つつし》みて按《あん》ずるに教祖訓誨の教理は多く口授に係り門弟子相伝へて服膺《ふくよう》すと雖《いえども》今に及びて之を筆するにあらざれば或は其《その》伝を失し其義を誤らんことを懼《おそれ》る且つ教理深遠なるを以て解釈を加へざれば意義炳顕《へいけん》せざるものあり是《こ》れ本書編製の必要ある所以《ゆえん》なり盖《けだ》し綱要は教祖の口授する所を掲げ釈義は解説敷衍《ふえん》して其義を示す

読者之《これ》を諒《りょう》せよ

第一章

教祖曰く天理大神は本源の神にして十柱の神の総称なり

謹みて按ずるに神は世界万物生成化育の本源にして霊妙広大吾人の得て窺測する所にあらずと雖其人類を守護愛養し給ふ徳は神典皇史及び教祖の誨《おしえ》によりて彰々たり抑《そもそ》も宇宙間の事物結果あれば必ず原因あるは一定不変の理法なり今や天地万物を以て結果とすれば其大源因は神にあらずして何ぞや且つ神は物心二界を創造し給へば物資界の統宰者たると同時に悠久普遍に現れ

給ふ心霊にして吾等人類と精神上の関係を有し給ふこと亦素《また》より論を俟《ま》たず是れ教祖が神を以て世界万物生成化育の本源にして人類を守護愛養する天の親様と誨《おし》へ給ふ所以なり然《しか》らば天理大神の称あるものは何ぞや忌部正通《いむべのまさみち》の日本書紀口訣に天御中主尊《あめのみなかぬしのみこと》を明理本源神也と称し奉《たてまつ》れり是れ実に忌部氏古来伝承の古説にして天理は古典之《こ》れをあまつみちと訓じ吾人の率由すべき天神の真道たる所以の義を示す蓋し生成化育無始無終の霊体は神人を合し万物に通じ聖にありて増せず凡にありて減ぜず実に本源の神明是れなり

十柱の神は国常立命《くにとこたちのみこと》　豊雲野命《とよくむぬのみこと》　意富斗能地命《おおとのじのみこと》　大斗乃弁命《おおとのべのみこと》　淤母陀琉命《おもだるのみこと》　阿夜可志古泥命《あやかしこねのみこと》　伊邪那岐命《いざなぎのみこと》　伊邪那美命《いざなみのみこと》　国之狭土命《くにのさつちのみこと》　月夜見命《つきよみのみこと》にして生成化育の霊徳あることは古典亦之を詳説せり　（以下釈義略）

第二章

教祖曰く天理大神は世界万物の本源にして其主長たる人類には殊に自己霊徳の一分を賦与《ふよ》し給ふ

第三章

教祖曰く天理大神は人類を愛護し且つ救済し給ふ神にして我が宣布する真道の淵源《えんげん》此に在り

第四章

教祖曰く禍害の根本は八埃に在り八埃は人類が情欲を不正にして天理に悖《もと》るより起る

第五章

教祖曰く此世界は即ち是れ所謂《いわゆる》極楽浄土にして世人の心天理に合ふ時は極楽浄土は直ちに其人の心に現するなり

第六章

教祖曰く信心修行道徳は天理に順《したが》ひ霊救を被《こうむ》る所以にして之を兼全するは我が教徒たるもの、本分なり

第七章

教祖曰く御神楽勤は真道の重要なる礼典にして汝等《なんじ》必ず之を行ふべし霊救其中に在り

第八章

教祖曰く天理大神の一体一徳世に崇奉せらる、は今に始《はじま》るにあらず唯《ただ》真道は神の御教にして世界万民に霊救を与ふるものなり

第九章

教祖曰く日本は神の御国にして真道茲《ここ》に興りたれば日本は将来真道と倶《とも》に栄え行くべし

第十章

教祖曰く我が教会は霊救の職あるものを上に戴き内は精神を結合し外は国法を遵奉《じゅんぽう》し万事平和を旨として布教を図るべし

（神道本局資料から）

このお言葉を受け、「それではそういう事にさして頂きますと申し上げ」ると、

……さあ〳〵今《いま》の処《ところ》は皆々《みな〳〵》心《こころ》余《よ》程《ほど》据《す》えて置《お》かにゃならん。やれこれが道《みち》かいなあと言《い》う。その代《か》わり、末代《まつだい》の日《ひ》も同《おな》じ心《こころ》を定《さだ》めてくれにゃならん。皆々《みな〳〵》心《こころ》一《ひと》つに成《な》ってくれにゃならん。内《うち》らは尚《なお》も心《こころ》を定《さだ》め。……道《みち》に曇《くも》りありては、救《たす》ける事出来《ことでき》ん。どんな事《こと》もこんな事《こと》も、皆《みな》それ〳〵の心《こころ》の一《ひと》つ理《り》に治《おさ》めてくれにゃならん。

と仰せになり、何はともあれ、人々が心を一つに治めるよう諭されている。(20)

神名については、これまでにも、かなりの変遷があった（左コラム参照）。が、変更を断行せざるを得なかったこの時の心境を、松村は自伝のなかで、次のように振り返っている。

「明治二十九年には、おつとめを改め、天理王命を、天理大神と改めた。(21) 今度はまた、神名を改めた。もうこれ以上、あってはならんし、させてもならないが、問題に『みかぐら歌』が残っている。『御供《ごく》』の問題がなお、くすぶっている。(22) 一体、どこまでゆくのであろうか。暗澹《あんたん》としてくると、涙が自《おの》ずからあふれた。真柱様も泣いていた。

『松村、二人でしたことや。命かけても復《もと》にする日がなくてはならん。神様に申し訳ない。教祖様に申し訳ない……』

『今はしかたありませんが、復元の志は一日も忘れません』

(16) この間、明治35年3月19日に神道本局管長稲葉正善が亡くなり、後任に本多康穣（『稿本中山眞之亮伝』には本田康譲）子爵が就任している。管長は更迭したが、以前の契約書に変更はなかった。

(17)『道の八十年』173ページ参照。

(18) 割書には「大斗之地之命を大日雲命に改称願」とあるが、このときの教典には「大日雲尊」とある。

(19)「黒札同様」について「黒《こく》板《ばん》同様ということに悟った。場合によって何とでも書いておけばよい、何時でもまた書きかえられる、こういうことやろう」（『道の八十年』178ページ）と解釈している。

(20) この後「衆議院へ天理教会禁止解散請願書出廻り来たり、よって奈良県代議士木本、平井

『松村、神様へおわびにいこう……』

神名の変遷のこと

慶応三年の吉田神祇《じんぎ》管領家公許出願から一派独立に至る過程で提出された表明文書には、さまざまな祭神名が記載されている。

主な表明文書（次ページ①〜⑧）の神名を見ると、教祖の説かれた「十柱の神」を基盤とし、それを『記紀』の神名に対応させて表記したもの（①②④⑤⑥⑦⑧）と、この「十柱の神」に、神道本局の祭神を加えたもの（③）とがある。

さらに、その複数神の総称として、天輪王神（①）、転輪王〈転輪王命〉（②）、天理大神（⑥⑦⑧）の神名があげられている。

ただし、明治十八年、大阪府知事あてに提出した「天理教会条規」および「神道天理教会条規」と、明治二十一年の教会公認時に制定された「神道天理教会規約」には総称説はとられておらず、それぞれ複数の神々が独立神格として奉教主神に列記されている。これは、おそらく当時所属していた神道本局の指導によるものと思われる。

なお、転輪王〈転輪王命〉は、明治十三年から十五年にかけて結成されていた金剛山地福寺出張所転輪王講社の期間のみに見られる称名である。

天理王命を、たとえ天理大神と改称しても、唯一絶対神として立てることは、多神の信仰を建前とする神道の、その一教団として認可を受ける以上、認められなかったのであろう。

明治三十六年編纂の『天理教教典』に示された十柱の神々が、以降、昭和二十年の復元まで教団の表向きの祭神とされていた。

の両名より昨夜十二時十五分電報来たりしに付御願」もしている。

(21) 第8章「いかんと言えば、はいと言え」参照。

(22) 翌37年4月3日の「おさしづ」を受けて、同10日から、御供が金米糖から洗米に変更される。

主な表明文書に見られる神名

①「乍恐口上之覚」

（吉田神祇管領家出願に際し古市代官所へ添書を願い出るための提出願書／慶応3年6月）

国常立尊　国狭槌尊　豊斟渟尊　大戸道尊　大戸辺尊
面足尊　惶根尊　伊弉諾尊　伊弉冊尊　大日孁尊
泥土煮尊　沙土煮尊

……右拾弐神ヲ合天輪王神ト相唱候由……

②「手続書」

（奈良県警察署長宛／明治14年10月8日）

国常立尊　面足尊　国狭槌尊　ツキヨミノ尊
クモヨミノ尊　惶根尊　ヲ、トノベノ尊
帝釈天　伊弉諾尊　伊弉冊尊

……右十躰ノ神ヲ転輪王ト云……

③「天理教会条規」

（大阪府知事宛に提出した際の添付書類とみられる／明治18年4月29日）

第四章　本教主神

第廿一条　本教ノ祭神ハ左ノ通ナレハ朝夕敬礼怠ラザルベシ

天之御中主大神　高皇産霊大神　神皇産霊大神
天照大御神　大国主大神　国之常立大神
淤母陀琉大神　阿夜訶志古泥大神　豊雲野大神
国狭槌大神　月読大神　意富斗能地大神
意富斗能弁大神　伊邪那岐大神　伊邪那美大神
天津神国津神　八百万大神

第廿二条　奉教主神ノ外各自産土大神及祖先ハ別テ敬礼スベシ

④「神道天理教会条規」

（教会公認を大阪府知事宛に再願した際の添付書類／明治18年7月3日）

第三章　主神

第三条　左ニ記シ奉ル大神ハ殊ニ拝敬スベシ
歴代皇霊
賢所大神
天神地祇

第四条　奉教主神ハ左ノ如シ
国之常立大神　淤母陀琉大神
阿夜訶志古泥大神　豊雲野大神
国狭槌大神　月夜見大神
意富斗能地大神　意富斗能辺大神
伊邪那岐大神　伊邪那美大神

第五条　奉教主神ノ外各自ノ産土大神及ヒ祖先ノ神霊
ハ親シク拝礼スヘシ

⑤「神道天理教会規約」（教会公認時制定／明治21年11月30日）

第参条　神道教規第弐条ノ祭神ヲ奉戴シ殊ニ
国之常立神　豊雲野神　意富斗能地神
大斗乃弁神　淤母陀琉神　阿夜訶志古泥神
国之狭土神　月夜見神
伊邪那岐神　伊邪那美神
　右十柱大神ヲ奉教主神トシ表明祭祀ス

⑥「神道天理教会教務取扱規則」（明治34年6月15日）

第壱章　教旨
第一条　本教会ハ教祖ノ遺訓ニ基ヅキ惟神ノ大道ヲ宣
布拡張スルヲ以テ主旨トス
第二章　主神
第二条　本教会ハ神道教規第二条ノ祭神ヲ奉斎シ殊ニ
左ノ十柱大神ヲ奉教主神トシテ祭祀崇信ス
国之常立命　豊雲野命　意富斗能地命
大斗乃弁命　淤母陀琉命　阿夜可志古泥命
伊邪那岐命　伊邪那美命　国之狭土命　月夜見命
第三条　前奉教主神十柱ノ神霊ヲ総称シテ天理大神ト
奉称ス

⑦「天理教教典」（明治36年5月29日）

第一　敬神章
……八百万神悉く其名を称へて崇拝せむことは人の能
くせざる所なり故に霊徳の最も顕著なる十柱の神を挙
げて奉祀す即ち
国常立尊　国狭槌尊　豊斟渟尊　大苫辺尊　面足尊
惶根尊　伊弉諾尊　伊弉冊尊　大日孁尊　月夜見尊
　是也之を総称して天理大神と云ふ

⑧「天理教教規及規程」（一派独立時制定／明治41年12月1日）

教規
第一章　名称教旨及祭神
第一条　本教ハ天理教ト称ス
第二条　本教ノ教旨ハ天理教教典ニ依ル
第三条　本教ニ於テハ左ニ列記シタル十柱ノ神霊ヲ奉
祀シ之ヲ天理大神ト奉称ス
国常立尊～月夜見尊（教典と同一神名）

――は十柱の神に対応する神名、……は「くもよみのみこと」、
＝＝は「たいしょく天のみこと」に仮託する神名を示す。

泣きながら二人で神前に額ずいた。そして、復元の志をお誓い申し上げた」(23)

こうした辛苦の末、出来上がった教典であった。が、これですべてが終わったわけでなく、さらに今度はそれを教内に普及徹底させるための努力をなさねばならなかった。(24)

つまり、「神道天理教会教師講習会規程を定め、八月、本部に於《お》いて、第一回教師講習会を開催し、翌三十七年三月二十日から三十日に亙《わた》る第二回教師講習会を以て、部下分支教会長の講習会とし、続いて各直轄分教会、各県下に於て、連続長期の講習会を開催し」(25)、さらには、教典の宣伝歌ともいえる「天理唱歌」を制定している。(26)また、内務省の指導により、教師の淘汰《とうた》もせざるを得なかった。(27)

こうした実績を踏まえたうえで、その年の八月一日、第三回の願書を提出。全権のない者は相手にしないとの内務省の意向により、この時、別派独立請願全権委員に松村が真柱から任命されている。(28)

しかし、宗教局から「願書の形式も書類も、これで十分ではあるが、単に書類の上で完全であっても、これが実際に行われて居《お》らねば、何の価値も無いのであるからこの書類通り実行して、再び願い出るよう」との指導があり(29)、不本意ながら、その月の十三日付で取り下げた。

その後、全国各地の教会でも講習会を開催するよう九月十七日に巡回宣教規程を制定するなど、いっそう教典の普及に努め(30)、四カ月後の十二月十六日付で、第四回の願書を提出する。(31)

(23)『道の八十年』178〜179ページ。

(24) 明治36年12月13日、教典編纂と頒行などに関して、最初の「諭達」が発布されている。

(25)『稿本中山眞之亮伝』295〜296ページ参照。高安大教会史によると、これに先立ち教会および信徒に教典が頒布されている。

(26) 教典と同内容の「敬神」「尊皇」「愛国」「明倫」「修徳」「祓除」「立教」「神恩」「神楽」「安心」からなり、明治36年8月10日、音符を添えて発行。翌年12月の第4回請願には参考書類の一つとして提出。その後、教内に広く親しまれ、昭和20年の終戦前まで諸行事に際し歌われていた。

(27) 第13章「中に錦を」参照。

(28) これより先、松村は高安大教会長職を役員仲谷与十郎《なかたによじゅうろう》に

翌三十八年になると、宗教局の態度もいくらか好転し、(32) 六月七日には出頭命令が出るまでになった。(33) しかし、それは教典や「みかぐらうた」についての質問であり、厳しい内容のものであった。(34) この時、初代真柱が松村にあてた書簡のなかにも、「明倫の章(35)にて当局者と衝突ありし様なれど、それは都合よく治まりたれども」と記されてあり、(36) 当時の状況がうかがえる。

そうこうするうちに、明治三十八年も夏が過ぎ、実りの季節となる。翌三十九年早々に迎える教祖二十年祭までには、悲願の一派独立を結実させたいというのが、人々の思いではあった。しかし、時間的にもその見込みはなくなった。(37)

それでも、年祭直前の二月二日、(38) 松村が内務省を訪ねると、「宗教局としては、取り調べた結果、認可する事に決定し、局長書記官調印の上、合議の必要上、警保局へ廻《ま》わした」（『稿本中山眞之亮伝』314ページ）との弁が得られ、このことだけでも大きな収穫であったといえる。

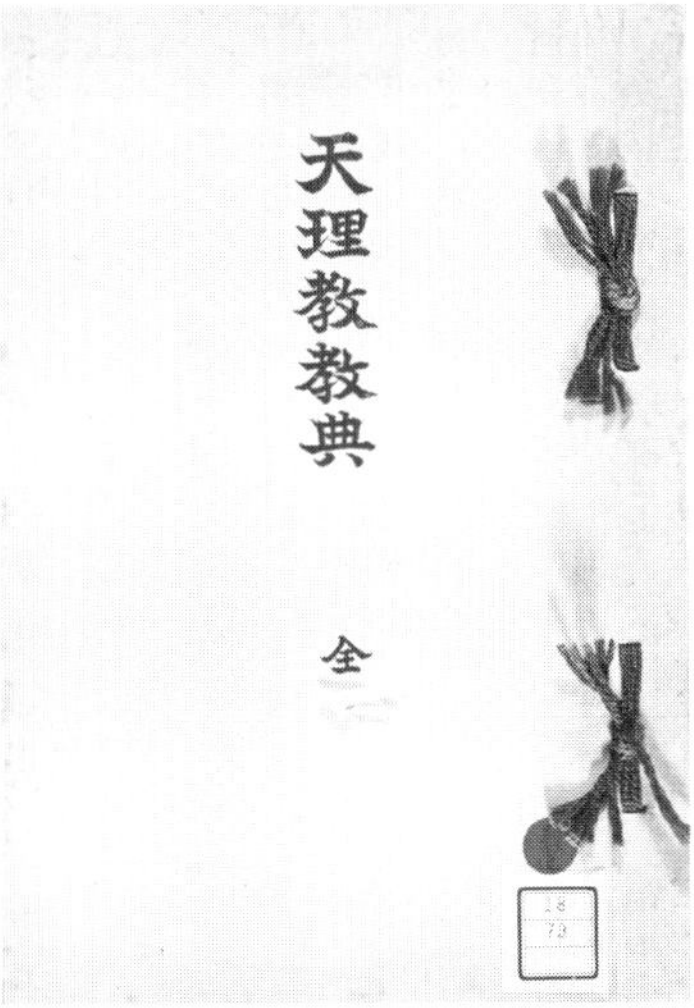
『天理教教典』（明治教典）

というのも、独立願書は、まず内務省の宗教局で調べられ、宗教局承認のうえで警保局に回り、警保局の承認ののち内務大臣の承認を経て、国会に諮《はか》られて許可され

委ねている。なお、時の内務大臣は芳川顕正《よしかわあきまさ》で、明治29年に秘密訓令発令時の内務大臣である。

(29)『稿本中山眞之亮伝』299ページ参照。

(30)『みちのとも』誌上でも松村が「天理教教典釈義」と題し、9月号から40年4月号まで足掛け4年の長期連載をしている。

(31) この時の内務大臣も芳川顕正。

(32)「（3月）八日神崎、三橋の両氏と共に宗教局々長を訪《と》はれたが、此の頃から漸く宗教局は好意を以て迎へて呉れる様になつたのである」（髙安大教会史）

(33)「此の沙汰（出頭命令）を受けらるるや、初代会長（＝松村）には、神崎、三橋の両氏と共に、翌八日喜び勇んで出頭せられた。今日まで独立運動の為め時日を費す事、実に前後七年、る段取りになっていたが、宗教局の段階を通過するのに、明治三十二年以来、十年近い歳月を費やしていたからである。

しかし、警保局まで願書が回ったものの、古賀廉造《こがれんぞう》局長の強硬な反対があり、明治三十九年の十二月二十日、第四回も取り下げに至る。(39)

この時の反対は、前年十一月に青森で起きた金米糖事件(40)の影響も考えられる。

その後、翌四十年の夏、神道本局の神崎一作《かんざきいっさく》の紹介による吉田義静《よしだぎせい》を通じて、松村が古賀局長との折衝に努めることになる。

吉田を介して入手した古賀局長の意向は、「天理教は財産を蕩尽《とうじん》させたり金米糖にモルヒネを混入したり、其他《そのた》風儀も悪く、大体教師も皆詰《つま》らぬ者ばかりである」「天理教も少しく国家事業をやつては如何《どう》だ、免囚保護の感化院を設立するも其の一方法であらう」とのことであった。(41)

これに対し、松村が「今日の天理教は大《おお》に面目を改めてゐるから、現在の天理教の状態を調べて貰《もら》ひたい」と述べるとともに、吉田も折衝に奔走したので、(42)古賀局

いわゆる「明治教典」のこと

この教典は、一派独立の請願を進める過程で教義の不備を指摘され、それに対応する形で作成された。したがって、そうした応法の結晶のような内容では、決して信仰の規範にはなり得ない、とよくいわれることがある。ある意味で、それは事実であろう。しかし、それは必ずし

其の間一回の取調べも無かつたのであつたが、漸く茲《ここ》に初めて正式の呼出しを受けられたのであるから、初代会長永年の苦労も漸くにして認められる時が来たのである」（高安大教会史）

(34) この後、同月29日にも「明日出頭せよ」と通知があり、教典と「みかぐらうた」について、9月14日には教規及規定についての質問があった（『稿本中山眞之亮伝』309ページ）。

(35) 教典の「第四　明倫章」のこと。

(36) 『道の八十年』199ページ参照。

(37) 「三十八年の初めころから、すでに私の活動に見かぎりをつけて、本部からは資金を出してくれないようになっていた。『金がない』という理由だ。そういえば、年末の支払いに困ってある方面から借金をした事情

も十分な歴史評価とはいえないのではないか。応法の道を、あえて選んだ現実的苦悩を読み取ってはいないからである。

当然のこととして、神道教説の線で組み立てられた。しかし、いうまでもなく独立請願の意図は、天理教としての独自な自己主張の願いであった。それは、ある意味では、反発し合う条件であった。だから、神道学者の手を借りながらも、当事者が最も苦労したのは、その独自な信条を、どこまでどんな形で表明するかということであった。そのあたりの消息を、松村吉太郎講述の「天理教教典釈義」(『みちのとも』明治37年9月号~40年4月号所収)を手掛かりに探ってみる。

全体が、敬神、尊皇、愛国、天理人道をうたう「三条の教憲」に照準を合わせているといえるが、第一敬神章、第二尊皇章、第三愛国章のうち、特に第一章では、名称とも実体とも解説することができる形で天理大神を位置づけている。

また、第四明倫章では儒教的人倫を説くなかで、天道=天理の論理で、天理の存在を知って実行を促しているところ、第五修徳章は「ほこり」の教理を背景として誠真実を明らかにし、成人を目指す歩みを強調しているところ、第六祓除章は払うべき八つの「ほこり」を例示して、信仰的実践の方向を与えようとしているところ、第七立教章は教祖の立場について言及しているところ、第八神恩章では神恩奉謝の道を説くなかで、それと人だすけの道を結んでいるところ、第九神楽章では宗教儀礼の一般的説明を進めながら、「かぐらづとめ」による救済観の構図を示唆しているところ、第十安心章は全体を総括しながら、神一条において得る安心立命(陽気ぐらし)への道を予想させようとしているところなど、通りよい形式と表現をとりながら、いかに独自な信条を織り込むべきかに苦心した形跡を読み取ることができる。

も知っている私は、それを強く押せなかった」(『道の八十年』195ページ)とも。

(38) 教祖二十年祭は明治39年2月18日(陰暦正月25日)。翌19日には春季大祭を執行。

(39) この年、松村自身が肋膜《ろくまく》の病に倒れたり、髙安の財政が窮状に陥ったりした。11月23日、髙安分教会長に再就任している。

(40) 髙安大教会史によると、「青森県南津軽郡石川村薬師堂の津島キクと云《い》ふ婦人布教師が、此の金米糖にモルヒネを混入して病人に与へたと云ふ嫌疑を以つて、警察へ拘留された」が、調査の結果、事実無根、天理教を攻撃するための中傷であることが判明し、一件落着した。

(41) このへんの経過は髙安大教会史による。この時の話がもとになって、3年後の明治43年に天理教養徳院が設立される。

長の強硬な態度は次第に氷解していくことになる。

古賀警保局長の軟化を確認したうえで、明治四十一年三月二十日付、第五回の請願書を提出。(43) この時の別派独立請願理由書に、「本教会ガ附属セル神道本局ハ、奉斎主神トシテ宮中所斎ノ神ノ外、殊ニ造化三神以下天神地祇八百万神ヲ祭祀シ、本教会ハ教典ニ明記シタルガ如ク、国常立尊以下十柱ノ神ヲ天理大神ト総称シテ之ヲ奉斎セリ、此ノ如ク奉教主神ニ於テ両者全ク其帰向ヲ異ニシタルヲ以テ」とある。(44)『天理教髙安大教会史』によると、四月六日に「教典に訂正の必要を生じた」が、松村が折衝に奔走し、二十三日には「教典の修正を完成」させた。

こうして、当局の指示に従いながら教典が整えられ、書類上の不備はなくなった。願書は、内務省の宗教局から警保局の審議を経て、内閣へ回り、後は内閣総理大臣から独立許可をもらうだけの手はずになっていた。

ところが、七月十二日に至り、時の西園寺《さいおんじ》公望《きんもち》内閣が総辞職するという政変に遭遇し、認可は見送らざるを得なくなった。

また一から、内務省宗教局との折衝からやり直さねばならなかったが、九月十日、松村が桂《かつら》太《た》郎《ろう》新内閣の平《ひら》田《た》東助《とうすけ》内務大臣に会い、(45) 明治三十二年以来の経過を説明すると、万事了解を得ることができた。

それから二カ月後の十一月二十七日、晴れて認可の報を聞くこととなる。(46)

内務省秘乙第五四号

(42) 吉田の知人である小川作次郎もからんで折衝料の催促があり、のち大正4年に松村が奈良監獄署に収容される、いわゆる小川事件は、これに起因する。

(43) 時の内務大臣は原敬《はらたかし》。

(44) 第1回の独立請願書にも「就テハ教義綱領ヲ異ニスル本局ノ下ニ立テ布教致候ハ、大ニ布教及事務上ノ不自由ヲ感ジ、本教ノ主旨ヲ徹底セシムル上ニ於テ不便不尠、至極困難ノ次第ニ御座候」と記しているなど、請願のたびに同内容の理由書を添えている（髙安大教会史）。

(45) 井上頼圀らとともに天理教会顧問をしていた多田好問が、以前内閣書記官を務めていた関係もあり、平田大臣と懇意であったため、多田の仲介によった。

(46) 「同時に提出した天理教教規及規程認可願も、同日付を以て認可があった。続いて、管

書面願之趣許可ス
明治四十一年十一月二十七日
内務大臣法学博士男爵　平　田　東　助

「書面願《ねがい》之《の》趣《おもむき》許可ス」のたった八文字であったが、そこには、十年にわたる苦労の汗と涙が染み込んでいた。

その時、この喜びを報告すべき本席・飯降伊蔵は、すでにいなかった。(47)

当局との折衝などに奔走し続けた松村は、「みかぐら歌の改訂を、もし許していたら、独立の達成はもう三年早かったはずだ。しかし、これを七年になし遂げたとて、信仰の生命を捨てて、果たして今日の喜びがあっただろうかと考えるとき、私は過ぎ去った十年は宝玉のように思えてならなかった」と振り返っている。(48)

翌四十二年二月十九日（陰暦正月二十九日）、独立奉告祭を執行。三年前の教祖二十年祭で使った仮式場で盛大に挙行された。(49)

おぢばに初めて電灯がついたの(50)もこの時であり、本教の前途を明るく照らし出すかのようであった。

長認可願を提出、同月二十八日付、同じく平田内務大臣から認可され、眞之亮は天理教管長に就職し、教会本部に天理教庁を開設した」（『稿本中山眞之亮伝』363ページ）

(47) 前年明治40年の6月9日、数え75歳で出直し。

(48)『道の八十年』242ページ参照。

(49)「みかぐらうた」に難色を示す当局の指導による「神の御国」（第14章、234ページのコラム参照）を初めて奏舞。

(50) 明治42年2月19日、丹波市地区に電灯会社設立。丹波市、三島、櫟本などで点灯。

第十六章　世界一体いずれ開いて見せる——別席、御供のこと

神道本局からの一派独立は、明治四十一年に成った。長い道程《みちのり》であった。それだけに、悲願達成までの約十年の歴史は、独立運動一色に塗りつぶされた感がしないでもない。しかし、その間の「おさしづ」を見ると、別席や御供《ごく》のことなど、実は、たすけについてのお言葉が多い。

独立運動という〝応法《おうぼう》〟の表舞台から目を移して、神一条の思召《おぼしめし》はどうであったのかを見てみたい。

●「順序しっかり伝えてくれ」

神道本局からの一派独立運動にかかる前、内務省訓令による取り締まりや、前川菊太郎、橋本清、飯田岩治郎の離反など、(1)相次ぐ事情に人々の心は揺れていた。その動揺を鎮めるかのように、明治三十一年（一八九八年）、婦人会創設の件にことよせて、「つとめ」と「さづけ」についての「おさしづ」があったが、それはすでにふれた。(2)

（1）第8章「いかんと言えば、はいと言え」、第9章「綺麗な道がむさくろしいなる」、第10章「元分からんから」参照。

（2）第11章「婦人会の台から、又話々」参照。

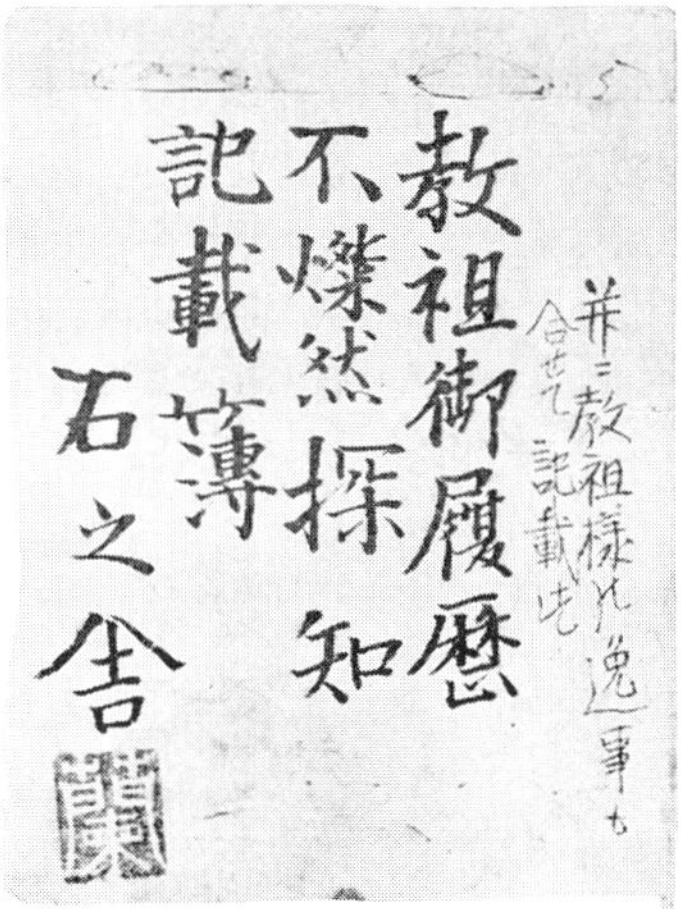

「教祖御履歴不燦然探知記載簿」（『復元』第29号所収）。「石之舎 蘭」は初代真柱の雅号。

なかでも、さづけに関しては、同年五月九日夜の増野正兵衛の身上伺いにおけるお言葉、(3)「人々《にん〳〵》一《ひと》つに書《か》いて集《あつ》めて、しんばしらへ持《も》ちて行《い》て、これはよい、これはどうと、それからこうなると、席《せき》に尋《たず》ねて一《ひと》つの理《り》に治《おさ》めるという」を契機に、別席話が統一されるようになった。

それまで、取次人によって個々になされていた別席話が、元初まりの話、教祖ひながた(4)など、根本の筋において統一された台本にまとめられ、同じ内容の話が九度繰り返して諭されることになるのである。(5)

五月九日に加えて、三日後十二日の夜にも同じ内容のお言葉があった。

……日々《にち〳〵》中《なか》にどうやこうや、言《い》いようで違《ちが》うによって一《ひと》つの理《り》に集《あつ》め〳〵。日《にち》々別席《〳〵べつせき》する。……俺《おれ》はこういう諭《さと》し誰《たれ》はこういう諭《さと》し、それ〴〵書《か》き取《と》ってしんばしらに出《だ》して、それより席《せき》に尋《たず》ね、そうしたらどんな者《もの》が聞《き》いても、成程《なるほど》あれならなあ、あれでこそなあと言《い》う。それより結構《けっこう》は無《な》い。何《なん》にもならん話《はなし》した処《ところ》がどうもならん。紋型《もんかた》も無《な》い処《ところ》からのこの道《みち》の結構《けっこう》という、元《もと》の理《り》を諭《さと》さにゃならん。……

（3）割書に「増野正兵衛身上に付、昼のおさしづ夜深との事に付願」の後、「続いて赤衣を召しておさしづ」とある。

（4）初代真柱筆「稿本教祖様御伝」の表紙に「明治卅一年七月三日」の表記が見られる。このころ、「翁《おう》より聞きし咄《はなし》」、「教祖御履歴不燦然《ふさんぜん》探知記載簿」（上写真）の覚書も記されているが、これらから「教祖伝なり、別席おはなし稿本なりをつくられたのではないかと思はれる」（二代真柱『ひとことはなし』）。

（5）明治31年5月12日夜「長い話《はなし》した処が、中に飽《あ》いて来る者が出ける。そんな席何ぼしたとてどうもならん。そこで九遍という。九遍さえ追《お》うたらよいというだけではならん。同じ事九遍聞かしたら、どんな者でも覚えて了《しま》う。まち〳〵の理を諭しては何にもならん」と。これについては、既に明治22年10月17日「本席の事情だん〳〵

との仰せを受けて、十七日夜に本部員会議がもたれ、五月末までに十数人が真柱へ提出(6)。それらをもとに、まとめられた台本を、八月二十三日には本席に披露できるまでになり、八月二十六日「教長より別席順序願」がなされる。こうして九月半ばには一応整ったようである(7)。

その間、七月十四日夜「昨朝本席御身上御願い申し上げば、夜深に尋ね出よとの仰せに付願」をし、さらに八月二十六日夜には刻限話があった。そこでは、話題にすべき事項を繰り返し仰せになり、内容を通しての心の持ちようを諭されている(8)。

しかし、なお万全というわけではない。三カ月後の十二月三十一日の「刻限御話」、翌明治三十二年二月二日夜の「前に一同揃いの上願い出よとのおさしづに付、本部員残らず打ち揃い願い出おさしづ」でも、取り次ぐべき話の内容を再々述べられている(9)。

特に後者、明治三十二年二月二日の「おさしづ」では、

……日々《にち〳〵》別席《べつせき》と言《い》うてして居《い》る中《なか》に、おら違《ちご》うてるというようではならん。一《ひと》つに聞《き》かさにゃならん。これまでの処《ところ》、話《はなし》して居《い》る。万事《ばんじ》難《むつか》しいようで難《むつか》しいない。すっきり改《あらた》め。一二三という順序《じゅんじょ》しっかり伝《つた》えてくれ。……

との仰せ。取次人の心得を諭されたうえで、それまでの内容を総括して、話の順序を示されたお諭しのように考えられる。

その内容は、十柱《とはしら》の神、元のやしきについてと、預かり子のたすけ、いわゆる谷底時代のこかんと秀司の苦労、つとめ場所の普請、飯降伊蔵の伏せ込み、僧侶乱入

つかえ、別席の処も日々増加するを以て、遠く所三三三の理を以て九箇月通るよう改むる御許しの願」をしている。

(6) 辻忠作、清水與之助、鴻田忠三郎、高井猶吉、梅谷四郎兵衛、桝井伊三郎、山澤爲造、宮森與三郎、板倉槌三郎、増井りん、増野正兵衛、喜多治郎吉、松田音次郎ら13人と、氏名不詳が2人、計15冊が現存。当時の本部員として、平野楢蔵、松村吉太郎、永尾楢治郎、諸井國三郎、山中彦七ら5人もいたが、氏名不詳の2人はこの内の人か。他の3人のものもどこかにあるのかもしれない(中山さとゑ『別席について』参照)。

(7) 『別席について』に詳しく、「人々に読み聞かせたりしながら十分のものに改められ、九月十二日には本部員会議の話題になる迄《まで》に及んだ。九月十六日には『別席のかきぬき』が清書せられ、一応の形が整つた」とある。

の件、扉開いてなど、教祖の道すがらに関するものとに大別できる。

この後、二月十九日に本部員会議がもたれ、ここに、別席話の整備統一を見たようである。(10)

別席については、明治二十三年七月のお言葉で、初試験—別席—試験—本席—仮席という制度が整えられたことなど、これまでにも何度かふれてきた。(11) しかし、それが人々の心に十分治まっていなかったのであろうか、明治三十年代のこの時期、別席制度の確認がなされていると見られる「おさしづ」が多い。

たとえば、明治三十一年六月三日「先般梅谷たね、永尾おさしづより本部員会議の上農行衆なり日々本部で勤める青年に、月々一度宛御話する事、本部長の御許しに相成りしに付、神様の御許し頂き度く願」に引き続いての「押して、農行の方宮森與三郎、山澤爲造両人取り締まる事願」に対して、

……人々《にん〳〵》替《か》わりて、日々席順序一《にち〳〵せきじゆんじよひと》つ、何度諭《なんどさと》したる。一寸《ちよつと》こうして席《せき》のもの、十人《にん》なら十人《にん》、所《ところ》の名《な》言《い》うて尋《たず》ねるまで、場所決《ばしよき》め一々尋《たず》ねるまで身《み》の備《そな》えこれ第《だい》一。中程《なかほど》でどうせいこうせいと言《い》うては、続《つづ》いた席《せき》の理《り》千切《ちぎ》れ〳〵の理渡《りわた》すようなもの。これする者《もの》ある。忘《わす》れて千切《ちぎ》れ〳〵の理渡《りわた》してはならん。遠《とお》い所《ところ》からさづけ受《う》け取《と》りに来《く》るのに、千切《ちぎ》れ〳〵の理渡《りわた》してはならん。言葉僅《ことばわず》かよう聞《き》き分《わ》け。中程《なかほど》はあと思《おも》たら、一《ひと》つ理聞《りき》き取《と》るのは、言葉分《ことばわ》からん。先《さき》はどうやったやら、中《なか》はどうやったやら分《わ》からんようではならん。そら筆《ふで》を取《と》り

(8)『別席について』では、8月26日「刻限」の内容を「二人の兄弟(秀司、こかん様)の十年間の御苦労」「十年の理」「本席様のふせこみの理」「大和神社の一件」「教祖の心」に大別してある。

(9) このほか、別席に関する「おさしづ」に、明治31年11月4日、同18日、明治32年1月26日などある。

(10)「明治三十一年二月十九日は陰暦一月十日に当る。陰暦一月十日は別席事務の開始される日であるが、丁度この日に『別席の事』について本部員会議が開かれたということは、何か、新年度から新しい別席咄《ばなし》を取次ぐことをはかられたのではないかという気がする。……明治三十一年九月十六日に書きぬきが清書せられてから、翌年迄は、果《はた》してどんなことであったのか、記録からみて空白時代なのである。恐らくはこの間が、おさしづを受けたり、談合をし

て渡《わた》してある。なれど、息継《いきつ》ぐようなもの。これ日々《にち〳〵》や。所尋《ところたず》ねるまで。身《み》に一《ひと》つの備《そな》え。横向《よこむ》いてはならん。尋《たず》ね掛《か》けたらどうする事要《ことい》らんよう、十のものなら十ながら、外《ほか》へ散《ち》らんよう。三名取次《めいとりつぎ》、三名《めい》ながら並《なら》んで居《い》ては取次《とりつぎ》やない。三名許《めいゆる》したるは不都合無《ふつごうな》きよう、千切《ちぎ》れ〳〵渡《わた》すは一人《ひとり》でよいもの。そこで三名許《めいゆる》したる。三名《めい》の心《こころ》は一人《ひとり》の心《こころ》を働《はたら》かしてくれにゃならん。

と、別席制度のもろもろの事項にふれておられる。[12]

同年十月二十六日「桝井安松身上歯の痛み願」では、

……さしづに順序《じゅんじょ》、中《なか》に何名取次何名中何人《なんめいとりつぎなんめいなかなんにん》この理《り》を取《と》り調《しら》べて、心《こころ》に感心《かんしん》の理《り》を治《おさ》めにゃならん。……この道《みち》の始《はじ》めた教祖《おやさま》一代《だい》の処《ところ》は女《おんな》、後席《あとせき》は男《おとこ》。男女《おとこおんな》の隔《へだ》て有《あ》るか無《な》いか。この順序《じゅんじょ》の理《り》、日々《にち〳〵》取《と》り次《つ》ぎ、男女《おとこおんな》の隔《へだ》て無《な》い。……

とのお言葉。これは、女性を取次に用いよ、とのお諭しと考えられる。[13]

その後、明治三十三年十月七日「刻限の御話（おさづけ御運びのあとにて）」では、「書下《かきさ》げ」[14]について言及されている。

……多《おお》く中《なか》という処《ところ》、遥々《はる〴〵》一度《ど》来《く》るは容易《ようい》やない。めん〳〵裕福《ゆうふく》に暮《く》らせば、一《ひと》つ苦《く》も無《な》い。運《はこ》ぶ中《なか》になあ、日々《にち〳〵》なあ、それでも厭《いと》わずして遥々運《はる〴〵はこ》ぶ、運《はこ》ぶ。道《みち》のために運《はこ》ぶ運《はこ》ぶ。この心《こころ》、どうでもこうでも一時《じ》の処《ところ》たんのうさし、満足《まんぞく》さし、初《はじ》めて初席《はつせき》という。初席《はつせき》から所々《ところ〴〵》には道順序《みちじゅんじょ》として、順序許《じゅんじょゆる》したる。又《また》九度席《どせき》という。又中《またなか》に特別《とくべつ》、ならん処特別許《ところとくべつゆる》したるという。諭《さと》す九度運《どはこ》び切《き》って、又《また》一日《にち》を以《もっ》て将来《しょうらい》の心治《こころおさ》めてやる〳〵。心《こころ》に楽《たの》しみを持《も》たして、国々内々《くに〴〵うち〳〵》

たりの練り合いの期間であったのだろうと思われる」（『別席について』）

(11) 第4章「神一条の道は」、第7章「切りやとという心、どうもならん」、第11章「婦人会の台から、又話々」参照。

(12) 6月18日夜の「今朝おさづけの後にて、夜深に尋ね出よ、と仰せ下されしに付願」など、同内容のお言葉が前後の「おさしづ」に見られる。

(13) 女性の登用については、明治31年3月30日「前日おさしづの婦人会内の事情に付一同話しの上願」でも「女でも理さえ治まりてあれば、どんな事でも出けるで〳〵。この道、男だけで、女は世界へ出さんのか。婦人会という、一日の日を以て研究さしてみよ」とのお言葉があり、増井りんが取り次ぐようになる。なおこの日、10月26日には「取次一条の話、一寸話し分

楽《たの》しみ理《り》である。そこで長《なが》い話《はなし》すると、何聞《なにき》いたやら分《わ》からんようになる。そこで、満席《まんせき》一日《にち》さづけ頂《いただ》いた理《り》に、四方《よも》〱の話長《はなしなが》い話《はなし》してはならん。書《か》き取《と》りをして書下《かきさ》げだけ諭《さと》してくれ。……

距離の遠近により、別席の回数が定められていることを示され、(15) おさづけを頂いた人に対する仮席での取次の心構えとしては、「書下げ」を十分読んで聞かせて、ほかのことについてはあまり長い話をせず、要点だけを話すように、と諭されている。「書下げ」については、四日後の十月十一日「過日のおさしづにおさづけ戴きたる人々に、言い渡し致す処書下げと仰せ下されましたが、その日の御諭しの書下げのみの事でありますや、又以前仰せ下されました長き書取りも言い聞かします事でありますか、と押しての願」においても、「神《かみ》が直《じ》き〱の話《はなし》に濁《にご》り混《ま》ぜるやない。濁《にご》り混《ま》ぜては遥々運《はる〲はこ》んだこうのうあるか、理《り》があるか」と述べられ、また「日々順序《にち〱じゅんじょ》よう書《か》き下《さ》げて、日々《にち〱》の書下《かきさ》げは十分諭《ぶんさと》してくれ。十分《ぶん》九度済《どす》んだる。書下《かきさ》げだけの話諭《はなしさと》してくれ。一日仮席《にちかりせき》に彼是話長《かれこれはなしなご》う伝《つた》えたら、何聞《なにき》いたやら、分《わ》からんようになる」と示されている。

別席については、さらに、取次の立場、あるいはその心得についても諭される。たとえば、本席飯降伊蔵の嗣子《しし》・政甚《まさじん》、真柱の生家の戸主・梶本宗太郎《かじもとそうたろう》についてのお言葉のなかにも、それを見ることができる。

すなわち、明治三十一年十月一日「前日刻限のおさしづに付、本部員々々々事情

かり掛けた。取次同時同格同様、同格外れて同じ理とは言わさん」とも仰せられている。

(14) おさづけを頂いたのち、「仮席」において渡される書き物、つまり「おかきさげ」のこと。

(15) これより先、明治21年11月7日「席順序遠中近の三段に分ちたる儀申上げし処おさしづ」で、必ずしも1度の帰参に1回と限ることなく、遠方からの場合には、まとめて聞くことができるようになった。

押して願」に引き続いての「押して、政甚の件(16)」でのお言葉に、

……思《おも》うようあれば、仕切《しき》ってどうこうこれは要《い》らん。若《わか》いから精出《せいだ》して用《よう》をさせるがよい。今直《います》ぐ何役《なにやく》と言《い》うて名《な》を付《つ》けるやない。前々《ぜん〳〵》こうと言《い》うて居《い》る処《ところ》、何役取《なにやくと》らいでもだんない。(17)……

とある。

また、明治三十二年八月二十一日「櫟本梶本宗太郎家族共本部へ引き越しに付……願(18)」に対して、

……どれだけ良《よ》い木〳〵と言《い》う。やしき楽《たの》しむ理諭《りさと》す。この木《き》十分《ぶん》々々《〳〵》と思《おも》たて、それ大層経《たいそうた》った木《き》でも、心《こころ》が治《おさ》まらにゃどうもならん。親《おや》から蒔《ま》いた種《たね》から、年々《ねん〳〵》〳〵という心《こころ》の理《り》によって育《そだ》つ。年々《ねん〳〵》〳〵によって何処《どこ》から眺《なが》めても成程《なるほど》というは、この道木《みちき》に譬《たと》えてあるが人《ひと》に諭《さと》す。又他《またた》に取次役取次役《とりつぎやくとりつぎやく》、順序諭《じゅんじょさと》さにゃならん。このやしき世上《せじょう》の一戸《こ》、芯《しん》というは違《ちが》う。一戸芯《こしん》ではない。重《おも》なる理《り》も同《おな》じ事《こと》、この道《みち》の理《り》ありて理《り》ある。入《は》えったさかいにこれもこれもと言《い》うた処《ところ》が、理《り》が無《な》くばならん。何程大《なにほどおお》き木《き》植《う》えた処《ところ》が水上《みずあ》がらにゃどうもならん。……

のお言葉である。

いわゆる理のある家柄の者でも、心がそれにふさわしく治まっていなければならないのであり、年限の理によって、「なるほど」と成人してこそ、取次役として治まるとのお言葉と悟れる。

(16) 同日「飯降政甚建物御許し願」も。

(17) だんないとは、差し支えない、心配ないという意味。大事ないの変化か。

(18) 7月24日には「櫟本梶本宗太郎及び家族共に本部の方へ引き越しする事に付、小二階の方へ住居の事願」も。

これは、取次に特別ということはないとの仰せであろう。明治三十一年三月二十八日にも「女《おんな》でありたけれど、ほんにと治《おさ》めたら、同格《どうかく》すれば出《で》ける」、同三十二年九月十九日にも「男《おとこ》女《おんな》言《い》わん。本部員同格《ほんぶいんどうかく》と諭《さと》した理思《りし》やんしてみよ」など諭されている。また、明治三十四年六月十四日の「おさしづ」[19]に、「本部員《ほんぶいん》は人間《にんげん》の付《つ》けたもの。臨時見習《りんじみなら》いと言《い》うて一寸説《ちよつとと》いたる。本部員《ほんぶいん》というは、世上《せじよう》の理取《りと》って付《つ》けたる」ともあり、本部員であることがそのまま取次人である、という当時の観念を戒められているようでもある。

こうしたことについては、明治三十一年九月三十日夜半「刻限御話」で「口上手《くちじようず》弁《べん》が達者《たつしや》やと言《い》うても何《なん》にもならん。日々《にち〳〵》取《と》り扱《あつか》い本部員本部員《ほんぶいんほんぶいん》というは神《かみ》が付《つ》けたものか」、十月一日にも[20]「本部員《ほんぶいん》というは、世上《せじよう》の理《り》を言《い》う」と仰せになっている。

このように、別席話の統一や取次人の立場について諭されているお言葉の背景には、当時の取次に、橋本清や飯田岩治郎の影響があったということも考えられる。[21]

このほかにも、取次の心得について、明治三十一年六月十八日夜の「今朝おさづけの後にて、夜深に尋ね出よ、と仰せ下されしに付願」でも「一時運《じはこ》び方渡《かたわた》す理《り》によって、あちら落《お》としこちら落《お》とし取《と》り次《つ》いではならん」「理《り》を外《はず》してこれでよいと言《い》うは、話《はな》した理《り》は砕《くだ》くようなもの」、同年九月十九日の「梅谷四郎兵衛身上願に出物に付願」では「中《なか》は美《うつく》しい口《くち》で言《い》うて、行《おこな》いと違《ちご》うてはならん」とも諭されている。

(19) 割書は「六月一日より本席御身障りに付七日間御休みに相成る、よって種々相談の結果、本部員一同神様へ御願い申し上げしには、御身上速やか御成り下さればおさしづを頂き、おさしづによってどのような事も運びますと御願いに付、如何の事でありますや願」とある。

(20) 「前日刻限のおさしづに付、本部員々々事情押して願」

(21) 橋本は明治30年12月、飯田は同年11月に、それぞれ離反している。第9章「綺麗な道がむさくろしいなる」、第10章「元分からんから」参照。

明治30年ごろの教会本部付近図

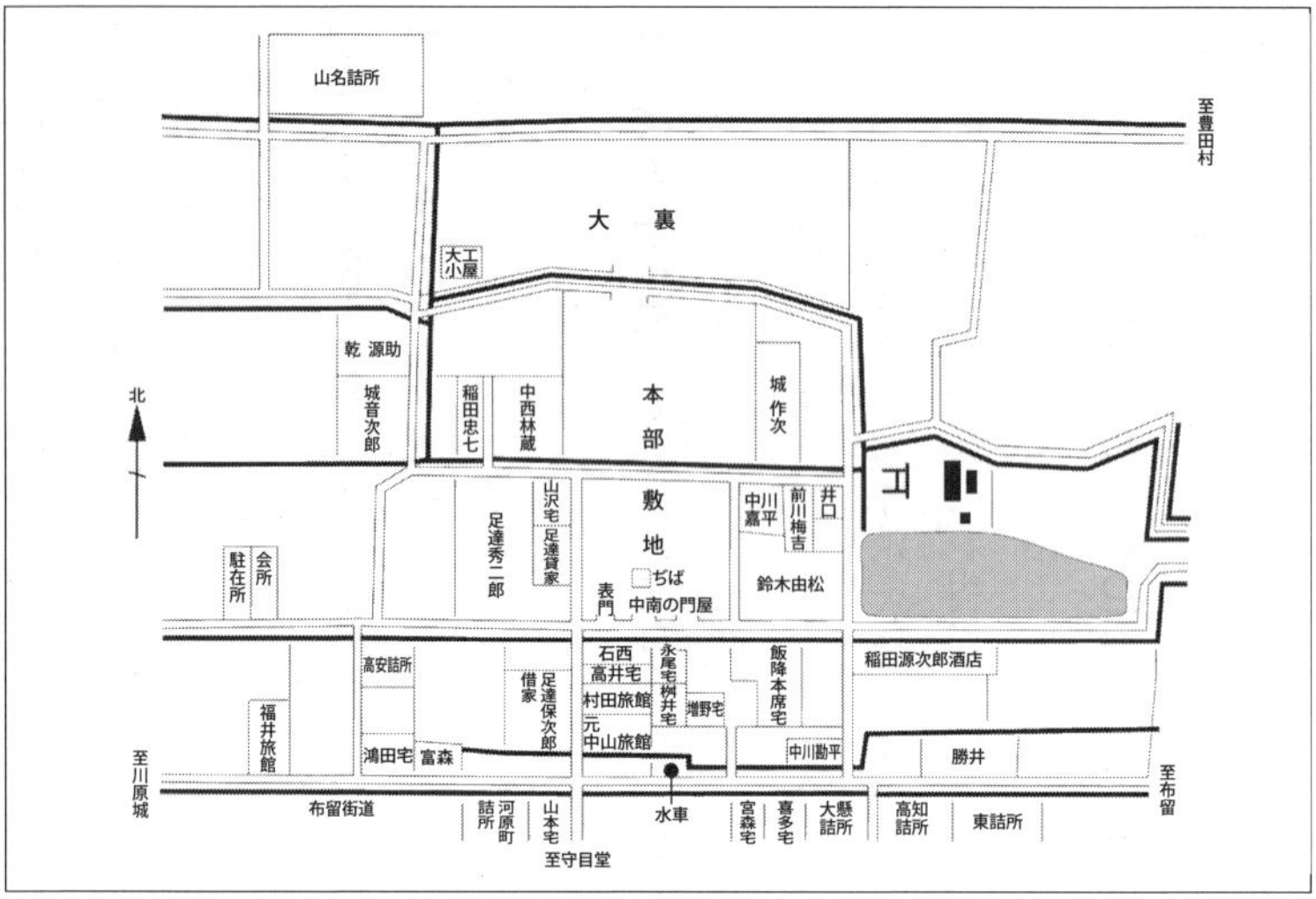

また、この時期、別席話の統一や取次について諭されるのと並行して、別席場の普請にもふれられている。

明治三十一年七月二十三日「本部二間半に十七間の建家に一方へ半間縁付け一方へ濡れ縁を付け別席する処十五畳五間の御許し願」が、その最初のものである。[22]

翌三十二年四月十日「別席する処建物大裏へ建てる事願」では「**仮家《かりや》なら仮家《かりや》と言《い》うてすれば、何時《なんどき》でも許《ゆる》す**」と仰せになり、さらに翌三十三年七月十四日には「ふでさきの処、大裏で建物して其処で調べをさして、その後別席場に用うるための建物の儀願」がなされている。

当初、別席は取次人宅などで取り次がれていたが、[23]神殿北側の大裏《おおうら》と呼ばれる農地が整備され（左コラム参

(22) この時「本部西側の道路石敷裏の門まで三十間余延長する願」「大裏の南の門より北の門まで両側へ延石を入れ道路作る御許しの願」も。

(23) 第4章の注25（65ページ）参照。

照）、そこに別席場が順次竣工したのである。(24) この明治三十三年の秋季大祭には多くの別席者を迎えたという。

『稿本中山眞之亮伝』にも、「教内の大勢は、この頃には完全に活気を取り戻し、この十二月十七日（陰暦十月二十六日）に行われた秋季大祭の前後は、参拝者頗《すこぶ》る多

(24) この別席場は、大正末までお節《せ》会《ち》の接待場としても使用された。おやさとやかた東棟ができるまで別席場に使われていた建物（修養科「いろは教室」と呼ばれていた）とは別である。

大裏の整備に関する割書

明治29年5月25日「大裏地所二筋東西水抜の願」

「又、大裏の地所西方半分北より西南へ廻り石垣する願」

「又、元鈴木地所へ二間半に十五間の物入れ建てる願」

「又、大裏へ木小屋九間に十七間の物建てる願」

明治29年8月4日「大裏西手方北より西南へ廻り壁建てる願」

「又、職人小屋二間半に十間建築御許しの願」

「又、南北へ門の願」

「又、東方も追々石垣工事土持ち御許し願」

「又、稲納屋を大裏へ持ち行く願」

明治29年9月14日「大裏戌亥の隅へ南北十四間東西十四間半四間梁前に八尺の庇付建物御許し願」

明治30年3月21日「大裏へホイロ場石灰入れとして七間に二間の建築願」

明治30年4月22日「大裏西側中央に井戸一箇所願」

明治30年5月1日「大裏へ米蔵建築御許し願」

明治31年2月5日「大裏地所土持ち御許しの願」

明治31年2月15日「大裏大門棟上げの願、後より伺」

明治31年3月3日「西の方便所取り又大裏に塀する願」

明治32年3月2日「本部大裏の土持ち当村の宮池より土を取りて運ぶ事の願」

明治33年11月5日「大裏へ三間四間建家仕事場のように建てるのを、一個人の住家建てに致しましたのは、一同の相違なる事を、親神様に謝罪申し上げ、改めて将来人の住家とは致しませんから、本部別席或は応接所にさして下さるよう御許し願……」

く、十八日の日などは、万に近い別席人で、本部内は多忙繁雑を極めた。二十九年、三十年の悪夢は、もう遠い過去となって、ひたすら活気に溢《あふ》れた躍進時代に入って居たのである」（285ページ）と記されている。(25)

●「心の理が効くのや」

別席者が万を数えるという盛況ぶりは、内務省訓令以来の相次ぐ事情も治まって、教勢が活気を取り戻したことに起因するものと考えてよい。それも、各地における地道な布教活動、それにともなう不思議なたすけがあったからにちがいない。

布教、おたすけの現場では、「おつとめ」の勤修《ごんしゅう》や「おさづけの理」の取り次ぎだけでなく、御供《ごく》やお息の紙も用いられていた。この時期、九度の別席を経て「おさづけの理」を拝戴《はいたい》するに至った人は多くはなかったので、御供やお息の紙、あるいは神水によるおたすけがほとんどであったと思われる。

ここでは、御供、お息の紙について言及しておきたい。

御供は当初は、はったい粉であった（左ページのコラム参照）のを、明治十一年ごろから金米糖《こんぺいとう》に変更され、(26)広く人々に渡されていた。

『稿本天理教教祖伝逸話篇』によると、教祖は、金米糖の御供を渡される時、「ここは、人間の元々の親里《おやさと》や。そうやから砂糖の御供を渡すのやで」と仰せになったという。(27)

(25) この間、明治32年8月に提出していた第1回独立請願書を、翌33年10月22日付「願書不備のため、訂正の必要あり」との理由で取り下げている。

(26) 明治10年の売薬規則制定との関係が考えられる。

(27) 「六〇　金米糖の御供」参照。「一《ちょっと》ぷくは、一寸の理。中に三粒《みつぶ》あるのは、一寸身に付く理。

お息の紙でのおたすけは、『稿本天理教教祖伝逸話篇』にも見られるが、(28) その始まりは、「遠方はる〴〵帰《か》えれない道の子供に、教祖様が我が息を、紙におかけ下さつて、そしてそれを子供に下された」という。「処《ところ》が信者も次第に沢山になつて来た。二《ふた》ふくは、六《ろっ》くに守る理。三《み》ふくは、身に付いて苦がなくなる理。五《いつ》ふくは、理を吹く理。三、五、十五となるから、理を吹く理。七《なな》ふくは、何《な》んにも言うことない理。三、七、二十一となるから、たっぷり治まる理。九《く》ふくは、苦がなくなる理。三、九、二十七となるから、たっぷり何んにも言うことない理」とある。『天理教髙安大教会史』によると、教祖は「此《こ》の金米糖には沢山《たくさん》な角《つの》があるが、舌と言ふ柔らかな優しいもので撫《な》でると、自然と角が取れるのである」とも諭されたという。ほか、『稿本天理教教祖伝逸話篇』には、明治17年秋に「キチンと紙を切って、その上へ四半斤《ぎん》ばかりの金米糖を出して、三粒ずつ三包み包んで」渡されたことなどが収録されてある(「一五一　をびや許し」)。ちなみに1斤は約600グラム。

初期の御供のこと

現在は洗米となっているが、教祖ご在世時代の初期の御供は、主にはったい粉が用いられていたようである。

はったい(粉)とは、「米または麦の新穀を炒《い》って焦がし、碾《ひ》いて粉にしたもの。砂糖を加えたり、水や湯で練ったりして食べる。麦こがし」(『広辞苑』)。『稿本天理教教祖伝』(50ページ)に出てくる、元治元年(一八六四年)に飯降伊蔵の妻おさとが頂いたという「散薬」もはったい粉であろう。飯降尹之助《まさのすけ》「永尾芳枝祖母口述記」(『復元』第3号所収)によると、「じきもつの御供やつた」とある。

「じきもつの御供」については、桝井香《こう》志朗《しろう》「おさづけの種類とその理」(『天理教学研究』第6号所収)に詳しく、「白米三合を、袋の中に入れて、煮え立ち湯の中に、三べん浸けられるのである。そしてそのほとびたようになつたお米、それがじきもつである、それを保存しておかれる。すると病人が来られて、どうかお救けを頂きたいと願つて来られるその方に、お供(=御供)として、三つぼみ包んでおやりになる」とある。

なお、『稿本天理教教祖伝逸話篇』には、明治六年、加見兵四郎《かみひょうしろう》(東海大教会初代)の妻つねのをびや許しの際に「お洗米を三つに分けて」頂かすようにというお言葉もある(三四「月日許した」)。

(28)「一〇四　信心はな」「一五五　自分が救かって」など。

広　告

弊店儀従来神道天理教会御本部ノ御用ヲ被仰付金米糖製造用達致来候処近来世上説ヲナシテ該品中〔モルヒ子《ネ》〕ノ混和アル〡ヲ新聞ニ雑誌ニ掲載スルモノ有之大ニ営業上差閊不尠候ニ付今般其筋ノ手ヲ経テ内務省大阪衛生試験所ヘ之レガ分析ヲ請ヒ害毒ノ有無試験相受候処左ノ通リ御報告有之候間此段江湖ノ顧客ニ弘告ス

奈良県奈良市芝新屋町九番屋敷

依頼人　中喜多勇治郎

第八七号

一金米糖　壹種壹袋

衛生上害否試験

当所ヘ差出シタル品ハ光沢アル白色ニシテ普通ノ形状ヲ具ヘ其質堅脆味甘ク水ニハ殆ト澄明ニ溶解ス之カ試験ヲ遂クルニ本品ハ一モ有害性物質ヲ含有セサルヲ以テ衛生上害ナキモノトス

内務省大阪衛生試験所

所長　衛生試験所技師　辻岡精輔㊞

主任　衛生試験所技手　喜多尾元英㊞

明治三十二年二月廿八日

暇を見てはお紙にお息をおかけ下されていたが、段々道が大きくなるにつれて、教祖様お一人では、とても間に合う事ではなかつた」ので、息のさづけを頂いていた仲田《なかた》儀三郎《ぎさぶろう》(29)に、「さあ、あんたも私の側《そば》でお紙に息をかけてやつておくれ」と仰せになり、お側の先人たちが手伝うようになったようである(30)。

御供にはったい粉や金米糖を用いられたのは、おそらく、教祖が日常お側に置かれていたからであろう。親が子に与える恵みで、いわば「おやつ」のような性格が思い浮かんでくる。しかし、それが医薬妨害などと問題視されるようになり(31)、明治

(29) 明治7年12月26日（陰暦11月18日）、赤衣《あかき》を召された教祖は、「一に、いきハ仲田、二に、煮たもの松尾、三に、さんざいてをどり辻、四に、しっくりかんろだいてをどり桝井」と、お側の人々にさづけの理を渡されていた（『稿本天理教教祖伝』124ページ）。

二十九年の内務省訓令への対応でも「産屋《おびや》御供は熱心なる信徒に限り授与する事」としている(32)。

明治三十二年二月、金米糖の御供について薬物混入の風説がひろがったため、内務省の大阪衛生試験所に検査依頼し、二十八日付で「本品ハ一モ有害性物質ヲ含有セサルヲ以テ衛生上害ナキモノトス」との検査結果を『みちのとも』(明治32年5月号)に広告掲載している(右ページ別掲)。隔世の感がしないでもない。

神道本局からの一派独立運動中も、内務省宗教局からたびたび廃止を勧告され、明治三十五年五月十七日付、御供とお息の紙の件に関する達しを出している(左別掲)。

それでも徹底しなかったのか、二カ月後の七月十三日、「御供の件に付昨日東京へ出張の松村吉太郎より申し越されしに、内務省の局長の御話には金米糖は絶対に廃

部下教師一般

従来本部ヨリ下附スル御供(金米糖)御息紙等授与之儀ニ付屢々訓諭致置候処近来本部ヨリ下附スル物品ノ外各自勝手ニ製造シ下附スル者有之哉ニ伝聞致シ候右ハ仮令有害物ニ無之モ教祖ノ御遺訓ニ悖リ教理ニ反キ甚タ歎ケ敷次第ニ有之候自今本部ヨリ下附致候物品ノ外分支教会等ニ於テ神前ニ備ヘ候御供御水等ト雖一切信徒ヘ授与致候儀不相成候若違反致候モノ有之候ハヾ相当之処分可致候条各自心得違無之様注意可致此旨厳達ニ及候事

明治三十五年五月十七日

神道天理教会長大教正　中山新治郎

(30) 桝井香志朗「おさづけの種類とその理」(『天理教学研究』第6号所収)参照。明治19年に仲田が出直し後は、高井猶吉が頂き、昭和初めごろまでつとめた。明治20年以降は梅谷四郎兵衛(明治20年5月16日)と、増井りんが息のさづけを頂いている。明治33年12月1日のりんの際には「増井りん昨日御息おさづけ下されました処、高井猶吉、梅谷四郎兵衛のようなと同じ事でありますや願」がなされている。

(31) 「元来、お道の御供と言ふのは、始めハツタイ粉を用ひられてゐたので、不用意な信徒は散薬の如《ごと》く心得『一服頂きたい』などと云《い》つては、世間の誤解を招いてゐたのである」(高安大教会史)

(32) 明治29年5月18日から21日にわたって開かれた改革会議での決定事項の一つ。第8章「いかんと言えば、はいと言え」参照。

止せよとの御話である。若《も》し出来ざる時は製造の方法に対し、腐敗せざるよう出来ざるものか、と言うに付、心得までに願」をする。(33)

……御供《ごく》というは、成《な》るだけ〳〵踏《ふ》ん張《ば》ってみよ〳〵。……

とのお諭しであったので、人々は「腐敗せざる」方法などを協議したのであろう。十日後の七月二十三日、「御供金米糖を一般へ出す事を、本部に於て紙に包んで印打って出す事願」をすると、

……何《なに》も御供効《ごくき》くやない、心《こころ》の理《り》が効《き》くのや。難《むつか》しい事《こと》せいと言《い》うは、皆々《みな〳〵》の処《ところ》、惣々《そう〴〵》治《おさ》め難《に》くい。心《こころ》に大《おお》き思《し》やん持《も》ってくれ。大《おお》き心持《こころも》てばどんな働《はたら》きもある〳〵。まさかの時《とき》には月日《つきひ》の代理《だいり》とも言《い》うたる。……

との仰せであった。(34)

教祖の定められたものを変更することについて、決定的なお許しがないままに二年が過ぎ、明治三十七年三月二十九日には「教長御上京の時内務省宗教局長より金米糖御供の事に付種々話しの結果、洗米と改め下付する事一同協議の上願」がなされる。(35)これに対しては、

……呼《よ》びに来《く》る、出《で》て来《く》る。出《で》て来《こ》い、行《ゆ》く。出《で》て来《く》る。これは皆神《みなかみ》がして居《い》る。……天《てん》の理《り》であればこそ、万国《ばんこく》まで一寸《ちよつと》付《つ》け掛《か》けてある。(36)万国《ばんこく》一体《たい》世界《せかい》一体《たい》いずれ開《ひら》いて見《み》せる。……

などと、何事も親神のご守護のなかのことであることを諭し、壮大な救済の理念を説かれている。

(33) この後、「全国に十教区を置く事の願」も。

(34) 引き続き、「押して、本部から直接信徒へ御供出す願」「しばらくの処、包んで出す事申し上げ」も。

(35) これより先、2月25日「この度神道本局より天理教会長に対し内務省よりの達しには、教長是非上京せよとの事に付、明日より上京する事御許しの願」で「この度《たび》世界も一つ、ぢばも一つ。大層々々、大層の事件あると言うたる。この日もあろ。言うただけでは忘れる。ふでさきに詳しく皆知らしてある」と。

(36) このころの海外布教は、明治34年12月30日、山名の高室《たかむろ》清助《せいすけ》が中国厦門《あもい》へ、35年2月27日、撫養の中村順平《なかむらじゅんぺい》が釜山へ、36年5月ごろ、本島の片山好造《かたやまよしぞう》が京城（現ソウル）へ、などがあげられる。

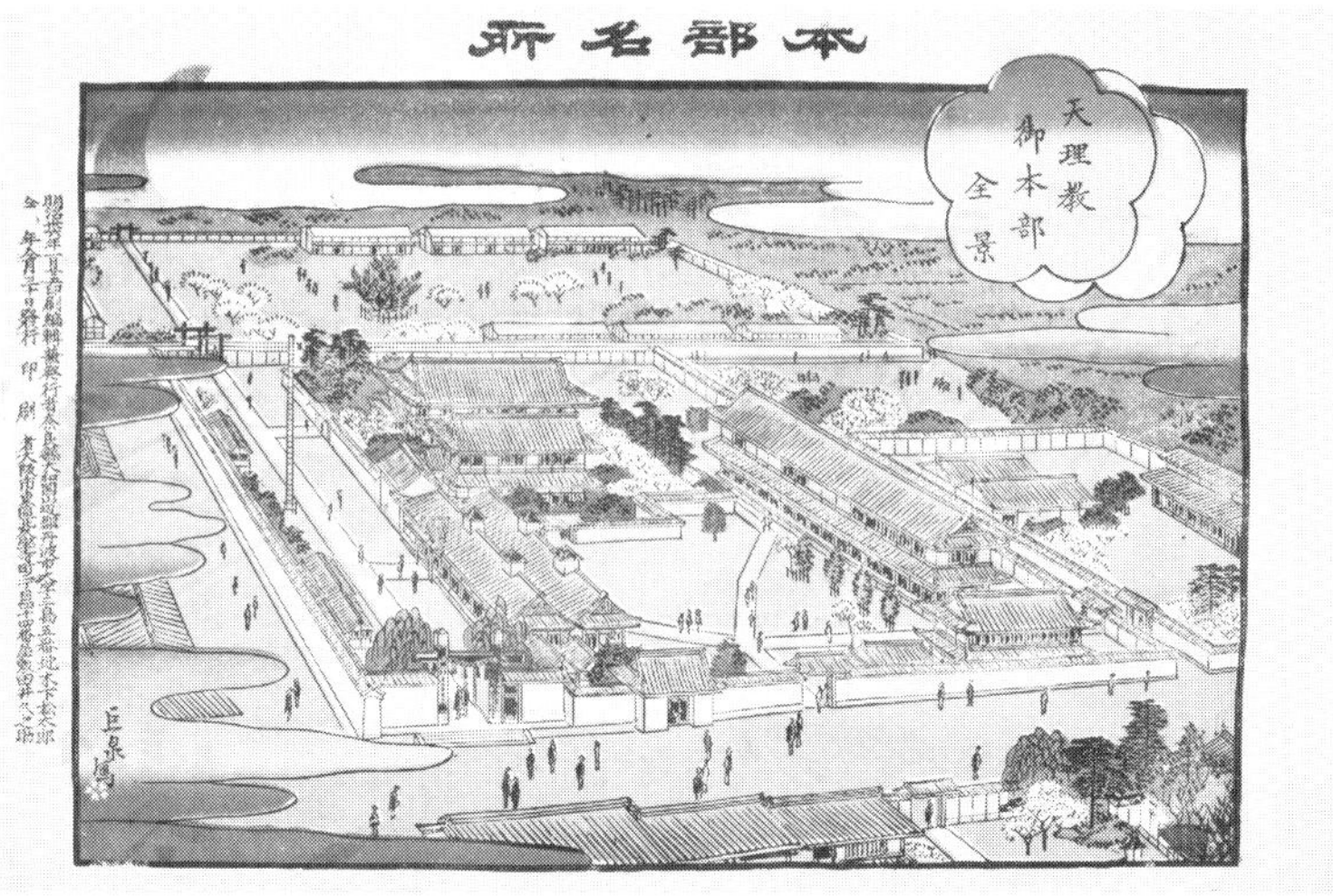

明治36年当時の教会本部全景（本部名所図絵―天理図書館蔵―から）。「大裏」と呼ばれていた本部の北方に「別席場」の棟が並んでいる。

引き続き、「押して、洗米に替えさして頂きます願」では、

……細道《ほそみち》は通《とお》りよい、往還道《おうくわんみち》は通《とお》り難《に》くい、と言《い》うてある。……

との仰せであった。(37)

さらに、四月三日「御供の事に付おい〳〵さしづの上より一統協議致し、種々教長へ申し上げ、教長のお話し下されし上より、洗米に改めさして頂き度き事に付、一統決議の上御願」をすると、

……どう成《な》りてもこう成《な》りてもという投《な》げ出《だ》しの心《こころ》、暫《しばら》く未《ま》だ早《はや》い。どうこうなりと、今《いま》の処《ところ》皆々《みな〱》の心《こころ》に委《まか》せ置《お》こう〱〱。

引き続いての「洗米御供幾粒ずつにして包めば宜しきや願」では、

……さあ〱何《なに》も御供《ごくき》効くのやない。心《こころ》の理《り》が効《き》くのや。……

このことは、二年前の明治三十五年

(37) 明治35年7月20日にも「大きい道は怪我をする。細い道は怪我は無い」と。

七月二十三日の「おさしづ」でも諭されている。

引き続いて「教祖御前に三粒供えるのでありますや」と伺うと、

そうやない〳〵。たっぷり供《そな》えて三摘《みまみ》み〳〵〳〵入《い》れて、後《あと》へ三粒《みつぶ》々々《〳〵》。

とのお言葉であったので、「押して、三つまみ入れて三粒入れますものか」伺うと、

……ほんの凌《しの》ぎに出《だ》すのや〳〵。この道《みち》というは何《なに》がいかん、彼《か》がいかんと言《い》うは、道《みち》減《へ》らすようのものや。……

と諭されている。

さらに、「をびや御供は是まで通り金米糖御供にさして頂きますや願」と続く。(38) 明治三十五年七月十三日の「おさしづ」では、まだお許しは頂けなかったが、三十七年四月三日のお言葉を受け、同月十日から洗米御供となったのである。(39)

明治三十年代のこの間に展開されていた一派独立請願運動は、ある意味で苦難の道であった。確かに、その対応には腐心したと考えられる。しかし、「おさしづ」が指し示す方向は、それとは無縁な神一条の道であった。

(38) この時「それは構わん」と。これより先、明治20年2月25日の「おさしづ」に「第一をびやたすけ、さあ三日目三粒《みつぼ》を三つ、三三九つ《ここの》を百層《そ》倍。これをかんろうだいへ供え、本づとめをして、元のぢばなる事を伝え、をびや許しを出す」とある。いつのころから現在では、をびやの御供も洗米である。明治6年、加見兵四郎が妻のをびや許しの際に、洗米を頂いたという伝えもある（267ページのコラム参照）。

(39) 全国各地に徹底されず、翌明治38年11月、青森で金米糖事件が起きている。第15章の注40（253ページ）参照。

第十七章　一手一つの心なら、一手の守護──教祖二十年祭

一派独立運動は、苦節十年を経て、明治四十一年に達成された。
この章では、その過程に見られる対外的問題にふれながら、教祖二十年祭（明治三十九年）前後の状況にも注目してみたい。

●国の事情と道の事情

前章でふれたが、別席や御供《ごく》のことなど、たすけについての「おさしづ」が続くなか、外部からの干渉も少なからずあった。

官憲の干渉は以前からもあったが、特に明治二十九年（一八九六年）の内務省訓令でも指摘された「風紀紊乱《びんらん》（男女混淆《こんこう》）」「医薬妨害」「寄付強制」という名目のもとに問題視されていたのであろう。(1)

訓令を受けて、即時に諸事項を改めたが、(2)問題はそれらにとどまらず、内務省宗教局の勧告により、明治三十五年六月二十五日付で、教会本部は各地の教会へ向け

(1) 第8章「いかんと言えば、はいと言え」参照。

(2) おつとめは男子のみで勤めること、おさづけは医師の手を経てから取り次ぐことなど8項目。

分支教会
出張所
布教所
神道教師ハ布教伝道ニ従事スルモノニシテ殊ニ教会所内ニ居住スルモノハ布教伝道ノ外信徒ノ取締ヲナスヘキ職務ニシテ其任タルヤ重ク其責モ亦大ナリ然ルニ近来多数教会所内ニ家族ヲ挙ケテ居住スルモノ、中ニ朝夕神明ニ礼拝スルノミニテ一定ノ職務モナク遊手徒食スルモノモ有之哉ニ相聞候如此モノハ独リ教祖立教ノ趣旨ニ違背スルノミナラス殖産興業ノ意ニ戻リ国家ニ対シテモ不相済儀ニ付一定ノ教務アルモノ、外相当ノ業ニ就カシメ夫々方法ヲ相立テ遊手徒食ノ輩無之様精々注意致スヘク此旨特ニ訓示候事

明治三十五年六月二十五日

神道天理教会長大教正　中山新治郎

て共同生活解散の「達」（右別掲）を出している。(3)

これは、当時の労働運動や社会主義運動の台頭を警戒してのものと思われる（276ページのコラム参照）。

翌七月には、地方の監督取り締まり徹底のため、全国に教区を置くこととし、同月二十九日には「教会所取締条規」を制定発布している。(4)

しかし、それでもなお社会の風当たりは厳しく、翌明治三十六年五月には国会の衆議院に天理教禁止解散の請願書が提出されるに至った。(5)

その理由として、「第一　立教ノ根本曖昧《あいまい》不明ナルコト」「第二　立教者ハ素性下《げ》賤《せん》ナルコト」「第三　経典ノ不備ナルコト」「第四　教会ノ組織不完全ナルコト」「第

(3) この間、一派独立運動の第1回請願書を明治32年8月に提出するが、33年10月取り下げ、34年6月提出の第2回請願書も36年1月取り下げている。

(4) 第13章「中に錦を」参照。教区が置かれるようになった理由の一つとして『天理教高安大教会史』に、「其《そ》の頃《ころ》九州にあった郡山部属の教会に不都合なことがあり、取消《とりけし》せられるばかりの情勢となったので」とあるが、詳細については分からない。

(5) 高安大教会史によると、愛媛県選出武市庫太の紹介で、中西元治郎（東京芝区・著述業）、星野伝七郎（同・織物業）の両人から5月27日付で提出。請願書には「神道本局所属天理教会ナル教団ヲ禁止解散スルコト　右ハ帝国憲法第二十八条『日本臣民ハ安寧秩序ヲ妨ゲズ、及臣民タルノ義務ニ背カザル限リニ於テ信教ノ自由ヲ有ス』ト云フ明文ニ背反スルヲ以テ法令ヲ以テ

五　教式ノ猥雑《わいざつ》ナルコト」「第六　教師ノ不学ナルコト」「第七　法規ヲ無視スル事」「第八　財産ヲ傾ケ風俗ヲ乱スコト」をあげている。(6)

その月の二十九日「衆議院へ天理教会禁止解散請願書出廻り来たり、よって奈良県代議士木本、平井の両名より昨夜十二時十五分電報来たりしに付御願」をし、(7)松村吉太郎が東京へ出向いて奔走するが、議題が本議会に出ることなく、この件は鎮静化した。(8)

また、教義の整備などが問題にされたばかりでなく、各地の布教の現場にいる教師の質ということまでも問われたため、翌明治三十七年には教師の淘汰《とうた》をも断行せねばならなかった。(9)

当時、世情は日露戦争による緊迫した状況下にあった。(10)このころから、本教の対外的動きが目立つようになる。

宗教界においてもこの前後、さまざまな動きが見られた。(11)日露開戦から三カ月後の明治三十七年五月十六日、東京で大日本宗教家大会が開催され、「速《すみやか》に光栄ある平和の克服を見んことを望む」と宣言。仏教各宗派では、出征家族や遺族、傷病兵の援護などを行い、軍隊布教師を戦地に派遣して慰問や葬祭にあたっている。(12)また、キリスト教系でもニコライ大主教は、全信徒に正教会の教書を与えて、日本国民としての忠義の本分を尽くし、日本の勝利と両国の平和を祈るように呼びかけた。(13)

こうした宗教界の動きのなか、本教はどうであったのか。

之ヲ禁止スルコト」とある。帝国議会は第18回特別議会開会中であり、『同感ノ士ニ檄ス』という印刷物を配布して反対運動が展開された。それには明治29年の内務省訓令と同内容の警視庁訓令（「近来、天理教会ハ其信徒ヲ一室ニ集メ、男女混淆動《やや》モスレバ……」）が引用してある。

(6) 天理教禁止解散の請願書は、高安大教会史に全文が掲載されている。

(7) 「さあ〳〵直《す》ぐ〳〵行って来るがよい。どんな事も話《はな》して来るがよい。隠し包みは、すっきり要らんで、要らんで」と。この時、一派独立運動に際しての教典の編纂《へんさん》、神名の変更についても伺っている。

(8) 高安大教会史に「禁止解散請願は明治三十六年六月二日午後一時から開会せられた衆議院請願委員第一分科会に於《お》いて、委員青柳信五郎氏外二十四名出

開戦から三日後の二月十三日付で諭達を発布。それは「……是ノ際ニ当リ数百万ノ信徒ハ身家ヲ顧慮セス衣食ヲ減縮シ各々為スヲ得ヘキノ財ヲ悉《つ》クシ殫《つ》クスヲ得ヘキノ財ヲ献シ以テ夫《そ》ノ軍用ノ万一ヲ補ハサル可カズ是《こ》レ我教祖ノ遺訓ニシテ我教会ノ本務ナリ……」といった内容のものである。

また、『みちのとも』誌上にも「戦争と天理教徒」という社説を掲載。(14) そこでは、「天理教は平和の福音を伝ふるものである。教祖は『にくい』『うらみ』『はらだち』を八埃《やつのほこり》の内に数へて、之を祓除《はらいのぞ》くことを教へられ『慈悲』『忍辱《にんにく》』を基として『なにかよろづのたすけあい』と説かれてゐるから、吾人《われわれ》は絶対的に戦争に反対しなければならぬ」とし、しかし「我国にして戦争しなければならぬとすれば、是《これ》は極東の平和の為《ため》止《や》むに止まれぬからである」と論じている。

また、二月十五日付で全教に対して毎月一回出征兵士の健康祈願祭を執行する旨

不敬罪と社会主義

欧米列強のアジア侵略のなかで、王政復古を遂げた明治政府の二大スローガンは、文明開化・富国強兵であった。

文明開化は、かつて中国文明を摂取した時の「和魂漢才《わこんかんさい》」にならった「和魂洋才」をモットーとして、神道主義を堅持しようとした。

しかし、文明開化の推進者はキリスト教者が多いので、キリスト教を排除しての開化政策には種々のトラブルが起こらざるを得なかった。

席の上議決せられたが、当時の速記録に依《よ》つて調べて見ると

委員長　武石敬治君

…次は天理教会禁止解散ノ件

委員　木下学而君

此ノ天理教会禁止ノ件ハ、勿論、否決スルコトニシマシタ

『異議ナシ』ト叫ブ者アリ

委員長　武石敬治君

御異議ガナケレバ報告通リ決シマス…

と言ふやうに飽気《あつけ》ない結末に終つて、本議会にも出ず、脆《もろ》くも委員会に於て、否決されたのである」とある。

(9) 第13章「中に錦を」参照。

(10) 明治37年2月10日、日本がロシアに宣戦布告し開戦。翌38年9月5日に日露講和条約（ポーツマス条約）で終息する（278ページのコラム参照）。

(11) 前年の明治36年にはキリスト教徒の内村鑑三らが開戦反対を主張するなどしている。

明治二十二年に大日本帝国憲法が発布されたその日、文部大臣森有礼《もりありのり》は、キリスト教徒と見なされて暗殺された。憲法第三条の「天皇ハ神聖ニシテ侵スヘカラス」は、以後の権力側の取り締まりの最大の武器に利用されることとなる。

二十三年に「教育ニ関スル勅語」が発布され、翌二十四年一月、第一高等中学校に下賜された教育勅語の奉読式が行われた。同校の教員、内村鑑三《うちむらかんぞう》はキリスト教信仰のうえから、勅語に対して最敬礼を行わなかった。このことが、不敬事件として、以後のキリスト教攻撃の発端となった。

二十五年、東京帝国大学教授久米邦武《くめくにたけ》が、前年発表した「神道は祭天の古俗」という論文も、不敬罪と攻撃されて職を退くことになった。

思想、学問の世界でも、不敬罪に問われることは決定的な破滅への道であった。

日清戦争後の急激な資本主義の発達は、従来の労資協調的な労働運動を変化させた。

明治三十年の労働組合期成会の結成や、翌年の社会主義研究会の設立などは、キリスト教者たちがその指導的立場にあった。

三十二年の条約改正にともなう内地雑居問題は、労資双方に危機感を与え、労働運動も激しくなった。同年に発せられた文部省訓令第十二号は、宗教と教育の分離を目指すものであり、翌三十三年には治安警察法が公布され、政府は当時の普通選挙運動と、社会主義活動に神経をとがらせていた。

三十四年、安部磯雄《あべいそお》、河上清《かわかみきよし》、幸徳秋《こうとくしゅう》水《すい》、片山潜《かたやません》などが社会民主党を結成したが、即日禁止された。同じ年に、二十四年以来、足尾《あしお》銅山鉱毒事件の運動を続けていた田中正造《たなかしょうぞう》が天皇へ直訴を企てて世間を驚かせたが、その直訴状は幸徳秋水の執筆したものという。

(12) 真宗大谷派は「先志を紹述して門末一般の奉公を奨励し又汎《ひろ》く従軍僧侶を出征部隊に派遣し士気を鼓舞するに努め其《その》労尠《すくな》からず、朕《ちん》深く之を嘉《よみ》す」という勅語も受けている。日露戦争を契機に、特に真宗では朝鮮、中国での開教が進み、軍事援護を目的とした愛国婦人会の結成もあった。『日本仏教史Ⅲ』（近世・近代篇）参照。

(13) ニコライ大主教は日本ハリストス正教会創始者。プロテスタント系の福音同盟会は、満州や朝鮮に軍隊慰問を派遣し、日本キリスト教青年同盟は軍隊慰労事業として満州で伝道を開始している。カトリック系教会には、大きな動きは見られない。

(14) 明治37年2月号。記事末に「二月八日稿」と付記してあるが、この日は陸軍が仁川沖に上陸、海軍が旅順港のロシア艦隊に奇襲をかけた日で、事実上の開戦日である。

日露戦争と国民感情

日清戦争の勝利によってアジアにおける強国として認められた日本は、資本主義の急速な発展によって、欧米列強の帝国主義政策の仲間入りをすることになった。

欧米列強の侵略の対象は、戦いに敗れた清国《しんこく》（中国）である。平和条約によって日本に割譲された遼東《りょうとう》半島は、ロシア、フランス、ドイツの三国の干渉によって還付させられた。これに憤激する国民に対し、政府は「臥薪嘗《がしんしょう》胆《たん》」して他日の報復を期するように説得したのである。

以後のロシアの南下侵略に対して、日本は英米の後援を得て対抗した。当時の社会主義系新聞『平民新聞』は、「日露の戦争は其《そ》の実露英の戦争なり。……日本は唯《た》だ英国の傀儡《くぐつ》たるに過ぎざるのみ……」と記している。

三十四年の社会民主党の禁止以来、社会主義運動は言論による運動に転じたが、このころから社会主義運動の中心がキリスト教社会主義から、国際主義や無政府主義などに分派していく。

三十六年、各新聞が相次いで主戦論に転じるなか、最後まで非戦論を主張していた黒岩涙香《くろいわるいこう》を主幹とする『万《よろず》朝報《ちょうほう》』も主戦論に転じた。

「露国討つべし」は国民の世論であって、反戦論は極めて一部のものとなった。

をふれ、翌三月八日には役員会議で国庫債券に応募して国庫の不足を補うべく決議[15]。その他、出征兵士の慰問、傷病兵の慰問、出征兵士遺家族の慰問などもしている。

こうした一連の動きは、その筋からの要請があり、それに応《こた》えたものと見られる。「おさしづ」の割書によると、明治三十七年二月二十五日に「この度神道本局より天理教会長に対し内務省よりの達しには、教長是非上京せよとの事に付、明日より

(15) 全教に応募を勧奨したところ、総額250万5千円以上に達した。『稿本中山眞之亮伝』297ページ参照。

上京する事御許しの願」をしている。(16)

その後の初代真柱の動向を見ると、翌二十六日に東京へ出発、一週間ほど間があって、三月五、六日には東分教会（当時）、日本橋分教会（同）に参拝、七日おぢば帰着となっている。翌八日に国庫債券募集について役員会議を開いていることからして、本局からの「教長是非上京せよ」との呼び出しは、それに関するものであったものと推測される。(17)

当局からの要請については、八月に出された次の達しからも分かる。

左ノ項目至急取調べ報告致スベキ旨其筋ヨリ命セラレ候間八月十五日限リ御差出相成度候也

一　第一回国庫債券応募額之件
一　第二回国庫債券応募額之件
一　軍資金献納之件
一　陸海軍恤兵之件
一　出征軍人家族慰問及救恤之件
一　戦死者遺族ニ対スル一切之件
一　時変ニ関スル一切ノ件

以　上

明治三十七年八月一日　　神道天理教会本部

(16)「いかな事情どういう事情、どんな事情でもおめ恐れは一つもするやない。時という旬という一つ理を聞き分け。長らえ〳〵年来に知らしてある。ふでさきに知らしてある」との仰せ。

(17)「稿本中山眞之亮伝年譜表」（『復元』第38号所収）参照。

前述のような宗教界の動きもあったし、天理教が所属していた神道本局も何らかの対応をしていたであろうから、(18)「其筋ヨリ命セラレ」たのも、戦時下という非常時ゆえのことといえよう。

その月、八月の二十三日には「日露戦争に付、天理教会に於て出征軍人戦死者の子弟学資補助会組織致し度く願」(19)をし、戦死者子弟学資補助会を結成。(20) 九月六日には戦死者忠魂弔慰祭を執行。また、翌明治三十八年一月は恒例のお節《せち》会を取りやめ、その経費一千円を出征軍人家族慰問にあて、(21) 十月二十四日には本部で日露平和克復奉告祭を執行している。(22)

一派独立運動にともなう諸対応(23)を含め、一連の対外的動きを戒められたのかどうか、明治三十八年五月十一日の「本席身上御障りにて声出ずに付願」に対するお言葉のなかで、次のように諭されている。

……神《かみ》の道望《みちのぞ》み、神直《かみす》ぐ一《ひと》つの道《みち》に、横道通《よこみちとお》るからどうもならん。……こうしたと決まったら、横《よこ》へ寄《よ》ろにも寄《よ》られん。横《よこ》へ歪《ゆが》んだ事《こと》、一《ひと》つも出来《でき》ん。歪《ゆが》めば、歪《ゆが》んで了《しま》うで。……

このお諭しを受け、談じ合いをしたうえで、十六日に念押しをして伺うと、(24)

……この道《みち》というは、一《ひと》つ理《り》という。皆《み》んな一《ひと》つの理《り》である。一《ひと》つの理《り》というは一《ひと》つの心《こころ》、一《ひと》つの心《こころ》ならこそ、これまでの道《みち》という。これから先《さき》はなか〱の道《みち》、容易《ようい》ならん道《みち》である。容易《ようい》ならんと言《い》えば、どうなろうと思《おも》う。よっく聞《き》き分《わ》けにゃならんで。これまで外《ほか》の事《こと》にて、あちらこちら取《と》り混《ま》ぜのように

(18)『神道大教「要論」』にも「(神道)本局もこの未曾有の困難に際して、部下全部の教会や分局を督励して出征兵士の送迎、留守宅の見舞、恤兵のための金品献納、戦死者の遺族扶助、出征軍人留守宅の耕作手伝、遺児の学資補助等に尽力せしめた。又本局局員の無償御奉仕した葬儀が百二十一柱にも達したと云うことで、非常時局に対しての神道本局の取つた協力態勢は神道信仰の実践精神が如実に現れて後世の範を示しているものだと言える」とある。

(19)「これまでどんな事も言葉に述べた処が忘れる。忘れるからふでさきに知らし置いた。ふでさきというは、軽いようで重い。軽い心持ってはいけん。話の台であろう。取り違いありてはならん。この台、世界の事情、もうどう成ろうかこう成ろうか、一つの台。敵は大きもの、全国に於《おい》ても大層と言う」との仰せ。

なったる。それを横道《よこみち》と言《い》うのやで。……神《かみ》の道《みち》は直《す》ぐ。一《ひと》つの道《みち》は神《かみ》の道《みち》。これまで通《とお》りた事《こと》は、取《と》り返《か》やしは出《で》けやせん。神《かみ》が案《あん》じてやるわい。皆《みな》一手《て》一《ひと》つの心《こころ》なら、一手《て》の守護《しゅご》するわい。成《な》らん処《ところ》救《たす》けてやるは神《かみ》、をやであるわい。……

との仰せ。

あくまでも神の道に真っすぐに神一条であれ、皆が一手一つの心で通るならば、それに応じた守護をする、と諭されている。

また、日露戦争後の不況と凶作に見舞われていた東北地方へ(25)、明治三十八年十二月に義援金を贈っているのは、時宜に即した教会活動であった(26)。

こうした、折からの一派独立運動、日露戦争前後の対応に明け暮れるなか、明治三十九年、教祖二十年祭を迎えることになる。

●教祖二十年祭

明治三十八年十二月十一日、二カ月後に迫った教祖年祭の日取りについて、「教祖二十年祭は明年陰暦正月二十五日翌日大祭執行願」をしているが、教祖二十年祭については、それ以前から「おさしづ」を伺っている。

早くは、明治三十七年十二月十四日に「教祖の二十年祭も近づき、表門西へ石垣を築き塀を設け内部の設計致し度く願」をしており、一年数カ月後に控えた教祖年

(20) 同日、帝国軍人心得書を配布しているが、一派独立運動の第4回請願（明治37年12月16日）に「戦時ニ於ケル帝国臣民ノ心得書」、第5回請願（明治41年3月20日）には「戦時に於ける帝国臣民の心得書」を参考書類として提出している。

(21) 1月11、12日、6月1日には婦人会から傷病兵の慰問も。

(22) 明治39年4月22日、日露戦役戦死者弔魂祭執行、奈良県下の遺族に金一封を贈っている。

(23) 当局の指導のもと、いわゆる明治教典の編纂《へんさん》をはじめ、神名の変更、御供を金米糖から洗米に改めるなどあった。第15章「心に理が治まらにゃならん」、第16章「世界一体いずれ開いて見せる」参照。

(24) 割書は「過日のおさしづより一同相談致しまして、教長へも申し上げ、そのおさしづの

祭に期する人々の積極的思いが感じとれる。(27)

明けて明治三十八年は、折からの日露戦争の対応にあたらねばならなかったが、それも九月に終結したのを機に、人々はあらためて教祖二十年祭へ向け、取り組むようになる。

戦争が治まるのを確認してか、その月、九月の四日に「教祖二十年祭に付、おかぐら道具御面一切、船場分教会より献納願い出に付願」をする。かぐら面の調製はそれまでにもなされていたが、(28)このたびの教祖年祭に際しては、船場から献納しようというものである。(29)

これについては、

……さあまあ一《ひと》つこれから心《こころ》十分《ぶん》の処《ところ》十分心《ぶんこころ》、さあ〳〵願通《ねがいどお》り〳〵許《ゆる》し置《お》こう〳〵。……

中に横道という事に於て一方へ御運び致しましたが、その外に相談足りませぬ処ありてはなりませぬから、尚横道という処をおさしづ下され度く願」。

(25) 宮城、岩手、福島各県では平年作の1～3割しか収穫がなかった。

(26) 翌明治39年2月19日の春季大祭後にも、東北地方凶作救援大演説会を開催。これ以前にも、明治21、22年に奈良県内の道路開削工事をしたり、24年には濃尾大地震の救援活動などをしている。第7章「切りやという心、どうもならん」参照。

(27) 教祖五年祭は2カ月前、教祖十年祭に際しては1年前から「おさしづ」を伺っている。

(28) 二代真柱『ひとことはなし その三』によると、明治21年の教会本部開筵式に際しては新調、24年の教祖五年祭では塗

明治末期の神苑。左方に大正普請（明治43年～大正3年）の建築事務所が見えるが、教祖二十年祭（明治39年）の際には、この広場に仮祭場が設けられた。

とお許しになっている。(30)

そして、三カ月後の十二月十一日、冒頭でふれたように「教祖二十年祭は明年陰暦正月二十五日翌日大祭執行願」をし、「本部大裏北の川より北へ南向きにて二十間四方の祭場、三間に四間の仮祭壇建築願」となる。

祭場については一週間前の同月四日、「本席後台所にて増野正兵衛の持参せし教祖二十年祭場の絵図面に付、教長、梅谷四郎兵衛、増野正兵衛、山中彦七、飯降政甚等居合わせし者種々協議の折俄《にわ》かのおさしづ」において、次のように諭されている。

今度《こんど》は、内々《うちうち》は皆大《みなおお》きな心《こころ》に成《な》れ。何《なに》が無《の》うなっても構《かま》わん。大《おお》きな心《こころ》に成《な》ってくれ。この事《こと》を、待《ま》って／＼待《ま》ち兼《か》ねて居《い》た。後《あと》は大《おお》きな事《こと》に成《な》る。何《なに》も心《こころ》に

り替え修繕、29年の教祖十年祭の際は新調されている。

(29) 一教会からの申し出は以前にもあり、明治21年の教会本部開筵式に際しては兵神から献納されている（『ひとことはなしその三』）。教会本部が設置されて以降、各分教会でもかぐら面を用いることを願い出たが、明治22年3月31日「郡山分教会所に御神楽御道具を御許しの願」で「これだけぢば一つに限る」、同年4月24日「遠州山名郡分教会所に於て、御神楽面を開筵式に付御許し伺」で「面はぢば限り」と諭されていた。第4章「神一条の道は」参照。

(30) 引き続いて「これまでのおかぐら道具御面修繕願（修繕を為し常に用うる事の願）」をし、従来のものは月次祭などで用いることにしている。

掛《か》ける事要《ことい》らん。皆々《みなみな》心配《しんぱい》せい〳〵。心配《しんぱい》は楽《たの》しみの種《たね》、一粒万倍《りゅうまんばい》という事《こと》は、もう疾《と》うから諭《さと》し置《お》いたる程《ほど》に。

これは、教祖二十年祭に向けての仮祭場ということではなく、のちに展開される神殿普請を目されてのお言葉と悟れる。

十二月十一日、引き続いて、「二十年祭には、参拝人一般へ御神酒及び餅御供与える事願」をすると、

さあ〳〵まあ〳〵心《こころ》だけ〳〵は十分《ぶん》に、心《こころ》だけは十分《ぶん》に与《あた》えてくれ〳〵。あた、ゑは十分《ぶん》の心《こころ》、皆々心《みなみなこころ》それ〳〵戻《もど》るで〳〵。多《おお》くの人戻《ひともど》るから、満足《まんぞく》より国《くに》の土産《みやげ》は無《な》い程《ほど》に。その心持《こころも》って、日々《にちにち》の処通《ところとお》りてくれ。あちらどう、こちらどう、なか〳〵人《ひと》で〳〵人《ひと》でならん程《ほど》、人《ひと》が出《で》る程《ほど》に。……世界《せかい》の理《り》と打《う》ち合《あ》わしたら、皆々疾《みなみなと》うから、言《い》わず語《かた》らず心《こころ》にあるやろう。よう聞《き》き分《わ》け。追々道《おいおいみち》開《ひら》く程《ほど》に。付《つ》ける程《ほど》に。国々《くにぐに》では、どうやこうやと不足《ふそく》たら〳〵。その難《むつか》しい処《ところ》から、今《いま》に道《みち》を付《つ》けて見《み》せるで。皆勇《みないさ》んでくれ〳〵。追々始《おいおいはじ》まる。すっきり八方《はっぽう》へ映《うつ》してある。どんな事聞《ことき》いたとて、おめ恐《おそ》れは無《な》い程《ほど》に。

ここでは、教祖の年祭に帰ってくる多くの人々に満足させるように日々心を尽くせば、「追々道開く程に」「その難しい処から、今に道を付けて見せるで」と、受け入れの心構えを諭されているのであろう。

このほかにも、「信徒一般一戸毎に白米一合宛与える事願」「大字三島へ一戸に付一人ずつ陰暦二十日に招待する願」「教祖二十年祭各直轄分教会に於ても陰暦二月中

にその定日を選びて教会長の裁可を仰ぎ執行願」をするなど、教祖の年祭をつつがなく迎えるべく努めている。

しかし、日露戦争直後であること、東北で大飢饉《ききん》があったことなどから、教会本部としては、特に人を集めるということはしないという方針をとり、虚飾を廃し、経費を節約して施与と寄贈にあてた。

それでも、帰参した人々は、全国津々浦々から、遠くは台湾・朝鮮から、十数万人に及んだという。

『大阪毎日新聞』も、二月十八日（陰暦正月二十五日）執行の教祖二十年祭前後の状況を、「この月十八日、足曳《あしびき》の大和《やまと》丹波市《たんばいち》字三嶋に本部を構へて全国に四百三十八万余の信徒を有する神道天理教会では其《その》教祖中山みき女の二十年紀念祭式を執行する事となつた、これに詣《もう》ずるもの二十七万三千余名、大和一国を通じてこの位《くらい》多数の人間が集まつた事はあるまいといふ、誠にさうであらう、十五日より式の行はれる前日即ち十七日にかけてこの丹波市駅に止《とど》まる関西鉄道列車は毎車絶《たえ》ず千四五百名宛《ずつ》の人間を吐き出し々々それが一時間毎《ごと》に繰り返されて悉《ことごと》く三島の一小村落に呑《のま》れて了《しま》う……先《ま》づ一歩本部の黒木門を潜《くぐ》つて中に這入《はい》ると今度新らしく土地を拡げたといふ境内は無闇《むやみ》に広く、鳥渡《ちょっと》見たゞけでは何万坪あるか見当も着《つか》ない位、其中央《そのまんなか》へ持《もっ》て行《いっ》て二十間四方の檜皮葺《ひはだぶき》の式場高さ九十尺といふ大したものが建《たっ》て居る……」と報じている。[31]

そうしたにぎわいのなか、翌十九日（同正月二十六日）の春季大祭後には、東北

（31）明治39年2月19日号（『毎日新聞に見る天理教の歩み——教祖90年祭に寄せて』より）。

教祖二十年祭の参拝者で埋まった神苑。中央の春日式建築は仮祭場で、高さ90尺（約30メートル）、20間（約36メートル）四方の大きさであった。

地方凶作救援大演説会を開催。(32)松村吉太郎が、「……幾十万の男女老幼が其日《その》の食事に困り、木の根を掘り草の葉を採り、之《これ》を煮焼《にやき》して漸《ようや》く饑《うえ》を支へ、甚《はなはだ》しきは藁《わら》の餅《もち》を搗《つい》て喫《くらっ》て居《お》ると申《もうし》ます……日本国民にして天理教信徒たる吾々《われわれ》は何《ど》うしても傍観しては居《い》られないのであります、諸君は済世救人実践躬行《きゅうこう》を本旨とする天理教の信徒でありまするから、此《こ》の際神明の御摂理を空《むなし》ふせず、教祖の御賢慮を全《まっと》ふして、東北三県の凶作に悩める同胞に同情を寄せて、饑饉《ききん》救助の事に従ひ、儀式の上からも精神の上からも、教祖の二十年祭を完全に執行し、神明の御満足と教祖の喜悦を得、併《あわ》して天

(32) 前日までに「東北地方凶作ニツキ救助ヲ仰グ趣意書」を1万部印刷配布し、当日は午後3時から仮祭場を会場に宇田川文海の司会で始められた。

(33) 『みちのとも』明治39年2月号。

(34) 「東北凶荒地難民救助義捐金」として「計金五百四拾弐円参銭参厘」「計金八拾参円弐拾銭」「通計金六百弐拾五円弐拾参銭参厘」と掲げてあり、次号以下にも芳名と累計が掲載してある。

(35) 第14章、232ページのコラム参照。

(36) 「信徒参拝心得
一　参拝の時は、容儀を正し挙動を慎み、至誠を以《もっ》て、先《ま》づ神恩を謝し奉るべし。
一　所願の意を陳《の》ぶるには、必

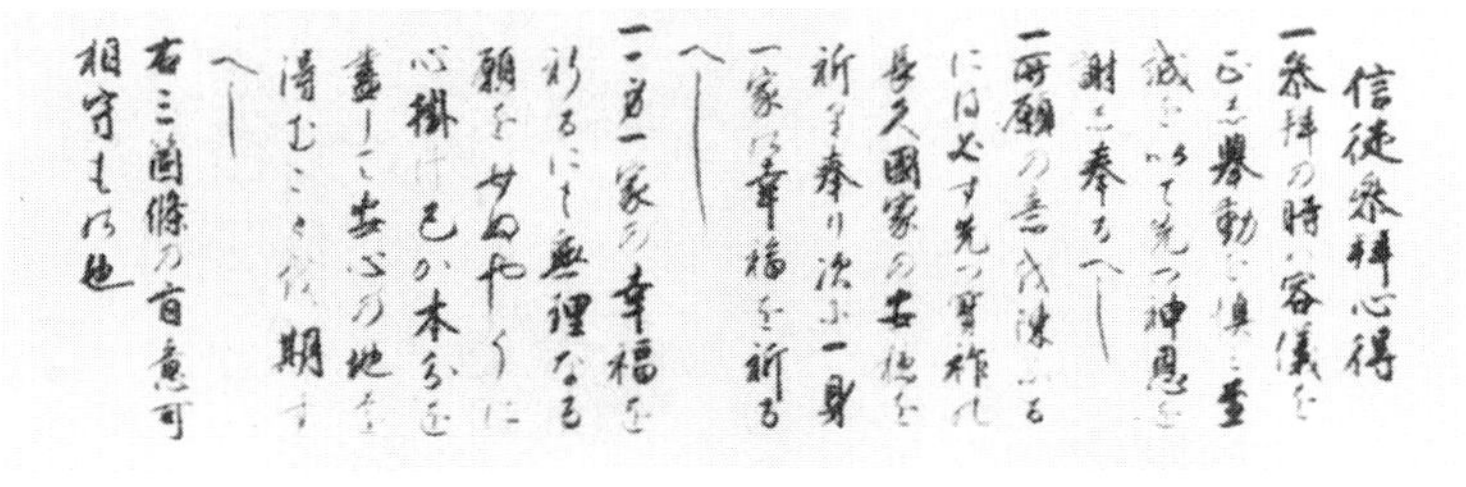
信徒参拝心得
一参拝の時ハ容儀を正し暴動に渉らす誠心以て先つ神恩を謝し奉るへし
一所願の意を陳ふるには必す先つ宝祚の長久国家の安穏を祈り奉り次ニ一身一家の幸福を祈るへし
一身一家の幸福を祈るにも無理なる願をせぬやうに心掛け己か本分を尽して安心の地を得むことを期すへし
右三箇条の旨意可相守もの也

理教の本旨と信徒の本分を全ふせられんことを希望致します」と、世界たすけの教えを実践すべく訴えている。(33)

当時の『みちのとも』によると、「演説の未《いま》だ終《おわ》らざるより、聴衆たる教職信徒諸氏は、涙と共に財嚢《きんちゃく》の紐《ひも》を解き、立所《たちどころ》に左の如《ごと》き救助義捐金《ぎえんきん》を得たり」(34)と報じてあり、人々の意気込みがうかがえる。

ところで、この時の祭典において「神の御国《みくに》」(35)を初めて奏舞している。また、各教会にあっては神殿に信徒参拝心得(36)を掲げ、朝夕神拝祝詞を奏上するようになった。

これらは、一派独立運動の成就を期しての応法の整備であったと言えるかもしれない。

しかし、教祖二十年祭に際して、「追々道開く程に」「その難しい処から、今に道を付けて見せるで」（明治38・12・11）との「おさしづ」通り、以後、道はさらに開かれていくことになるのである。(37)

二年後の明治四十一年十一月に一派独立が達成されたのも、(38)その一つと言えよう。

ず先づ宝祚《ほうそ》の長久国家の安穏《あんのん》を祈り奉り、次に一身一家の幸福を祈るべし。
一　一身一家の幸福を祈るにも、無理なる願をせぬやうに心掛け、己が本分を尽して、安心の地を得むことを期すべし。
右三箇条の旨意可相守もの也」
（上写真）

(37) 日露戦争を機に、海外、特に大陸への布教が注目されるようになり、明治39年5月4日には「教師ヲ海外ニ派遣シ布教ニ従事セントスル時ハ本部ノ認可ヲ受クベシ」という訓示が出されている。これ以前、明治37年3月29日には「天の理であればこそ、万国まで一寸付け掛けてある。万国一体世界一体いずれ開いて見せる」との仰せもあった。

(38) 27日付許可。第15章「心に理が治まらにゃならん」参照。

第十八章　後々繋ぎ無くばならん——おさづけ後継、ナライト抄伝

明治三十九年、教祖二十年祭は盛大のうちに勤められた。

その一年後の三月、にわかの刻限話が本席・飯降伊蔵の口から発せられ、身上切迫とともに、六月出直しまでの三カ月間、諄々《じゅんじゅん》と諭されることになる。いわゆる「百日のおさしづ」である。

この章では、本席から上田ナライトへ継承されるおさづけお運びの事情について取り上げる。


教祖二十年祭が勤められた翌年、つまり明治四十年（一九〇七年）の六月に、本席・飯降伊蔵から上田ナライトへ、おさづけの理を渡す役が受け継がれることになるが、それに至るまでの状況はどうだったのであろう。

明治二十年に教祖が現身《うつしみ》をかくされた後、「本席定め」の際にも、なぜ飯降伊蔵なのかということになったが[(1)]、ここでも、おさづけの理を渡す役が、なぜ上田ナライトへと継承されたのであろうか。まずは、ナライトが教祖の元へ引き寄せられるあたりからたどらねばなるまい。

（1）第1章「綾錦の仕事場に仕立てる」参照。

●神に貰い受けられ

ナライトが初めておやしきに参ったのは、明治九年の十二月、数え十四歳の時である。

その前月、機織《はたお》りの最中に突然、「布留《ふる》の石上《いわがみ》さんが、総髪《がっそう》[2]のような髪をして、降《お》りて来《き》はる。怖い」と泣きだして以来、様子が変わってしまったところを、隣家の西浦彌平[3]に導かれたのであった[4]。

当時のおやしきはというと、官憲の干渉が厳しく、それを避けるための便法として、この年、風呂屋と宿屋の鑑札を受けた[5]。また、教祖の周辺では、末娘のこかんが前年の明治八年に出直していた[6]。

初対面のナライトに対して、教祖は、

「待っていた、待っていた。五代前に命のすたるところを身をもって救《たす》けてくれた叔母《おば》や。今生《こんせい》では一生極楽遊びをさせて恩返しをする」と仰せになって迎えられている[7]。

翌明治十年、今度は、何かのはずみで首をゆり動かし、体の揺れ

上田ナライト　父嘉治郎と母たきの間に、文久３年（1863年）２月23日、山辺郡園原村（現天理市）に生まれる。明治９年、身上を機に入信。12年、教祖に貰い受けられ、33年、おやしきへ。40年６月６日から、おさづけのお運びをつとめる（大正７年まで）。昭和12年１月12日、75歳で出直し。

(2) 全髪を後ろへ垂れた髪形で、江戸時代の医師・山伏・老人などに多かった。ここでは、髪を乱しての意か。

(3) 明治7年、長男楢蔵《ならぞう》の身上から入信。明治20年3月、本席・飯降伊蔵から最初に「かんろだいのさづけ」を頂いた人。

(4) 『稿本天理教教祖伝逸話篇』四八「待ってた、待ってた」参照。

(5) 道友社編『ひながた紀行』第14章「門屋に出て」参照。

(6) 9月27日、数え39歳で出直し。この時、教祖は「可愛相《かわいそう》に。早く帰っておいで」と。

(7) 上田家編『上田ナライト抄伝』による。元治元年に飯降伊蔵が初めておやしきに参った時も、教祖は「さあ〳〵、待って居た、待って居た」と。『稿本天理教教祖伝』49ページ参照。

ナライトがおやしきに入り込むとき、父の嘉治郎が丹波市の「箱喜」で求め、もたせたという針箱　（上田家蔵）

が止まらなくなったので、父親に連れられておやしきへ行き、教祖に伺うと、

「胡弓《こきゅう》々々」

との仰せ。それで、「はい」と答えると、体の揺れは止まったという。これを機に、胡弓を教えていただくことになる。

ほかに、辻とめぎくが琴、飯降よしゑが三味線を習うが、これがおつとめの三曲の鳴物をお教えいただいた最初である。(8)

また、教祖が、

「ナライトを、一身暮《いちみぐ》らしで貰《もら》い受けたい」

と仰せられたのも、このころであった。

一身暮らしとは、一生独身で過ごすことであり、教祖のお側《そば》でお言葉の取次役をしていた末娘のこかんに対しても、教祖は、同じように仰せられていたようである。(9)

父親の嘉治郎《かじろう》としては、「貰い受けたい」とのお言葉をもったいないと思う半面、親として娘の平凡な幸せを願ううえから、なかなかはっきりとした返事をすることができないでいた。再三にわたる教祖のお言葉があったが、嘉治郎が聞き流して帰るたびに、ナライトの機嫌が悪かったという。

こうしたことが何度が繰り返されているうち、明治十二年三月十五日の子《ね》の刻《こく》

(8)『稿本天理教教祖伝逸話篇』五二「琴を習いや」、五三「この屋敷から」、五四「心で弾け」、五五「胡弓々々」参照。

(9)『ひながた紀行』第12章「若き神こかん」参照。

(10)『上田ナライト抄伝』によると「あっけんみよのやしろ」とは、あっけん明王の入り込む社のことで、「あっけん明王とは、お産の神様で、お産の時の切る、引き出す、つなぐの三柱の神様のお働きをいう」（ナラトメ〈ナライトの妹〉談）とある。

(11) この明治12年6月には、「守《も》りが要《い》る」との仰せにより、教祖のお守り役として、増井りん（数え37歳）もおやしきに寄せられている。ちなみに、りん

（午前零時）に、教祖から、
「ナライトの身の内、神の方へ貰い受け、その上は、あつけんみよのやしろとして人をたすける。それゆえ、あとなるは皆引き受ける」
との仰せがあり、(10)このお言葉により、教祖の娘分として貰い受けられることになる。(11)数え十七歳の時であった。(12)

教祖の元へ引き寄せられたナライトは、教祖の身のまわりの御用から、掃除や炊事、針仕事に機織りなど、何でも熱心にこなした。お守《まも》りや、金米糖《こんぺいとう》の御供《ごく》を包む手伝いをしたり、教祖の赤衣《あかき》のお針始めの役もつとめている。(13)

当時のナライトを知る先人の話に、「それはよう働かはった。そして、ほかの者とえろう話《はなし》するでなし、一人黙ってせっせと仕事しはるから余計はかどるのや。そして、人の悪口言うのが嫌いで、悪口というたら、こっから先もおっしゃらん。そして、聞くのも嫌いやった。こればかり感心した」と伝えられる。(14)

たまに、生家の園原《そのはら》に戻ることもあったが、それがたとえ短期間であっても、教祖は、
「迎えに行てくれ。さみしいてならん」

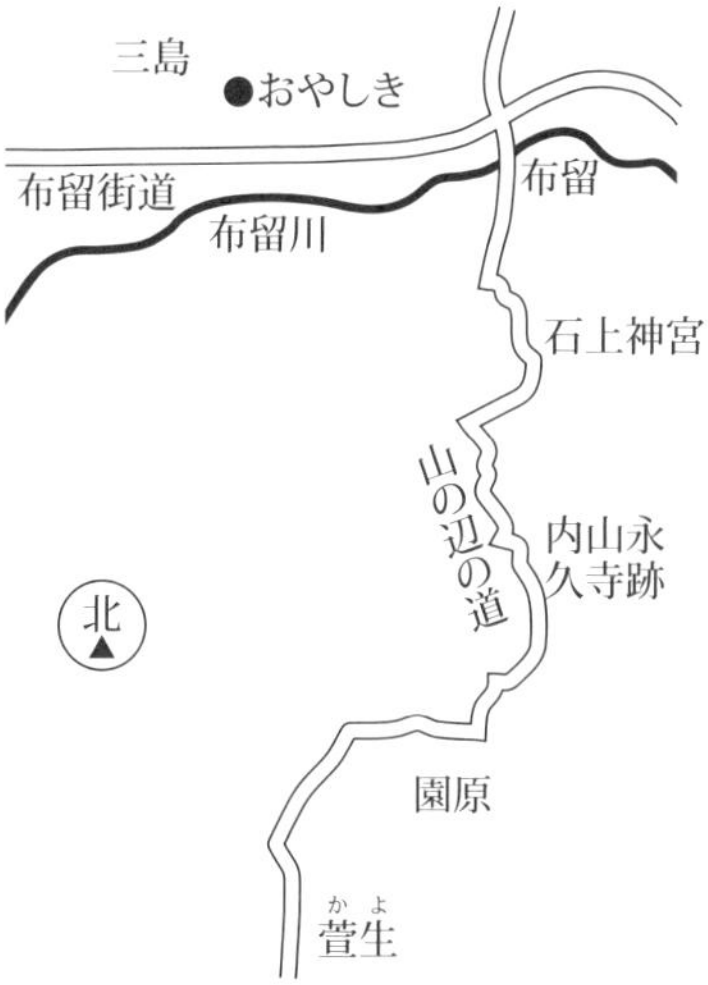

は入信前に夫を亡くしていた。『稿本天理教教祖伝逸話篇』六五「用に使うとて」参照。ほかに、村田イヱ、上田いそなどもいた。

(12) 嘉永6年、教祖の命で、こかんが浪速《なにわ》の街へ神名流しに赴いたのも、数え17歳の時であった。

(13) 増井りんも「針の芯《しん》」として、赤衣の仕立てや赤衣から紋をつくるに際し、りんの一針が入らなければ、だれも縫うことはできないという特別のお許しを頂いている。明治20年11月13日「増井りんおさづけさしづ」でも「存命中の話がある。針の芯と言うてある」と。お召しおろしの赤衣から作る紋については、諸井政一『正文遺韻抄』「御紋のはなし」に詳しい。

(14) 『上田ナライト抄伝』に梶《かじ》本楢《もとなら》治《じ》郎《ろう》（初代真柱の弟）談として収めてある。

と仰せになっていたという。(15)

ナライトが引き寄せられるころから、教祖は、鳴物を教えられるなど、漸次、おつとめを整えられていくのであるが、(16)官憲の取り締まりが厳しいがために、その勤《ごん》修《しゅう》もままならない状態が続いていた。

ついに、明治二十年二月十八日、つまり陰暦正月二十六日、教祖は、定命《じょうみょう》を縮めて現身をかくされてしまう。

その日、ナライトはたまたま園原におり、父の嘉治郎がおやしきにいたので、この時のおつとめには、嘉治郎がナライトに代わって胡弓の役をつとめたという。(17)

当時、数えの二十五歳。深い思召《おぼしめし》により、教祖の元へ引き寄せられ、教祖の仰せどおり通ることも、教祖がおられればこそできたことであったのに、その頼みとする教祖のお姿を拝せなくなった今となっては、ナライトの胸中はいかばかりであったろうか。

●「おさしづ」に導かれ

将来、ナライトをどんな御用に使おうと思召《おぼしめ》されているのか、そのあらましは教えられていたが、(18)具体的なご指示があったわけでもなく、教祖現身おかくし後、ナライトは園原の生家に戻っていた。

(15)『上田ナライト抄伝』によると、ナライトが園原に戻っている時、教祖は「四十の声かかるのを待ちかねる」とも仰せになっている。ちなみに、一家あげておやしきに伏せ込むようになった明治33年当時、ナライトは数え38歳であった。

(16)ナライトがおやしきに引き寄せられて、翌明治13年に鳴物を入れてのおつとめが初めて勤められ、14年にはかんろだいの石普請が始まるなど。

(17)『上田ナライト抄伝』のナラトメ談による。

(18)たとえば、教祖はナライトについて「人足社《にんそくやしろ》」と仰せられていた。「人足社」には、乙木《おとぎ》村の山本吉五郎、安堵《あんど》村の飯田岩治郎も予定されていたようであるが、二人とも離れていった。第10章「元分からんから」参照。

すると、約二カ月後の四月二十三日夕、本席・飯降伊蔵を通して、[19] 次のような「おさしづ」があった。[20]

このやしき、四方正面《ほうしょうめん》、鏡《かがみ》やしきである。来《き》たいと思《おも》ても、来《き》られんやしき。来《き》た者《もの》に往《い》ねとは言《い》わん、来《こ》ん者《もの》に来《こ》いとは言《い》わん。この度《たび》は、洗《あら》い仕立《した》てた上《うえ》やで。ようこゝ聞《き》かねばならん。さあ一寸《ちょと》言《い》うて置《お》くで。年《ねん》を切《き》るような事《こと》を、決《き》めるやないで。一月《ひとつき》に三日《みっか》又戻《またもど》り、三日《みっか》又戻《またもど》り、又九日《またここのか》。これ聞《き》いて、真《まこと》と思《おも》て居《い》れば、真《まこと》と成《な》るで。

年を切るようなことは決めずに、一月《ひとつき》のうち、三日戻り、また三日、さらに三日ということでもいいから続けるならば、呼び寄せた真の意味があらわれてくる、と仰せられている。

その後、二年間ほどナライトに関する伺いは見られないが、[21] 明治二十二年になると、父の嘉治郎も娘の将来を案じたのか、またナライト自身も身上がちであったようで、「おさしづ」を伺っている。[22]

というのも、教祖が現身をかくされてから翌明治二十一年にかけて、園原の実家では、兄楢吉《ならきち》が出直し、妹ナラトメ、弟楢治郎の結婚と相次ぎ、ナライトの周

嘉治郎
たき
　菊　枝（夭逝）
　タ　ツ（夭逝）
　楢　梅（萱生の萩原家へ）
　楢　吉
　小　梅
　　楢太郎（楢吉・小梅の子）
　ナライト
　ナラトメ
　楢治（次）郎（永尾家創設）

(19) 前月3月25日の刻限話で「本席と承知が出けたか」との仰せがあり、真柱が「本席と承知の旨」を申し上げて、飯降伊蔵が本席と定まった。

(20) 割書は「神様よりしっかり治まりたと承り」とあり、お言葉の後に「このおさしづはナライト二十五才の年の事と、上田嘉治郎記し置きたり」と注記してある。

(21) 明治21年11月9日「上田ナラトメおこりに付願」「同時上田ナライト共に大阪へ附添暇の願」をしているが、他はない。

(22) 明治22年1月7日「園原上田嘉治郎の伺」に対して「まあ今一時の処では、何故《なぜ》なあと言う。日々日が経《た》てば案じる事は要らん、何にも案じる事は要らんで」、同年10月30日「上田ナライト身上障り願」では「一つも気《き》兼《がね》事情は要らん」「日々やれ〳〵楽しむ心あれば十分」との仰せ。

辺に変化が生じたからであった。(23)

明治二十二年十一月三十日には「上田ナライト身上願」、つまり「これまで一身暮らし（独身生活）という事をお聞かせ下されしが、やはり一身暮らしで越すものでありましょうや、夫を持って越すものでありましょうや、如何の願」をしている。対するお言葉は、

……前々《ぜん〳〵》理《り》を伝《つた》えたる処《ところ》、まあ一身《み》暮《ぐ》らしで神《かみ》の守《も》りと聞《き》いたが、今《いま》の一時《じ》でどういう理《り》であろうと思《おも》うやろう。実々《じつ〳〵》思案《しあん》すれば、分《わ》からんやあろまい。理《り》に変《か》わりた理《り》はあろまい。一身《み》暮《ぐ》らしという理《り》を諭《さと》してある。前々《ぜん〳〵》より話《はなし》てあるを、事情《じじょう》が変《か》わりたなあと思《おも》う心《こころ》を出《だ》さんよう。
一身《み》暮《ぐ》らしならば、一身《み》暮《ぐ》らしの理《り》は与《あた》えよう。一身《み》一人《にん》のあたゑはいつ〳〵どうでもこうでも与《あた》える。なれども心《こころ》の理《り》を改《あらた》めて、こうと思《おも》うなら、又《また》それだけのあたゑは渡《わた》そう。
これからは先《さき》が長《なが》い。一身《み》暮《ぐ》らしのあたゑはどういう事《こと》やろと思《おも》うやろう。影《かげ》は見《み》えん、姿《すがた》は見《み》えんと思《おも》うやろ。なれども一身《み》暮《ぐ》らしの理《り》は、立《た》てゝ貰《もら》いたい〳〵。……

との仰せ。

ここで、ナライトの立場について、「一身暮らしで神の守り」と明確に示されている。そして、将来に不安をいだくかもしれないが、その役をつとめるならば、それだけの与えは渡すので、「一身暮らしの理は、立てゝ貫いたい」と得心を促される。(24)

(23) 楢治郎は明治20年に飯降伊蔵の長女よしゑと結婚、永尾家を創立。ナラトメは寺《てら》田《だ》城《じょう》之助《のすけ》に嫁いでいる（前ページの系図参照）。

(24) この時「さあ〳〵親にさづけ渡すで」「かんろうだいのさづけを渡そう」と、嘉治郎にさづけを渡されている。

しかし、ナライトは園原を動こうとしない。翌明治二十三年三月六日に「上田ナライト心いずむに付、暫く本人の言う通りにして置いて宜しきや、又十分話を聞かしたもので御座りますや伺」をすると、次のお言葉があった。

……そば〱の心《こころ》、はた〱の理《り》、神《かみ》一条《じょう》の道《みち》は心《こころ》に分《わ》かり有《あ》って分《わ》かり無《な》い。内々《うち〱》の事情《じじょう》という。今暫《いましばら》くの処《ところ》じいとさして置《お》くがよい。もう今《いま》の間《ま》に勇《いさ》んで出《で》て来《く》る日《ひ》がある。……

ナライト本人はともかく、釈然としない周囲の人々へ諭されたお言葉ともとれる。それでもなお、ナライトの身上はすぐれなかったようで、半年後の九月二十九日に「上田ナライト二十八才身上願」をする。対するお言葉は、

さあ一人《ひとり》一条《じょう》の理《り》、これまで事情《じじょう》〱、これまで事情《じじょう》一人《ひとり》々々《〱》暮《く》らせど、これまで運《はこ》び来《き》たる処《ところ》、一日《にち》の事情《じじょう》〱、さづけ一条《じょう》の事情《じじょう》である。一人《ひとり》々々《〱》暮《ぐ》らし重々《じゆう〱》の理《り》、又一《またひと》つ刻限《こくげん》々々《〱》の理《り》を以《もっ》て知《し》らすによりて、このまゝ治《おさ》めてくれるよう。

ここで「さづけ一条の事情」と仰せになり、ナライトの将来が、さづけと関係があることがほのめかされている。(25)

さらに、三カ月後の十二月二十七日の「おさしづ」では、

……さあ戻《もど》って居《い》る者早《ものはや》く戻《もど》せ。戻《もど》さにゃならん。刻限以《こくげんもっ》て知《し》らすと、前々《ぜん〱》より諭《さと》したる。早《はや》く帰《かえ》って直《す》ぐ戻《もど》せ。……

と仰せになり、ナライトが早くおやしきに帰ることを促されている。(26)

(25) この23年7月15日「おさゝづけ順序後へ御話」で、初試験—試験—本席—仮席の制度が整う。第4章「神一条の道は」参照。

(26) 割書は「寺田國太郎咳出で息どしきより願」とある。寺田國太郎《くにたろう》は、ナラトメが嫁いでいた寺田城之助との一子のこと。この年の9月に城之助が亡くなり、ナラトメは園原の実家に戻っていたようで、その時のお言葉である。「戻って居る者早く戻せ」との仰せに、「押して、ナラトメ大阪へ戻す事なるや願」をすると、「違う〱」と。よって、このお言葉はナライトについてのものと悟れる。

このお言葉により、おやしきから迎えがあり、ナライトもいったんはおやしきに帰る。しかし、腰を落ち着けるまでには至らない。

その後も、逐次の「おさしづ」(27)でもって、おやしきへと促されるが、心は定まらないので、明治二十五年の二月半ば、永尾よしゑの身上を台にして諭されることになる。

つまり、二月十四日夜の「永尾よしゑ身上頻りに迫るに付、本席赤衣をお召し下されての御話」において、

……早《はや》く連《つ》れて戻《もど》らにゃなろうまい。立《た》て合《あ》い一《ひと》つの不思議《ふしぎ》、何《なに》も案《あん》じる事《こと》は要《い》らん。早《はや》く〳〵連《つ》れ帰《か》いれ〳〵。

とのお言葉があった。「押して桝井伊三郎より、早く連れ帰れと仰せ下されますは、どなたの事で御座りますや」と念押しすると、

さあ〳〵ナライト〳〵、ナライトやで。さあ早《はや》く〳〵連《つ》れ帰《かえ》りたら、追々《おい〳〵》の話《はなし》をするで。


との仰せであったので、早速(28)、夜の山道を、桝井伊三郎、高井猶吉が園原へ出向いて、ナライトをおやしきへ連れ帰っている。

その後、十日間にわたって、このことに関する「おさしづ」が続くが(29)、なかでも二月十八日夜のお言葉では、

……待《ま》ち兼《か》ねたさしづやで〳〵。……存命《ぞんめい》の事情《じじょう》から心《こころ》を静《しず》めて聞《き》け。一時《じ》〳〵休息所《きゅうそくしょ》から、一《ひと》つ守《も》りという事情《じじょう》から定《さだ》めて掛《か》かる。……存命中《ぞんめいちゅう》には一人《ひとり》

(27) 明治24年1月21日「上田ナライト身上事情によって願」、4月20日「上田ナライト身上事情願」、11月1日「上田嘉治郎娘ナライト事情より願」など。

(28) 「押して、是非今晩運ばねばなりませんか、又明朝まで御猶予下されますや」に対して「さあ〳〵早《は》よう道を運べ〳〵」と。この夜、12時20分には「永尾よしゑ身上未だ速やかせずに付願の処へ、桝井伊三郎、高井猶吉園原へ出越し、上田ナライト同道で帰り来たりし故その事情も併せて願」も。

(29) 2月16日夜「一昨夜永尾よしゑ身上おさしづより、上田ナライトの戻りの御礼返事併せてよしゑ身上の願」、17日夜「永尾よしゑ身上今一段速やかならぬ故願」、18日「永尾よしゑ身上今一段鮮やかならず、夜前のおさしづに、三つ一つの理とお諭し下されしは如何の事で御座りますや願」、同日夜「永尾よしゑ

暮《ぐ》らしと言《い》うて貰《もら》い受《う》けたる身《み》がある。……
……一代《だい》一人《ひとり》暮《ぐ》らしと言《い》うたは誰《たれ》から言《い》うたか〳〵。存命中言葉《ぞんめいちゆうことば》の理生涯《りしようがい》こ
れ治《おさ》めてくれるなら一《ひと》つ事情《じじよう》。……

と、休息所の守《も》り、つまりご存命の教祖の身のまわりの御用について諭されている。(30)

また、この時、

……守《も》りというは一人暮《ひとりぐ》らし、夫婦連《ふうふづ》れではどうもならん。……

とも仰せられているように、実際、独身の女性たちがつとめていた。(31)

教祖の身のまわりの御用は、ナライトがおやしきへ引き寄せられた当初の主な仕事でもあったが、ほかの人たちのそれと、「一身暮らし」としてのナライトへ求められた役とは、また別のものであろう。

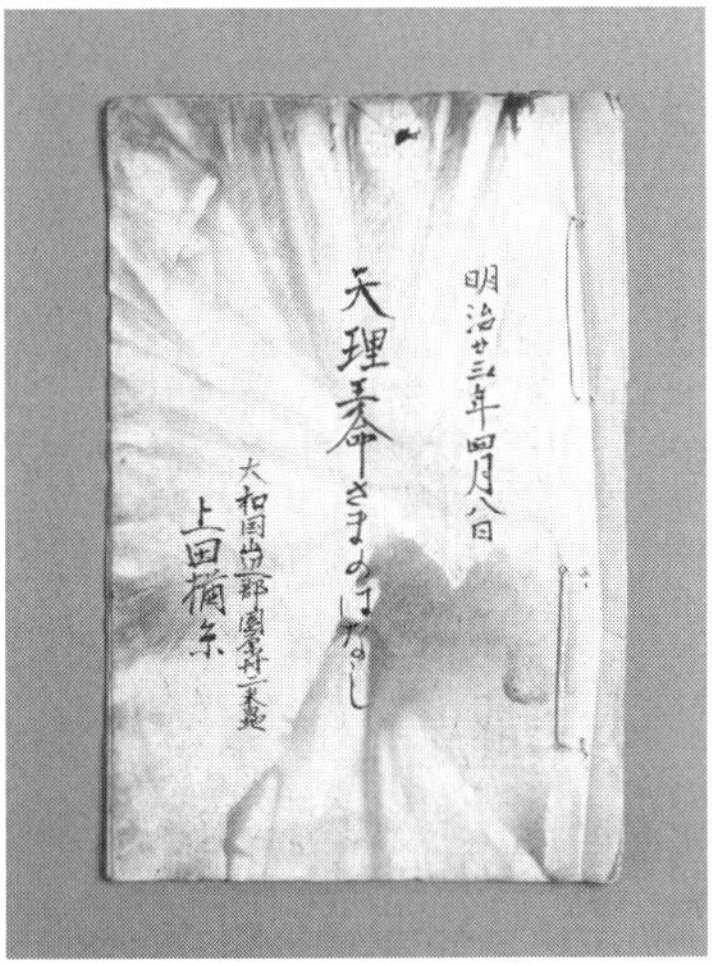

ナライト筆の「天理王命さまのはなし」。八つのほこりなどの教えがつづられ、表紙には「明治廿三年四月八日」「大和国山辺郡園原村二番地上田楢糸」と記されている。　（上田家蔵）

あらためて、教祖の御用を仰せいただいたナライトであったが、園原とおやしきとを行ったり来たりで、実際につとめることは少なかったようである。

六日後の二月二十四日には、

……こうのうの理《り》が分《わ》からん。年限事情《ねんげんじじよう》さしづ、

前おさしづより中山会長出席の上御願」、23日「永尾よしゑ身上の願」、24日夜「永尾よしゑ身上速やかならず、上田ナライト帰る心にならぬより願」など。『上田ナライト抄伝』には「約十日間に渡ってこの事に関するおさしづが計九度下されている」と。

(30)「休息所日々綺麗にして、日々の給仕、これどうでも存命中の心で行かにゃならん」「宵《よい》の間は灯《あか》りの一つの処は二つも点《つ》け、心ある者話もして暮らして貰いたい。一日の日が了《しま》えばそれ切り、風呂場の処もすっきり洗い、綺麗にして焚《た》いて居る心、皆それ〳〵一つの心に頼み置こう」と。これを受け、翌日の2月19日には「教祖御居間へ座蒲団火鉢出し置きまして宜しきや願」をしている。

(31) 当時その御用をしていた松村さく、西田ことは、夫（松村榮治郎《えいじろう》、西田伊三郎《いさぶろう》）を亡くしており独身であった。

ナライトに関するおさしづ

（明治25年6月～28年5月）

明治25年6月3日「五月三十一日のおさしづに『二つ三つ出すによって』とあるより一同相談の上願」の中「第三、上田ナライト教祖の守り事情の願」

25年7月16日「上田ナライト身上の処願」

25年9月5日「永尾楢次郎身上につき、上田ナライトの処こちらへ治まり下されば永尾の身上宜しく御座りますや、その外に運ばねばならぬ処ありますや伺」

26年4月10日「上田ナライト身上願」

27年7月10日「上田嘉治郎身上両足に浮き回り、顔にも浮き回るに付願」「押して、ナライトの事情で御座りますか」

27年7月28日「上田ナライト気の間違いの如くなりしに付願」「同時、押して園原へ連れて帰らして頂く事願」

27年7月30日「刻限御話」「同時、押して増野正兵衛より、上田ナライトの事で御座りますか、と尋ね」

27年11月7日「松村さく耳痛むに付願」「押して、何度も仰せ下される上田ナライトの処で御座りますか、御願い申します」

28年5月22日「前川菊太郎副会長選定の願」の中「第五、上田ナライトの事情」

これで暫《しば》く留《と》め置《お》く。……

と仰せになり、なかなか心の治まらないのをもどかしくされながらも、気長に育てようとの思召がうかがえる。

それでも、逐次の「おさしづ」で導かれており（右コラム参照）、明治二十八年十月

(32)「本席四五日前より御身上御障りに付、本日本席に御出ましに相成り御願」の中「同時、上田ナライトの事情願」

(33) 11月6日「増野正兵衛前おさしづに基づき願」「三つの理、押して上田ナライトに段々運びつけて帰りて貰いますようにと願」でも「育てば育つ、これ台として聞き分けてくれ」と。

(34) 明治29年5月21日も「永尾せつ身上三度目の願」の中「押

十一日には、本席の身上を通して、(32)

さあ〳〵尋《たず》ねる処《ところ》〳〵、尋《たず》ねてくれねば分《わ》からせん。一名《めい》の女《おんな》〳〵、何程《なにほど》の理《り》何程《なにほど》の者《もの》、どれだけの理《り》と思《おも》う。何遍《なんべん》のさしづ繰《く》り返《か》えし〳〵諭《さと》す処《ところ》、これまでの事情《じじょう》とんと分《わ》かり難《がた》ない。よう聞《き》き分《わ》け。育《そだ》てば育《そだ》つ。(33)前々《ぜん〳〵》の理《り》に諭《さと》してある。育《そだ》て方《かたみ》皆んな頼《たの》む〳〵。女一人《おんなひとり》貰《もら》う理《り》は他《た》に無《な》いで。他《た》に貰《もら》い替《か》えはならんわい〳〵。年限経《ねんげんた》てばつい〳〵分《わ》かりてある。何《なん》でも彼《か》でも伝《つた》わる理《り》を拵《こしら》えて置《お》かねばならん。……又後々続《またあと〳〵つづ》く理《り》を拵《こしら》えて置《お》かねばならん。続《つづ》かんような事《こと》ではこの道遅《みちおく》らすか、曇《くも》らすかの道《みち》より見《み》えやせんで〳〵。……

と仰せになり、「伝わる理」つまり「おさづけの理」が末代まで伝わるようにしなければならないということを、明治四十年の十二年前のこの時点から明確に示されている。

その後、(34)明治三十年九月二十六日夜(35)には、

……皆《み》んな心繋《こころつな》いで早《はや》くと言《い》えば早《はや》く、内々《うち〳〵》やしき早《はや》く迎《むか》え、早《はや》く呼《よ》べ。満足《まんぞく》早《はや》くの事情《じじょう》という。

と仰せられ、「後々続く理」をこしらえるために、ナライト本人よりもむしろ周囲の人々に対して、「皆んな心繋いで早く」と諭されている。

しかし、依然、ナライトは園原に戻ったままであった。(36)

そこで、明治三十二年七月二十四日「園原上田ナライトの運び方の事に付願」において、(37)次のようなお言葉がある。

して、上田ナライトの事情でありますや」をしている。

(35)「園原村上田たき身上願」の中「押して、上田ナライトの事情でありますや願」。

(36)この間、明治31年3月26日「前日増野いとのおさしづより、婦人会の事に付おさしづありしにより、以後の筋道心得事情申し立て願」の中「上田ナライトの事でありますや」をし、32年6月27日「昨日増野正兵衛身上のおさしづより一同協議の上願」の中「第三、上田ナライトの事情願（おぢばへ連れ帰る事）」では「道のため一つの理を授けたる者が、邪魔になるように思て居ては、どんな事出けるやら知れんで」と仰せられている。

(37)この日「櫟本梶本宗太郎及び家族共に本部の方へ引き越しする事に付、小二階の方へ住居の事願」も。

……いつまで見《み》て居《い》た処《ところ》が同《おな》じ事《こと》、仕切《しき》りて順序運《じゅんじょはこ》ぶ〳〵。……何《なん》ぼどうしてやろ、こうしてやろ、と思《おも》うても、どうも顔《かお》も見《み》せん、そこへも来《こ》ん。どうもならん。……神《かみ》の心人間心《こころにんげんごころ》とは違《ちが》い、何《なん》でも彼《か》でも出《で》て来《こ》にゃならん。……存《ぞん》命《めい》より一名暮《めいぐ》らしと言《い》うた理《り》、なか〳〵の理《り》であるで。又《また》、人足社《にんそくやしろ》、又《また》、入《い》り込《こ》むという。この理聞《りき》いて居《い》る。人足代々続《にんそくだい〳〵つづ》いて又々《また〳〵》という。切《き》れてはならん。……又後々役目何《またあと〳〵やくめなん》でも彼《か》でもさしづ、さしづ役無《やくな》くばならん。たゞ人間《にんげん》は一花《ひとはな》咲《さ》いても理《り》が無《な》い。俺《おれ》しようと言《い》うても、言葉出《ことばで》るものやない。……

ここで、ナライトの役目について、「存命より一名暮らしと言うた理」は「おさづけの理」を渡す役であるから、それが末代続くよう、「人足代々続いて又々という」「切れてはならん」と明示されている。

さらに、翌明治三十三年三月十五日には母たきの身上を通して、

……早《はや》くこれまで、一身暮《みぐ》らしと理《り》を添《そ》えたる。前々運《ぜん〳〵はこ》び方無《かたな》く、道遅《みちおく》れ〳〵てならん〳〵。事情今《じじょういま》に言《い》うて今《いま》に成《な》るものやない。見習《みなら》い〳〵、年限《ねんげん》から見《み》習《なら》い、十分治《ぶんおさ》まって来《こ》にゃならん。……前々《ぜん〳〵》から運《はこ》んで、後々控《あと〳〵ひか》え無《な》くばならん。前々貰《ぜん〳〵もら》い受《う》けたる。……纏《もつ》れたる処運《ところはこ》んで、どうでもこうでも早《はや》く連《つ》れ戻《もど》らにゃならん。

と、いよいよ急き込まれている。

六日後の三月二十一日には、本席の身上に際しての伺い(38)で、

……諭《さと》したる処《ところ》もう控《ひか》えという理出《りで》るからには、よう聞《き》き分《わ》け。控《ひか》え後《あと》へ一《ひと》つ

(38)「本席御身上御障りに付かんろだいへ本席の身上速やか快復次第お伺い申して、そのおさしづ通り、何か運ばして貰いますからと御願してありますが、その事今日まで延行相成り右事情の願」

(39) 割書「上田ナライト運び方に付願」の注記による。

(40) 明治32年7月24日に「上田嘉治郎存命の時にこの家毀って了て家内中引き越して貰うたなら、ナライトも治まるやろか、と御話もありた、との事なれど、やしきにいんねんあると教祖より聞かして貰うて居りますから、如何であろうかと尋ねに付、心得のため願」をしたところ、「人足社と言うて貰い受けたで、と言うたは、もう何年経《た》つか」「貰い受けた一人暮らしという日がある。その理及ぼさにゃならん。後々理無くばならん。いつまでもと思たらならん。さしづ変えるで〳〵。おい俺しようと言う

繋《つな》がにゃならん。……

とのお言葉を受けて、「押して、控えと仰せ下されますは、上田ナライトの運び方の事でありますや願」をすると、

……後々《あと〳〵》控《ひか》え無《な》くては楽《たの》しみあるか。そらと言《い》うたら直《す》ぐと出《で》るは、控《ひか》えである。……

と仰せになり、「控え」としてつとめるよう諭されている。

そして、半月後の四月三日、「家内一同寄せて貰い度く、たとえどんな苦労あるとも結構でありますから」(39)との決意のもと、ナライトだけでなく、上田家一家あげて、おやしきに伏せ込むことになる。(40)

この時、ナライト数え三十八歳。(41)家族は、母のたき、妹のナラトメ、甥《おい》の楢太郎であった。(42)

●おさづけ後継へ

晴れておやしきに帰り、(43)おだやかに過ごす日々が続いていたが、明治三十五年八月四日の身上願で、(44)

……もう席始《せきはじ》まれば、席度毎《せきたびごと》に運《はこ》んで、見習《みなら》いの心無《こころな》くばならん。……もう後《あと》々定《〳〵さだ》め掛《か》けてくれにゃならん。……

と諭されたのを機に、本席の次の間に侍《はべ》って見習いとしてつとめることになる。(45)

た処がいかん。今代わりしようと言うていかん。一つの言葉で分かる。何でも彼でも年限から成り立ったもの。何でも彼でも、皆んなの心に解きほどきてくれにゃならん」と。

(41) 明治12年、17歳でおやしきに引き寄せられて間もなく、ナライトが園原の実家に戻る時があると、教祖は『迎えに行ってくれ。さみしいてならん』『四十の声かかるのを待ちかねる』と仰せられていたという。

(42) 父嘉治郎は明治28年1月、66歳で出直し。ナラトメは嫁いでいたが、夫を亡くし、ナライトの守り役をしていた（注23、26参照）。楢太郎は出直した兄楢吉の嫡子。

(43) 当初、村田長平宿北側の二間の借家に住んでいた。

(44) 「上田ナライト昨夜より腹痛に付願」

その後の様子を『上田ナライト抄伝』によると、お運びの見習いをつとめる以外は、かぐらづとめに出ることもなく、静かに暮らす日々が多かったようである。以後、四年間ほどナライトに関する「おさしづ」はないが、[46] 明治三十九年一月十五日の身上願で、

……今日《きよう》一日代《にちか》わろうという日《ひ》を待《ま》ち兼《か》ねて居《い》る。日々《にち〱》運《はこ》び足《た》らんから、尋《たず》ねにゃならん日《ひ》になりたる。……さあ二十年《ねん》の間《あいだ》、席一人《せきひとり》からこれまで運《はこ》び来《き》たる。育《そだ》てにゃ育《そだ》たん。皆《みな》の心《こころ》から育《そだ》てにゃならん。いつ〱経《た》ってもこのなりなら、何《なに》も言《い》う事《こと》は無《な》い。この一《ひと》つ理聞《りき》き分《わ》けて、しんばしらに一《ひと》つ運《はこ》び、後《あと》々〱繋《つな》ぎ無《な》くばならん。繋《つな》ぐは理《り》かと、しっかり取《と》り締《し》まりてくれにゃならん。日々《にち〱》放《ほ》ったらかしではならん。……

と、早くおさづけの理を渡す後継者を定めるよう、本席の代わりを待ち兼ねているということを仰せになっている。

また、ここで「日々運び足らんから、尋ねにゃならん日になりたる」とあるのは、ナライトの住居の普請が延び延びになっていることである。[47]

その年の五月一日の身上願でも、[48]

……人間心《にんげんごころ》で運《はこ》んだ処《ところ》が出《で》けやせん。前々《ぜん〱》より諭《さと》したる。……

ナライトの住まい（現在の和楽館・本部神殿東側）の続きにあったお運びの場所は、現在、生琉里《ふるさと》分教会（奈良市生琉里町）の神殿（写真）となっている。

(45) 前年の34年6月17日には「上田ナライトの見習いは、御休息所の方か本席の方へか」で「見習い〱これは言うまでやない」「存命の間にをやと親とに貰い受けたる」「休息所々々々、守《も》りの芯と言うたであろう」「見習いとも言うたる」「人足社、どうでも始める」と。

(46) 一派独立運動、日露戦争などあり、多忙な時期ではある。

(47) 一家あげておやしきに入り込む直前の明治33年3月21日「上田ナライト建物の願」で「詰員一同相談の上本部長へ申し上げ、建物北の大裏の石屋の仕事場のそばあたりへ建てという事でありますから御許し願」に対し、「建てる処、十分運ぶ処、辺所《へんじょ》の処は不都合」と仰せられていた。

(48) 「上田ナライト身上に付先般おさしづ頂き、その中に『今日は気分悪いと言う、今日一日

明治40年ごろの教会本部付近図

仮家《かりや》と言《い》うて一寸建《ちよつとた》てゝと言《い》うた日《ひ》がある。何処《どこ》がよかろう、彼処《かしこ》がよかろう、席《せき》に尋《たず》ねて席《せき》より知《し》らすと言《い》う。……一日《にち》の日《ひ》も早《はや》く取《と》り掛《か》かりてくれにゃならん。

と、早期着工を促されているが、当時の教会本部の会計も苦しく、さらには一派独立運動のさなか、当局の監視の目などもあり、なかなか取り掛かれずにいた(49)。

そこで、人々は話し合った結果、教祖も本席もお住まいになられたことのある中《なか》南《みなみ》の門屋(50)へ、ということで事を進めようとする(51)。しかし、五月二十一日「上田ナライト中南にて仮住居取り決め度くに付願」「しばらくの処をそういう事にして御許し下され度し」に対して、

……一《ひと》つ建家明《たちやあ》け渡《わた》そうと言《い》うた事聞《ことき》いて居《い》るか。席《せき》が亡《な》くなったら、明《あ》け渡《わた》したも同様《どうよう》であろう。……

と、本席の御用場を明け渡そうとまで仰せになっている。しかし、それでも、当局との兼ね合いなどもあってか、新居の建築に掛からない(52)。

代わろうという日を待ち兼ねて居る。日々に運び足らんから、尋ねにゃならん日になりたる』という御言葉御座りますが、如何の事でありますか願」

(49) 政府から「財産蕩尽《とうじん》の弊がある」と言われ、新築はできない状況下にあった。

(50) 教祖は明治8年の竣工から16年に御休息所へ移られるまで、本席は明治16年から22年に本席宅が出来るまで。このころ、本部の事務所兼会計室になっていた。

(51) 5月20日夜の割書も「上田ナライトの住居飯降裏手に些少なる建物新築を教長へ御願をなし、当分新築せざる事を内務主務局長へ書面を出したるにより建築は出来ぬ、色々協議をなし、中南元に教祖初め本席の御住居遊ばされし所へ教長の承諾下され、その旨本席へ申し上げし処」とある。

そうしたなか、翌明治四十年三月十三日、いわゆる百日のおさしづの発端となる刻限があり、(53)これ以降、十年かかる話を百日に縮めて、諄々《じゅんじゅん》と仕込まれるうちに、人間思案を捨てて、仰せ通りにという一同の心が定まり、間もなくナライトの住居の普請も始まることになる。(54)

その後、本席の身上切迫とともに、ナライトへのおさづけ後継を促される刻限話が続く。

六月五日（陰暦四月二十五日）夜の「本席身上苦痛又々激しく相成り、教長初め本部員一同出席の後教長と受け答え」で、

……さあ明日《あす》は月《つき》の祭典《さいてん》〳〵、明日朝早天《あすあさそうてん》に席《せき》を運《はこ》ばす。こうして一《ひと》つ話《はなし》を掛《か》かれば、席《せき》がいつ〳〵、席《せき》が無《な》かった、そういうもの、道《みち》の心配《しんぱい》はこゝにある。さあ些《いささ》かでも繋《つな》ぐで。明日《あす》は早天《そうてん》に一席出《せきだ》すがよい。

明けて六日早朝「本席苦痛激しくに付、教長始め一同出席す」において問答が続くなか、

さづけ一点《てん》の順序《じゅんじょ》やで。手伝《てつだ》いやで〳〵。最初《さいしょ》は不細工《ぶさいく》やで〳〵。日々《にち〳〵》代《か》わりさせるのやで。当分《とうぶん》は不細工《ぶさいく》なものや。だん〳〵十分《ぶん》に成《な》る。

との仰せを受けて、真柱が「ナライトに勤めさせるのでありますや」と念を押すと、「御うなずき遊ばさる」。

(52) 5月26日にも「上田ナライト中南にて御許し願」をしている。6月22日には「上田ナライト中南の方へ移住に付誰か付き添いの処願」に対して、「一家一つ棟を建て、家族移り込んでからやないと、いかん〳〵」と。

(53) 「一万二千足らんと聞いた。そんな事でこの道どうなるぞ」「道は、皆継目《つぎめ》あるで〳〵。継目知りて居るか〳〵」との仰せ。同日夜「上田ナライトの普請の事情、尚増野正兵衛会計の事情話しの時に俄かに御話」も。

(54) 3月22日には「上田ナライト建物の屋敷どの辺という処願」をするなどし、翌41年に竣工。

また、真柱が、「ナライトを呼び寄せましょうか」と尋ねると、

……今日《きょう》から十分《ぶん》のさづけを渡《わた》す。

詳《くわ》しい事要《ことい》らん。あしきはらいのさづけや。

今日《きょう》からは十分《ぶん》授《さず》ける。後《あと》は前《ぜん》の型通《かたどお》りや。

これを受けて、「只今より運ばせるのでありますか」と伺うと、
夜《よる》が初《はじ》まり〳〵。晩《ばん》でよい(55)。

今日《きょう》はこれにて。

踏《ふ》ん張《ば》って来《き》たのう〳〵。えらかったのう〳〵。

一同大《どうおお》きに御苦労《ごくろう》。

とあいさつ。引き続き、
肩《かた》の荷《に》が降《お》りた。よかった〳〵。

これで一日《にち》の役《やく》が済《す》んだなあ〳〵。……

と、安堵の様子であったという。

こうして、「おさしづ」に導かれるままに、本席・飯降伊蔵からナライトへ、おさづけお運びの後継はなされたのであった。

その間、いわゆる「百日のおさしづ」では、三軒三棟《みむね》のこと、神殿普請などについて、最後の仕込みが続いていた。

(55) 飯降伊蔵が、初めておさづけの理を渡したのは、明治20年3月25日、本席定めの夜であった、と伝えられる。

第十九章 大きい心に成れ——神殿普請を前に

明治四十年三月、にわかの刻限話があり、以後、本席の身上が切迫するとともに、六月出直しまでの三カ月間、諄々《じゅんじゅん》と諭されることになる。いわゆる「百日のおさしづ」である。

前章で、飯降伊蔵から上田ナライトへと継承されるおさづけお運びの事情を取り上げたが、続いては、それと並行して促されていた神殿普請の問題に注目してみたい。

●明治四十年までの普請経過

神殿普請に関する明確な指示は、明治四十年（一九〇七年）三月から始まる「百日のおさしづ」においてである。しかし、それ以前にも「おさしづ」をもって逐次、示唆されていた。

たとえば前年、明治三十九年五月二十八日の刻限で、

大《おお》きい木買《きこ》うて欲《ほ》しい〳〵〳〵。大《おお》きい木《き》、これ買《か》おうと思《おも》て居《い》る。けれ

（1）この時「木と仰せ下さる処、理の木でありますか、又は現場の木でありますかと申し上げ」ると、「予《かね》て話《はなし》して居る。もう一度始め掛ける。手斧《ちょんの》始めすると言うて、楽しまして、たんのう」「どうでもこうでも、年限遅れても、心の済むように、買《か》お〳〵なあと、たゞ一声買おうと言う事待って居る〳〵」との

ど、どうもならん。一本《ぽん》の木《き》やそこらでは、始《はじ》まらん、何《なに》もならんようではあるけれど、一本《ぽん》の木《き》から定約出《じょうやくで》けたら、一本《ぽん》の木《き》から追々出《おい〳〵で》ける。買《こ》うて欲《ほ》しわい〳〵。買《こ》うてくれる者《もの》あらせんか。

と、用材の調達を促されている。(1)

ふりかえれば、親里の普請は(2)、元治元年（一八六四年）のつとめ場所から始まっている。(3)

その後、明治二十一年の教会本部開設の際、ぢばを取り込んで増築されるが(4)、これについては、七月二十四日の「おさしづ」で、

……四方建物《ほうたてもの》、一間《けん》四方《ほう》にして、多《おお》く高《たか》くして危《あぶ》ない処《ところ》、じっと踏《ふ》ん張《ば》りて居《い》る処《ところ》、西《にし》へ抜《ぬ》ける、北東南《きたひがしみなみ》四方《ほう》抜《ぬ》ける理《り》もある。……今《いま》の処《ところ》普請《ふしん》ぢば、一《ひと》つの処《ところ》、普請大層《ふしんたいそう》は要《い》らんで。一寸《ちょっと》して置《お》け。仮家《かりや》の普請《ふしん》々〳〵、仮家《かりや》の囲《かこ》い。……

と、ぢばを中心とした神殿の構造を示され、それを受けて進められた。(5)

翌明治二十二年には本席宅の普請。これに際して、一月十八日「本席の席間御普請に付伺」をしたところ、

……すうきり〳〵さあ大層《たいそ》な事《こと》も要《い》らんで〳〵。思《おも》わく通《どお》り来《き》た〳〵。又建《またた》て替《か》えんならんや分《わ》からん。……そこで今《いま》の処《ところ》、ざあっと〳〵。どうでこうで取《と》り扱《あつか》いの処《ところ》、叶《かな》いさいすればよいと。さあ〳〵取《と》り扱《あつか》いの叶《かな》うよう委《まか》せ置《お》く。心置《こころお》き無《の》う〳〵。

との仰せ。「思わく通り来た」と喜ばれ、「又建て替えんならんや分からん」とされ

仰せを受け、真柱が「買います」と答えている。

(2) 教祖の親里構想は「奈良、初瀬《はせ》七里の間は家が建て続き、一里四方は宿屋で詰まる程に。屋敷の中は、八町四方と成るのやで」（『稿本天理教教祖伝逸話篇』九三）との仰せに代表され、「おさしづ」にも「一里四方宿屋もせにゃならんと言う。一里四方も未《ま》だ狭いなあ、とも言うてある」（明治26・2・6）、「小さい事思てはならん。年限だん〳〵重なれば、八町四方に成る事分からん」（明治27・11・17）とある。

(3) 嘉永6年（1853年）の中山家の母屋《おもや》取り毀《こぼ》ちの際に、教祖は「これから、世界のふしんに掛《かか》る。祝《いお》うて下され」と。

(4) ぢばは明治8年6月29日（陰暦5月26日）、つとめ場所の南に定められた。なお、教会本部の開筵式は明治21年11月29日（陰暦10月26日）執行。

ながらも、「心置き無う」と許されている。(6)
また、明治二十四年執行の教祖五年祭に際しては、前年の二十三年六月二十一日、本席の身上を通しての「おさしづ」で、

……神《かみ》一条《じょう》の道《みち》は皆兄弟《みなきょうだい》、いずこの理《り》を以《もっ》て親族《しんぞく》、親族《しんぞく》は心《こころ》の結《むす》び合《あ》い、他人《たにん》というはほのかな理《り》、神《かみ》一条《じょう》の道《みち》は神《かみ》やしき、鏡《かがみ》やしきという。……

と、「鏡やしき」の理を諭された後、(7)

……隅《すま》から隅《すま》まですっきり掃除《そうじ》すれば、又《また》どんな模様《もよう》に掛《か》かるやらこれ知《し》れん。広《ひろ》くぢばが要《い》る、要《い》ると言《い》うて前《ぜん》にも諭《さと》したれど、やしきの取《と》りようも無《な》いと思《おも》うやろう。……一《ひと》つの事情運《じじょうはこ》び、一《ひと》つの事情《じじょう》を治《おさ》めたる処《ところ》、仮家普請差掛普《かりやぶしんさしかけぶ》請《しん》、一寸始《ちょっとはじ》め掛《か》けた。暫《しばら》くこのまゝ、年《とし》が明《あ》けたら又差《またさ》し掛《か》けんならんやらこれ知《し》れん。……

とのお言葉があり、建物よりも、地所を広くすることに重きが置かれる。(8)
おやしきの地所拡張については、前年二十二年十月二十二日の「刻限御話」でも、

さあ〳〵〳〵〳〵帰《かえ》る〳〵〳〵。皆《み》んな帰《かえ》るで〳〵〳〵。さあ何《なに》が帰《かえ》る帰《かえ》る〳〵と思《おも》うやろ〳〵。分《わ》かろまい。何箇年以前《なんかねんいぜん》々々々々よりよう早《はや》く急《いそ》ぐ〳〵〳〵。何箇年以前《なんがねんいぜん》々々々々始《はじ》め掛《か》ける。始《はじ》め掛《か》けたら広《ひろ》く場所《ばしょ》が要《い》るでな。……四方八方何十何間差《ほうぼうなんなんげんさ》しを入《い》れたらいかなる者《もの》で、どうもいかなる者《もの》も心《こころ》を運《はこ》んで、妙《みょう》な普請《ふしん》が始《はじ》まる。

と仰せられており、(9) この前後の「おさしづ」に、買い取りに際しての心得や、やし

(5) この時の「本部神殿祀る所の伺」割書注に「上段の間より本席の台所を境とし、渡り家取払い建家新築の願」とあり、対するお言葉の注記に、「詰合の人々左の如く悟る。『四方へ抜けるというは往還の道の初、今日より運ぶにより、一間四方はかんろだいの地上を屋根抜き雨打たしの事、二つめどうというはかんろだいの南へ神前を祀り、かんろだいの北より南へ向って参詣する事、上段の間のこれまで祀りある分、取り払うと中山会長仰せられしも、おさしづは二つめどう、矢張り上段の間これまで通りに祀る事』」とある。

(6) 5月17日の「本席御宅新築落成に付、御引移りの事御伺」では「さあ〳〵同じ一《ひと》やしき、同じ一棟一つのさしづ」「一寸《ちょっと》休息所、遊び場と言うてあろう」と。明治26年には本席御用場が建ち、22年竣工の本席宅は永尾宅になる。

きの地取りの構想がすでに決まっているようにうかがえる（左コラム参照）。

おやしきの地所拡張に関する「おさしづ」

　明治22年7月7日「本席の向い東南に当る三島の足達地所買取っても宜しきや」に対して「随分の理なれども広くの地所が要る」「あちらもこちらも狭《せ》ばい。何《なん》でも彼《か》でも要る」、8月18日頃「当三島村田中忠蔵、清水利八、中島嘉三郎、中川勘平宅地一反三畝十八歩、おやしき地面続きに付、買入れの事御許し下さるや願」では「その心ばえを以《もっ》て運んでくれるよう」、10月23日刻限話に続いての「東の方地所買受の処談じて宜しきや願」に対しては「何にも勧めるやない、頼むやない。くれと言えばいやと言う、いやと言えばやろうと言うが世界一つの理」、12月8日「三島村城甚三郎所持の田地五畝十歩買入れ……」では「一つの心は今一時、秘《ひ》そか秘そか」、23年2月28日「隣家地所買入急にする方宜しきや、暫時見合わす方宜しきや、増野正兵衞伺」に対しては「不安に持たず、持たさずこれが望《のぞみ》」、24年3月3日「北村平四郎地所買い取りに付……」では「無理の事情ならん」、同月25日「北村平四郎地所買い入れの願」でも「仕切ってどう、穏やか治めくれるなら治める」とあるなど、地所拡張の心得について仰せになっている。

　なお、22年10月26日「増野正兵衞三島村足達保次郎田地三畝九歩買入に付……」では、取次人の土地について、また23年10月17日「前栽酒屋所持の田地買入れの事願」で「何でと思うでない」とあるのは、一里四方の構想を目してのものであろうか。

（7）「鏡やしき」については、4月20日の刻限話でも「今の処はすっきりと仮家で、いつ〳〵の道を諭したる事情、しんの書き取りたる理と合わせ、人間心を持たず、曇り無きより鏡やしきと言う」と。

（8）この前後、6月15日「本席五六日前より腹差し込み、本日左の歯厳しく痛むに付願」で「あちらも仮家〳〵」「たすけふしぎふしん、真実の心を受け取るためのふしぎふしん。のっけから大層な事してはどんならん」、6月29日「普請成就し且本席御障りに付願」では「一箇年一箇年指を繰《く》って皆年限の理があるから、よう〳〵の事治まった」「これから仮家を始めるで。仮家より本普請続きになる」と。

（9）同25日の「刻限御話」では「一寸差し掛け普請をして越して来たる処、広き所、煮炊き場所が第一や」と。ちなみに翌23年には表門、炊事場などが建つ。

また、建家《たちや》の普請については、明治二十二年の本席の席間の普請に続いて、明治二十四年の教祖五年祭後、神殿の北に真柱宅が竣工。それに先立つ五月十日「中山会長御居宅新築の願」では、

……事情《じじょう》は仮《かり》に許《ゆる》す。仮家《かりや》で許《ゆる》す。……本普請《ほんぶしん》の旬《しゅん》が来《く》れば、すっきり取《と》り払《はろ》うて了《しま》う。……今尋《いまたず》ねる処《ところ》ほんの仮《かり》にして、神妙《しんびょう》の事情《じじょう》、何《ど》っ処《こ》へなりと直《なお》せるよう。……本普請《ほんぶしん》未《ま》だ一寸《ちよつと》には行《い》かん。……さあ勇《いさ》んで一《ひと》つ掛《か》かってくれるがよい。

さらに、六月二十三日には、(10)

……普請《ふしん》するなら一寸仮家《ちよつとかりや》、仮家《かりや》のように一《ひと》つの心《こころ》に寄《よ》せてくれ。……内々《うち〳〵》今《いま》一時《じ》僅《わず》かの年限見《ねんげんみ》て三十年年限切《ねんねんげんき》ってある。……建家生涯事情《たちやしょうがいじじょう》びしゃり止《と》めてある。一切止《さいと》めて置《お》く。……十分勇《ぶんいさ》んで掛《か》かれ。……

と仰せになり、「つとめ場所」の普請と、仮家の意味合いについて諭されている。お道の普請は「きりなしふしん」であるので、常に仮家という意味であろうか。

ところが、翌二十五年、人々は教祖御墓地の造営に掛かる。これは教祖が現身《うつしみ》をかくされて以来、真柱をはじめとする人々の懸案であった。(11)二月二十七日「教祖御墓地用豊田山買い入れの願」をしたところ、

……尋《たず》ね掛《か》けたら一時《じ》の理《り》が見《み》えて来《く》る。どんな所《ところ》でもよいで。一日《にち》の日運《ひはこ》び掛《か》け。許《ゆる》し置《お》こう〳〵。

と仰せになり、以後も「ほんにこれかいなあ、という事情《じじょう》に治《おさ》めるなら受《う》け取《と》る」

(10)「本席御身上腹張りつかえるに付御願」の中で「押して、会長御普請五年祭前に致すべき処今日まで延びたり、我々このい、い、おやしきにて結構に住居させて貰い、会長御居間損じて、見るに見兼ねますより、心だけ尽さして貰います」でのお言葉。

(11)第6章「尽す処は受け取る」参照。

(12)6月24日「心を集めて運ぶ処受け取る」「尽す事情であるから、受け取る処という」、6月30日「運ぶ尽す理は受け取る」、12月5日「心を運び尽す処は許す」など。

(13)「五年以前から見れば、席

（六月二十四日）、「立派《りっぱ》な事《こと》は受《う》け取《と》れん」（七月二日）、「かりもの捨《す》てる所《ところ》、何《なに》も派《は》手《で》な事要《ことい》らん」（七月四日）と諭される。教祖存命の理の信仰こそが大切である、との思召《おぼしめし》とともに、子供の苦労を案じる親心が汲《く》みとれる。そして、人々からの「願」や「伺」に対しては、運ぶ尽くすところは受け取るとされ(12)、御墓地は竣工。十二月十三日（陰暦十月二十五日）の改葬も盛大に執行された。

この明治二十五年は、教祖御墓地改葬に明け暮れた感があるが、これと並行して、本席御用場の普請にも掛かっているのは注目すべき事柄である。つまり八月三十一日の「刻限」(13)を受け、次第に具体化されていく。

本席御用場は、翌二十六年には竣工。二十四年の真柱宅とともに、いわゆる表と裏の普請が一応落ち着いたといえる(14)。

それから間もなく、人々はまた次の普請を願い出ている。二十六年六月十三日「分支教会長より本部普請の事情議決に付願」がそれであり、ここで「本部普請」とあるのが何を指すのか定かではないが、これは、元治元年のつとめ場所普請の際、教祖が、「この普請は、三十年の見込み」と仰せられていたものによるとみなされている(15)。確かに、明治二十六年は、元治元年から三十年目にあたる。三十年前の仰せを人々が覚えていたから「おさしづ」を伺ったのか、たまたま三十年目であったのかは推測の域を出ないが、この「願」に対しては、次のようなお言葉であった。

さあ〳〵尋《たず》ねる事情《じじょう》〳〵、まあ前々《ぜん〳〵》よりも話伝《はなしつた》えたる。広《ひろ》いと言《い》う、狭《せま》いと言《い》う。あちらも一寸《ちよつと》、こちらも一寸《ちよつと》、ぢばを定《さだ》め掛《か》けたる処《ところ》、どうも思《おも》うは理《り》。

一つさしづで理を見、一つの理を改め、早く掛からねばなろまい。これまで十分日々たんのうは治めて居る。見る理普請、何年中掛かりた多くの中の理であろまい。一人二人の理で建て、田の中へしょんぼりと建て、席の十分見る処一つの理である」「三年五年以前休息所、一日使う〳〵、皆使い、古館々々《ふるやかた〳〵》となってある。席一条理を考え、遊び場又一つの話、一時話、何彼《なにか》も満足。すっきりこの間、これまでどれだけ用に立てたであろう。だん〳〵の理も急《せ》いて〳〵掛かってくれ」と。

(14) 22年竣工の本席宅は永尾宅に。表と裏については、明治40年3月22日にも「裏は鍛冶屋《かじや》表は大工、これは一つの台やで」と。

(15) このお言葉により、屋根には土を置かず、空葺《からぶ》きにしてあった。『稿本天理教教祖伝』59ページ参照。

思《おも》わにゃならん。……精神《せいしん》は受《う》け取《と》る。なれど、いつまでにどうせにゃならん、と、これは言《い》わん。……急《せ》くも道《みち》、急《せ》かんも道《みち》、年限《ねんげん》いつと〳〵年限《ねんげん》切《き》らず、一《ひと》つ掛《か》かってくれるがよい。

時期についての指定もないし、いますぐに掛かれとの仰せではないとはいえ、この後二年間ほど、おやしきに新たな建築は見られない。これは、当時所属していた神道本局で神殿建築がなされていたことと関連するのであろう。(16)

その後、教祖十年祭を一年後に控えた明治二十八年には、いわゆる教祖殿の新築を願い出るが、三月十日の「教祖御霊殿本部北寄りで六間に八間の建物建築致し度きにより願」に対して、(17)

……年明《としあ》けたら十年《ねん》という、何《なん》でもという事情《じじょう》の処《ところ》、急《せ》く事要《ことい》らん。未《ま》だ〳〵地所急《ぢしょいそ》ぐ処《ところ》ある〳〵。又広《またひろ》く建《た》て出《だ》す処《ところ》、日柄何時《ひがらなんどき》でも出《で》ける。地所《ぢしょ》は一寸今《ちょつといま》に言《い》うて今《いま》に集《あつ》める事《こと》は出《で》けん。これでなら大抵《たいてえ》なあ〳〵というは、一時《じ》の道《みち》という。地所《ぢしょ》から定《さだ》めてくれ。……

さあ〳〵まあ〳〵十年経《ねんた》っても、未《ま》だ教祖建家無《おやさまたちやな》いとは更々思《さら〳〵おも》うな。心掛《こころが》けるまで親里《おやさと》という〳〵。親《おや》は子思《こおも》うは一《ひと》つの理《り》、子《こ》は親《おや》を思《おも》うは理《り》。この理聞《りき》き分《わ》け。何《なん》でもぢば、という理《り》が集《あつ》まりて道《みち》という。親《おや》の内《うち》は地所《ぢしょ》さい拡《ひろ》がりたら十分《ぶん》。建家住家《たちやすみか》して居《お》りても、多《おお》くの子供戻《こどももど》るぢば無《の》うてはどむならん。

いまは教祖殿を建てるよりも、大勢の人々がおぢばへ帰ってきても受け入れに不自由のないように地所を用意することが先決問題である、と諭されている。(18)

(16) 明治27年6月29日に「本局神殿建築に付用地当教会より買い求め、教長の名前にして本局へ貸し与える件願」をするなど、神道本局神殿普請（29年竣工）に関与している。これは、批判文書が出回るなど社会の干渉や反対攻撃が厳しかったため、そうせざるを得ない状況下にあったことも関連する。第8章「いかんと言えば、はいと言え」、第11章「婦人会の台から、又話々」参照。

(17) 2月26日にも「教祖御霊舎新築の儀願」、教祖五年祭に際しても明治24年1月7日「五年祭に付、教祖の御霊舎を新造御許し願」をしている。第7章「切りやという心、どうもならん」参照。

(18) 11月14日「教祖の御普請御許し願」でも「子供十分さしてをやが楽しむ」と。年祭当日は神殿の北の空き地に仮祭場（20間×10間）を設けた。

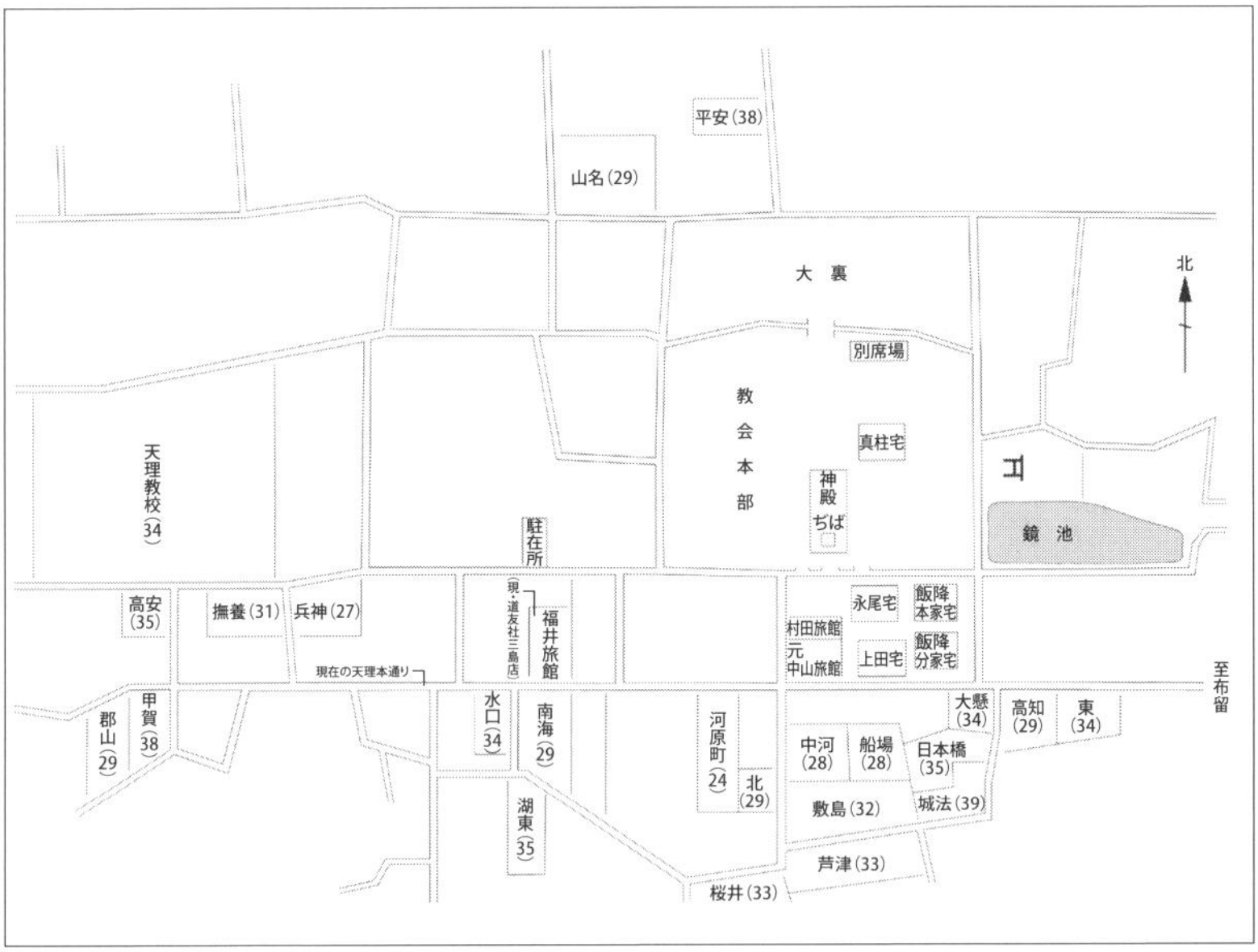

明治40年ごろの教会本部付近図　（　）内の数字は設置の年を示す

実際、このお言葉を受けて、おやしきの地所が広げられるとともに、次々と各直属教会の信徒事務所（現在の信者詰所）が建ち並び、さらに三十二年には大裏《おおうら》に別席場、三十四年には天理教校校舎の建築が始まり、親里の景観は見違えるように変わっていく（上地図参照）。それにひきかえ、教会本部の神殿は継ぎ足しであるため、内部は天井の下を雨樋《あまどい》が走っているという状態であった(19)。人々の間には、早く新しい建物をという思いがあったにちがいない。

明治三十九年の教祖二十年祭に際しては、神殿の西北方の広場に仮祭場(20)が建てられた

(19) 天理教校校舎建築に際してのお言葉で、「さあ雨が降れば畳上げる〳〵」「さあ中に錦《にしき》を着ずして、外に錦を着ては通られん」（明治34・10・13）とも。

(20) 高さ72尺（約22メートル）、20間（約36メートル）四方。

が、それはあくまでも仮のもの。しかし、その仮祭場を建てるにあたり、前年の明治三十八年十二月四日の「おさしづ」(21)において、次のように諭されている。

今度《こんど》は、内々《うち〳〵》は皆大《みなおお》きな心《こころ》に成《な》れ。何《なに》が無《の》うなっても構《かま》わん。大《おお》きな心《こころ》に成《な》ってくれ。この事《こと》を、待《ま》って〳〵待《ま》ち兼《か》ねて居《い》た。後《あと》は大《おお》きな事《こと》に成《な》る。何《なに》も心《こころ》に掛《か》ける事要《ことい》らん。皆々《みな〳〵》心配《しんぱい》せい〳〵。心配《しんぱい》は楽《たの》しみの種《たね》、一粒万倍《りゅうまんばい》という事《こと》は、もう疾《と》うから諭《さと》し置《お》いたる程《ほど》に。

二十年祭に向けての仮祭場のことだけではなく、「後は大きな事に成る」と仰せられているところからも、のちに展開される神殿普請を予定されてのお言葉と悟れる。ともあれ、教祖二十年祭は予想を超えた盛況のうちに勤められ、(22)その翌年の明治四十年三月以降、いわゆる百日のおさしづでもって、本格的な神殿普請の打ち出しがなされることになるのである。

●ナライト宅の普請を台に

明治四十年三月十日（陰暦正月二十六日）、この日も盛大に春季大祭が執行された。(23)しかし、本席・飯降伊蔵は、少しお疲れの様子で、床に就かれる日が多くなる。ゆえに、おさづけのお運びが、いつなされるのか分からない状態にあった。(24)

そうしたなか、三月十三日朝、本席宅の書斎で、平野楢蔵、増野正兵衛らが世間話をしていると、本席の態度が急に改まり、

(21)「本席後台所にて増野正兵衛の持参せし教祖二十年祭場の絵図面に付、教長、梅谷四郎兵衛、増野正兵衛、山中彦七、飯降政甚等居合わせし者種々協議の折俄かのおさしづ」

(22) 日露戦争直後であること、東北で大飢饉《ききん》があったことなどから、特に人を集めることはしないという方針であったが、国の内外から10数万人が帰参した。第17章「一手一つの心なら、一手の守護」参照。

(23) 別席者約850人、翌11日は千人を数えた。

(24) 教祖十年祭直後にも、別席が4、5千人、満席を運ぶ人も5、6百人を数えるという盛況であったが、本席は身上のために休まれていた。明治29年3月24日夜12時半「刻限」割書の注記参照。

一万《まん》二千足《た》らんと聞《き》いた。そんな事《こと》でこの道《みち》どうなるぞ。……

と、厳しいお言葉が発せられる。いわゆる「百日のおさしづ」の始まりである。

これは、前日十二日の夜、本席宅の茶の間の次の間で、会計係の増野が「一万二千円足りない」と、口をすべらしたことが発端となっている。

確かに、当時、一派独立運動の資金にも事欠き、[25] お急き込みの上田ナライト宅の普請にも着手できないでいた。[26]

その夜は何事もなく、本席は就寝。ところが、翌朝になり、「そんな事でこの道どうなるぞ」「さあしっかりせい」「何《なん》と呆《ぼ》けて居《い》る」と厳しく諭されたのであった。引き続いて、「道《みち》は、皆継目《みなつぎめ》あるで〳〵。継目《つぎめ》知《し》りて居《い》るか〳〵」と、間近に迫る上田ナライトへのおさづけお運びの継承を示唆されたうえで、「さあ手《て》の空《あ》いた者席運《ものせきはこ》べ〳〵。今《いま》の席四席連《せきよんせきつ》れて来《こ》い」と仰せになり、それまで滞っていたお運びを、突如、午前に四席、昼からも四席運ばれる。[27]

そして、この日の夜には、ナライト宅の普請について伺うなかで、[28]

さあ〳〵年限追《ねんげんお》うて、年限数《ねんげんかぞ》えてみよ。四十年以来《ねんいらい》と言《い》えば、余程古《よほどふる》い事《こと》であろう。一度足《どた》らん事《こと》を台《だい》にするはどういうもの。残念《ざんねん》でならん〳〵。残念《ざんねん》やわい。そんな事言《ことい》う場席《ばせき》ではあろうまい〳〵。聞《き》かす場席《ばせき》ではあろうまい。残念《ざんねん》聞《き》いてくれ〳〵。いつも何事《なにごと》も聞《き》かした事《こと》は無《な》い。物《もの》の上《あ》がりはっちゃ[29]聞《き》かさせん。そんな事《こと》でどうなるか〳〵。さあ前々《ぜん〳〵》話《はなし》一寸《ちよつと》説《と》いたる。この家明《いえあ》け渡《わた》そうかと言《い》うた日《ひ》がある。[30]……

(25) 第15章の注37（252ページ）参照。

(26) 第18章「後々繋ぎ無くばならん」参照。

(27)「御運び後十一時頃上原佐助、飯降政甚と話し合い居る時俄かに」のお言葉で「昼からもう四席出して了《しま》え」と。当時1席は3人ずつであった。

(28)「上田ナライトの普請の事情、尚増野正兵衛会計の事情話しの時に俄かに御話」

(29)「はっちゃ」とは、それだけ、それしかの意。

(30) 明治39年5月21日「上田ナライト中南にて仮住居取り決め度くに付願」の中「しばらくの処をそういう事にして御許し下され度し、と申し上げ」で「一つ建家《たちや》明け渡そうと言うた事聞いて居るか」と。

最初の普請から四十年来になるが、(31)会計が苦しいからという理由で、ナライト宅の普請に掛かろうとしないのは残念でならない、というお諭しであろう。また、(32)

神《かみ》の自由現《じゆうようあら》わした事分《ことわ》かろうまい〳〵。三日前《みつかまえ》より夜《よる》も横《よこ》に寝《ね》られん程苦《ほどくる》しみ、日々《にち〳〵》の食事《しよくじ》も尋《たず》ねてみよ聞《き》いてみよ。万人《まんにん》の子供楽《こどもたの》しんで帰《かえ》る者《もの》、今日《きよう》か明日《あす》かと待《ま》って居《い》る事分《ことわ》からんから、順序運《じゆんじよはこ》んだもの。この順序聞《じゆんじよき》き分《わ》けにゃ分からんで。

……この際《さい》これからは、どんな事《こと》も中《なか》に一人《ひとり》も洩《も》れないようにして、どういう事《こと》も皆《み》んな一《ひと》つの心《こころ》に成《な》って、これからという一《ひと》つ台《だい》として。皆《み》んな困《こま》って居《い》るはつなぎに困《こま》って居《い》る〳〵。……一《ひと》つぼつ〳〵という、ぼつ〳〵なら何《なん》でもない事《こと》。……

とも述べられている。これは、本席が夜も眠れないほど苦しく、食事もままにならない状態のところを、今回はお運びをつとめたが、身上でお運びが難しくなった場合には、代わりとなるべき者、「つなぎ」がそれを果たせるように、と諭されたものであろうか。

続いて、前年に執行された教祖二十年祭についてふれられたうえで、(33)

……掛《か》かりは一《ひと》つ大《おお》きい心《こころ》に成《な》れ〳〵と言《い》うた日《ひ》がある。(34)どうしたらよかろうこうしたらよかろう、小《ちい》さい心《こころ》では、にっちもさっちもどうにもならん日《ひ》に及《およ》ぶで。どうしたらよかろうこうしたらよかろう、数々《かず〳〵》の事《こと》は無《な》い。些《いささ》かならん処《ところ》の涙寄《なみだよ》せてするようでは、受《う》け取《と》れん。三十年祭《ねんさい》という長《なが》いように思《おも》う。も

(31) 元治元年のつとめ場所の普請以来、44年目になる。

(32) 「平野より、増野酒を呑んで御心配な事申し上げて相済まずと御詫び致し、将来慎みます、と申し上げ」に対するお言葉。

(33) 「二十年祭と言うて、よう〳〵仮式場という。それも思いの外《ほか》世上に一つの理が治まり、よう〳〵成り立って今まで無い事言うて、中に日々重なりて来て、世界何よの事も同じ事、全国大層日々心が治まった。これも全く二十年祭のふしである」

(34) 教祖二十年祭の仮祭場を設けるに際して、「内々は皆大きな心に成れ。何が無《の》うなっても構わん。大きな心に成ってくれ」(明治38・12・4)と。

う僅《わず》かはっちゃ無《な》い。これ聞《き》かして置《お》く。そこで楽《たの》しんで、多《おお》く何人《なんにん》居《お》れど、一条《ひとすじ》の心《こころ》に成《な》ってすれば、たとい一《ひと》つ理取損《りとりぞこな》いあったて、何事《なにごと》もほんに取損《とりぞこな》いと言《い》えば、そも〱に割《わ》れる心《こころ》はあらしょうまい。さあ〱今日《きょう》のふしにちょと楽《たの》しみな事《こと》にをい掛《か》けて置《お》くによって、三十年祭《ねんさい》には大《おお》きい小《ちい》さい言《い》わん。ほんの学《まな》び雛形《ひながた》なりとも一寸《ちよつと》して貰《もら》いたい。にをい掛《か》けて置《お》く。一寸《ちよつと》二年《ねん》三年《ねん》にをい掛《か》けたなら、どういう事《こと》に成《な》るとも、どういう理増《りま》すとも分《わ》からん。これを一寸《ちよつと》のふしに匂《にお》うとこう。

と諭され、次の教祖三十年祭に向け、「ほんの学び雛形なりとも一寸して貰いたい」と仰せになり、ここに進んで神殿普請に言及され、人々の決意のほどを促されている。また、教祖二十年祭を前年に勤めたばかりで、次の教祖三十年祭までには九年もあるのに、「もう僅かはっちゃ無い」と急き込まれている。

引き続いての「教長御出席になりし上の御話」では、

……前々《ぜん〱》以《もつ》て大層《たいそう》な物買《ものか》えと言《い》うたのやない。一本買《ぽんこ》うてくれと言《い》うた日《ひ》ある〱。(35)そんなら快《こころよ》うわしが買《か》うと言《い》うた日《ひ》ある。買《か》うと言《い》うたによって抑《おさ》えてある。……さあ〱こんな事言《ことい》うたら、何《なに》を言《い》うてるかと思《おも》うやろう。一本《ぽん》から始《はじ》まり、後《あと》へ何本《なんぼん》やら分《わ》からせん。……

さあ〱売《う》りゃ売《う》るとなっと何《なん》となっと、(36)答《こたえ》が無《な》くばなろうまい〱。

と、材木の調達について述べられるとともに、芯《しん》となる真柱の決意を促されている。

さらに、

(35) 明治39年5月28日の刻限でも「大きい木買《こ》うて欲しい」と。

(36) 「何となっと」は、何とでも、何なりと、との意。

……皆《みな》、道《みち》のため楽《たの》しんで帰《かえ》りて来《く》る。神一《かみひと》つの理《り》あればこそ、戻《もど》りて来《く》る。心配《しんぱい》ばかりして居《い》ては、見《み》て居《い》られんわい〳〵。……土持《つちもち》々《〳〵》と言《い》うたる。日《にち》々《〳〵》どんな中《なか》にも厭《いと》わず、国《くに》に一《ひと》つの事情《じじょう》の中《なか》も厭《いと》わず、心楽《こころたの》しんで来《く》る。一荷《か》の土《つち》どういう事《こと》に成《な》るとも、何《なん》ぼのこうのうに成《な》るとも分《わ》からん。一《ひと》つ心《こころ》に成《な》って、これをしっかり。心配《しんぱい》すれば切《き》りが無《な》い。

……不服《ふふく》なら不服《ふふく》と言《い》うてくれ。道変《みちか》わりてから、何《なに》もならんで。

と仰せになり、目前のことには心配をせず、とにかく普請に掛かれと諭される。「道変わりてから、何もならんで」とは、本席の出直しを予告されたお言葉とも悟れる。ナライト宅普請の急き込みに端を発した事情は、思いのほか、教祖三十年祭への神殿普請へと展開していくのであるが、まずは、かねてから急き込まれていたナライト宅の普請に掛かることになる。

そもそも、ナライト宅の普請については、明治三十三年におやしきに一家あげて入り込むに際して、「おさしづ」で示されていた。つまり、その年の三月二十一日の「上田ナライト建物の願」での「詰員一同相談の上本部長へ申し上げ、建物北の大裏の石屋の仕事場のそばあたりへ建てという事でありますから御許し願」(37)に対し、「建《た》てる処《ところ》、十分運《ぶんはこ》ぶ処《ところ》、辺所《へんじょ》の処《ところ》は不都合《ふつごう》」(38)と仰せられていた。しかし、当時、一派独立運動にかかって間もない時期でもあり、当局の監視の目などもあり、なかなか取り掛かることができなかった。(39)

それでも、一派独立運動で内務省から組織の充実を指摘されたのを機に、この明

(37) 第18章「後々繋ぎ無くばならん」参照。

(38) 第1回請願書を明治32年8月に提出（翌33年10月取り下げ）、以後41年までに5回提出する。

(39) 明治39年には、教祖も本席も住まれたこともある中南の門屋へという話もあった。

治三十三年四月、天理教校を開校し、(40) 翌年には校舎建築に掛かっている。

校舎建築に際して、明治三十四年四月十六日に「教校新築に付四間に十八間教場二棟御許しの儀願」をしたところ、

……子供《こども》仕込《しこ》む所《ところ》仕込む所、道《みち》の上《うえ》の理《り》、さあ〳〵まあ子供《こども》仕込《しこ》む所《ところ》、一時《じ》の処《ところ》成《な》るよう行《ゆ》くようにして置《お》くがよい。……

と、子弟教育のためならばと許されているが、「本日地均らしの願」に対するお言葉では、

……掛《か》かりというは、もうざっとして置《お》くのや〳〵。雨露《あめつゆ》に打《う》たれにゃよい。

と仰せになっている。

また、十月十三日の「教校教室二棟出来上りに付、後へ事務室二十間に五間物を建築致し度く願」では、

……未《ま》だ〳〵出《で》け上《あ》がりたるもの何《なに》も無《な》い。さあ、月々《つき〳〵》祭典《さいてん》という。さあ雨《あめ》が降《ふ》れば畳《たたみ》上《あ》げる〳〵。そら〳〵と言《い》わんならん。さあ中《なか》に錦《にしき》を着《き》ずして、外《そと》に錦《にしき》を着《き》ては通《とお》られん。日々《にち〳〵》暗《くら》がりではならん、暗《くら》がりでは通《とお》れん。夜《よる》の暗《くら》がりは通《とお》れるなれど、昼《ひる》の暗《くら》がりは通《とお》れん。……

と、神殿の現状に対して、一派独立を達成するうえでの施設との理の違いを諭されている。

その後、ナライト宅の普請について具体的な動きは見られないが、明治三十九年、四十年の「おさしづ」で急き込まれることになる。

主な普請の経過

明治21年　神殿増築
22年　本席宅
24年　真柱宅
25年　教祖墓地造営
26年　本席御用場
32年　別席場
34年　天理教校校舎（翌年1月竣工）
41年　上田ナライト宅

(40) これに先立ち、3月30日には「教校資本金を募集御許し願」をしたところ「大きい事は要らん。大きい大木は末は傷む」と。

つまり、明治四十年三月二十二日「上田ナライト建物の屋敷どの辺という処願」をし、具体的な場所を伺うと、

……さあ〱もう待《ま》ち兼《か》ねて〱十分《ぶん》待《ま》ち兼《か》ねて居《い》る。……さあ〱裏《うら》は鍛冶《かじ》屋《や》表《おもて》は大工《だいく》、これは一《ひと》つの台《だい》やで。……後々《あと〱》つなぎ切《き》れ目《め》あってはならん。あれも寄《よ》せこれも寄《よ》せ、つなぎは神《かみ》の見《み》込《こ》みを以《もつ》て繋《つな》ぐ。どういうつなぎなら、後々《あと〱》替《か》わり〱。つなぎ無《な》くばどうでもこうでも裏《うら》と表《おもて》は立《た》たん。……やしき表《おもて》ありて裏《うら》がある。……さあ〱尋《たず》ねる処《ところ》、後々《あと〱》つなぎ。地所《ちしょ》何処《どこ》へ持《も》って行《ゆ》く所《ところ》無《な》い。南《みなみ》より持《も》って行《ゆ》く所《ところ》は無《な》い。

とのお言葉であった。

ナライト宅の普請に掛かることは待ち兼ねていたことであると喜ばれたうえで、場所は南よりほかにないと仰せられている。(41)「裏は鍛冶屋表は大工」とは、真柱と本席のことで、(42)ナライト宅は本席の「つなぎ」の理からして、神殿の南以外にないと諭されたのであろう。引き続いて、

どういう所《ところ》なら、空《あ》いた所席順序《ところせきじゅんじょ》の事《じ》情《じょう》些《いささ》かと言《い》う。広《ひろ》い狭《せま》いは無《な》い。一寸《ちょっと》した所《ところ》いつまでも広《ひろ》かったら、何《なに》もならせん。……

さらに、

さあ〱建物《たてもの》は今《いま》一時《じ》広《ひろ》くは要《い》らん。当分《とうぶん》の処《ところ》つなぎ〱、つなぎの間《あいだ》に余程《よほど》年限《ねんげん》無《な》くばならん。一時《じ》に年限《ねんげん》経《た》つ事《こと》出《で》けようまい。……

と、おさづけのお運びをするのに支障のない間取りであれば広い狭いはないのであ

(41) 前年の5月21日にナライト宅は中南の門屋を仮住居にしたい旨を伺ったところ、本席の御用場（神殿の南方にあった）を明け渡そうとまで仰せになっていた（注30参照）。なお本席・飯降伊蔵宅は通称「南」と呼ばれていた。

(42) 真柱の生家である梶本家は元鍛冶屋で、飯降伊蔵は元大工であった。「おさしづ」に「裏一つの理表一つの理二つは一つの理」（明治33・4・3）ともある。

るが、皆が納得して早々に掛かるように諭される。

再び材木購入について伺うなかで、

……席《せき》が、予《かね》て明《あ》けても暮《く》れても、教祖《おやさま》の処《ところ》、日々《にち〳〵》胸《むね》につかえてある。……たゞ席《せき》の心《こころ》の養《やしな》いである。……これ、心《こころ》に治《おさ》まったら、席《せき》はいつ〳〵までも勇《いさ》む。……一時成《じな》らん事《こと》せいとは言《い》わん。ほんの楽《たの》しみあれば障《さわ》りは無《な》い。楽《たの》しみから、心《こころ》を積《つ》んでくれ。


と仰せになっているが、ナライト宅とともに教祖殿の普請に掛かる(43)ということであろうか。教祖十年祭に際して、帰参する人々のための地所拡張のために控えて以来、日々胸につかえていた教祖殿の建築に掛かるという意味にも悟れる。

ナライト宅の場所について、この三月二十二日に「南より持って行く所は無い」と諭されたのを受けて、四月二日、さらに具体的に伺っている(44)。これに対しては、

……どれだけ放《ほ》って置《お》いてどうと言《い》う。これだけ放《ほ》って置《お》いて、置《お》こうと言《い》う。どうもならん。

さあ〳〵無《な》けにゃならんもの、その何《なん》たるものか、心《こころ》という理《り》よう噛《か》み分《わ》けてみよ。何処《どこ》へどうしょう彼処《かしこ》へこうしょう、どうする。何《なに》を働《はたら》く。何《なん》のために働《はたら》く。この一《ひと》つの心《こころ》、よう聞《き》き分《わ》けにゃ分《わ》からん。


と、ナライトの住宅の意味合いを再度諭され、

……地所《ぢしよ》の処《ところ》は南々々々《みなみ〳〵〳〵》、さあ〳〵南々々々《みなみ〳〵〳〵》、天《てん》より話《はな》したる。それ〳〵伝《つた》えたる。これさえ違《ちが》い無《な》くすれば、言《い》う事《こと》無《な》い。……

(43) この後、「教長より一本買う事情願」で「今度教祖の普請に掛かる」とも。

(44) 割書に「上田ナライトの普請南の方へと仰せ下されましたが、いずれの処へと申し上げ」。時刻が「午前一時半」とあり、人々の意気込みが感じられる。

また、

……さあ〳〵もう空《あ》いたるは少《すこ》しの所《ところ》にて、ほんの仮家《かりや》々々。狭《せ》ばいなあと言《い》う一寸仮家《ちよつとかりや》。一時《じ》どうこう学《まな》び〳〵と言《い》う。……忙《せ》わしいと言《い》うて、放《ほ》って置《お》けんという理《り》何《なに》があるか。……

と仰せられるので、「地所空いてある増野の南の方」「明日奥村(45)呼びて絵図面を作り本席へ申し上げます(46)」と伺い、談じ合いを重ねていると、刻限話となる(47)。

……何《なに》も俄《にわ》かに言《い》い掛《か》けたのやない。放《ほ》って置《お》いたのや。一時《じ》に言《い》うた処《ところ》がどうもならん。一《ひと》つ〳〵固《かた》め。固《かた》めたら強《つよ》い〳〵。一《ひと》つ〳〵固《かた》め、一《ひと》つ〳〵組《く》み上《あ》げ。組《く》み上《あ》げたら強《つよ》いものやで。後《あと》は陽気ぐらし。……

……東西南北計《とうざいなんぼくはか》って来《こ》い。何尺何寸《なんじやくなんずん》あると見《み》て来《こ》い。

場所も決まり、測量をせよとの仰せである。さらに続いて、

今日《きよう》は妙《みよう》な日《ひ》や〳〵。何《なに》なっと皆《み》んなに一杯拵《ぱいこしら》えて呑《の》ませ〳〵。呑《の》んでくれ〳〵。

……

と仰せになり、ナライト宅の普請に掛かることを喜ばれている(48)。

三日後の四月五日には、

……中程《なかほど》というものは難《むつか》しいようなもの。一寸《ちよつと》には行《い》かん事《こと》やが、大《おお》きい事《こと》は大《おお》きいして掛《か》かれば行《ゆ》くもの。……年限《ねんげん》という、三十年祭《ねんさい》々々々、これもう十分《ぶん》の日《ひ》は八分《ぶ》まで経《た》って了《しも》た。三年向《ねんむ》こうからは、どうでもこうでもやって貰《もら》わにゃならん。……これはこれと皆派分《みなはあわ》けるから、心配《しんぱい》せにゃならん。……

(45) 飯降伊蔵の弟子で奥村忠七のこと。この年の12月、52歳で出直している。

(46) この時、「日が遅れてからどうもならん」と。

(47) 「同午前八時上田ナライトの普請の事に付、おさしづ読み上げての後にて刻限」とあるので、人々は徹夜で論議したのであろう。

(48) 翌3日「午前二時過」には「やしき取り除けの事申し上げ後の御話」で「皆々一つ心に万事一つの心から勇んで掛かれば、神が自由《じようよう》」、さらに4日夜の刻限話では「さあこれだけ神が頼み置くによって、しっかり聞き取りてくれ」と。

とのお言葉を受け、「三年すれば掛からして貰うて宜しう御座りますか」と伺うと、

さあ〳〵どうでもこうでも何《なに》も大《おお》きな立派《りっぱ》な事《こと》する事要《ことい》らん。今《いま》の式場《しきじょう》に一寸《ちょっと》大《おお》きものでよい。どれだけ要《い》ると、元《もと》の台括《だいくく》るから出来《でき》ん。台括《だいくく》らんとしてみよ。独《ひと》り出来《でき》る。

との仰せ。

大きな立派なものにする必要はないけれども、経費がどれだけ要ると予算を立てずに掛かれば、おのずと出来てくるとの仰せであろうか。

引き続いて、「皆心一手にして心一杯働きますから、本席の御身上御ゆるみ下されませ、と申し上げ」ると、次のお言葉があった。

……これまで遠《とお》く早《はよ》う〳〵、一年《ねん》二年《ねん》三年《ねん》だん〳〵延《の》びる事《こと》ばかり。よう〳〵と言《い》う。これ一《ひと》つ何《なに》も仕切《しき》ってしたて、行《い》こうまい。未《ま》だ暫《しばら》くの処《ところ》、どちらこちら日《ひ》は余程《よほど》あるによって、その心《こころ》で居《い》てくれ。

ナライト宅の普請を急き込んでから久しく、一年二年三年と延びるだけであったが、本席が出直すまでは「未だ暫く」あるので、早く普請に掛かるというその心でいてくれ、ということを仰せられているのであろうか。

翌六日「昨夜のおさしづ読み上げ、派を分けるという事お尋ね申し上げます」に対して、

……一条《ひとすじ》の道《みち》に派《は》を分《わ》けるから行《い》き難《に》くい。……一《ひと》つきっしりして結《むす》んだ一《ひと》つ理《り》、始《はじ》め出《だ》した一《ひと》つ理《り》、教祖存命《おやさまぞんめい》一《ひと》つ出《だ》した理《り》と、この一《ひと》つ天理《てんり》の理《り》と違《ちが》うま

(49) 翌7日午前1時50分には「昨日の運び方、明日になれば松村も帰りますから、談じまして一手一つに運び方致しますが、何か他に御聞かせ下され度しと申し上げ」に対し「今までそういう事して居るから道遅れる。遅れるから濁る」とも。

(50) 「多人数の中へにをいがけと仰せ下さる故、明日は分教会長も帰りますが不参の者へは手紙を出して呼び寄せ話致しま す、と申し上ぐ」に対するお言葉。

(51) 当時は陰暦で勤められていた。明治43年の春季大祭以降、現行の陽暦となる。

(52) 「未だ御身上すっきり致しませんが、何か運ぶべき事ありますか、と申し上げ」でのお言葉。

(53) 永尾家の建物は明治22年、飯降本家が26年、飯降分家が32年の竣工。

い。……

と諭されるので、かねてから気がかりであったのか、「学校の方でありますか」と尋ねている。(49)

さらに、翌四月七日（陰暦二月二十五日）夜の「おさしづ(50)」では、

にをいの事早《ことはや》いほがよいで。急《いそ》いでやってくれ。急《いそ》いでやってくれにゃならん。急《いそ》いでやっても良《よ》い加減《かげん》になる。残《のこ》らず〳〵遠《とお》い所《ところ》、悠《ゆ》っくりして居《い》ては遅《おく》れる。この人《ひと》ににをいを掛《か》けんならんと思《おも》えば、道《みち》の辻《つじ》で会《お》うても掛《か》けてくれ。

これからこれが仕事《しごと》や。

……もう三十年祭《ねんさい》は八年《ねん》より無《な》い。どうでもこうでも三箇年前《かねんまえ》からにをいを掛《か》けて丁度《ちょうど》よい。隅《すみ》から隅《すみ》まで心置《こころお》き無《の》うやってくれ。ころっと風《ふう》を変《か》え、直接《ちょくせつ》やと言《い》うてくれ。早《はや》く話《はなし》して聞《き》かせ。

これが話《はなし》のだめの話《はなし》。今後《こんご》どうしてくれ、こうしてくれ、これよりありゃせん。これ了《しも》うたら、三四年《ねん》か五六年《ねん》は皆々《みな〳〵》働《はたら》いてくれにゃならんで。働《はたら》いたら働《はたら》いただけのこうのう皆々《みな〳〵》ある。ほんになあと、もう変《か》わったなあと言《い》うて、これから楽《たの》しんでくれ。

と、翌日の二月月次祭(51)を前に帰ってくる分教会長たちに向けて諭されている。

また、四月八日（陰暦二月二十六日）朝には、本席の身上を通して、(52)

……内々《うち〳〵》や。何時《なんどき》どういう事出来《ことでき》るとも分《わ》からん。人間《にんげん》というは死《し》すると言《い》う。生《う》まれ更《か》わり。何年居《なんねんい》たとて同《おな》じ事《こと》〳〵。もうこれ暫《しばら》くの処《ところ》、どういう事《こと》も幾《いく》

(54) よしゑは上田ナライトの弟楢治郎と結婚、本席宅（明治26年竣工）西側の永尾家（同22年竣工）に居住。まさゑは明治32年竣工の政甚宅（のちの飯降分家）に居住。明治27年3月19日「飯降まさゑ縁談川久保鉄蔵の方は話纏まらぬ故見合わせと成りましたと願」など再々縁談話はあったが、まさゑは当時独り身であった。

(55) 三軒三棟については、前年5月28日の刻限で、「大きい木《こ》買うて欲しい」と、神殿普請を示唆された際にも、「さあ〳〵三棟《みむね》々々、三棟と言うて付けてあれど、どれが道やらこれが道やら、分からん。これまで折角艱難《せっかくかんなん》通りて、これまでの事思い出せば、年限の中によう〳〵三棟建て並べてある」と述べられている。

(56) この後も、「まさゑの事に付、十年来以前川久保との縁談の事に付、おさしづの内に理の発散出来ん事ある故、理の発

年間《ねんかん》なる。何年《なんねん》したらどうなる。……
そうして内々《うち〳〵》の処《ところ》、こうして三軒棟《げんむね》を並《なら》べてある。一軒《けん》の方《ほう》〳〵立《た》ってない〳〵。
立《た》たんとすれば楽《たの》しみも無《な》い。これも第一《だい》長《なが》らえての道《みち》、余程大望《よほどたいもう》な事《こと》である。
治《おさ》まり無《な》いと言《い》えば、有《あ》るも無《な》きも同《おな》じ事《こと》。

と、いわゆる三軒三棟《みむね》についての仰せになっている。三軒三棟の建物は、この時点で既に出来ていたが(53)、本席・飯降伊蔵の三人の子供の治まりがついていなかったので、それに関して諭されたものである。すなわち、長男政甚は嗣子《しし》として、長女よしゑも永尾家を創設していたが、二女まさゑは当時独り身で、将来の見通しがついていなかった(54)。そのことを、「一軒の方〳〵立ってない」と仰せられたのであろう(55)。

そこで、「三軒棟あって一軒立ってないという処、此辺如何の事でありますか」と伺うと、

西《にし》に余分《よぶん》々々、余分《ようぶん》は一人《ひとり》あるわい。一人《ひとり》こちらへ〳〵。……

との仰せ。「西」とは本席宅の西側にある永尾家のことで、よしゑにはたつゑときぬゑの二人の娘があったので(系図参照)、「きぬゑをまさゑの方へ納める事、教長へ申し上げて運び方致しますと申し上げ、政甚より申し上げ」ると、

……急《いそ》いでやってくれ〳〵。

飯降伊蔵(75)
├ よしゑ(42)
│　├ たつゑ(21)
│　└ きぬゑ(16)
├ まさゑ(36)
└ 政　甚(34)

( )内は明治40年当時の数え年齢

散すれば宜しと申して居りますと、政甚より勝手に願」「一同一先ず引き取り、しばらくして飯降より姉まさゑの処、理の取違いの処は御詫び申し上げ」に対してお言葉がある。

(57) 割書は「内々姉弟一統前おさしづより理の取違いの処だん〳〵さんげ致し、この度の親神様の御自由を見せて頂き恐れ入り、心身に取りきわめ、今後本席へは孝心の道を供え、安心して頂きます、又姉まさゑは今朝より少々身に患いを受けて居りますから、尚々出来る限りのさんげ致します、又平野楢蔵にもだん〳〵御諭貰い居ります事で、と政甚より申し上げるや直ちに」とある。

(58) 明治20年3月25日、本席定めの刻限で「神がこのやしきに伏せ込んだ。さあこの元を分かれば、さあ知らそう」との仰せを受けて、真柱が「飯降伊蔵の身上差上げ、妻子は私引受け」

三日《みっか》とも三年《ねん》とも言《い》う。あちらこちら決《き》めて了《しま》う。継目無《つぎめの》う治《おさ》まったら、これから〳〵元《もと》の通《とお》り、いつも〳〵の通《とお》り、世界《せかい》もずっと治《おさ》まって来《く》ると言《い》う。

と諭され、まさゑの件を解決するよう促されている。[56]

翌九日夜には、[57]次のお言葉があった。

……そうして三軒《げん》あちらの物《もの》でもなし、こちらの物《もの》でもなし、誰《だれ》の物《もの》でもなし、皆仲好《みななかよ》く中《なか》の者《もの》の理《り》の物《もの》である。これも誰《だれ》の物彼《ものかれ》の物《もの》じっとして居《い》る者《もの》の物《もの》、少《すく》ない者大《ものおお》きい者《もの》、大《おお》きい者《もの》は少《すく》ない者《もの》に持《も》って行《い》ってやれ。これが神《かみ》の道《みち》。これがろっくであろう。理《り》によって不自由《ふじゆう》せにゃならん。珍《めずら》しい道《みち》や。世界《せかい》の鏡《かがみ》に改《あらた》めて了《しま》え。

……さあ〳〵何処《どこ》から何処《どこ》まで、三軒《げん》の理知《りし》らん者《もの》ありゃせん。三軒《げん》の理《り》さえ心《こころ》に治《おさ》まりたなら、道《みち》は一条《ひとすじ》。これよう心《こころ》に治《おさ》めてくれ。

譲り合うのはあたりまえのこととも思えるが、三軒三棟の治まりは飯降家の事情を台として、「三軒の理さえ心に治まりたなら、道は一条」と諭されている。[58]

そして、十日夜「本人もまさゑもおさしづの理を定め、西のきぬゑを貰い受ける事決心致しまして御座ります、と申し上げ」ると、

……席《せき》もこれで安心《あんしん》。もう何《なん》にも言《い》う事要《ことい》らん。十分《ぶん》々々やれ〳〵〳〵。

と満足されている。[59]

こうして、ナライト宅の普請も、三軒三棟のことも、一応の治まりをみたのを確認されてか、以降、神殿普請を急き込まれる詰めの「おさしづ」が続く。

(割書)と返答。26年5月17日には「兄弟というは、存命から親は伏せ込み、子供は神の引き受けと言うて引き寄せたる処、どうでもこうでも治めてくれ。頼み置くと言うてあろ」とあった。

(59) この日の夕方「だん〳〵と御諭を受けまして、理の取違いより遂に人を恨みました事も、真の心よりさんげ申し居り、本人まさゑもこれに居ります。今後は如何なる精神も取り決めさして頂くと申し居ります、と申し上げ」で、「神というものは付き合いよいもの、、人の心程難しいものは無い」「三軒三棟を一つの心に治めるなら、その心楽しんでくれ」と。12日朝にも「きぬゑを南の方へ貰い受ける事、今夜仕切って運びを付ける事致します」「身の行いの処、三軒の後継ぎはあと継ぐよう、行いの処もしっかり運ばして頂きます」と本席に申し上げている。「南の方」とは本席宅南のまさゑ宅のこと。

第二十章　仕切りの道——三箇年の模様五箇年の普請

先に、明治四十年までの普請の経過をたどりながら、いわゆる「百日のおさしづ」における上田ナライト宅普請の急《せ》き込み、三軒三《み》棟《むね》の治まりについて考察してきた。さらに、神殿普請に関するその後の詰めの「おさしづ」をたよりに、普請にかけられた神意を思案してみたい。

●「心を合わせて掛かってくれ」

明治四十年（一九〇七年）三月十三日の、にわかの刻限話、つまり「一万二千足らん」(1)とのお言葉を機に、本席の身上を通して、上田ナライト宅普請、三軒三棟の治まりについて急き込まれるが、それも四月半ばには一応の決着をみた。そこで、さらにその後の詰めの「おさしづ」をたどってみる。

四月十三日朝、この日も本席の身上は思わしくなかったが、お諭しがあった。(2)

さあ〳〵まあ〳〵、だん〳〵といろ〳〵と長《なが》らえて、道《みち》もどうやらこうやら道《みち》

(1) 明治40年当時の公務員の初任給が約50円（『値段の風俗史』）、現在（大卒）が約20万円、それからすれば当時の1万2千円は現在の5千万円弱になる。

(2) 「御話、本席身上御障り厳しくに付、平野楢蔵より御身上切のう御座りますか皆こちらへ呼びますと申し上げ、しばらくしてから御諭」

をして道《みち》を付《つ》け、あちらこちら結《むす》ぼれ〳〵来《き》た。あら〳〵ほどけ、一寸《ちよつと》これで道《みち》も安心《あんしん》と思《おも》う。もう明日《あす》はどうであろう〳〵と思《おも》う。明《あ》くればどうであろう、だん〳〵身《み》の処《ところ》どうなろうと皆思《みなおも》う処《ところ》、さあ〳〵又《また》えらい事言《ことい》い掛《か》ける。……さあ〳〵もう何《なん》でも彼《か》でもどうでもこうでも話《はな》し掛《か》ける。仮家普請《かりやぶしん》これ第《だい》一。どうでもこうでも、まあ〳〵大半《たいはん》々々《〳》やしきの割《わ》り方《かた》〳〵。さあ今日《きょう》は一寸《ちよつと》これだけ話《はな》し掛《か》けて置《お》こう。

ナライト宅普請、三軒三棟のことなど、道もどうやら治まってきたので、本席の身上もご守護いただけると思うかもしれないが、さらに身上が厳しいのは、「仮家普請」に掛かることを望んでいるからである、と諭されているのであろう。

翌十四日朝にも、このお言葉を読み上げた後で、(3)

……今度《こんど》々々《〳》三十年祭《ねんさい》の中《なか》という、いかな事情《じじょう》どういう事《こと》から始《はじ》め掛《か》けた、聞《き》き掛《か》けた。これはそれ〳〵もう殆《ほとん》ど三箇年模様《かねんもよう》、五箇年《かねん》から掛《か》からにゃならん。この心一《こころひと》つ皆々《みな〳》聞《き》いてくれにゃならん。成《な》っても成《な》らいでもやろうと言《い》うたらせにゃならん。……ぢばの仕切《しき》って割《わ》り方《かた》から始《はじ》めにゃならん。どうでもこうでも三箇年《かねん》五箇年《かねん》、どうでもこうでも始《はじ》め掛《か》けにゃならん。さあ〳〵変《か》わった事《こと》や。いつの事《こと》のように思《おも》うて居《い》たなれど、皆心《みなこころ》一致《ち》して何《なん》でもと道一条《みちひとすじ》の心《こころ》に成《な》ってやる事《こと》なら、出《で》ける程《ほど》に。心配《しんぱい》は掛《か》けやせん〳〵。もう小《ちい》さい事《こと》からぼつ〳〵掛《か》かったなら、堅《かた》いもの〳〵。これ、小《ちい》さい事堅《ことかた》いものとはどういう事《こと》なら、多人数《たにんずう》の心《こころ》という、心《こころ》と心《こころ》と積《つ》んだるもの、一厘《りん》積《つ》

（3）割書に「昨朝のおさしづ読み上げし後の刻限」とある。当時、筆取り人（主に3人）が速記したものを検討し、それを本席の前で読み上げるのが常であった。

んで二厘三厘《りんりん》と言《い》えば、[4] 三《みっ》つの理《り》に違《ちが》わんという、[5] 順序《じゅんじょ》の理諭《りさと》し置《お》こう。さあ〳〵これはどうでもこうでも、皆々《みな〳〵》の心《こころ》に仕切《しき》って働《はたら》いてくれ〳〵。

と、ここでも地割りから始めるよう仰せになり、「三箇年五箇年」つまり八年後の教祖三十年祭に向けて、心一つに真実を積み重ね、小さいことからぼつぼつ掛かるように促されている。

そこで、この十四日の夜に「今朝刻限の中にぢばの割り方と仰せ下されましたが、いかがの事に致しまして宜しきや」と具体的指示を仰いだところ、

……地《ぢ》の割《わ》り方《かた》やしきの決《き》め方第一《かただい》。一《ひと》つ初《はじ》まり今日《きょう》から明日《あす》からと言《い》うのやない。三箇年模様中五箇年《かねんもようなかかねん》から普請《ふしん》に掛《か》かる。木《き》の音《おと》もする、槌《つち》の音《おと》もする。職人《しょくにん》も沢山《たくさん》しっかり掛《か》からにゃならん。そこまで三箇年《かねん》の模様《もよう》、どうでもこうでもと言《い》う。[6] ……前々《ぜん〳〵》にも話《はな》し掛《か》けたる。多人数《たにんずう》の中些《なかいささ》か小《ちい》さいものから、これより取《と》る処《ところ》は無《な》い。これ掛《か》かるなら踏《ふ》み損《ぞこな》い落度《おちど》は無《な》い。皆々心《みな〳〵こころ》を合《あ》わせ、いよ〳〵心《こころ》を合《あ》わせて掛《か》かってくれ。なれど、一時《じ》にどうとは出来《でき》ようまい。しっかり内々《うち〳〵》の中《なか》の中《なか》、皆心《みなこころ》を合《あ》わせ、そんならどうと今日《きょう》から心《こころ》を定《さだ》めた、と願《ねご》うて出《で》よ。それまでの処《ところ》はじっと見《み》て居《い》るによって。

とお言葉があった。

地割りが第一であるが即日掛かれというわけではない、「三箇年模様中五箇年から普請に掛かる」と仰せられ、それまでに「皆々心を合わせ、いよ〳〵心を合わせて掛かってくれ」と諭されている。ここで「些か小さいものから」、先にも「小さ

(4) 厘は、重さ（貫《かん》の10万分の1）、貨幣（円の千分の1）などの単位で、極めて少ないさまをいう。明治35年7月20日には「百万の物持って来るよりも、一厘の心受け取る」と。

(5) 「三つの理」について、橋本武『おさしづを拝す』（下の二）には「元初まりのお話において、最初の子種を『三日三夜《みっかみよさ》』かかって宿し込まれ、さらに『三年三月《みつき》』留《とど》まっておられたと仰せられた理を受けて、『生まれ出る』『成長する』との意と拝されます」（125ページ）とあり、飯降俊彦・平木一雄『対談 百日のおさしづ』では「（飯降）お産のこと、つなぎのことで、物事が成就するということだと思います」「（平木）十年のうちの三つ、三年千日の意味に通ずるお言葉と思いますね」（240～241ページ）とある。

(6) 5月9日にも「三年掛かってよう〳〵木の音もすれば、職人の音もするねで」と。

い事からぼつ〱」とあるのは、建物の普請を台として、人々の心のふしんを促されているのであろう。

これを受け、夜通し談じ合いがもたれたようで、(7)十五日「午前二時」に「昨夜のおさしづを教長に申し上げし処、教長の仰せには我の心は親神様御承知故、皆一同精神を定めて御願いせよとの事に付、一同おさしづ通り守ります願」と伺っている。

それに対しては、

……一仕切《ひとしき》り〱、もうこれで十分堅《ぶんかた》まった〱。堅《かた》まった事《こと》は今一《いまひと》つ尋《たず》ね返《か》やす処《ところ》〱、どうでもこうでも年限《ねんげん》と言《い》うてある。年限来《ねんげんき》てある。心置《こころお》き無《の》う皆々《みな〱》揃《そろ》うて、皆々《みな〱》心《こころ》に何《なに》から何《なに》まで一日《にち》も早《はや》く運《はこ》びを付《つ》けてくれるよう。後《あと》はどうでもこうでもしっかり引《ひ》き受《う》け〱。さあ〱〱〱〱、年限《ねんげん》々々《〱》々々《〱》年限待《ねんげんま》った〱。二十年《ねん》々々《〱》二十年《ねん》の間《あいだ》なあ。さあ〱もう二十年間《ねんかん》というものは、夜《よる》とも昼《ひる》とも分《わ》からん日《ひ》あった。(8)楽《たの》しんだ日《ひ》あった。否《いや》でも応《おう》でも経《た》って来《く》る年限《ねんげん》、心《こころ》の理《り》に随《つ》いて来《く》れば一《ひと》つ道理《どうり》、中程《なかほど》で中程《なかほど》であゝなあと言《い》う者《もの》はそれ仕舞《じまい》。(9)どうでもこうでもと思《おも》う者《もの》はいつの間《ま》にやら年限経《ねんげんた》って来《き》た。……さあ〱もう明日日《あすにち》からしっかりにをい掛《か》けるがよい。一日《にち》も早《はや》く、遠《とお》い所《ところ》に皆手《みなて》を打《う》って待《ま》って居《い》る所《ところ》、幾所《いくところ》々々《〱》あるとも分《わ》からん。これ一寸言《ちよつとい》うて置《お》く。何《なに》も心配《しんぱい》する事要《ことい》らん。神《かみ》が働《はたら》くで。心配《しんぱい》する事一《ことひと》つも要《い》らん。二十年以来《ねんいらい》というもの考《かんが》えてみよ。……あちら見《み》ても偉《えら》い事《こと》やなあ、こちら見《み》ても偉《えら》い事《こと》や

(7)「増野日記」によると、夜通し会議があったようであるが、内容については分からない。

(8)明治29年の内務省訓令による取り締まりや、批判文書などのことであろう。第8章「いかんと言えば、はいと言え」参照。

(9)橋本清、飯田岩治郎などのことか。第9章「綺麗な道がむさくろしいなる」、第10章「元分からんから」参照。

(10)1週間前の4月7日夜にも「多人数の中へにをいがけと仰せ下さる故、明日は分教会長も帰りますが不参の者へは手紙を出して呼び寄せ話致します、と申し上ぐ」に対して、「にをいの事早いほがよいで」「残らず〱遠い所、悠《ゆ》っくりして居ては遅れる。この人ににをいを掛けんならんと思えば、道の辻で会《お》うても掛けてくれ。これからこれが仕事や」、5月8日にも「一寸《ちよつと》にをい掛け〱、にをい

なあと成《な》って来《き》たる。これから向《む》こは、何《なん》にも案《あん》じる事《こと》は要《い》らん〳〵。しっかりと聞《き》き取《と》れ〳〵。

明治二十年以降の二十年間を振り返りながら、人々が心そろえて掛かることが大切であると諭され、普請の推進については「もう明日日からしっかりにをい掛けるがよい」と述べられている。これは、全国の教信者に神殿普請に掛かることを伝えるようにということであろう。(10)

その後二十日余り、普請に関しては「おさしづ」を伺っていないが、(11)五月八日（陰暦三月二十六日）つまり三月の月次祭の日に本席の身上がすぐれず、にわかの刻限話となる。(12)

……明日《あす》(13)はこれ月次祭《つきなみさい》と言《い》う。そこい〳〵皆戻《みなもど》り来《き》たる。明日《あす》は〳〵どうでもこうでも、明日《あす》からどうでもこうでも仮家普請急《かりやぶしんいそ》ぐ〳〵。東西何《とうざいなん》ぼう、南北何《なんぼくなん》ぼう計《はか》り掛《か》け〳〵。急《いそ》いで〳〵。何《なん》でも彼《か》でも、さあ〳〵〳〵、何間何尺《なんげんなんじゃく》しっかり計《はか》り取《と》れ〳〵。割《わ》り方《かた》〳〵、明日《あす》からはやらにゃならん。……

明日から掛かれと、かなり厳しい急き込みである。四月十四日の時点では、「今日から明日からと言うのやない。三箇年模様中五箇年から普請に掛かる」と仰せられていたのに、明日から掛かれと催促されているのは、この半月以上動きがないので、早く「模様」に、つまり段取りに掛かり、(14)心をつくれと諭されているものと思われる。

引き続き、

掛けから十分心に成って十分の理諭す」と仰せられている。

(11) 一派独立運動の詰めの時期でもあり、普請に専念しきれなかったということも考えられる。前年の12月に第4回請願を取り下げて後、次の出願に向けての準備もあった。第15章「心に理が治まらにゃならん」参照。

(12) 割書に「七日午後十一時半頃より本席身上御障り、八日午前一時俄かに激しく相成りしに付、一統出席後刻限の御話」とある。

(13) 日時は8日「午前一時」であるが、当時、夜が明けるまでは前日という慣習があった。

(14) 模様は仕組むこと、趣向、計画という意味。ちなみに「催合(もや)う」(多くの人が寄り合って事を行う)、「催(もよい)」(準備すること、物事の兆しが見えること)という言葉もある。

一時《とき》もう時間《じかん》待《ま》って居《い》られんによって、今晩《こんばん》に行《い》て話《はなし》をして来《こ》い。

との仰せに、「今夜に申し上げます」と答えると、

さあ〲早《はよ》う〲、もう早《はよ》う急《いそ》がにゃならん。……これを早《はや》く話《はなし》をして来《こ》い。

と仰せられるので、さらに「教長の方へ申し上げます」と、お答えすると、

さあ〲どうでもこうでもやり掛《か》け。……早《はや》く〲掛《か》かってくれ。身上《みじょう》すっとしたら、いつの事《こと》やと言《い》う。それではどうもならん。今夜《こんや》は仕切《しき》って出《で》たるのやで。

と、極めて厳しいお言葉でもって急き込まれている。

こうした緊迫した状況のなか、即時ともいえる「午前二時」に「明日やしきの間数差して申し上げます」と答えると、

……又《また》これ言《い》い掛《か》けたら、三箇年《かねん》の模様《もよう》五箇年《かねん》の普請《ふしん》の掛《か》かり、どうでもこうでも、一日《にち》も忘《わす》れん心《こころ》皆《みな》持《も》ってくれ。

……仮普請《かりぶしん》どうでもこうでも一日《にち》も休《やす》まん心《こころ》を持《も》ってくれ。

早速測量することにするが、それでも本席の身上が回復しない。そこで、ほかにも何か思召《おぼしめし》があるのかもしれないと思い、「夜十二時過ぎ」に伺う。(15)

……さあ〲なああら〲の話《はなし》取《と》り決《き》まり、もう地割《ぢわ》りするように成《な》ったら、

これで十分《ぶん》である。

……他《た》に一《ひと》つ中《なか》に又《また》一《ひと》つ、もうこうしたら神《かみ》の思《おも》わく、神《かみ》のやしき、神《かみ》の世界《せかい》、

(15)「昨夜刻限にやしきの東西南北何間何尺計れとの事でありますから、今朝間数計り御両名へ申し上げし処、仰せには大図面引けとの事故、奥村へ申し付けてありますが、尚御身上速やかなりませんのは、他に何か御聴かし下さる事ありますか、教長始め一同揃うて居りますと申し上ぐ」

(16) 明治43年11月7日、沖縄宣教所（現分教会）が設置され、いまでいう日本の全都道府県に教会設置をみる。「神がこの屋敷へ天下って七十五年たてば、日本あら〲すます」というお言葉もあるが、明治45年が立教75年目になる。

これから順序《じゅんじょ》以《もっ》て何処《どこ》が邪魔《じゃま》になると言《い》うたら、はい〳〵、これをこう直《なお》せと言《い》うたら、はい〳〵。……どうでも一《ひと》つ、仕切《しき》り根性《こんじょう》、仕切《しき》り力《ちから》、仕切《しき》り智慧《ちえ》、仕切《しき》りの道《みち》、どうでもこうでも踏《ふ》まさにゃならん。……全国《ぜんこく》は皆《みな》いつの事《こと》やろうと思《おも》うて居《い》た。隅《すみ》から隅《すみ》まで付《つ》いてあるであろう。(16) まあ〳〵どうなろうか知《し》らんとあちらへ隠《かく》れこちらへ逃《に》げ、あちらこちら追《お》い廻《まわ》され。話通《はなしどお》りや程《ほど》に。まあ何《なん》にも案《あん》じる事《こと》要《い》らん。しっかり心《こころ》に治《おさ》め居《い》よ〳〵。二十六日夜定《にちよるさだ》まったという声《こえ》を、打《う》ち揃《そろ》うてどうぞゝゝゝ。(17)……

測量に掛かることに「十分である」と満足の意を表されるとともに、事を進めるについて心配は要らないと仰せられる。ここで、「どうでも一つ、仕切り根性、仕切り力、仕切り知慧、仕切りの道、どうでもこうでも踏まさにゃならん」との仰せは、何としてでも、仕切って大きく心を定めることの重要さを諭されたものであろう。(18)

翌九日朝には、刻限話で、(19)

図面《ずめん》引《ひ》いてくれ〳〵。紙《かみ》で引《ひ》くねで〳〵。一遍《ぺん》や二遍《へん》や三遍《べん》では行《い》かんねで。……今日《きょう》から三箇年《かねん》の模様《もよう》である。さあ〳〵安心《あんしん》々々、安心《あんしん》せえ。

と、測量の次は設計図を作るよう督促され、引き続き、次のお言葉があった。

さあ〳〵こうして道《みち》はずうとこうして綺麗《きれい》なもの。そうした処席《ところせき》が未《ま》だや〳〵。こうして席《せき》は席《せき》だけの事《こと》ある。これも一寸《ちょと》つぎて〳〵、つぎての模様《もよう》も出来掛《できか》けたる出来掛《できか》けたる。これで暫《しばら》く〳〵、ざっと普請《ふしん》も出来掛《できか》けたる。つぎて〳〵、

(17) 「どうぞ」は大和《やまと》の方言で、ここでは、出してみよ、の意か。

(18) この日午前1時の刻限では「今夜は仕切って出たるのやで」、4月14日朝にも「皆々の心に仕切って働いてくれ」と。「おさしづ」には仕切ることをよしとされる場合と、そうでない場合があるが、後者には「成るよ行くよ〳〵と、今年行かねば来年という。三年五年十年仕切りた事はいかん」(明治23・9・1)、「成るよ行くよう。仕切ってこうという心を持たんよう。いっ〳〵切り無しという心持って」(明治24・8・4)、「今年という仕切りた事はどうもならん」(明治24・8・19)、「仕切った事情は受け取れん」(明治25・6・24)、「どちらこう、こちらこう、仕切りた事要らん」(明治33・12・22)、「どれだけこれだけ仕切った事は要らん」(明治34・4・16)などある。

(19) 「夜前のおさしづ読み上げ後、刻限の御話」

これも一寸《ちよつと》々々《〳〵》。これがこうこれだけ一寸間《ちよつとま》に合《あ》うように成《な》ったなあ〳〵。そこまで、どねになったて案《あん》じる事要《ことい》らん〳〵。……何《なに》から何《なに》まで、心《こころ》置《お》き無《の》う運《はこ》んでくれにゃならんねで。これだけ頼《たの》んで置《お》く〳〵。

神殿普請については、皆の心も治まり、測量に掛かるなど、それなりに進捗《しんちょく》しつつあるが、また、それと並行して別席に関しても、「おさしづ」のままに上田ナライトが本席の見習いをつとめるようになっており、いずれも目鼻がついた段階であるということを仰せになっているのであろう。(20)

この後、本席の身上が切迫するとともに、普請に関するお言葉が続く。

たとえば、五月十三日には、(21)

……建家《たちや》、予《かね》て言《い》うてある。建家《たちや》かんろだいを一《ひと》つ芯《しん》として掛《か》かり出《だ》す。あちらこちら建物《たちもの》々々《〳〵》、大《おお》き建物小《たちものちい》さい建物取《たちものと》り除《の》け。これ芯《しん》として計《はか》り出《だ》す。今晩《こんばん》はこれだけの話諭《はなしさと》し置《お》こう。余程席《よほどせき》も疲《つか》れて居《い》るによって、又日々《またにち〳〵》順序運《じゅんじょはこ》ばさにゃならんが暇《ひま》が要《い》る。……

と、かんろだいを芯とするという設計の基本理念を仰せになり、それを進めるうえでの心のふしんには時間がかかると、仰せになっている。

また、十七日は、(22)

……どうでもこれ大望《たいもう》(23)の事《こと》、仮家《かりや》と言《い》えど大望《たいもう》の処《ところ》、そこで早《はよ》うから用意《ようい》せにゃならん。心《こころ》というもの、じっと落《お》ち着《つ》けて掛《か》かれば危《あぶ》なげは無《な》い。俄《にわ》かに掛《か》

(20) 急き込まれていたナライト宅の普請も、3月22日には「上田ナライト建物の屋敷どの辺という処願」をするなど具体的に進められていた。また、ナライトは明治35年8月4日の「おさしづ」を機に本席の見習いを、40年6月6日からおさづけのお運びをつとめる。第18章「後々繋ぎ無くばならん」参照。

(21) 「午前一時より本席身上御障り俄かに激しく相成りし故、教長初め本部員一同出席後二時刻限の御話」

(22) 「十二時過ぎより本席身上激しく障りの処三時に到り俄かに激しく相成り、教長初め一同揃うて居ります、何か御聴かし下さる事ありますか、と願」

(23) 大層、大事という意味か。4月3日には上田ナライトに関して「大望の者は、大望に扱えば大望に光る」と。

かれば十分《ぶん》の事出来《ことでき》ん。
……影《かげ》は見《み》えぬけど、働《はたら》きの理《り》が見《み》えてある。これは誰《たれ》の言葉《ことば》と思《おも》うやない。二十年以前《ねんいぜん》にかくれた者《もの》やで。なれど、日々《にちにち》働《はたら》いて居《い》る。……

と、早く準備に掛かることを促されるとともに、教祖存命の理を諭されている。

さらに、二十日には、(24)

……さあ〱三年々々《ねん〱》と言《い》い掛《か》けたる理《り》、どうでもこうでもやってくれ〱。
……会議《かいぎ》一回《かい》二回《かい》三回《かい》の会議《かいぎ》ではどうもならん。元《もと》より理諭《りさと》したる。……そこで道《みち》の理《り》という処《ところ》の会議遂《かいぎと》げにゃならん。
……どんと心《こころ》を治《おさ》めんから、何処《どこ》へどうしてよいやら方角《ほうがく》も分《わ》からせん。……

と、談じ合いを重ねて皆の心を治めるよう仰せになり、翌二十一日にも、(25)

……旬《しゅん》が来《き》たから皆待《みなま》ち兼《か》ねて楽《たの》しんでくれにゃならん。
……皆《みな》たゞこの道《みち》というは、始《はじ》まりは四十五六年以前《ねんいぜん》のものは一坪《ひとつぼ》から始《はじ》め掛《か》けた。……それを引《ひ》き受《う》けると言《い》うた者《もの》は席《せき》が言《い》うた。皆《みな》その心《こころ》に成《な》れ。……

と、元治元年（一八六四年）の「つとめ場所」の普請の時のように、皆がその心になるよう諭されている。(26)

この後、十日間ほど普請に関する「おさしづ」(27)は見られないが、人々は協議を重ねたうえで(28)（次ページのコラム参照）、五月三十日昼に「一統協議の結果、教堂は二十四間に三十間、御祭祀の処北向き、この事如何でありますや」「教祖の処は東向きでありますか」と伺うが、(29)それに対する明確な指示はない。(30)それでも、

(24)「午前一時より本席身上御障りに付、教長初め一同出席午前三時二十分刻限の御話」

(25) 午前2時半「刻限御話」。

(26)「増野日記」によると、この日、梅谷四郎兵衛、平野楢蔵、増野正兵衛の3人が普請委員に任命されている。

(27)「本席中食膳の時身上御障り俄かに激しく、教長初め一同出席直ちに刻限の御諭」を受け、引き続いて。

(28) 4月5日に「何も大きな立派な事する事要らん。今の式場に一寸大きものでよい」とある。「今の式場」つまり教祖二十年祭の仮祭場は20間四方だった。

(29) それまでの神殿（つとめ場所の増築）は北向き、教祖殿（御休息所）は東向きで建っていた。

当時の本部内の動静

（「増野日記」要約）

五月二十一日　本席様お身上激しく午前二時半起こされ駆けつける。ただちに刻限あり。午後三時より別席二号室で本部員会議、神殿二十四間に三十間、教祖殿十六間に二十間と決議。梅谷、平野、増野三名を選び教長公へ上申、七時半散会。夜十一時ごろ再び本席様身上迫る。本部員出席、決定次第を申し上げてお身上少し治まる。夜通し刻限あるやと待つ。本席様も三日三夜、三時間より寝入らずと仰せらる。（朝方四時帰宅）

五月二十二日　午前六時再びお身上迫る。一同かんろだいへ向かい一座のお願いづとめ。本席様へ本日のおつとめお休み下さるよう願って退出。午後三時より本部員会議、神殿およそ三十間四方、客間二十間四方、事務室五間に十間、台所六間に八間、二階建を東に移すこと、付箋をつけて教長公、本席様へ申し上げ図面を納め申す。

五月二十三日　午後三時会議、神殿、教祖殿の方角のおさしづを願うこと、教長公、本席様へお願い申し上げ置く。七時散会、それより教長、本席様のお運びをなす。

五月二十四日　昼食後、石西三五郎地所の返事をなす。三時より会議、神殿、教祖殿の方角決まらず。境内地の約一米の盛土をなすことにしたが、本席様より高い所に合わせて地均しするようお話あり。西の城甚三郎宅地買い入れの話あり、教長公の意見を伺って帰宅す。

五月二十五日　教長公のお許しを得て平野、梅谷と三名、城氏宅に宅地譲り受けたく申し込む。午後の会議は何も決することなし。

五月二十六日　おさづけのお運び。副図面三枚を本席様へ差し出す。夜、好村医師(31)来宅す。

五月二十七日　夜、好村、城氏来る。十

(30)「さあ〳〵まあ〳〵向き、建家の高さ、どれだけのものという処、一時諭し難《に》くい。大半こうしてどうして、三年四年五年の説を立てゝみるがよい。そこから、一つさしづをするによって」と。

(31) 好村功斉《よしむらこうさい》。『対談 百日のおさしづ』（189ページ）によると、本部の西（理髪店「西床」の並び）で開業していた。天理教校開校当時の職員、また昭和2～5年に教校別科の校医を務めていた。小柄で丸顔だったという。

一時ごろ本席様お身上迫り、呼びに来る。一時ごろまで待つも刻限なく退席。
五月二十八日　終日会計事務。午後五時より会議、教祖殿東向き図面持参、本席様へ申し上げおさしづを願う。刻限で知らすとのこと。
五月二十九日　終日会計事務。午後四時会議、来る二十六日分支教会長を呼び、普請のこと十分話し尽力するよう、並びに本席様のご容態悪しきにつき、かんろだいへ一同お願い申し上げることを通達すること。
五月三十日　十二時半ごろ本席様苦痛激しく、教長公はじめ一同出席、直ちに刻限お話。続いて会議中の午後三時に刻限、七時ごろ絵図三枚を教長公、本席様へご覧願い、一旦帰宅、再び午後十時刻限。夜中の十二時半、前おさしづ読み上げの後お話あり。午前二時半帰宅す。
（『みちのとも』平成2年6月号「百日のおさしづ」から）

……これだけの図面《ずめん》引《ひ》いたら、直《す》ぐに持《も》って来《く》るがよい。

と仰せられ、その夜の刻限話では、(32)

……さあ〳〵始《はじ》め掛《か》けたなあ〳〵。たっぷり〳〵やで。さあ〳〵西《にし》と東《ひがし》ずうと真《ま》っ直《す》ぐに〳〵ずうと。(33)さあ〳〵あちらの不足《ふそく》取《と》り込《こ》み〳〵、こちらの不足《ふそく》取《と》り込《こ》み〳〵、真《ま》っ直《す》ぐ〳〵。……さあ〳〵教会《きょうかい》と言《い》うて建家《たちや》始《はじ》め掛《か》けたる。今《いま》の在《あ》り形《かたち》のようなもの。ほんの美《うつく》しい成《な》って、ほんまと言《い》うたらかんろだいはすっかり雨打《あまう》たしのものや。……一坪《ひとつぼ》四方《ほう》というは前々《ぜん〳〵》にも話《はな》したる。一坪《ひとつぼ》四方《ほう》から出来《でき》て来《き》たる。南北何《なんぼくなん》間西東何《げんにしひがしなん》ぼう、一寸行《ちょっとい》かんが、人数《ひとかず》に譬《たと》えてみよ。二軒《けん》三軒《げん》の家内《かない》ほどはっち

(32) 午後10時「本席御身上又々激しく相成り、刻限の御諭」。午後3時にも「本席身上又激しく迫り、教長初め一同出席刻限の御諭」があり「返して〳〵、くどう〳〵諭すによって、必ず怪しう思うてくれな〳〵」と。

(33) 四方正面からすれば、東西の面積が狭いという意味にもとれるが、東西の土地の高低のこととも理解できる。この辺りの地形は東から西へ緩い下り勾配になっているので、普請に際して、豊田山から土を運んで、東に合わせて盛り土された。

ゃ無《な》かったもの。今《いま》は何《なん》でもないやろうと言《い》うたら、それだけの事《こと》やらにゃならん。……これだけという何間何尺定《なんげんなんじゃくさだ》め〳〵。こうした処《ところ》、教長《きょうちょう》しんばしら住家《すみか》、あら〳〵の地面《ぢめん》引《ひ》き掛《か》けて、それから又事情《またじじょう》。

しばらくして、(34)

又図面《またずめん》そこえ〳〵引《ひ》いて、おっとりこれだけ〳〵、定木定まったら。仮定木定《じょうぎさだ》めてくれ。どうせん事《こと》にはいかん。一寸大層々々《ちょっとたいそう〳〵》。最初掛《さいしょか》かりから四十四五年《ねん》。仮定木定《かりじょうぎさだ》……よう聞《き》き分《わ》けて勇《いさ》んでくれ〳〵。勇《いさ》んで掛《か》かれば神《かみ》が勇《いさ》む。神《かみ》が勇《いさ》めば何《ど》処《こ》までも世界勇《せかいいさ》ます。

との仰せ。

設計図ができたら早く掛かれ、最初のつとめ場所の普請のことを思えば、勇んで掛かれるはずであると諭されている。

さらに、その夜の「午後十二時半」の刻限話(35)では、次のお言葉があった。

……さあ〳〵あら〳〵の処《ところ》やしき取《と》り決《き》まりた。あら〳〵建家《たちや》もう一仕切《ひとしき》りあら〳〵図面治《ずめんおさ》まったる。……そうして月次祭《つきなみさい》と言《い》うたら、中《なか》に又帰《またかえ》ったる者《もの》にどうこうの話《はなし》どうこうの話《はなし》も聞《き》かしてやってくれ。……これが一締《ひとし》まり止《と》めの話《はなし》であるで。これ皆談示《みなだんじ》の理《り》に治《おさ》まる。何《なに》よの事《こと》も、変《か》わらん心以《こころもっ》て運《はこ》んでやってくれるよう。

測量も済み、人々の談じ合いで、ある程度の設計図も出来てきたので、一段落した雰囲気がうかがえる。

(34) この間、「真っ直ぐという処運ばして頂きますから、本席身上救けて頂き度しと願」「本席の御身上の処いかようにも運ばして頂きますから、身上の処踏ん張って下され度しと願」をしている。

(35) 「本席又々身上迫り、一同出席の上前のおさしづ読み上げて後の、刻限のおさしづなり」

明治40年当時の教会本部
・斜線部分は元のつとめ場所
・教祖殿とあるのは元の御休息所
・祖霊殿は元の北の上段の間
・神殿の北方に教祖二十年祭仮祭場、別席場があった

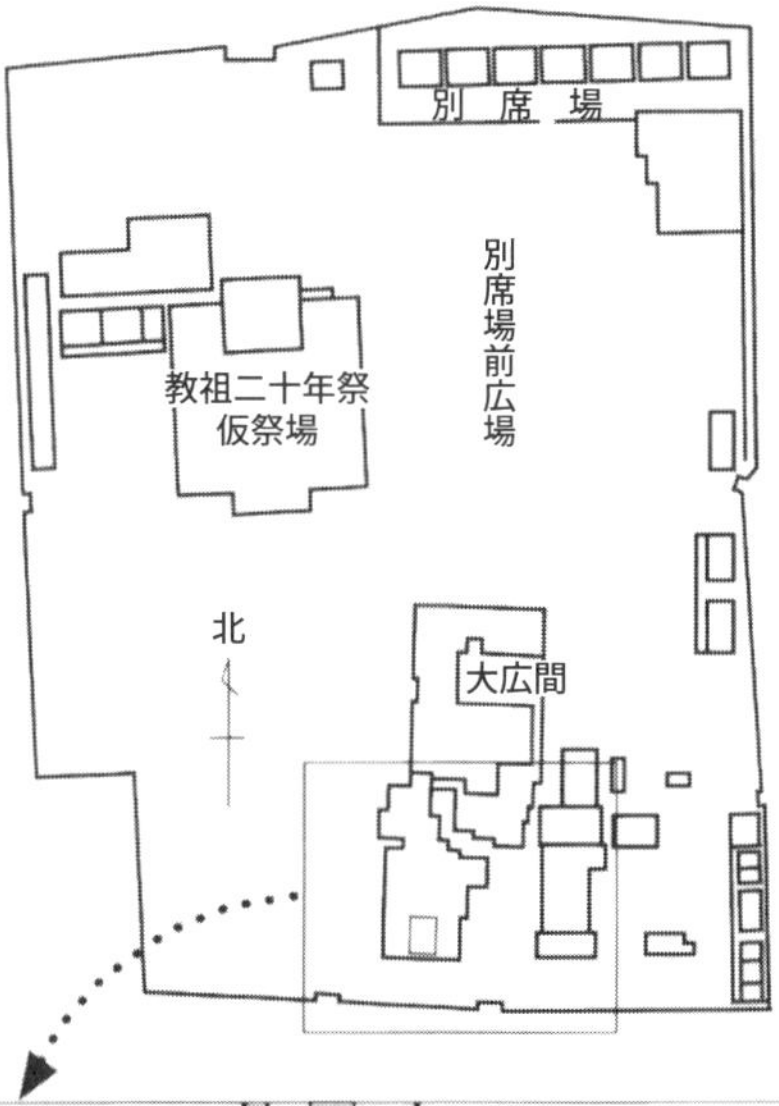

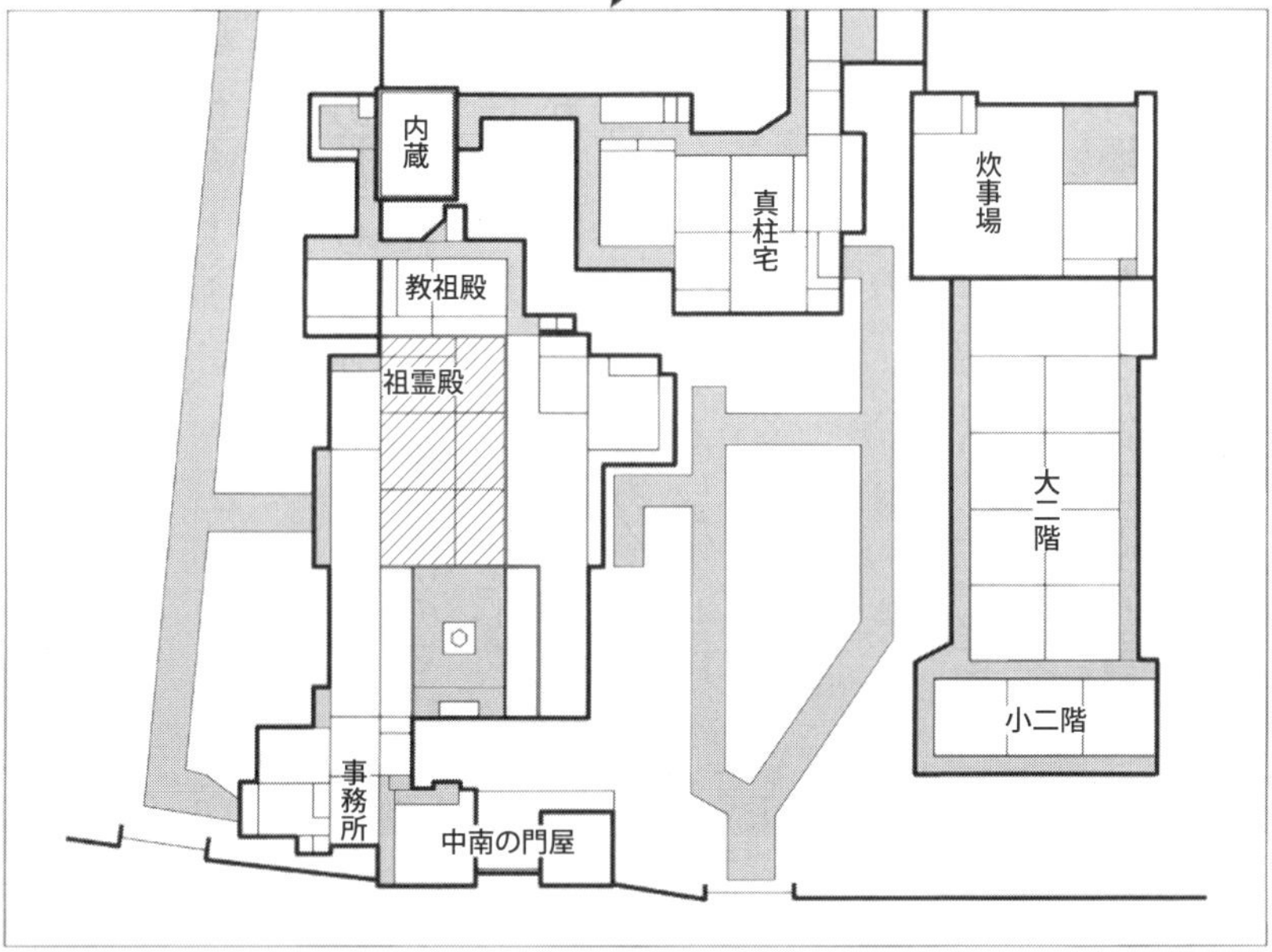

●「二分通り縮めてくれ」

翌五月三十一日の朝も、本席の身上はよろしくなかったが、刻限話となる。(36)

……普請《ふしん》仮家建《かりやだち》、あら〳〵伝《つた》え一仕切《ひとしき》りと言《い》うたる。……

と仰せになり、さらに、身上迫る状態のなかも、(37)

さあ〳〵普請《ふしん》というは仮家《かりや》、仮家《かりや》によって仮家《かりや》の積《つ》もりで掛《か》かってくれ。十分《ぶん》と思《おも》えば出来《でき》んでは無《な》い。仮家《かりや》の積《つ》もりで掛《か》かってくれ。……かんろだいの場《ば》という、今《いま》は学《まな》びして居《い》る。かんろだいは雨受《あめう》けのもの。地《ぢ》から上《うえ》へ抜《ぬ》けてあるもの。建家《たちや》の中《なか》へ学《まな》びさした。……そうやさかいに仮家普請《かりやぶしん》仮家普請《かりやぶしん》と言《い》う。

本来、かんろだいは「地から上へ抜けてあるもの」「雨受けのもの」であるが、今は「学び」で建物の中にとり込んである。(38) だから、かんろだいを中心とした「本普請」に掛かるまでは「仮家普請」であるということを、あらためて強調されている。

三日後、六月三日の刻限話では、(39)

……さあ〳〵まあだん〳〵仮家普請《かりやぶしん》おっとり大半何間何尺《たいはんなんげんなんじゃく》、大半《たいはん》の決《き》まりある。皆《みな》の者《もの》だん〳〵運《はこ》ぶから一《ひと》つの理《り》も治《おさ》まって来《く》る。あれだけのものどうでもせんならんと言《い》う。その精神《せいしん》は十分《ぶん》。今《いま》一時《じ》の処建家《ところたちや》、あれより大《おお》きせよと言《い》うてもせにゃならんが、大《おお》きいは要《い》らん。何間何尺纏《なんげんなんじゃくまと》まったる上《うえ》から二分通《ぶどお》り皆《みな》縮《ちぢ》めてくれ。……

と、その精神は十分に受け取るが、大きいものは必要でないから、「二分」縮めて

(36)「本席御身上激しく苦痛に付、教長初め本部員一同出席の上刻限の御諭」

(37)「医者の処で御座りますか、と申し上げ」ているので、かなりの容体だったと推察される。

(38) つとめ場所を増築するに際しての「おさしづ」に、「さあ〳〵始まり〳〵、かんろだい一条の始まり」「一間四方天窓にして」（明治21・7・24）とある。当時、かんろだいは板張りの2段までのもので、天井は寒冷紗《かんれいしゃ》（目のあらい薄地の麻布）の幕で開閉式になっていたようである。

(39)「午前一時より本席身上御障り少々相増し、処、今朝八時頃より激しく相成り九時に到り苦痛激甚に付、教長初め一同出席の上刻限の御諭」

(40) 5月21日の刻限話でも、「普請の掛かりは、小さいければ大きする、大きければ小そう

くれと仰せになっている。(40)

せっかく設計したものを縮めよとは、さすがに不本意であったのであろう。「恐れ入りますが申し上げます、初め教堂二十四間に三十間の図面引かして頂きましたが、それより縮めて二十六間に二十間と致しました、その縮めた図より二分通り縮めますか伺」をしている。(41) それに対するお言葉は、

さあ〱皆何間何尺図面引《みななんげんなんじやくずめんひ》いて纏《まと》まったと言《い》う。それから二分通《ぶどお》り縮《ちぢ》めて置《お》け。何処《どこ》から見《み》てもよう出来《でき》たなあと、それで十分形付《ぶんかたちつ》いたる。

また、「教祖殿の方も縮めますのでありますかと伺」に対しても、

さあ〱何処《どこ》から何処《どこ》までも、二分通《ぶどお》り縮《ちぢ》めてくれ。

この後、(42) 得心いかない人々の胸中を察してか、

大《おお》き建物望《たちもののぞ》むのやない。そりゃその筈《はず》や。大《おお》き建物肝心《たちものかんじん》の所《ところ》に大《おお》きものあるか。(43) 大《おお》きものありゃしょうまい。これから思《し》やんしてみよ。肝心《かんじん》の所皆知《ところみなし》って居《い》るやろう。よう考《かんが》えてみよ。これで分《わ》かってあるやろう。小《ちい》さいものと思《おも》うやない。

と仰せになり、建物は大きさではないことを諭されている。(44)

さらに、翌六月四日の刻限話では、(45)

……さあ〱、二十年祭《ねんさい》々々々々と言《い》うて、だん〱道始《みちはじ》め掛《か》け。それから又《また》三十年祭《ねんさい》という話始《はなしはじ》める。二十年祭《ねんさい》二十年《ねん》の間《あいだ》、三十年祭《ねんさい》三十年《ねん》の間《あいだ》、もう年《ねん》限《げん》は足《た》らん。二十年《ねん》の間《あいだ》は二十年祭《ねんさい》、三十年《ねん》の間《あいだ》は三十年祭《ねんさい》、いずれも同《おな》じ事《こと》である〱言《い》うた処《ところ》、後《あと》八年《ねん》より無《な》い〱。もうこれで楽々《らく〱》に出来《でき》る。これで

する。低ければ高くする、高ければ低うする。一つの苦労もせにゃならん。皆々承知してくれるよう〱」と。

(41) 初め24間×30間(720坪)のものを、26間×20間(520坪)に縮めて伺うと、「二分」縮めよとあり、実際は、建坪404坪6合7勺《しやく》余(約926・87平方メートル)に。

(42) 「神様御引き後、今御諭しありし事本席へ申し上げるや否や、御諭」

(43) 当時、世間の人々の崇敬を集めていた伊勢神宮を指すという説もあるが、ぢば・かんろだいのこととも解釈できる。

(44) 十分では欠け、はじめから二分引いて、八分をもって何ごとも治まるとの教えであろうか。ちなみに教祖は115歳定命《じょうみょう》を25年縮められて現身《うつしみ》をかくされたが、25年は115年の約2分(2割)にあたる。

安心《あんしん》をしてくれ〳〵。

と、これまでの経過を振り返ったうえで、次に肝心のおつとめを勤める場所の間取りについて諭される。つまり、引き続いての「かんろだいの方は四方正面という事聞かして頂き居りますが、北の上段の間は人間で分かりませぬから、どういう事になりますや」に対するお言葉がそれである。

人々にしてみれば、神殿、教祖殿に関しては、前日の三日に伺っているので、祖霊殿(46)はどうしたものかという伺いであったのであろうが、対するお言葉は、

もう仮家《かりや》建《だ》てという台《だい》を出《だ》したる。一《ひと》つ芯《しん》は動《うご》かす事出来《ことでき》ん。後《あと》という、こうして後《あと》の処《ところ》決《き》まった建家《たちや》、又将来《またしょうらい》の図面《ずめん》引《ひ》く事《こと》も出来《でき》ん。又話《またはなし》も出来《でき》ん。一《ひと》つ建《た》て方違《かたちが》うによってこれ未《ま》だ〳〵行《い》かん。ちょとには行《い》かん。それは一《ひと》つ理《り》に背《そむ》くによって、取《と》らん方《ほう》がよい。……今改《いまあらた》めただけどうでもやらにゃならん。どうでも出来《でき》る。何《なん》にも心配《しんぱい》は要《い》らん。心配《しんぱい》は一《ひと》つも要《い》らん。

合点がいかず、「恐れ入りますが上段の間どういう事と申し上げ」ると、

まあ〳〵高《たこ》う〳〵と言《い》うけれど、高《たこ》うは要《い》らん。通常《つうじょう》とは高《たこ》うせんならん。高《たこ》う積《つ》み上《あ》げいでもよい。積《つ》み上《あ》げてはいかん。さあ仮家《かりや》と言《い》うても本普請《ほんぶしん》しよったなあ、と世界《せかい》では言《い》うも道理《どうり》や。

祖霊殿ではなく、神殿についてのお言葉である。仮家普請とは言うけれど、だからと言って手を抜けということではなく、世間からは本普請と見られるようなものを、と諭されている。

その後の経過

明治40年6月9日　分支教会長「わらじの紐を解かず」の決意　本席出直し
明治42年11月24日　教祖二十年祭の仮祭場、風で倒壊　五箇年の普請への掛かり
明治43年5月26日　仮神殿手斧《ちょんの》始め
明治44年4月25日　仮神殿竣工、遷座奉告祭
明治44年10月27日　神殿建築起工式
明治45年6月1日　かんろだいの地搗《つ》きひのきしん
(大正元年)10月8日　神殿立柱式
(大正元年)11月28日　神殿上棟式
大正2年8月15日　教祖殿上棟式
大正2年12月25日　神殿落成
大正3年4月　教祖殿落成
　大正普請竣工

続いて、「上段の間ろく地にさして頂きましたものでありますや」伺うと、

まあ今《いま》の処建物《ところたちもの》、かんろだいは芯《しん》、大《おお》き広《ひろ》くは要《い》らん。つとめさえ出来《でき》りゃそれでよい。一人《ひとり》の者《もの》でも上《うえ》へ〳〵上《あ》げて満足《まんぞく》さしてやれ。上《うえ》に広《ひろ》う取《と》ってすぼっとしてあってはいかん。下《した》の方《ほう》押《お》せ〳〵ではどうもならん。上《うえ》の方《ほう》は広《ひろ》くは要《い》らん。

かんろだいを芯に、おつとめさえ勤められたらよい、あとは一人でも多く参拝できるように、ということであろう。

ところで、おつとめを勤めるための建物であるのに、なぜ、元治元年の最初の普請がそうであるように、「つとめ場所」と称されないのであろうか[47]。

あらためて、「北の上段の間順送りにさして頂きましたものか、外でゝも祀らして頂きますか願」をすると、

さあそれはどうなと言《い》うようにして置《お》け。かんろだいというは、調子《ちょうし》の違《ちが》わんようにして置《お》け。あれが台《だい》で、あれから始《はじ》まったものや。

祖霊殿については、「さあそれはどうなと言うようにして置け」と仰せになっている。ともかく、あくまでも普請はかんろだいが台であり、ぢばを中心とするものであると諭されているのであろう[48]。

これよりのち、普請に関する「おさしづ」は見られないが、「部下教会長一同わらじの紐《ひも》を解かず一身を粉にしても働かさして頂き……」との決意のもと、神殿普請は進められていくことになる。

(45)「午前一時より本席御身上御障りの処午前四時に到り苦痛激しく相成り、教長初め本部員一同出席午後四時半刻限の御諭」

(46) 当時、「北の上段の間」には祖霊が祀《まつ》ってあった。

(47) つとめ場所普請の際、教祖は「これは上段の間の普請とも言へば、勤め場所の普請とも言ふで」と仰せになっていたと伝えられる（飯降尹之助「永尾芳枝祖母口述記」＝『復元』第3号所収）。当時の『みちのとも』の記事によると、明治44年10月の起工式においては「仮本殿」としているが、翌年の上棟式では「神殿」と報じている。

(48) この日、午後12時に「これ話の止《と》めにして置く」とあり、一つの仕切りをつけておられるようにも悟れる。

第二十一章　皆々心勇んでくれ――最後の仕込み「百日のおさしづ」

明治四十年三月十三日の、にわかの刻限話、つまり「一万二千足らん」とのお言葉を機に、本席の身上を通して、上田ナライトの事情、また三軒三棟《みむね》の治まり、さらには神殿普請について急き込まれるが、それも六月初めには一応の決まりがついた。

その後、最後の仕込みともいえる対話形式の「おさしづ」が続き、真柱を芯《しん》に人々の心が高まり、一つに集束されていくのを見届けるかのように、六月九日、本席は出直す。

それに至るまでの状況と、いわゆる「百日のおさしづ」をたどりながら、思案を巡《せ》らせてみたい。

ドキュメント

▼明治40年6月5日（陰暦4月25日）――

午前一時半より本席身上御障り激しくに付、教長初め宿直本部員一同出席の上刻限の御諭

明治四十年（一九〇七年）四月半ばごろから、地割りに掛かることを促されるなど、逐次急き込まれていた神殿普請の件は、六月三日に建物の規模、翌四日にはその方角などに

ウヽヽヽ、ウヽヽヽヽ、
……さあ〳〵〳〵夜々《よる〳〵》、……どうでそれはえらいえらい、十年《ねん》を百日《にち》に足《た》らず日《ひ》で、話止《はなしとど》めて了《しま》う。十年掛《ねんか》かる話《はなし》、百日《にち》で止《とど》めて了《しま》う。話《はなし》つゞまる、話容易《はなしようい》でいかん〳〵。十年《ねん》の働《はたら》き百日《にち》でさしたる。これから見《み》て何《なに》かの事皆々《ことみなな〳〵》心《こころ》に治《おさ》めて、奮発《ふんばつ》せにゃならん。これをくどう〳〵に頼《たの》み置《お》く。さあ〳〵もう安心《あんしん》をしてくれ。これまで長《なが》らえての中《なか》、内々《うち〳〵》の中《なか》の事情《じじょう》とんとどうもならなんだ。なれど、治《おさ》めた理中《りなか》から治《おさ》めて了《しも》うた。もうこれからというは、どうでもこうでも治《おさ》めた理《り》十分《ぶん》に治《おさ》まって来《く》る。これが誠《まこと》の神《かみ》の道《みち》であろう。
……これからの伝《つた》えは順序《じゅんじょ》の楽《たの》しみを渡《わた》す処《ところ》、一時容易《じようい》では行《い》かん。……どうでもこうでも又一《またひと》つ事情《じじょう》どちらからどうせ、こちらからこうせい、今日《きょう》は一寸《ちよつと》して置《お》く。今日《きょう》はお前出《まえで》てくれ。そうしたら堅《かた》いもの

ついて「おさしづ」があり、一応の治まりを見たことは、先に述べた。

同日四日夜には、(1)「これまで見《み》えぬ先《さき》から言《い》うて置《お》いた事見《ことみ》えて来《き》るやろう。これ話《はなし》の止《と》めにして置《お》く」と仰せになり、いよいよ普請の段取りも具体化してきたので、これを「話の止め」にして、一つの区切りをつけようとされる向きがうかがえる。

●「十年の働き百日でさしたる」

明けて翌五日、この日も本席の身上は思わしくなかったが、刻限のお諭しがあった。

冒頭の「ウ、丶丶丶丶」からして、かなり容体が逼迫《ひっぱく》していたものと推察される(2)。

(1)「午後十一時本席御身上御障りに付、教長初め宿直本部員一同出席の上、十二時刻限の御諭」

(2) こうした唸《うな》り声は、いわゆる「百日のおさしづ」の始まった日、3月13日の夜から見られる。同日午後8時頃「上田ナライトの普請の事情、尚増野正兵衛会計の事情話しの時に俄かに御話」での「教長御出席になりし上の御話」の冒頭で「ウ、、、、、」と。

や。皆《みな》つぎて〱。……これで一寸順序《ちよつとじゆんじよ》すっきり止《と》め置《お》いて置《お》く。

本席身上昨夜より苦痛止まざるに付、教長初め本部員一同親神様に御用の外は身上御楽に成し下されと祈願して本席の前へ出席の上午前八時半刻限の御諭

ウヽヽヽヽ、

……さあ〱もう一言々々《ひとこと〱》、……もう一言《ひとこと》というは、どういう事《こと》と言《い》う。……皆《みな》なあ中《なか》の中《なか》であって一《ひと》つ事情大《じじようおお》いに困難《こんなん》の場《ば》合《あい》〱と言《い》うは、どういう事《こと》であろう思《おも》う中《なか》の道《みち》が付《つ》かん〱。この道付《みちつ》かん。……さあ〱一《ひと》つ別段《べつだん》にどうこうと、心《こころ》を荒立《あらだ》てるやないで。心荒立《こころあらだ》てゝはいかん。……道《みち》は今大事《いまだいじ》の処《ところ》である。

しばらくして

……どうでも道《みち》という理《り》から心《こころ》を定《さだ》めてくれ〱。皆《みな》あちらこちら皆一《みなひと》つの中《なか》である。ほっと思《おも》う、何《なに》と思《おも》う心《こころ》ではどうもならん。

この時、「十年を百日に足らず日で、話止《とど》めて了《しま》う」と仰せになっているのは、向こう十年間にわたる諭しを百日足らずで止めてしまうということであり、いわゆる「百日のおさしづ」という名称はこれに由来するとされる。(3) ここでいう十年とは、教祖三十年祭を区切りとするということであろうか。

引き続いて、これまでの内々の事情も「治めた理中から治めて了《しも》うた」ので、「もう安心をしてくれ」とされ、「もうこれからというは、どうでもこうでも治めた理十分に治まって来る」「これが誠の神の道であろう」と諭される。

さらに、重ね重ねふれてきた、おさづけお運びの件について、「今日は（本席が）一寸《ちよつと》して置く」「今日

(3) ちなみに「一万二千足らんと聞いた」とのにわかの刻限話があった3月13日から、この6月5日は85日目にあたる。午後2時にも「殊に一つ理十年、十年掛かる事を百日に足らずして纏《まと》めるは、尚《なお》第一の事」と。

そういう心《こころ》ではいかん。この半《なか》ばに一《ひと》つ事《じ》情《じょう》を治《おさ》めてくれにゃならん。惣々《そうぐ〳〵》の中《なか》である によって、ほっと思《おも》う心《こころ》は違《ちが》う。一《ひと》つ事《こと》中《なか》の一《ひと》つ思《おも》いの理《り》を晴《は》らしてやってくれよ。

分かりまして御座ります、この事十分運ばして頂きます、と申し上げ

さあ〳〵何時《なんどき》どういう話《はなし》するとも分《わ》からん。そこで、身上《みじょう》もうやろうか〳〵。なれどどうもいかん。身上速《みじょうすみ》やかなれば、五《いつ》つのもの二《ふた》つはっちゃ纏《まと》まらん。それではどうもならん。そこで、身《み》の障《さわ》りからすれば、どうでも何《なん》でも皆思《みなおも》うて心《こころ》というもの一時《じ》に運《はこ》ぶから、万事運《ばんじはこ》びの理出来《りでき》て来《く》るのや。又《また》これを言葉《ことば》の中《なか》に、だん〳〵身上《みじょう》がこれではと、人《にん》にとっては心《こころ》というもの忘《わす》れようにも忘《わす》れられやせん。……席順序《せきじゅんじょ》の上《うえ》は、人《にん》の心《こころ》はどうでもいずむ心《こころ》ばかりや。もう明日《あす》はなあ〳〵と思《おも》う心《こころ》、十分満足《ぶんまんぞく》を与《あた》えてやってくれよ〳〵。

はお前（ナライトが）出てくれ」というふうになれば、「そうしたら堅いものや」「これで一寸順序すっきり止《と》め置いて置く」と仰せになり、「つなぎ」である上田ナライトへの継承を示唆されている。[4]

この後、八時半の刻限話で「さあ〳〵もう一言《ひとこと》々々……」と仰せになり、先の「話の止め」に言い添えるかたちでお言葉が続き、「皆なあ中の中であって一つ事情大いに困難の場合〳〵と言うは、どういう事であろう思う中の道が付かん〳〵」と仰せられている。

これは、未だ達成されていない一派独立運動の件[5]についてふれられたとする解釈もあるが、[6]後に続くお言葉からして、ナライトへのおさづけお運びについて諭されたという理解

(4) 第18章「後々繋ぎ無くばならん」参照。

(5) 明治32年8月に第1回請願書を提出して以来再々願い出るが、前年39年12月には第4回請願書を取り下げるに至っていた。40年6月21日には真柱と松村吉太郎が東京へ出向いている。第14章「理を変えて道があるか」、第15章「心に理が治まらにゃならん」参照。

(6) 奥谷文智『百日のおさしづ解釈』、山本久二夫・中島秀夫『おさしづ研究』、橋本武『おさしづを拝す』など。

午後2時

本席身上苦痛激しくに付、教長初め本部員一同出席の上刻限の御諭

……あちらでどうこちらでこう、言葉《ことば》という理《り》多《おお》かってはどうもならん。そこで言葉《ことば》の理《り》纏《まと》まる。先々《さき〳〵》の先《さき》の先《さき》まで定《さだ》まったる。言葉《ことば》、これが第《だい》一道《みち》の宝《たから》やで。宝《たから》まで諭《さと》したる処《ところ》、これやり遂《と》げにゃならん。……

さあ〳〵日々《にち〳〵》もうこの苦《くる》しい中《なか》から、どうでもこうでも諭《さと》し掛《か》けた道《みち》は諭《さと》さにゃならん。昨日《きのう》より今日《きょう》どうこう思《おも》う処《ところ》、思《おも》うは理《り》なれど、どうでもしん一《ひと》つ心《こころ》の事情《じじょう》から、皆々《みな〳〵》の心《こころ》に一《ひと》つ理映《りうつ》してくれにゃならん事《こと》である。これをよう取損《とりそこな》いあってはならんから、これを取損《とりそこな》い無《な》いようにしてくれ。

恐れ入りますがしんと仰せ下さる処、本部員だけ定めたものでありますか、しんばしらに運んで理を定めて貰うたものでありますや

さあ〳〵もうどうでもこうでも理《り》というもの

もできる。

つまり、「皆なあ中の中で」「皆あちらこちら皆一つの中」「惣々《そうぞう》の中」などの「中」は、みな内々の間柄、という意味にとれる。そして「ほっと思う、何と思う心ではどうもならん。そういう心ではいかん」とあるのは、ナライトの件について懸念しているようではいけない、ということを諭されているように思われる。

こうしたお諭しを受け、「分かりまして御座ります、この事十分運ばして頂きます」と返答しているのは、ナライトに運ばせますということになろう。

さらに念を押すように、逼迫《ひっぱく》する本席の身上障りを通して、人々の心が一つにまとまり、「どうでも何《なん》でも皆思うて心というもの一時に運

の一《ひと》つである。殊《こと》に一《ひと》つ理《り》十年《ねん》、十年掛《ねんか》かる事《こと》を百日《にち》に足《た》らずして纏《まと》めるは、尚第一《なおだい》の事《こと》。そこで、何遍《なんべん》も同《おな》じような事《こと》くどう〳〵返《かえ》して置《お》くのや。成《な》らん事《こと》せいと言《い》うのやない。成《な》るだけの事《こと》、それからそれへと理《り》が治《おさ》まって来《く》るによって、これをしっかり聞《き》き取《と》って置《お》け。
さあ〳〵もう何《なに》から何《なに》まで万事《ばんじ》の処《ところ》、委細《いさい》承知《しょうち》したという処《ところ》、皆揃《みなそろ》うて一言述《ひとことの》べに来《こ》い〳〵。

午後3時

前のおさしづに付会議中又々御身上苦痛激しく成られ、教長初め一同出席後刻限の御諭

ウヽヽ、さあ〳〵〳〵〳〵、話々話《はなし〳〵はなし》はもう幾度々々《いくど〳〵》十分幾度《ぶんいくど》の話詰《はなしつ》め切《き》ったる。……身上切《みじょうせつ》なみ又《また》どうであろう〳〵と言《い》うだけでは、一足凭《そくもた》れ(7)と言《い》う。一《ひと》つ道理《どうり》である。一足凭《そくもた》れと言《い》うたら、どういう事《こと》に取《と》

ぶ」ように諭されている。

また、午後二時にも、本席は身上苦しいなかを、真柱はじめ本部員に対して、「どうでもしん一つ心の事情から、皆々の心に一つ理映してくれにゃならん」と仰せられている。

しかし、人々は「しん」うんぬんの仰せが理解できなかったのであろうか、「恐れ入りますがしんと仰せ下さる処、本部員だけ定めたものでありますか、しんばしらに運んで理を定めて貰《もろ》うたものでありますや」と伺っている。それは本部員だけで決めるのか、真柱に相談、運んだうえで決めるものでしょうか、という質問であろう。割書の内容からすれば、この場面、真柱は中座していたとも察せられる。

これについては、「もう何から何

(7) 頼りない、という意味か。

るか。さあ〳〵一言諭《ひとことさとし》は二言《ふたこと》に取《と》り、二言《ふたこと》諭《さとし》は三言《みこと》に取《と》る。そうすれば切《せつ》なみの処三《ところみっ》日《か》のものなら二日《ふつか》と言《い》う、二日《ふつか》のものなら一日《にち》と言《い》う。これを早《はや》く決《き》めてくれ〳〵。……さしづ無《の》うても、有《あ》っても無《の》うても、こうと定木《じょうぎ》を定《さだ》めてくれ〳〵。一年《ねん》二年《ねん》三年《ねん》は未《ま》だどうでもならん。ちゃんと印打《しるしう》ったる。疲《つか》れ切《き》って了《しも》うたら、容易《ようい》やないで〳〵。さあ〳〵早《はよ》う〳〵。

別席の方も普請の方も大半決まりも付き、尚種々とおさしづの上より教長の方へ相談に伺う会議も致し居りました。御身上の程も激しいので伺いました次第でありますから、御身上御苦痛の処暫時御救け下され度しと申し上ぐ

(御引き後(8)教長に向いて小声にて)

今日《きょう》で三日《みっか》や〳〵。どうもならん〳〵。寝《ね》る事出来《ことでき》ん。喉《のど》が続《つづ》かん〳〵。

まで万事の処《ところ》、委細承知したという処、皆揃《そろ》うて一言《ひとこと》述べに来い」と仰せられ、厳しい語調で人々を促されている。

このお言葉を受けて会議がもたれるが、午後三時には刻限話で「一言《ひとこと》諭《さとし》は二言《ふたこと》に取り、二言諭は三言《みこと》に取る。そうすれば切《せつ》なみの処三日のものなら二日と言う、二日のものなら一日と言う。これを早く決めてくれ」、さらに「さしづ無《の》うても、有っても無うても、こうと定木を定めてくれ」と仰せになり、早く決めるべきことを決めよと促される。

それほど早急に決着をつけねばならないこととは何か。人々の心に思い浮かんだのは、これまで再々ふれられてきた、別席と普請のことであったにちがいない。「別席の方も普

(8) 神様お引き後ということであろう。6月3日にも「午前一時より本席身上御障り少々相増し、処、……教長初め一同出席の上刻限の御諭」に続いて、「神様御引き後、今御諭しありし事本席へ申し上げるや否や、御諭」とある。ここでは、刻限話が終わって、という意味になろう。

教長より、どうも御困り下されますなあ
もう、それでも、暫《しばら》くは踏《ふ》ん張《ば》ってやらにゃならんなあ〳〵。どうやろうかのう。
教長より、そうですとも、踏ん張って貰わにゃいきません
今度《こんど》は、待《ま》った〳〵。どうでもこうでも、もちっと〳〵踏《ふ》ん張《ば》らさにゃいかんでいかんで。どんな鎖《くさり》も付《つ》け〳〵。いかんじゃない〳〵。どうも困《こま》る。それさえ越《こ》したら、そりゃどうでも成《な》る。何《なに》も案《あん》じる事要《ことい》らん。
教長より、是非お踏ん張りの程願います。
続いて一同より御願い申し上ぐ
（手を打ってお喜びの上御言葉）
さあ〳〵これや〳〵結構《けっこう》々々。ア丶おいおい、アハ丶丶丶やれ〳〵、嬉《うれ》しい〳〵。
（本席両手で一列撫でて仰向けて両手を合わせて拝みなさる。(11)）

請の方も大半決まりも付き、尚《なお》種々とおさしづの上より教長の方へ相談に伺う会議も致し居りました(9)」ので、「御身上御苦痛の処暫時御救け下され度し」と申し上げている(10)。

　しかし、これに対するものと思われるお言葉はない。それでも、真柱が「是非お踏ん張りの程願います」と言ったのに続いて、一同もお願い申し上げたところ、手を打ってお喜びのうえで「さあ〳〵これや〳〵結構々々」「やれ〳〵、嬉しい〳〵」と仰せになっている。真柱を芯に人々の心が一つになったことを喜ばれているのであろう。

　そして同夜、この日五回目の「おさしづ」があり、「今度は諭すやない。尋ねるのや」と仰せになったうえで、「皆これで一つ心に成って居

(9) ここで「おさしづの上より教長の方へ相談に伺う会議も致し居りました」とあるのは、先の「しんばしらに運んで理を定めて貰うたものでありますや」のことと思われる。

(10) それまでにも、5月30日に「だん〳〵運ばして頂きますから御身上速やか成し下されませ」「真っ直ぐという処運ばして頂きますから、本席身上救けて頂き度しと願」などしているように、本席の身上を台に心を定めてきた。

(11) 「いちれつすましてかんろだい」の手振りであろうか。

午後10時20分

本席身上苦痛又々激しく相成り、教長初め本部員一同出席の後教長と受け答え

さあ〳〵一寸一声《ちよつとひとこえ》尋《たず》ねる。今度《こんど》は諭《さと》すやない。尋《たず》ねるのや。この間中《あいだじゆう》よりだんだんの詰《つ》んで〳〵詰《つ》み切《き》ったる。これで速《すみ》やか成《な》るか成《な》らんか。皆《みな》これで一《ひと》つ心《こころ》に成《な》って居《い》るか。

教長より、皆一つ心に成りて居りますと答

結構《けつこう》々々。そんなら、皆《みな》の処《ところ》へ〳〵、伝《つた》えるか〳〵。

教長より、皆々へ伝える事に成って居りますと答(13)

そんならそうか。そんならそう。

しばらくしての御諭

……これ、どうでもこうでも急《せ》いて掛《か》からにゃならん。もう毎日《まいにち》々々こういう事《こと》では どうも日々《にち〳〵》、今日《きよう》で四日五日《よつかいつか》というものはすっきり休《やす》んである。これが第《だい》一一《ひと》つどう

るか」との問いかけに対し、真柱が「皆一つ心に成りて居ります」と返答。ここでの「おさしづ」の形態が、諭すというよりも、真柱との対話形式になっている点に注目したい。

この、皆一つ心になっている、との返答を確認するようにして、しばらくのち、おさづけに関して具体的に諭される。

つまり、明日は陰暦の四月二十六日で、月ごとの祭典日であるから、(12)明朝からおさづけのお運びをしよう、と。いつまでも本席が身上のため、おさづけのお運びが滞っていたら、おさづけの理を頂きに来た者が「今日もお運びがなかった」と不足に思うこともあろうから、途絶えないように、明日はおさづけのお運びをする、と予告されているのである。

(12) 当時月次祭は陰暦で勤められていた。明治43年春季大祭から現行通り陽暦で勤められる。

(13) 4月7日(陰暦2月25日)夜にも「多人数の中へにをいがけと仰せ下さる故、明日は分教会長も帰りますが不参の者へは手紙を出して呼び寄せ話致します、と申し上ぐ」に対して、「残らず〳〵遠い所、悠《ゆ》っくりして居ては遅れる。この人ににをいを掛けんならんと思えば、道の辻で会《お》うても掛けてくれ。これからこれが仕事や」と。

もならん。話《はな》し掛《か》けるにも、元《もと》を勇《いさ》んで掛《か》からねば。そこで通常《つうじょう》、席《せき》が身《み》の障《さわ》りと言《い》う。どういう事《こと》、一時《じ》の心《こころ》に受《う》け取《と》る者《もの》もあれば、受《う》け取《と》れん者《もの》もある。それではどうもならん。中々《なか〱》という中《なか》に、案《あん》じというものせにゃならん。
さあ明日《あす》は月《つき》の祭典々々《さいてん〱》、明日朝早天《あすあさそうてん》に席《せき》を運《はこ》ばす。こうして一《ひと》つ話《はなし》を掛《か》かれば、席《せき》がいつ〱、席《せき》が無《な》かった、そういうもの、道《みち》の心配《しんぱい》はこゝにある。さあ些《いさ》かでも繋《つな》ぐで。明日《あす》は早天《そうてん》に一席出《せきだ》すがよい。

教長より、それは有り難う御座ります、と御受けあり

▼6月6日（陰暦4月26日）——

午前4時半

本席苦痛激しくに付、教長始め一同出席す

オーイ。

どうも〱さしづは出来《でき》ぬぞよ。

おさづけのお運びについては、明治三十五年八月四日の「おさしづ」を機に、(14) 上田ナライトが本席の見習いをつとめるようになり、三十九年一月十五日には、その理を渡す後継者を早く定めるよう、本席の代わりを待ち兼ねている旨を仰せになっていた。(15) しかし、それは未だ実現せずにいた。

明治四十年六月四日夜の刻限話で「これ話の止めにして置く」との宣言があったにもかかわらず、翌五日には五回にもわたって「おさしづ」があったのは、おさづけのお運びについて、なお実現していない上田ナライトへの後継、さらには神殿普請に向けて、(16) 内々を治めるためのものであった、ということになろうか。

(14)「もう席始まれば、席度毎《たびごと》に運んで、見習いの心無くばならん」「もう後々《あと〱》定め掛けてくれにゃならん」と。

(15)「今日一日代わろうという日を待ち兼ねて居る」「さあ二十年の間、席一人からこれまで運び来たる」「この一つ理聞き分けて、しんばしらに一つ運び、後々繋《つな》ぎ無くばならん」と。

(16) それに先立つナライト宅の普請は、6月4日に上棟式があった。場所は本席宅の南。

ア丶丶丶。

同じく五時頃教長より何か御知らせ下さる事ありますや、皆々揃うて居りますから、と御願い申し上げらる

（本席御手にて百日と字をお書きになり、）

教長より、皆々心配致して居りますから、何かおさしづ下されます事御座りますなら御聴かせ下されませ

口《くち》が語《かた》る事出来《ことでき》ん〳〵。ウワ丶丶丶丶、

（本席御手にて胸を撫で）

教長より、切なみ御座りますなあ、と申し上げらる、

教長よりの御願、眞之亮がいくら切なみを受けましても宜しう御座りますから、お爺(17)いの切なみの処御救け下されませ、又寿命縮めましても宜しう御座りますから、一先ず御踏み留め下されませと御願

しんどいわよう〳〵。

理《り》は半端《はんぱ》ではないでよう。

●「理は半端やないで」

明けて六日は、月次祭当日である。なおも、本席の身上が切迫するなかを、対話形式の場面が続く。

未明から身上が厳しいので、午前五時ごろ、真柱が「何か御知らせ下さる事ありますや」と伺うのに対し、身上が苦しくて話すに話せないと仰せられたきりで、手で百日という字を空に書かれた。すでにこれまで、いわゆる「百日のおさしづ」で諭してきたという意味であろうか。

真柱が「眞之亮がいくら切なみを受けましても宜しう御座りますから、お爺いの切なみの処御救け下されませ、又寿命縮めましても宜しう御座りますから、一先《ひとま》ず御踏み留め下されませ」と、自らの命をかけて並々

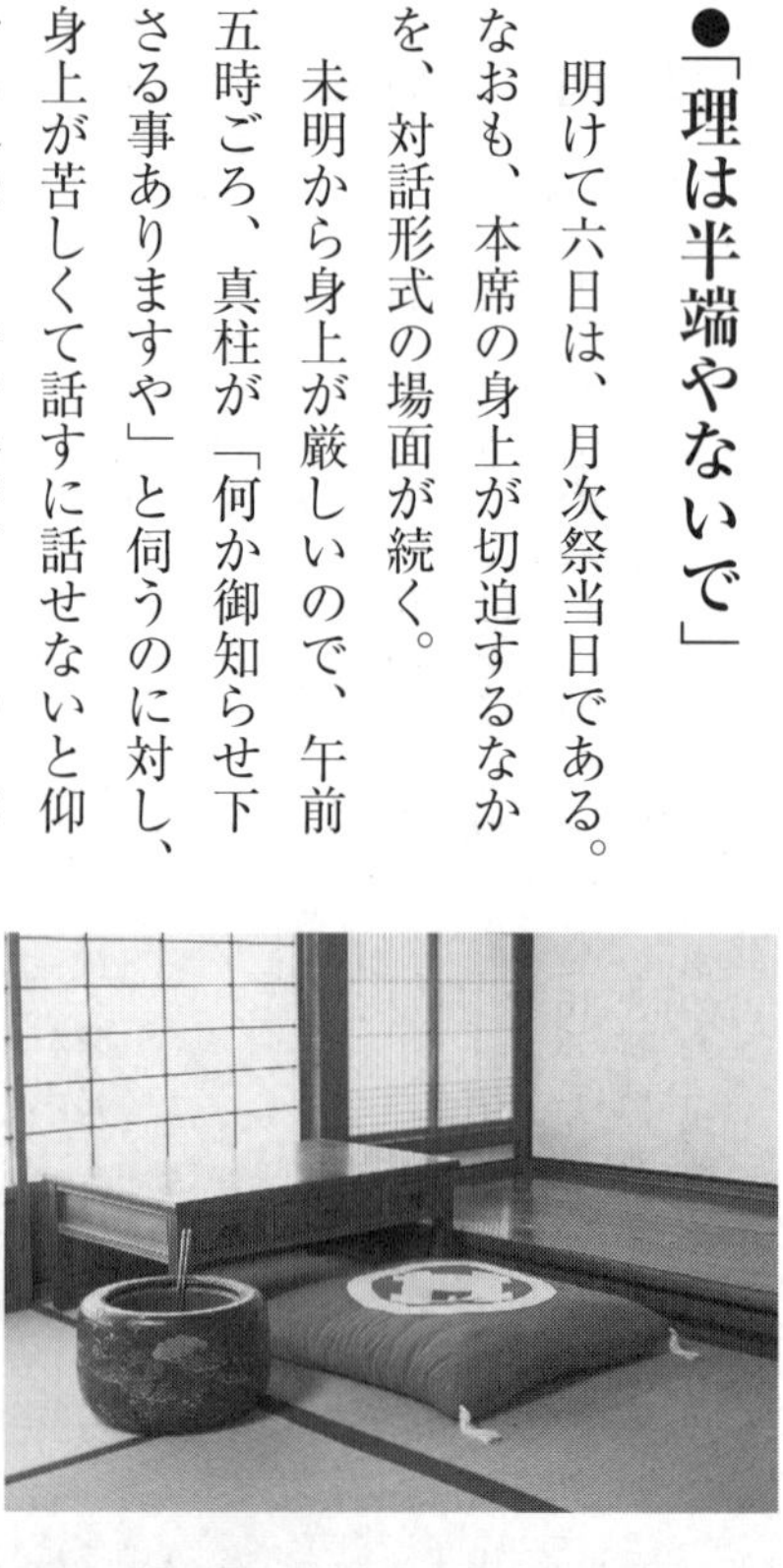

本席が慣れ親しんだ書斎台、火鉢、座布団（飯降本家蔵）

(17) 本席・飯降伊蔵のこと、当時数え75歳。

もう二箇年《かねん》の間見難《あいだみに》くい。
一寸楽《ちよつとたの》しまし、一寸《ちよつと》昨夜《ゆうべ》からじいと。
理《り》は半端《はんぱ》やないで、身《み》は半端《はんぱ》やで。
寒《さ》ぶい〳〵。

教長より本席の御身を御撫で下され

何《なに》い〳〵。ウヽヽウヽヽヽ、

同午前六時頃

ア──ハ──ナ──ウ──ウア──ウ──ウ──ヤエ──ウ──ア──ア──。

教長と飯降政甚(18)との御手を御握り遊ばし

皆々《みな〳〵》よい〳〵。
えらかったわよ〳〵。えらかったわよ〳〵。
一寸《ちよつと》一服《ぷく》せい〳〵。えらかった〳〵。

(本席より教長へ御挨拶遊ばされ、この挨拶本席の御言葉、有り難う〳〵、十分満足してます。それに対して教長より御挨拶遊ばされました。本席手を合わせ下され、いろ〳〵仕方遊ばさる。)

ならぬ決意を申し出ると、言葉も出ない苦しみの状態ながらも、「もう二箇年の間見難《あいだみに》くい」「理は半端やないで、身は半端やで」と仰せられている。

これは、取り次ぐ者の身は十分ではないが、その理は絶対で変わらないという意味であろう。つまり、不慣れでもあり、二カ年間は見兼ねるところがあるかもしれないが、取り次ぐ理は半端ではない、ということを諭されているものと考えられる。

午前六時ごろ、真柱と本席の嗣子《しし》・飯降政甚《まさじん》の手を握り、真柱へ「有り難《がと》う〳〵、十分満足してます」とあいさつがあるが、平素、飯降伊蔵個人としての真柱に対する言葉遣いは、極めてていねいであったようである。

真柱が、「子供の処私引き受けて

(18) 伊蔵の嗣子。当時34歳。

教長より、子供の処私引き受けて居ります
から、御安心下されませと申し上ぐ
（本席は御うなずき遊ばされたり。）
さづけ一点《てん》の順序《じゅんじょ》やで。
手伝《てつだ》いやで〳〵。最初《さいしょ》は不細工《ぶさいく》やで〳〵。
日々《にち〳〵》代《か》わりさせるのやで。当分《とうぶん》は不細工《ぶさいく》な
ものや。だん〳〵十分《ぶん》に成《な》る。
教長より、ナライトに勤めさせるのであり
ますや
（御うなずき遊ばさる。）
教長より、一席運ばせるのでありますか、と
御尋ねになれば
（指三本御出し下さる。）
教長より、三人でありますか、と申し下され
ば
（御うなずき遊ばされ）
教長より、ナライト呼び寄せましょうか、と
申し上げ下されば
呼《よ》び取《と》りてもよい。呼《よ》び取《と》らいでも同《おな》じ事《こと》

居りますから、御安心下されませ」と申し上げると、(19)本席はうなずかれて、その後、おさづけのお運びについてふれられる。

つまり、「さづけ一点の順序やで」「当分は不細工なものや。だん〳〵十分に成る」と、ナライトへのおさづけお運びの継承を示唆されている。それを受けて、真柱が「ナライトに勤めさせるのでありますや」と念を押すと、うなずかれる。

そして、「今日から十分のさづけを渡す」ことになるが、それは「あしきはらいのさづけ」であるとされ、その運び初めについて尋ねると、「夜が初まり〳〵。晩でよい」と仰せられている。(20)

その後、「一同大きに御苦労」とあいさつされて、「肩の荷が降りた」

(19) 明治20年3月25日「本席と承知が出けたか」とのお言葉に対しても、真柱は「飯降伊蔵の身上差上げ、妻子は私引受け、本席と承知の旨」を返答している。

(20) 飯降伊蔵が初めておさづけの理を渡したのも、本席定めのその夜（明治20年3月25日）であった。「二十六日は夜に出て昼に治まりた理」（明治29・2・29）というお言葉もある。

(21) 後でなされる「仮席」の仕込みは従来の通りでよい、ということであろう。

(22) 天保9年（1838年）10月26日は、元初まりにおける約束の年限満ちた日、立教の元一日である。

(23) 明治20年3月25日の本席定めも、当初は3月20日（陰暦

や。（とお言葉あり。）
今日《きょう》から十分《ぶん》のさづけを渡《わた》す。
詳《くわ》しい事要《ことい》らん。あしきはらいのさづけや。
今日《きょう》からは十分授《ぶんさず》ける。後《あと》は前《ぜん》の型通《かたどお》りや。(21)

教長より、只今より運ばせるのでありますか、と御尋ね下されば

夜《よる》が初《はじ》まり〳〵。晩《ばん》でよい。
今日《きょう》はこれにて。
踏《ふ》ん張《ば》って来《き》たのう〳〵。えらかったのう〳〵。
一同大《どうおお》きに御苦労《ごくろう》。（と御挨拶下されて）
肩《かた》の荷《に》が降《お》りた。よかった〳〵。
これで一日《にち》の役《やく》が済《す》んだなあ〳〵。
今日《きょう》は幾日《いつか》やなあ。

教長より、二十六日と御答え下さる

あは〳〵〳〵〳〵。
あヽヽヽ。
今日《きょう》は二十六日《にち》や。今日《きょう》は元初《もとはじ》まり一日《にち》の日《ひ》であるで。なれども、もう一寸《ちょつと》の処《ところ》がな

「これで一日の役が済んだなあ」と安堵《あんど》の様子であった。

さらには、「今日は幾日《いつか》やなあ」と尋ねられ、真柱が「二十六日」と答えると、「今日は二十六日や。今日は元初まりの一日の日であるで」と仰せになっている。(22)

先のお言葉に続いて、「それで又時を転じ変える」と仰せられているのは、この日二十六日に出直しを予定されていたが、日を変更するという意味に解釈できる。(23)

また、先にも述べたが、真柱が本席の子供についてふれるなど、いわゆる三軒三棟のことも話題になっている。

三間三棟の件については、二カ月前の四月八日にも治まっていないことを指摘され、(24)翌九日には「三軒の

2月26日）に予定されていたようで、その日の「おさしづ」に「一寸正月二十六日、これまで話《はなし》てある。さあ〳〵事を始め。二月二十六日というは、今初めやで」とある。本席の出直しについて、その2カ月前の4月8日（陰暦2月26日）には「人間というは死すると言う。生まれ更《か》わり。何年居たとて同じ事〳〵」「日の立て合いは正月二十六日、二月二十六日、これ日の立て合いや。さあ〳〵何かの事も自由《じうよう》と言うてある」と仰せになっていた。あるいは、前日6月5日の夜に「明日朝早天に席を運ばす」と予告されていたが、「夜が初まり〳〵。晩でよい」ということで、その「時を転じ変える」ことも解釈できる。また、永尾よしゑ（飯降伊蔵本席の長女）の話によると、「二十六日」はめでたい日であるから、予定されていた出直しの日を変えられたとも伝えられる（飯降俊彦・平木一雄『対談 百日のおさしづ』101ページ参照）。

あ〳〵。

それで又時《またとき》を転《てん》じ変《か》える〳〵〳〵。今日《きよう》の日《ひ》〳〵〳〵あは〳〵。

（本席御手にて丸く仕方を遊ばされ、その内の中点三つ打たれたり。）

　教長より、三軒の事で御座りますかと
（御うなずき遊ばされ）

何《なに》が有《あ》っても無《の》うても、三軒《げん》のものや。それはこうどれはこうと分《わ》ける事要《ことい》らせんのや。住《す》んで居《い》る者《もの》のものや。

今日《きよう》はこれで措《お》く。

（教長初め一同へ御挨拶下され、目を見詰め御うなずき）

　教長初め一同引き取り後又出席の上
もうこれで結構《けつこう》や。後《あと》はもう一日《にち》。もう結構《けつこう》。

今日《きよう》は二十六日《にち》。きっしょうや。

十分《ぶん》の満足《まんぞく》や。後《あと》は一人《ひとり》でもよい。

皆々揃《みな〳〵そろ》うて。あは丶丶丶丶。

同《おな》じ事《こと》やよってに、皆《みな》一緒《しよ》に。これからは、

理さえ心に治まりたなら、道は一《ひと》条《すじ》」と仰せになっていた。(25)

　六月六日のこの場面でも、「なれども、もう一寸《ちよつと》の処《ところ》がなあ」「それで又時を転じ変える」と仰せになった後、本席は「御手にて丸く仕方を遊ばされ、その内の中点三つ打たれ」たので、(26)真柱は「三軒の事で御座りますか」と尋ねている。「時を転じ変える」原因の「もう一寸の処」とは、三軒三棟の治まりについてということになろうか。

　また、結果からすれば、三日後の六月九日の「部下教会長一同わらじの紐《ひも》を解かず一身を粉にしても働かさして頂き……」に至るまでの人々の決心ということも考えられる。

　この後、二十六日を「きっしょう」（吉祥）にして、ナライトによって

(24)「そうして内々の処、こうして三軒棟を並べてある。一軒の方〳〵立ってない〳〵」と仰せになっていた。
(25) 第19章「大きい心に成れ」参照。
(26) この「三つ」は3日後をさし、つまり6月9日の出直しを示されたものとも考えられる。

何日向《なんにちむ》こうになる。これで満足《まんぞく》や。不足無《ふそくな》
しや。

午後10時

本席御身上激しくに付、教長初め本部員一同出席の上、教長より御苦しう御座いますか、と申し上げ下さる

（本席より御苦労で御座りますと申されて後）


席《せき》は半端《はんぱ》と思《おも》うな。介錯《かいしやく》してやってくれ。明日朝席《あすあさせき》は一席《せき》ぐらい運《はこ》ばしてくれ。当分《とうぶん》は不細工《ぶさいく》なものや。なれど、半季《はんき》ぐらいの事《こと》や。

今日《きょう》の型通《かたどお》りにして明日朝《あすあさ》九人運《にんはこ》ばして、それを運《はこ》べたら、又《また》三人《にん》五人《にん》ふやして、二席《せき》ぐらいにして運《はこ》ばしてくれ。

事情《じじょう》の処《ところ》は、願通《ねがいどお》り速《すみ》やか許《ゆる》す、と、それでよい。後《あと》はそれでよい。

わしも食事喰《しょくじた》べられんので、又《また》、喰《た》べられるように成《な》ったら運《はこ》ばして貰《もら》うから、喰《た》べ

おさづけのお運びがなされた。人々は深い感慨をいだいたにちがいない。

　その夜、ナライトのお運びについて、「当分は不細工なものや」と仰せになり、今後のことについても、「今日の型通りにして」、明日も運ぶように諭されている。また、事情の運びについても、「願通り速やか許す、と、それでよい。後はそれでよい」と指示されている。(27)

　こうして、お言葉に導かれるままに、本席・飯降伊蔵からナライトへ、おさづけお運びの「つなぎ」もなり、三軒三棟を台にして内々の治め向きも図られていくが、本席は依然として、食事もままならないほどの容体が続いていた。

(27)「おさしづ」本によると、6月8日「三津山出張所増築願」に対し、「願通り許そ〳〵」とある。

られんから、そう思《おも》うて貰《もら》わんならん。
今晩《こんばん》はそれだけや。
まことに〱。

教長初め一同手を御打ち下さる

（本席よりやすんで貰うてくれと仰せらる。）

▼6月7日（陰暦4月27日）――

午前2時

（大声にて）

おーい〱。よーい〱そりゃ行《い》け〱。
よい〱、今《いま》よい〱。そりゃ〱、うむ
〱〱。
そりゃ、よい〱。そりゃ〱、わう〱。
よろづよのせかい一れつ、（これはてをどり
地歌の節にて）

教長御出席、教長よりずつのう(29)御座りますか

（本席より）

毎度《まいど》々々《〱》御苦労《ごくろう》さん〱。
もう一月《ひとつき》居《い》たらなあ。

●「席は満足している」

六月六日夜の長い問答も終わり、本席から「やすんで貰《もろ》うてくれ」とあった。それもつかの間、数時間後の七日午前二時には、またまた容体が重くなる。

大声で「おーい〱。よーい〱そりゃ行け〱」と、うわごとのように仰せになり、「よろづよのせかい一れつ」の地歌を歌われている。

本席の脳裏には、何かにぎやかな情景が浮かんでいたのではなかったろうか(28)。普請でにぎわうさまであろうか。陽気に勤めるおつとめの姿であろうか。

真柱が「ずつのう御座りますか」と伺うと、「どうでもこうでも踏み留めようと思えば、かんろだいへ願

(28) 6月4日午後12時には「これまで見えぬ先から言うて置いた事見えて来たるやろう」と仰せられている。

(29) 苦しい状況を「ずつ（術）ない」という。

教長より、一先ず踏ん張って下さるよう願います
どうでもこうでも踏《ふ》み留《と》めようと思《おも》えば、かんろだいへ願《ねがい》を掛《か》けてくれ。
（御手を合わせらる。）
本席にはこの時合掌ありて後
神《かみ》の事《こと》してみにゃどうもならん。
教長より皆揃うて御願いにかんろだいへ参ります
（本席より）
一時《とき》も早《はよ》う。
教長初め一同かんろだいへ御願いに御出で下され、あとの言葉
どれ〳〵もっと行《ゆ》け〳〵。
教長より只今かんろだいへ願掛けて来ました
（本席より）
有《あ》り難《がと》う。
精神《せいしん》有《あ》り難《がと》う。……皆《みな》の所《ところ》へも落《お》ち無《な》く届《とど》

を掛けてくれ」との仰せ。人々が、身上平癒《へいゆ》を願いに行くと、(30)さらに「もっと行け〳〵」と。

それでも、「もしもの事あれば、半端と思うやろう」が、教祖が定命を縮めて現身《うつしみ》をかくされて間もなく本席が定まったことからすれば、(31)ナライトの今日の運びは滞りなく済んだことでもあるし、「案じる事要らん」と諭されたうえで、「一つ精神、皆々精神受け取りて居る」と仰せられている。

この後、しばらく小康状態にあったのか朝までお言葉はない。

午前九時になり、真柱から「各分支教会長も帰り居りますし、本部員一同かんろだいへ今夜十時より十二下り本勤め致しまして本席御身上を速やかになって下さるよう願い上げ

(30) 明治8年にも教祖の末娘こかんの身上平癒を願い、ぢばにかんろだいの模型を据えてお願いづとめを勤めた。また、明治20年に教祖が現身《うつしみ》をかくされる前も再々おつとめを勤めている。

(31) 第1章「綾錦の仕事場に仕立てる」参照。

けて貰《もら》いたい。どうか、もしもの事《こと》あれば、半端《はんぱ》と思《おも》うやろう。これは前々《ぜん〳〵》にも言《い》うて置《お》いたる。百十五才定命《さいじょうみょう》、二十五年縮《ねんちぢ》める事思《ことおも》うてみよ。昨日《きのう》の運《はこ》び済《す》んで、今日《きょう》の運《はこ》び滞《とどこお》り無《な》く済《す》んだら、案《あん》じる事要《ことい》らん。

教長より、皆の者心配して居りますから、一先ず踏ん張って下されますよう

さあ〳〵一年《ねん》なりとと思《おも》うは、席《せき》の望《のぞ》みである。なれど、いつ〳〵までも切《き》りは無《な》い。これが、一《ひと》つ精神《せいしん》、皆々《みな〳〵》精神《せいしん》受《う》け取《と》りて居《い》る。案《あん》じる事要《ことい》らんで。

教長より、もう一先ず踏ん張って下され度し、と申し上げ下されば

さあ〳〵もう一寸《ちょっと》〳〵。

（席の言葉）

有《あ》り難《がと》う、有《あ》り難《がと》う〳〵。もうこれで結構《けっこう》〳〵々々。

ます」と申し出ると、「ついついの事情に踏ん張らしたる」が、「席から見れば幸い五年十年望む処、どうもそういう事に一寸出来難《ちょっとできがた》ない」との仰せ。

ここでいう「五年十年望む処」とは、どういう意味であろうか。先にも、「もう一月居たらなあ」「一年なりとと思うは、席の望みである」とも仰せになっている。

五年先なら明治四十五年になり、教祖が現身《うつしみ》をかくされた明治二十年から数えて二十五年、つまり教祖が縮められた二十五年という理解もできる。また、十年は教祖三十年祭であろうか。さらに「三箇年の模様五箇年の普請」というお言葉もあったが、(32) 神殿普請の完成を見るまでは、ということなのかもしれない。

(32) 第20章「仕切りの道」参照。

午前9時
教長より、各分支教会長も帰り居りますし、本部員一同かんろだいへ今夜十時より十二下り本勤め致しまして本席御身上を速やかになって下さるよう願い上げます

……ついついの事情《じじょう》に踏《ふ》ん張《ば》らしたる。そうして今度《こんど》は、一日《にち》の日否《ひいな》や直《じ》きに出《で》る道《みち》に成《な》ってあった。

席《せき》から見《み》れば幸《さいわ》い五年《ねん》十年《ねん》望《のぞ》む処《ところ》、どうもそういう事《こと》に一寸《ちよつと》出来《でき》難《がた》ない。その心《こころ》で居《い》てくれ。

どうしょう、少《すこ》し踏《ふ》ん張《ば》るとした処《ところ》、達者《たつしや》でやる事《こと》出来《でき》んで。これだけ言《い》うて置《お》く。まあこれだけ一点《てん》打《う》って印《しる》してくれ。後《あと》は身《み》が堪《た》えられんから、出来《でき》んと言《い》うのや。もうよいから、あっちへ行《い》ってくれ。

▼6月9日（陰暦4月29日）
午前9時

こうして本席の身上が切迫するなか、八日に話し合いがもたれた様子は、翌九日午前九時の割書に「昨日分支教会長普請の事に付会議を開き」とあることからも推測できる。

それが、「本席の御身上も普請の上から御苦しみ下さる事でありますから」とあるので、かねてより人々も、普請の着手ということは気掛かりになっていたにちがいない。

そして、「部下教会長一同わらじの紐を解かず一身を粉にしても働かさして頂き……」を決意するに至る。ここに及んで、人々の心がこの一点に収斂《しゅうれん》されたのである。

本席の身上切迫を通して人々の決心を促されるこの場面は、天保九年（一八三八年）の立教、明治二十年の教祖現身おかくしの時に通ずると

昨日分支教会長普請の事に付会議を開き、本席の御身上も普請の上から御苦しみ下さる事でありますから、部下教会長一同わらじの紐を解かず一身を粉にしても働かさして頂き、毎月少しずつでも集まりたるだけ本部へ納めさして頂く事に決め申しました、と御返事申し上ぐ

……もう一仕切《ひとしき》りの処辛抱《ところしんぼう》大抵《たいてい》々《〱》。それ〱の者《もの》これでならと思《おも》う処《ところ》、理治《りおさ》まったる。二十年《ねん》の間《あいだ》の事思《ことおも》うて見《み》よ。今度仮家《こんどかりや》普請《ぶしん》と言《い》うて、それだけのあたゑは十分《ぶん》に与《あた》えたる。こんな事《こと》は軽《かる》い事《こと》やで。何《なに》も心《こころ》の心配《しんぱい》は一《ひと》つも要《い》らん。心《こころ》の理治《りおさ》まったれば、案《あん》じる事要《ことい》らん。どうでも出来《でき》るという事《こと》、これだけ皆《みな》に聞《き》かし置《お》こう。……二十年《ねん》の間《あいだ》ほんの聞《き》いただけにて、目《め》に見《み》ゆる事無《ことな》しに来《き》た。二十年《ねん》の間言《あいだい》うて置《お》いたる事出《ことで》て来《き》たる。道《みち》の者皆見《ものみなみ》て知《し》って居《い》るやろう。これだけ一寸知《ちよつとし》らし置《お》こう〱。

ころがあるように思える。

人々のこの決心に対し、「二十年の間の事思うて見よ。今度仮家普請《かりやぶしん》と言うて、それだけのあたゑは十分に与えたる」「二十年の間ほんの聞いただけにて、目に見ゆる事無しに来た。二十年の間言うて置いたる事出て来たる」との仰せ。真柱も「有り難《がと》う御座ります」と答えている。

さらにお言葉は続き、「もう十分の満足をして居る。席は満足をして居る」と喜ばれたうえで、「今一時《いちじ》席の身上の処差し迫り、どうであろうこうであろうと、困難の中で皆心を合わせ」ることが大切なのであり、「もう一度十年何《なん》でも彼《か》でも」と本席の身を案じる人々の精神は受け取るので、「何も皆、身上は成ってても成らいでも案じてくれる事要らん」

皆々《みな〳〵》惣々《そう〳〵》思案《しあん》無《な》くばならん。皆々《みな〳〵》力《ちから》無《な》くばならん。この理《り》皆《みな》しっかり伝《つた》えて置《お》こう。

教長より有り難う御座ります、と申し上げになる（しばらくして）

もう十分《ぶん》の満足《まんぞく》をして居《い》る。席《せき》は満足《まんぞく》をして居《い》る〳〵。又今《またいま》一時席《じせき》の身上《みじょう》の処《ところ》差《さ》し迫《せま》り、どうであろうこうであろうと、困難《こんなん》の中《なか》で皆心《みなこころ》を合《あ》わせ、もう一度《ど》十年何《ねんなん》でも彼《か》でもというはなか〳〵の精神《せいしん》。その精神《せいしん》というは、神《かみ》の自由《じうよう》受《う》け取《と》りたる精神《せいしん》。何《なに》も皆《みな》、身上《みじょう》は成《な》っても成《な》らいでも案《あん》じてくれる事要《ことい》らん。篤《とく》と心《こころ》を鎮《しず》め。皆々《みな〳〵》心勇《こころいさ》んでくれ〳〵。

から、それよりも「篤《とく》と心を鎮め。皆々心勇んでくれ〳〵」と諭される。

これをもって「おさしづ」は終わり、初夏の太陽が真上に輝く正午ごろ、本席・飯降伊蔵は出直す。

数え七十五歳。元治元年（一八六四年）の入信以来、四十四年、誠真実の足跡をくっきりと刻んだ生涯であった。

●普請を台に心のふしん

振り返れば、元治元年に飯降伊蔵を中心に進められた「つとめ場所」の普請は、「三十年の見込み」とのお言葉を受けて、三十年目にあたる明治二十六年に建て替えられるべきものであったのかもしれない。(33)

(33) 飯降伊蔵の長女よしゑの話（飯降尹之助《まさのすけ》「永尾芳枝祖母口述記」＝『復元』第3号）によると、「（教祖は）『この普請は三十年目に仕換へるのやで』と仰言《おっしゃ》つたので、父様は『三十年目には、屹度《きっと》建てかへさせて頂きます』とお誓ひして、普請にかゝらはつたのやつた」と伝えられる。

六月九日最後の「おさしづ」直後の様子

晴天。本席の容体もよいので、真柱はじめ本部員一同が、お礼と祈願のため、かんろだいへ。

昼近くになって、長女のよしゑが「居間の掃除をさせてもらいたい」と言うと、本席は「よかろう」とおっしやる。

布団の上に正座された本席を、上田民蔵《うえだたみぞう》本部員、清水《しみず》由松《よしまつ》（後の兵神3代会長）青年らが、おみこしのように布団のままかかえて、居間から書斎へ移動。この時、本席は「よいそら、よいそら」と掛け声。

本席は南向きに正座して、庭をご覧になる。お側《そば》には、孫のたつゑ、きぬゑがはべり、庭には、山本芳治郎《やまもとよしじろう》（後の城法4代会長）青年らが草引き。

昼食時になり、お守《も》り役の増井りんが「お召し上がりになりますか」と伺うと、うなずかれたので、食膳が運ばれる。

粥《かゆ》と吸い物、五條支教会（当時櫻井部属）から届いた鮎《あゆ》の塩焼きを召された後、「これ（骨）、もったいないよってに、池の鯉《こい》にやってくれ」と。このとき、東分教会（当時）からのサクランボも食されたと伝えられる。

ゆっくりと軽い食事を終えられ、本席は「おおきに、ごちそうさん」と仰せになると、静かにうつむかれたままに……。

控えの間の大時計が十二時を打つ。

よしゑが「何を考えてはりますの」と尋ねるが、何の答えもない。いつもの「のぼせ」にちがいないと、妹のまさゑに、金だらいに冷たい井戸の水を汲《く》んで来させ、手ぬぐいを頭に。

異変を知った青年たちが本部詰所へ走り、庭にいた山本青年は真柱宅へ飛んだ。

駆け付けた真柱が、「おじい、おじい、おじい」と腹から絞り出すような声で呼ぶ。が、本席は深い眠りのまま。

好村功斉《よしむらこうさい》医師が着いた時は、すでにことされていた。診断は「心臓」。今でいう狭心症か。

一同、ただ畳にひれ伏し、滂沱《ぼうだ》と涙する。込み上げる慟哭《どうこく》は絶えない。

奥谷文智『本席さま』
橋本正治『本席の人間像』
飯降俊彦・平木一雄『対談 百日のおさしづ』から

しかし、人々の心のふしんが未《いま》だその段階に至っていなかったので、延び延びになっていたということになろうか(34)。

また、過去、教祖年祭のたびに、教祖殿の普請を願い出ているが、そのつど抑えられ、地所の拡張を促されていた(35)。

その後、次第に地所も広げられ、各直属教会の信者詰所も建つなど(36)、もろもろの事柄にだいたいのかたがついたのが、明治四十年のころであったといえるのかもしれない。

翌四十一年十一月には、足掛け十年を要して一派独立も達成している。

つとめ場所以来の神殿普請の件は、終始、根底に流れていたものと思われる。しかし、それに先立って、おさづけに関する重要事項が整えられねばならなかった。明治二十六年竣工の本席御用場、上田ナライトへのお運びの「つなぎ」がそれである。さらに、そのためには、人々の心が一つに結ばれなければならなかった。いわゆる三軒三棟の件を台にして、内々を治められたと見ることができる。

こうした段取り、真柱を芯《しん》とした治まりを経て、は

飯降《いぶり》伊蔵《いぞう》 天保4年（1833年）生まれ。元治元年（1864年）入信、つとめ場所の普請に尽くし、明治15年（1882年）おやしきに移り住む。同20年、教祖現身おかくし後、3月25日「本席」に定まり、おさづけの理を渡した。同40年6月9日、数え75歳で出直す。

(34) 伊蔵の妻さとは明治26年3月の出直しであるが、普請の段取りが整うまで、伊蔵の代わりに出直したという解釈もある。「おさしづ」に「席は未《ま》だ〳〵連れて通らにゃならん。席は未だ〳〵半《なか》ばであるで」「御席《おせき》さんが今日の日であったら、辛苦尽《つく》すも水の泡、それではどうもならん。御席さんに一寸《ちょっと》入り替わったようなもの」（明治26・3・18）ともある。

(35) 教祖五年祭に際して「広くぢばが要る」（明治23・6・21）、十年祭でも「未《ま》だ教祖建家《たちや》無いとは更々《さら〳〵》思うな」「多くの子供戻るぢば無《の》うてはどむならん」（明治28・3・10）と。

(36) 第19章「大きい心に成れ」参照。

じめて神殿普請に掛かることができるのである。

それに向けて、人々の心を一つに治めることが、本席・飯降伊蔵の最後のつとめであり、そこに至るまでの最後の仕込みが、いわゆる「百日のおさしづ」であったといえる。そして、六月九日の「部下教会長一同わらじの紐を解かず一身を粉にしても働かさして頂き……」との決意は、それが成就した姿と見ることができよう。

ある意味で、飯降伊蔵の信仰生活は、普請に始まり普請に終わったといえる。それはまた、終始、心のふしん、内々の心の治まりに努めた生涯でもあった。

「皆々心勇んでくれ〳〵」とのお言葉をもって「おさしづ」は終わった。

本席の御用場――明治26年（1893年）、本部南屋敷の一角（現東礼拝場の南側付近）に出来、飯降伊蔵は本席として、同40年の出直しまで、人々におさづけの理を渡した。

あとがきにかえて

このたび、道友社より『教史点描』が刊行される運びとなった。これは先に『みちのとも』の立教一五五年（平成四年）五月号より一五七年四月号まで、二十一回にわたり連載された研究討議を新たに編集したものである。討議に参加したのは、石崎正雄、中島秀夫、伊橋房和の先生方と、早坂正章の四人であるが、すでに石崎、中島、伊橋のお三方は故人となられており、生前中その出版を心待ちにしておられたので、今回の刊行を御霊《みたま》は、さぞお喜びになられることであろう。

ところで、この『教史点描』は、明治二十年、教祖が現身《うつしみ》をかくされるところから始まり、飯降伊蔵の本席定め以降、明治四十年に出直されるまでの教史を、その「おさしづ」を拠《よ》り所としてまとめたものである。それに引き続き我々の研究討議は、戦後の「復元」に至るまでの歩みを、『みちのとも』誌上に十一回にわたって連載を続けており、長期間、尽力してこられた今は亡き先生方に思いを致すとき、続編の刊行を願ってやまない。

振り返ると、連載中、討議の席に常に寄り添って、多様に展開する討議者の意見を丹念に汲《く》み上げて文章化し、そこに次々と修正のペンを入れられた原稿を黙々と整理されていた、道友社編集課（当時）の上原義史さん、さらに、今回の刊行に当たり、全文の校正を担当し、詳細な索引まで付けられた編集出版課の佐伯元治さんのご努力に対し、心から感謝の意を表したいと思う。

（早坂記）

教史点描　さくいん

●おさしづ

（本文を太字で引用してあるもののみ。割書は「おさしづ」本の目次による）

明治20年

明治21年

明治22年

明治23年

明治24年

明治25年

明治26年

明治27年

明治28年

明治29年

明治30年

明治31年

明治32年

●人名

あ

か

さ

た

な

は

ま

や

●書名、新聞・雑誌名

あ

か

さ

た

な

は

ま

や

わ

●書類、記事、資料等

あ

か

さ

た

な

は

ま

や

ら

わ

●写真

●図版・表

●コラム

●その他

●**討議者紹介**（五十音順、肩書は1994年当時のもの）

石崎正雄《いしざきまさお》（天理大学おやさと研究所嘱託教授）

伊橋房和《いはしふさと》（天理大学人間学部助教授）

中島秀夫《なかじまひでお》（天理大学人間学部教授）

早坂正章《はやさかまさあき》（天理大学人間学部教授）

教史点描《きょうしてんびょう》　〝おさしづの時代《じだい》〟をたどる

立教175年（2012年）9月1日　初版第1刷発行

編　者　天理教道友社

発行所　天理教道友社
〒632-8686　奈良県天理市三島町271
電話　0743（62）5388
振替　00900-7-10367

印刷所　株式会社天理時報社
〒632-0083　奈良県天理市稲葉町80

ISBN978-4-8073-0569-8
定価はカバーに表示